中国大历史

卷一

史前 夏商 西周

任德山 毛双民 编著

世界图书出版公司
广州·上海·西安·北京

图书在版编目(CIP)数据

中国大历史. 卷一, 史前夏商西周 / 任德山, 毛双民编著. -- 广州 : 世界图书出版广东有限公司, 2020.3 (2022.5重印)

ISBN 978-7-5192-7353-8

Ⅰ. ①中… Ⅱ. ①任… ②毛… Ⅲ. ①中国历史－上古史－通俗读物②中国历史－三代时期－通俗读物 Ⅳ. ①K209

中国版本图书馆CIP数据核字(2020)第036063号

书　　名	中国大历史
	ZHONGGUO DA LISHI
编 著 者	任德山　毛双民
责 任 编 辑	梁少玲　卢雁君
装 帧 设 计	李腾月
出 版 发 行	世界图书出版有限公司　世界图书出版广东有限公司
地　　址	广州市海珠区新港西路大江冲25号
邮　　编	510300
电　　话	(020) 84452179
网　　址	http://www.gdst.com.cn/
邮　　箱	wpc_gdst@163.com
经　　销	新华书店
印　　刷	鑫艺佳利(天津)印刷有限公司
开　　本	710 mm×1 020 mm　1/16
印　　张	171.75
字　　数	2 748千字
版　　次	2020年3月第1版　2022年5月第2次印刷
国 际 书 号	ISBN 978-7-5192-7353-8
定　　价	398.00元(全八册)

前　言

在人类古文明中，中华文明是唯一的从未中断过的文明。在悠久的岁月中，中华民族共同开发了祖国的河山，创造了波澜壮阔的历史和独具风采的文化。历史承载着文化，文化辉映着历史，这是我们必须极为珍惜的宝贵财富。

历史不仅记录了过去，更重要的是深刻影响着现在和未来。今天生活在祖国土地上的人们就是中华民族先民的后裔，是同一种文明按照自身的规律演进、发展、延绵、繁盛，以至于今。中华文明自始即具有本土性、多元性，展现出独特的风采。

中华民族具有巨大的凝聚力和包容性，其演变不是多元文明互相灭绝，而是互相整合。在长期的生息往来中，民族融合、文化交流，共同创造了灿烂的文明。中华文明还具有善于吸收域外异质文明的特点，对外来文化的消化和吸收，促进了中华文明的发展。

现在学习中国优秀传统文化蔚然成风，季羡林先生在生命的最后时光里为我们题写了"学习中国史，提倡大国学"这一寓意深刻的题词。国学是会通之学、根本之学，只有回到中华民族通史的丰厚土地上，我们才能真正理解和学好国学的百花万术。科学教育需要以通识为基础，方能有广阔的见识，有更大的发展。而通识总是在历史的坐标上才能对准真人真事，给我们以智慧的启迪。历史的辉煌鼓舞着我们要时刻焕发生机与自信，历史上的困难则提醒着我们永远要自强不息，安不忘危。

当人们溯历史的长河而上，通览各种知识和文化的产生、嬗变，体会文明的进程时，不仅会对创造了这些文明的先人们充满了温情与敬意，还会激发起自我创新文明的热情。

好的大历史要使人们对中华民族的历史有更为真实、全面的了解。中国史籍极为丰富，史学发达，近百年来更有长足进步。本部大历史运用了迄今为止中国史学公认成果，就是要保证历史的真实性。不仅所有的记录都出自正史，而且凡是可考的文物和历史人物都配有精美的图片以作诠释，细节的真实让读者读史时如亲临其境。

好的通史还要让人能一览上下五千年的全貌。本部大历史有民族的繁衍、文明的起源、帝国的更迭，历史事件与人物的成就；从政治、经济、文化到社会生活，做一全景式的展开，犹如一幅由远及近的画卷。中国文明曾经有光照世界的荣耀，也曾经历过苦难；有过科技创新和知识大量释出，走向"全球化"的开放，也曾闭关锁国、故步自封。这一切都给我们以警示。

本部大历史尽量做到叙事博洽和浅显，把中国历史的巨大图卷细心描绘，以使读者阅读时兴趣盎然。编著者像一个认真而充满爱心的讲解员，把读者带到历史大厦里边，深情地告诉大家："这就是我们不能忘记的过去，这里面有我们不可不知的遗产。"

任德山

普及中国历史，传承优秀文化

——学习季羡林先生为《中国大历史》题词感言

　　2009 年初，我受李克先生之托，到 301 医院请季羡林先生为即将出版的八卷本《中国大历史》题词，98 岁高龄的季老欣然命笔："普及中国史，提倡大国学。"这应该是季老百年生命历程中为出版物的最后题词，也是他始终关注历史文化知识普及、晚年再三强调的重要学术主张。季老认为，我们的"国学"应该是长期以来由多民族共同创造的涵盖广博、内容丰富的文化学术，而绝非乾嘉时期学者心目中以"汉学""宋学"为中心的"儒学"的代名词。也就是说，今天我们所要振兴的"国学"，绝非昔日"尊孔读经"的代名词或翻版，而是还中华民族历史的全貌，真正继承和发扬由生活在神州大地上的各民族共同创造的传统学术文化。因此，在八卷本《中国大历史》正式出版之后，我曾经写过一篇短文刊登在《光明日报》上，提出："季老再次重申应提倡'大国学'，值得引起出版、学术、教育界的关注。"

　　听八卷本《中国大历史》的策划者李克先生介绍，此书出版发行近三年来，多次重印，累计销售了 20 万册，受到了广大读者的欢迎。在书籍品种快速增长而总印数几乎停滞不前的情况下，这是十分可喜的。但是李克先生和他的团队并不满足于此，又邀请一些著名的历史学家对此书提出审改意见，认真地进行修订，使其精益求精，日臻完善，于是有了今天的《中国大历史》。

　　最近，《中共中央关于深化文化体制改革，推动社会主义文化大发展大繁荣若干重大问题的决定》强调要"建设优秀传统文化传承体系",指出:"优秀传统文化凝聚着中华民族自强不息的精神追求和历久弥新的精神财富,是发展社会主义先进文化的深厚基础,是建设中华民族共有精神家园的重要支撑。"中华大地是五十六个兄弟民族的共同家园,中国历史是各民族共生、共存、共发展的历史,中国传统文化是各民族共同创造的辉煌灿烂的多元一体文化,是共同拥有的精神财富——这就是"大国学"的基石。所以季老强调"'国学'就是中国的学问,传统文化就是国学","现在对传统文化的理解歧义很大。按我的观点,国学应该是'大国学'的范围,不是狭义的国学","国内各地域文化和五十六个民族的文化,就都包括在'国学'的范围之内"。今天,我们要建设优秀文化传承体系,就应该全面认识祖国传统文化,汲取历史的经验教训,跳出狭隘的"儒家""国学"的旧框架,以海涵神州的宽广胸怀,用放眼世界的远大眼光,努力探寻文化传承的规律。

要全面、正确地认识我们的传统文化,就必须普及准确的中国历史文化知识。而传播、普及文化知识的任务,主要靠学校、家庭和大众传媒来承担,其中历史文化精品读物担负重任,不可或缺。因此,注重史料的真实、严谨,注重新资料的开掘运用,注重立足现实、温故知新,注重文字通畅、图文并茂,达到学术性、可读性、现实性的统一,就成为这本《中国大历史》努力追求的目标。效果如何,有待广大读者来评判,而努力本身,则是值得我们肯定和鼓励的。

* 本文作者系中华书局编审,中国敦煌吐鲁番学会副会长兼秘书长,浙江大学、中国人民大学国学院兼职教授,敦煌研究院兼职研究员。

着眼中国史

提倡大同王

宁志荣
作于京

本书特点

◎ 以权威严谨的学术成果为基础，强调生动的历史细节，将历史娓娓道来。从中华民族源起直至清朝结束，将一部五千年历史化作现代、生动的表述，让尘封的历史重新焕发神采。鲜活的历史化作了真实的故事，潜伏其中的规律与真相昭然若揭。摆脱枯燥抽象的术语，赋予历史以激动人心的魅力。

◎ 立足现实重读历史，揭示民族兴衰荣辱中的智慧与经验。历史对于读者最大的功能在于鉴古知今。预知未来是最大的智慧，而这种大智慧就寓于历史之中。西方史学家说："历史是现在与过去之间永无止境的问答交流。"我们从来没有像今天这样感到世界在迅速缩小，未来充满挑战，要瞻望未来，历史的智慧就越来越重要。本书力求总结出具有时代性的历史观和历史智慧，"以供社会之需"。

◎ 这是一部百科全书式的中国大历史，完全不同于过去通史单一的朝代更迭的政经内容。本书全面系统地讲述了中华民族创造的政治文明、经济成就、礼乐文明、军事智慧，以及汉字、中医药、艺术、四大发明等科技文明。阅读本书，犹如参观最新展陈、最全内容和最详实讲解的中国历史博物馆。

◎ 这是一部具有审美情趣的《中国大历史》。大史学家夏曾佑先生说："历史必资图画。"本书独创的图史体系，搜集了超过五千幅古代珍品书画作品和文物照片，让丰富的人物图、文物图、军事图和图片说明组成了一部前所未有的图说中国史，使读者读起来赏心悦目，余味无穷。

目　　录

以数千处新石器文化遗址取得的信息，考古学家已能勾勒出中国史前时代文化发展的轮廓：至少有六七个地区性的文化，各有其发展的方式，形成中国文化多元性的特色，而这些古代文化又相互影响，终于逐渐融合为有中国色彩的史前文化。

——许倬云

史前夏商西周文明历程

史 前（约170万年前—约前21世纪）
夏　　（约前2070—前1600）
商　　（前1600—前1046）
西 周（前1046—前771）

在有正式历史记载之前，中国境内的发展史包括早期人、晚期猿人母系氏族以及有关三皇五帝的传说史，直到后建立夏朝。这段时期是中国历史时段跨度最大的时期，历史跨度从约170万年前开始到前21世纪结束。作为人类社的形成时期，原始社会产生了象形文字、原始宗教和图腾崇拜，在与自然做艰苦卓绝的斗争的同时，艺术也在逐渐孕育随着夏朝的建立，史前时期也宣告结束，中国进入了文明代。夏朝开始于约前21世纪，周朝结束于前3世纪，夏、商周三代长约1800年，是中国古代文明由发展而繁盛的时期。

距今约170万年，元谋人是迄今为止我国境内已知的最早的人类。

约前5000年—前3300年，河姆渡文化，遗址位于今浙江余姚河姆渡。

约前1900—1860年，少夏王朝，史康中兴"。

约前4700年—前3600年，半坡文化，得名于陕西西安半坡遗址。

约前2030年，启继位建立夏朝，开始了"家天下"的王位继承制。

●北京人

距今约70万年—20万年，北京人生活在北京周口店一带，他们已经开始使用火。

●彩陶鱼纹盆

●黄帝

约前2500年左右，黄帝成为中原部落联盟的首领。

约前2257年—前2208年，帝舜建国于虞，称为虞舜或有虞氏。

约前3500年—前2600年，石器制作精细，青铜器已经出现。

史前

前6000　　　　　　　　前3000

约前2357年—前2258年，唐尧在位百年，有德政，后让位于舜。

距今约18000年，山顶洞人开始氏族公社的生活。

●人面鱼纹图

约前3000年—前2000年，大汶口文化中晚期，正处于父系氏族公社。

约前2500年左右，仓颉造文字。

距今约80万年，蓝田人生活在陕西蓝田一带，在那里出土了一些打制石器。

约前5000年—前3000年，仰韶文化是北方最为著名的文化遗址，时间跨度大约包含新石器时代中期和晚期两个时期。

●彩陶三角纹壶

●禹王锁蛟

约前20舜禅让给有功的禹

●轩辕问道：轩辕黄帝去崆峒山问道于广成子，广成子教以"无视无听，抱神以静，形将自正必静必清……形乃长生"。此图为明朝石芮所画，即是表现这个场景。

●采薇图卷：此画是两宋之交的李唐以伯夷、叔齐"不食周粟"的故事为题所画。图中描绘伯夷双手抱膝，目光炯炯，显得坚定沉着；叔齐则上身前倾，表示愿意相随。二人均面容清瘦，身体瘦弱，肉体上由于生活在野外和以野菜充饥而受到极大的折磨，但是在精神上却丝毫没有被困苦压倒。

约前1300年—前1250年，商王盘庚迁都至殷。

约前1051年，周文王去世，太子姬发即位，是为周武王。

约前1039年，周公旦制周礼。

●周公旦

约前8世纪上半叶，毛公鼎铸成。

约前1580年—前1530年，太甲被伊尹放逐，伊尹摄政。

约前1100年—前1060年，姬昌在渭水边上寻得姜子牙，将他接入宫廷。

约前1046年，武王姬发灭商后，建立周王朝。

前841年，周公与召公实行共和行政，这一年是中国历史确切纪年的开始。

●毛公鼎

●伊尹

前770年，平王东迁洛邑，西周结束。

夏	商	西周

前1000

约前1075年—前1046年，姬昌在狱中演绎八卦，成为后来《周易》蓝本。

前827年—前820年，周宣王统治时期，周朝疆域扩大，诸侯来朝，史称"中兴"。

约前1640年—前1600年，商汤与夏桀战于鸣条，夏朝灭亡，商王朝建立。

约前1057年，姬昌正式称"王"，即周文王。

约前1020年—前995年，周朝出现了"成康之治"的繁盛局面。

约前877年—前842年，厉王实行的高压政策，使人民十分怨恨厉王。

前771年，褒姒得宠。犬戎杀幽王，姬宜臼被立为王，史称平王。

●商汤

约前1046年，周武王与商朝军队战于牧野，商纣王登鹿台自焚而死，商朝灭亡。

●周武王

约前976年—前922年，周穆王八骏巡游，留下许多传奇故事。

●幽王烽火戏诸侯

史 前

传说的时代　华夏民族的形成　三皇五帝的禅让

　　中国是人类起源和成长的摇篮之一，在这片广袤而美丽的土地上，中国人民创造了灿烂的远古文明。

　　远古至今，关于人类起源的神话传说数不胜数，留下了女娲造人、盘古开天等动人故事。古人对大自然现象缺乏科学的理解而产生奇想，现在许多古代出土文物和典籍显示，不论东方或西方，古人是相信、崇敬神的，遵守着"神的启示"做人处事。

　　距今 13000 年前，末次冰期结束后，全球气候逐渐变暖，气候的变化为各种可食用植物的生长提供了条件，采集在人类生活中占据越来越重要的地位。旧石器时代晚期，石器的细小化，尤其是磨盘、磨棒的出现，便是这种状况的反映。距今 10000 年前到 6000 年前时人类采集业发展达到高峰。采集业的发展为植物栽培的出现奠定了基础，人们发现并开始利用野生的植物，最后发展成为对稻和粟等作物的栽培，于是产生了原始农业。陶器的出现和磨制石器的出现与原始农业大体同步。烹调方式的变化、储存食物的需求以及人类的定居生活使得陶器的出现具备了物质条件。

　　磨制石器的出现则与人们砍伐森林和修建房屋的需求增长有关。距今 8000 年—6000 年间，在我国长江和黄河中下游地区（以浙江余姚河姆渡、河南新郑裴李岗和舞阳贾湖、河北武安磁山、陕西西安半坡和临潼姜寨等遗址为代表），农业获得了很大的发展，这应当与此期间这里的气候温暖湿润，适合农作物生长有密切的关系。伴随着农业的发展，以猪为主要对象的家畜养殖业也发展起来。与此同时，人类文明在宗教信仰和艺术等方面也取得了较大的进步。而随着血亲婚配逐步受到限制，氏族逐渐形成。氏族社会当中的成员是基本平等的，由于全体氏族成员只能确认各自的生母，所以成年的妇女都一代一代地成为确定本氏族班辈世系的主体，成年的男子则分散到其他氏族寻求配偶，这就是母系氏族。族中的壮年男子担任打猎、捕鱼和保护集体安全等需要较大体力的事务，而采集食物、看守住地、烧烤食物、缝制衣物、养老育幼等繁重任务，都落在妇女的肩上。中国关于母系氏族传说中的女娲氏，可能就是当时母系氏族全盛时期带领人们开辟荒原的首领。

随着农业和畜牧业的发展，氏族、部落不断地繁衍，经过若干世代之后，氏族逐渐分化，血缘关系开始疏远，对偶家庭开始出现。伴随着男子渐渐成为生产的主力军，他们逐渐取代女子在氏族中的领导权，父系氏族逐步替代了母系氏族。这一时期，中国也进入了传说中的"英雄时代"。从黄河流域到长江流域的先民们，大都进入部落、部落联盟阶段，炎帝和黄帝就是这一时期传说中最伟大的英雄。炎黄二帝的部落联盟在一起繁衍生息，逐渐形成了华夏民族的主体。中国人也因此被统称为华夏民族，华夏民族是由许多部落合并而成的。

黄帝之后众多的部落首领逐渐转化成为世袭贵族，存在了很长时间的"禅让"，随着民主军事制度的结束，永远消失了，只停留在后代儒家的向往与赞许声中。

在三皇五帝的传说时代，禅让制是人们推举部落联盟首领的主要制度。不过随着社会的发展进步，部族成员间有了贫富分化，私有制和阶级渐渐出现，这也宣告了民主选举制度即将终结。大禹的儿子启建立了夏国，"天下为公"变成了"天下为私"，禅让制被世袭制所取代，国家这种全新的政权机构取代了原始部落联盟。至此人类历史结束了史前时代，进入了一个全新的时期。

瑶池献寿图

伏羲女娲：人类诞生的传说

神农采药：农业的萌芽和发展

禹王锁蛟：氏族的终结者

轩辕问道：传说时代的英雄们

史前传说的首领传承：盘古氏 >> 有巢氏 >> 燧人氏 >> 伏羲氏 >> 神农氏 >> 黄帝 >> 颛顼 >> 帝喾 >> 唐尧 >> 虞舜 >> 夏禹

史前大事一览表

时　间	事　件
距今约170万年	元谋人生活在云南元谋一带，这是迄今为止我国境内已知的最早人类。
距今约80万年	蓝田人生活在陕西蓝田一带，在那里出土了一些打制石器。
距今约70万年—20万年	北京人生活在今北京周口店一带，他们已经开始使用火。
距今约18000年	山顶洞人开始氏族公社的生活。
约前5400年—前5100年	磁山文化，遗址在今河北武安磁山一带，分布范围不大。
约前5300年—前4600年	裴李岗文化，遗址在今河南新郑裴李岗一带，集中分布于河南省大部分地区。
约前5000年—前3000年	仰韶文化得名于河南渑池仰韶遗址，是北方最为著名的文化遗址。后衍生出的仰韶文化时期包含范围极广，时间跨度也较大。大约包含新石器时代中期和晚期两个时期四个阶段的遗址。
约前4700年—前3600年	半坡文化，得名于陕西西安半坡遗址。此文化可分为四期，主要分布在关中地区和甘肃东部。
约前3800年—前2000年	马家窑文化，遗址位于甘肃临洮马家窑一带，主要分布于甘肃境内。
约前4000年—前3000年	红山文化，遗址位于内蒙古赤峰红山，主要分布于内蒙古、辽宁、河北境内。
约前5000年—前3300年	河姆渡文化，遗址位于今浙江余姚河姆渡，主要分布于杭州湾南岸的宁绍平原。
约前3000年—前2600年	屈家岭文化，遗址位于湖北京山屈家岭，主要分布于江汉平原地区。
约前4040年—前2240年	大汶口文化，遗址位于山东泰安大汶口，主要分布于山东、江苏局部地区。
约前3400年—前2000年	良渚文化，遗址位于浙江余杭良渚镇，主要分布于长江下游太湖流域。
约前2900年—前2800年	庙底沟二期文化，遗址位于河南陕县庙底沟，共分二期。
约前3500年—前2600年	石器制作精细，青铜器已经出现，但数量很少，中国进入金石并用时期。陶器制作工艺显著进步。
约前2500年左右	黄河流域的黄帝部落打败了炎帝和蚩尤等部落，黄帝成为中原部落联盟的首领。华夏民族渐渐形成，黄帝成为中华民族的人文初祖。
约前2500年左右	仓颉创造文字。
约前2514年—前2437年	颛顼高阳氏，远古传说中的帝王，"三皇五帝"中五帝之一，居于帝丘（今河南濮阳附近），号高阳氏。
约前2436年—前2367年	帝喾高辛氏，是上古时期"三皇五帝"中"五帝"的第三位帝王，前承炎黄，后启尧舜，奠定华夏根基，是华夏民族的共同人文始祖之一。

时　间	事　件
约前2366年—前2358年	帝挚高辛氏姓姜，名匡二，又名鸷。他是帝喾的长子，尧之兄。中国氏族联盟时代帝挚青阳氏政权的十七任帝王。
约前2357年—前2258年	帝尧，帝喾次子，初封于陶，又封于唐，故号为陶唐氏。他的号为尧，史称唐尧。在位百年，有德政，征求四岳的意见，设立谤木，任用贤人，后让位于舜。
约前2257年—前2208年	帝舜（虞舜）姓姚，名重华。尧帝的女婿，因建国于虞，故称为虞舜或有虞氏。尧禅位给他为天子，都于蒲阪。在位四十八年，舜每五年巡行天下一次，后确定继任者为禹。
约前2070年	舜遵行旧制，将中原的部落联盟首领的职位禅让给了治水有功的禹。
约前2070年—前2030年	南方发生三苗叛乱，大禹出兵征伐，取得胜利。
约前2070年—前2030年	禹在涂山举行诸侯大会，大批诸侯带着礼物前来朝贺。

人类的出现

　　历史是人创造的，然而人是怎样产生的呢？中国的神话和考古发掘给出了完全不同的解释，一个答案浪漫得天马行空，另一个则艰苦得有些残酷。但如果仔细推敲，它们之间存在着惊人的相似之处以及千丝万缕的联系。

人类的起源

人类的起源问题，可以说是学术上最令人头痛的问题。人类学家、考古学家、历史学家、生物学家都对人类起源做过各种角度的研究和解释，但至今仍没有形成定论。

关于人类起源的神话传说，世界各地都相当丰富。在我国几乎各个民族都有关于人类起源的神话，例如侗族有"龟婆孵蛋"、土家族有"依罗娘娘造人"等，最广为人知的自然是盘古开天辟地和女娲造人的传说。

而在考古学上则一直存在非洲起源说和多地区起源说的争议。较早提出现代人非洲起源说的是美国科学家华莱士和威尔逊，他们认为现代人祖先可以追溯到大约15万年前非洲的一个女人"夏娃"。而"夏娃"的后裔则由非洲大陆向世界其他各洲迁移。那么，其他各洲是不是就没有原始人类生存呢？一部分科学家推断他们抵挡不了冰川严寒全部自然消灭；另一部分科学家则推断他们全部被迁徙而来的"夏娃"的后裔征服并取代。据后一种说法推测，"夏娃"的后裔来到中国的时间大约在五到六万年前。他们来到中国定居后生息繁衍，并取代了原来生活在中国大陆上的原始人。

尽管现代人的非洲起源说在欧洲被普遍接受，但是仍有一些科学家持不同观点，东亚及中国学者的反对声音最为强烈。这些科学家们提出"多地区进化说"，其主要观点认为，在100万年至200万年前，直立人由非洲扩展到其他大陆后分别独立演化为现代非洲、亚洲、大洋洲和欧洲人。也有观点认为，与非洲一样，亚洲、欧洲甚至大洋州都是人类起源的中心，他们完全是按照自己的历史来演化的。在中国，很多学者和专家都在寻找各种证据来反驳非洲起源说。他们的观点是，中国现代人是由本地的直系祖先传下来的。最主要的证据是，在中国目前发现的古人类化石有200多万年前的巫山人、湖北建始人。170多万年前的元谋人。115万年前的蓝田人。50万年前的北京人。35 万年前的南京人。30 万年前的和县人。十几万年前的长阳智人。2 万多年前的山顶洞人等古人类遗迹。时间跨度从 200 多万年前到 2 万多年前，200 多万年间的化石证据都没有间断过。可见，从原始人类到现代人类的演化进展是连续的，这些证据可以证明中国人是由本地直系祖先演化而来的，而与"非洲人"无关。

盘古开天辟地的传说

每一个民族都有他们的神话作为宇宙起源或是民族起源的答案，中华民族的神话就是盘古开天辟地。

传说在万物之初，一个大鸡蛋包含着整个宇宙，鸡蛋里一片漆黑混沌。龙首蛇身的巨人盘古就在这个大鸡蛋里慢慢孕育，他沉睡了一万八千年。醒来后，盘古发现自己看不见一丝光明，心里十分憋闷，决心捅破这个大鸡蛋。

于是，随着一声巨响，盘古用他的牙齿变成的神斧劈开了这个束缚他的鸡蛋，紧紧缠住盘古的混沌黑暗被慢慢分离了。轻的一部分飘动起来，冉冉上升变成了蓝天；重的一部分则渐渐沉降，变成了大地。盘古高举双手把天空向上托，他的身子一天长一丈，天地也一天分离一丈。当天终于高高定位于大地的上方后，盘古已疲惫不堪，他躺下身来，在熟睡中死去了。

盘古的死引起了一连串新生命的诞生：他的右眼变成太阳，左眼变成月亮，血液变成江河海洋，毛发变成树木花草，吐出的气变成风，发出的声音变成雷，欢喜时的笑容变成晴天，烦恼时的愁容变成阴天；他的头变成东岳泰山，腹部变成中岳嵩山，左臂变成南岳衡山，右臂变成北岳恒山，双足变成西岳华山。盘古开创了今天我们看到的这个美好世界。

世界的产生

关于宇宙的起源，关于世间一切生物的来源，人类早就发挥过无数想象，以探究其奥秘。但是，由于所有的想象、创造都无法予以验证，所以最后不得不臣服于大自然的威力之下。于是，西方人创造了一个上帝，以上帝的存在来解释一切。而在中国，则创造了盘古开天辟地的神话。以上

女娲

关于人类的起源，世界各地都有属于自己的传说，其中西方许多国家都流传上帝造人的传说，而中国则流传女娲捏土造人的传说。

名家评史

任何神话都是用想象和借助想象以征服自然力，支配自然力，把自然力加以形象化，是通过人民的幻想用一种不自觉的艺术方式加工过的自然和社会形式本身。

——马克思

两种关于宇宙的起源的神话，都是无须也无法验证的，只需人类顶礼膜拜即可，所以，它能够被人类接受。

现在，就让我们从现实角度看看这个蓝色星球吧。我们生活的地球，是一颗在小小的银河系中不停旋转的小行星，与整个宇宙相比，就好像太平洋中的一颗水滴。

地球的形成大概在45亿年前，那时，它是一个燃烧着的巨大球体。直到几百万年后，地球表面的火渐渐熄灭，出现了薄薄的岩石。空气中的氧气渐渐增多，升腾的热气形成雨水，无休无止地降落在寂寞的星球上，慢慢形成了海洋和湖泊。当雨水最终停下的那一刹那，阳光穿透云层，照射到了这个寂寥的世界。

这个过程大约持续了15亿年，然后地球上才出现了最早的生命，第一个活着的单细胞生物，无声无息地在大海里被孕育出来。

这个单细胞生物，就是自然界中的各种分子组成的有机化程度不等的聚合体中的某一类。

原始的单细胞生命在大海里飘荡了几百万年，从低等级不断地向高等级进化。有些细胞在海底的淤泥中扎根，慢慢进化成植物——海藻；有些细胞喜欢在海水里游荡，逐渐变成了水母；一些喜欢钻进岩石缝中的细胞，后来变成了蠕虫。

还有一些细胞在海水中游荡，慢慢变成了鱼。一些"胆大"的植物不再满足于在大海里的生活，开始向陆地展开攻势。它们先是在距离海水不远处定居，然后慢慢适应陆地生活，后来变成了灌木和树林。由于海里的生物越来越多，一些鱼也上岸了，渐渐学会既用鳃呼吸，又用肺呼吸，成为穿梭于海陆两地的两栖动物。

那些喜欢陆地生活的两栖动物，不愿意再返回大海，慢慢进化为爬行动物。它们拼命地伸展自己的四肢和身体，让自己长得越来越大，以便可以在茂密的森林中穿梭，这些庞然大物，就是恐龙。

一些小型的恐龙觉得自己没有大恐龙跑得快，便开始爬到树顶，从一棵树上跃到另一棵树上。慢慢地，它们身体两侧和脚趾间的部分皮肤逐渐长出一层肉膜，这些薄薄的肉膜上又长出羽毛，它们开始在树林间飞行，最终进化成鸟。

不要小看这次进化，它足足花了27亿年。在距今3亿年前，我们的地球气候温暖潮湿，在蔚蓝的大海和茂密的丛林中，各种鱼类、恐龙和鸟类在那里繁衍生息，让这个蓝色的星球有了生命的喧闹。

这时，一件神秘的事情发生了，所有恐龙都在短时间内悉数灭绝。地球上的主宰者从这些爬行动物变成了哺乳动物。在距今3000多万年前，在众多哺乳动物中，有一些比较聪明的，开始在觅食和寻找栖身之所方面领先于其他动物，它们就是灵长类的古猿。这些古猿过着群居生活，为了彼此间加强联络、提示风险，它们慢慢学会了发声。那些从喉咙里发出的"咕咕"声，加强了整个组群的联系。距今1500万年前，这些古猿学会了用两条后腿站立，并保持身体的平衡，用前肢采摘食物。

远古时代的分期

从地质学的角度来说，远古时期的分期是这样的：

太古代距今约45亿年—24亿年，这时候，地球刚刚形成最初的永久性地壳，大气层、海水开始形成，晚期出现生命，存在菌类和低等蓝藻。

元古代距今约24亿年—5.7亿年，这一时期也被称为"菌藻时代"，中期发生了全球性的大冰期，末期开始出现腔肠动物、环节动物和节肢动物，这些动物都没有坚硬的骨骼。

古生代距今约5.7亿年—2.3亿年，包括了寒武纪、奥陶纪、志留纪、泥盆纪、石炭纪、二叠纪。泥盆纪、石炭纪、二叠纪又合称晚古生代。出现无叶植物和昆虫，海中鱼类动物和两栖动物繁盛。

中生代距今约2.3亿年—6700万年，分三叠纪、侏罗纪和白垩纪三个纪。中生代中爬行动物非常活跃，最引人注意的是恐龙。鸟类和哺乳动物开始出

祖鸟化石
这是始祖鸟的化石，始祖鸟是鸟类的祖先，是世界上最早的鸟。它们有宽阔的、末端椭圆形的翅膀，还长着长长的尾巴。

沧源岩画牵牛图
沧源岩画是我国已经发现的最为古老的岩画之一。岩画一般绘制在垂直的岩壁上，为我们展现了新石器时代
人们的生活。岩画主要内容包括：人物、动物、房屋、道路等等生活中的事物，以及反映战争、舞蹈、采集
的场面。

现并发展，被子植物在这个时期也开始发展。

新生代约为 6400 万年前至今，一般被分为古近纪和新近纪两个纪，以及
七个世：古新世、始新世、渐新世、中新世、上新世、更新世和全新世。新
生代是哺乳动物的时代。

三皇的漫长岁月

在人类还未最终形成之前，两栖动物和爬行动物曾统治这个世界很长时
间，那时气候温暖潮湿，即使是恐龙这样的庞然大物，也能找到足够的食物。
直到出现了一件神秘的事情，让所有恐龙都在短时间内悉数灭绝了。没有人
知道这是什么事，后世的人们做过种种猜测，包括火山爆发、气候突变、外
星人入侵、地球与其他星球相撞……可至今也没有得出确切的答案。唯一可
以肯定的是，那一定是一场灭顶之灾。否则，身体像大卡车一样高大的恐龙
们，怎么会突然间全部死去呢？它们是被饿死的，冻死的，还是吓死的？这
也许是一个永远的谜。恐龙们灭绝了，地球开始被这些爬行动物的子孙——
哺乳动物所统治。哺乳动物没有它们的祖先那样高大，也不会下蛋，只好褪
去了身上的鳞甲，长出浓密的毛发，用乳房哺育它们的后代。

不过，浪漫的中国人不这么认为，他们不能将这片美丽的土地交给动物
掌管几百万年，于是，三皇出现了。

三皇就是三位伟大的神祇：天皇、地皇和人皇，他们统治的年代大约在 200 万年前到 100 万年前这段漫长的岁月里。神话中说，在三皇的时代，太阳和月亮开始有规律地起落，昼夜开始分明。

三皇的传说

在传说中，天皇又称天皇氏，据说有兄弟十三人，每人都带领自己的部族居于一方，立国称皇，各传国 18000 年。

当然，这完全是人类的想象，因为在 100 万年以前，人类还处在从古猿到早期智人的进化过程中，是不可能出现氏族的。至于说"天皇兄弟十三人"，则是一条很重要的远古人类社会的信息，说明当时的人类已经意识到，在这个地球上除了中国之外也还有其他国家。因此，古人把天下分成十三个部分，而中国仅是其中之一。中国当时最高的领导者是天皇，别国领导者叫什么古人不知道。但是古人认为，领袖都应该同出一源，所以便把他们说成是兄弟。

根据现代的推测，天皇时期的地质年代属于新生代第三纪的更新世早期，考古年代为旧石器时代早期，社会组织形式为血缘家族公社，婚姻形式为血缘群婚，即本族团内的群婚。中国云南的元谋人、山西芮城县西侯度村的西侯度文化，都属于"天皇时期"。

地皇又称地皇氏，传说有兄弟十一人，其功德在于发挥地力。

人皇氏兄弟则有九人，共同出生于仙家圣地刑马山，他们拜仙人为师，后来共同出山治理中国。其时天灾人祸横行，地裂山崩，洪水泛滥，人类再次面临灭顶之灾。人皇氏兄弟九人分大地为九区，每人各居一方，带领人类抗灾自救。经过多年奋战，人类终于战胜自然灾害，得以生存下来。于是人皇氏兄弟在各自居住的地区建都立国，共称人皇。

洪水与救世

无论是三皇的传说还是原始人的迁徙生活，结合神话，我们发现了一个共同的特点：灾难。在人类刚刚产生的那段日子里，肯定发生过一场大的自然灾害。无独有偶，中外神话都说到了这一点：洪水。西方关于这场洪水的

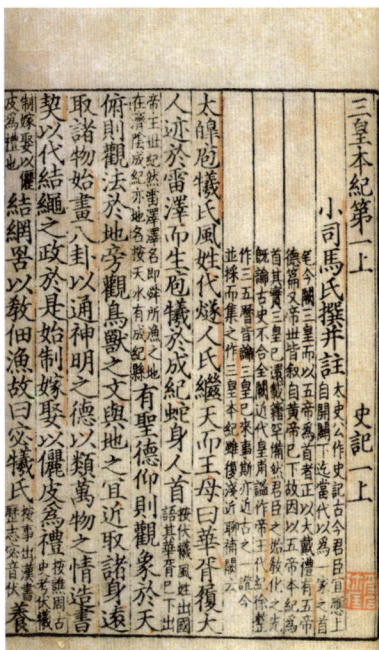

《补史记·三皇本纪》书影

关于三皇有不同的说法，有一种说法认为三皇是指伏羲、女娲、神农。关于三皇的历史记载，为唐朝人司马贞注《史记》所补，人称司马贞为小司马。

雷公车画像砖
这是东汉的雷公车画像砖。这块画像砖描绘的是雷公乘坐三只神兽所驾的车子出行的情景。

神话是"诺亚方舟",而中国则是"女娲造人"。

据说,天和地由雷公和其哥哥高比分别负责治理。一开始,倒也和睦相处,高比有一双儿女,就是伏羲和女娲。传说女娲是一位人首蛇身的美丽女神,她的哥哥伏羲也是人首蛇身。随着生活生产能力的增强,人类开始不敬奉天神雷公。雷公大怒,整整六个月不下雨,人们去求高比帮忙,高比偷来雨水滋润土地。雷公很生气,想用火雷劈死高比,却被高比用鸡罩活捉了。这种鸡罩,现代的农村中仍有使用,就是用藤条或竹篾子编成的,据说编法内含六爻八卦,十天干,十二地支,二十八星宿,六十四卦,三百八十四爻,奇妙无比。高比捉到雷公后,把他关在铁笼子里,嘱咐儿女道:"记着,千万不要给他水喝。"

高比出门后,雷公做出十分痛苦的样子讨水喝,水的数量由一碗变成一口,伏羲和女娲还是不同意。最后雷公说:"那么请去把涮锅水给几滴也好,我快渴死了!"小兄妹犹像片刻,决定用涮锅的涮把蘸几滴涮锅水,给雷公喝。

雷公喝了水,非常欢喜,一用劲,就听轰隆一声巨响,他撞破铁笼子飞了出来。伏羲兄妹吓呆了,不知如何是好。这时雷公拔了一颗牙齿交给他俩,说:"拿去种在土里,如果遭了灾难,你们就藏到长出的果实里去,可保平安!"说完,雷公就升天而去。待高比发现雷公逃脱,知道大祸将至,赶忙打造了一艘大船,以防灾难从天而降。此时,伏羲兄妹则依照雷公的吩咐,种下了雷公的牙齿。第二天，果子长成了一个大葫芦，兄妹俩锯开葫芦，掏出里面的葫芦籽，不大不小，正好容得下他们俩。

果不其然，第三天风云突变，飞沙走石，暴雨从天而降，洪水很快就淹没了平原、丘陵。高比钻进了大船，伏羲兄妹俩钻进了葫芦。洪水越涨越高，高比驾着大船，一直到达天门，喝令水神退水。顷刻间雨止风停，洪水一落千丈，大地露了出来，高比的大船从天空跌落到地上，摔得粉碎，高比也死了。而那葫芦落在了昆仑山上，伏羲和女娲从葫芦里出来，安然无恙。

当洪水吞噬了一切后，人类即将灭亡。女娲兄妹便想结为夫妇，繁衍后代，可又认为兄妹成婚是一件羞耻的事。于是二人来到昆仑山上，对上天说："天若遣我兄妹二人为夫妻，而烟悉合；若不，使烟散。"话音刚落，天上的烟马上都聚拢起来。二人认为这是上天的旨意，女娲结草为扇，遮住自己的脸，与哥哥结成夫妻，繁衍了人类。

传说与现实

史书上说，天皇是盘古的后代，他的臣民"淡泊无为，而俗自化"。我们可以理解为，那时的人类头脑简单，思想单纯，生活方式和其他哺乳类动物没有太大差别。这种状况正与我们今天的科学考证相吻合，可见神话传说还是有一定根据的，并非空穴来风。

证明这一点的，就是考古发现：云南元谋人化石。

元谋人化石包括两枚上内侧门齿，当时定名为"元谋直立人"，生活的年代距今约170万年，使用简单的打制石器。

还有发现于山西芮城县西侯度村的西侯度文化，距今约180万年。西侯度文化遗址共出土了打制石器数十件，制作简单而粗糙，有砍砸器、刮削器和一件三棱大尖状器。据分析，西侯度人很可能是云南东方人种的分支，由于当时全球气候转暖，冰川融化，寒冷的中国北方也充满生机，因此居住在元谋盆地的东方人因人口繁殖过剩，食物短缺，出现了生存危机。于是，东方人逐渐分裂成十几个支脉，陆续迁往新的地区开辟家园，其中的一支就迁到了今山西南部靠近黄河的芮城一带定居下来。可以说，这是中国上古时代，人类为了生存而进行的一次成功的分裂。

到了约二三十万年前，人类的体质有了进一步发展，猿人遗留下来的原始体质特征虽然没有完全消失，但有显著的进步，逐渐接近现代人了。此时即为"古人"阶段，"古人"又称早期智人，相当于考古学上的旧石器中期。

中国境内所发现的古人遗迹很多，主要有蓝田人、大荔人、马坝人、丁村人、许家窑人等。蓝田猿人的化石于 1963 年—1965 年在陕西省蓝田县公王岭更新世早期地层中被发现。他们生活在距今 80 万年—75 万年，拥有低平的前额，隆起的粗壮的眉骨，使用简单的打制石器。大荔人是 1978 年在陕西大荔县甜水沟的岩壁上发现的，有一具相当完整的头骨化石，是属于中青年男性的个体，是由猿人向古人发展的过渡形态的代表。马坝人化石是 1958 年在广东韶关马坝圩的山洞中发现的。其头盖骨化石属于中年男性个体，在形态上还有猿人的某些特征，是古人的最早类型。丁村人化石最初是 1954 年在山西襄汾丁村发现的，有属于一个十二三岁小孩的三颗牙齿化石。1976 年又在同一地点发现一块属于两岁幼儿的右顶骨后上部化石。丁村人大约生活在十万年前，是介于北京猿人与现代蒙古人之间的中间环节。许家窑人化石是 1976 年—1977 年在山西省阳高县许家窑村附近的断崖上发现的，大约有十多个男女老少不同的个体，既有一定的原始性，又有接近现代人的特征，年代大约也在十万年前。

原始群前期

原始群前期的人类保留的猿类的体质特征较多，突出的眉骨，低平的额头，嘴部也明显前突，身躯的直立程度仍不够完全。因此，这种刚由古猿进化成人的原始人类，尽管已经学会了制造工具，但仍然处于半猿半人的状态，所以被称为"猿人"。在我国发现的属于这一时期的人类主要有元谋人、蓝田人、北京人等。

元谋人

1965 年夏天，几位地质学家在云南元谋县附近进行地质考察时，发现了两枚早期直立人的上门齿化石。这种猿人被定名为元谋人。科学家们认为元谋猿人化石地层是地质时代新生代第四纪的早更新世，用古地磁的方法测出元谋人的绝对年代是距今 170 万年左右。这是我国迄今发现的最早期的直立人类型的代表。

1973 年冬天，考古和地质工作者们又在元谋人化石出土地点附近展开大规模的发掘。虽然没有再发现新的元谋人化石，但出土了一些打制石器、破碎的哺乳动物化石和零星的炭屑。这些材料是云贵高原上确有早期人类生存的有力证据。

仅发现的两枚元谋人上内侧门齿化石，一左一右，同属于一个成年个体。牙齿石化程度相当深，颜色灰白，齿根部稍有缺损，其他部分保存较好。将元谋人从形态上与周口店的北京猿人比较可以明显看出，前者更具有原始性。比如，元谋人的牙齿比较粗大，唇面相对平坦，舌面模式也较复杂。另外，牙齿属于蒙古亚种的铲形上门齿，这说明元谋猿人与中国境内的其他猿人具有相近的人种特征。

元谋人牙齿化石是在元谋盆地东部边缘地带的一座小土丘中发现的。该土丘由褐色黏土构成，地层为河湖相沉积。元谋盆地内，第四纪以来的各种堆积物，总厚度超过了一千米，其中的元谋组厚度大约 700 米，从下至上，分为 4 段共 28 层，而元谋人化石及其他文化遗物、动物化石是在第 4 段第 25 层发现的。

从发现的动物化石的特征来判断，这里有爪兽、泥河湾剑齿虎、最后枝角鹿、纤细原始狍、轴鹿等第三纪残余物种，也出现了桑氏鬣狗这样的早更新世的代表种类，还有南方的犀牛和剑齿象。由此可以判断，当时的生态环境应是温暖的森林或者半森林半草原类型。

与元谋人牙齿化石同层还发现了六件重要石器，有三件属于刮削器一类，都是石英岩质地，其中两件用石块制作，一件基于石片加工。另外三件一件是石核，一件是石片，最后一件接近于尖状器。由于石器太少，所以尚不足以清楚表明当时石器制作业的全部情况。可以看出的是，元谋人基本上采用石英岩为材料，用锤击剥片法制作石器。石器的类型以刮削器为主，形体不大，做过进一步的复向加工。

化石出土层位发现的炭屑掺杂在黏土中，大概分为 3 层，每层间距 20—50 厘米，分布不均匀。最小的炭屑直径 1 毫米左右，而最大的可达 15 毫米。因为这些炭屑是在人类化石和石器等出土的地层发现的，所以有的学者推测它们可能与人类使用火有关。但是这种看法目前证据不足。

元谋人的化石和其他文化遗物虽然不丰富，但由于其伴出的哺乳动物群时代属于早更新世，所以一直受到各方面的关注。关于元谋人的时代，学术界有两种具有代表性的意见：一种认为时代很早，属于早更新世，此观点的

阴山岩画人面纹

阴山岩画上的人面纹属于新石器时代，这些人面纹是新石器时代阴山岩画中最为常见的主题。人面与人们崇拜的太阳神有些联系，代表着人们希望丰收的愿望。

元谋人刮削器

此刮削器出土于云南元谋县，属于石英岩质地较为粗糙的单刃刮削用具。

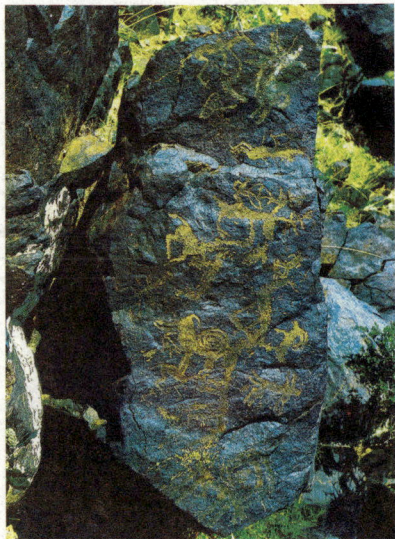

阴山岩画围猎图
这是刻画在阴山岩壁上的围猎图，属于新石器时代的遗迹，表现了当时人们围捕野兽的生活场景。

依据是地质科研部门测得的古地磁年代数据——距今170万年左右；持另一种观点的主要是一些研究第四世纪的地质学者，认为不会早过中更新世。他们对元谋盆地的地形进行详细的分析研究，最后得出牙齿化石的时代是距今50万年—60万年前的结论。

我们都知道，人类是灵长类的一种，是从古猿进化来的。正是古猿中一些较为聪明的，学会了用两条后腿站立，并保持身体的平衡，然后用前肢采摘食物。这就是最初的人类雏形，也就是云南元谋人的样貌。

元谋人要长到像我们现在这个样子，他们还有太长的路要走。他们生活在气候温暖的草原上，水、蛋、鸟、鼠和小羚羊遍地都是，那是些一遇到危险就伏在草丛中一动不动的家伙，只需要用石头和木棒制作成简单的工具，就能很容易捕捉到。

丰富的食物让古猿们的身体得到了许多营养，丰富的蛋白质促进了脑部的发育，让他们越来越聪明。这些古猿过着群居生活，为了彼此间加强联络、提示风险，他们慢慢学会了发声。那些从喉咙里发出的"咕咕"声，加强了整个组群的联系。

此时的元谋人虽然可以被叫作人类了，但还保留着许多古猿的特征。他们全身依然覆盖着厚厚的毛发，身材矮小，长得也不好看，都是窄窄的前额，突出的嘴巴。生存是艰辛的，用来果腹的食物主要是挖来的植物根茎和猎来的鸟类、老鼠之类的小动物。要说到打牙祭，那需要许多人挥舞着石头和木棒，在大草原上没命地追逐，才偶尔能抓住一只鹿，多半还是老弱病残的。白天还好说，一到晚上，他们只能钻进漆黑潮湿的洞穴或是树洞，忍受寒冷与对野兽的恐惧。

正是在这种艰辛的生活中，原始人类动用全身的一切感知器官，感受着这个世界。他们发现，在经历了一段难熬的寒冷之后，温暖就会降临，食物开始丰富起来。然后天气越来越热，随之而来的是各种果子从树上掉下来，可以让他们不劳而获。等到一些动物开始长睡不出后，严寒又会再次到来。

为了抵御严寒，他们把捕获的动物的皮毛剥下来穿在自己身上；为了躲避风雨，他们把动物从它们的巢穴中赶出来，自己住进去；为了度过漫长的严冬，不让自己的孩子冻死，他们将火种带进了山洞。火是闪电引起的，它烧起来的样子让他们感到既害怕又兴奋。但火的温暖和光明让他们壮起胆子走近了它，并把它带回家，小心地保存，不让它熄灭。从此以后，每当夜幕

名家评史

古地磁年代测定法，是一种根据地球磁性的变化规律来测定年代的方法。但古地磁法不能产生数值年代，只能产生相对年代，它只有与同位素法相结合时，才能测出较为准确的年代，所以一些学者对元谋人的年代提出质疑。

——周国兴

降临，他们都围绕在火堆前，再也不用担心被野兽侵袭了。黑夜变得不再可怕，他们可以聚集在火堆旁，磨制白天没有完成的石器工具，用简单的语言彼此交流。

蓝田人

蓝田猿人比元谋猿人时代稍晚。1964 年，科学工作者在陕西省蓝田县陈家窝附近和公王岭两处发现了猿人化石，即将其命名为"蓝田猿人"。

蓝田猿人一般指公王岭的直立人头盖骨和陈家窝的下颌骨化石。因为两地比较近，且都是在相同的土质中发现，所以最初的研究者将两者放在一起复原并研究。但是后来随着第四纪研究的深入，越来越多的学者认识到，公王岭和陈家窝两地的哺乳动物化石的时代相差比较远，两地猿人化石的原始特征程度也不一样。据较新的测定，公王岭的古地磁年代距今 110 万年左右，陈家窝距今 65 万年，二者的时间差距悬殊。

公王岭是灞河左岸最高的一级阶地。在一个古老的巨厚砾石层之上，堆积着厚约 30 米的棕红色砂质黏土，即地质学上所谓的"红色土"，直立人头盖骨和伴出的动物化石，就埋藏在其中。在公王岭的直立人化石层中，还发现了哺乳动物化石 42 种，不但包括较多的华北早更新世到中更新世早期的种类如短角丽牛、土红鼠、丁氏鼢鼠等，而且存在少量的第三纪残存种如爪兽、泥河湾剑齿虎。至于现生种的比例仅为五分之一。这都表明公王岭直立人化石的时代比北京猿人的更早，属中更新世早期，相当于印度尼西亚爪哇岛发现粗健直立人化石的哲蒂斯层或阿尔卑斯冰期系列的贡兹——明德间冰期。

另外，公王岭动物群带有明显的南方动物群特色，如其中的大熊猫、东方剑齿象、华南巨貘、中国貘、水鹿、毛冠鹿和秦岭苏门羚等，都是华南及

剑齿虎头骨化石
蓝田人生活的时期，剑齿虎也生活在这一带，并且成为他们的主要敌人之一。

蓝田人手斧
蓝田人还在使用打制石器，此石斧出土于旧石器时代早期人类化石发现地，位于陕西省蓝田县。

南亚更新世动物群的主要成员。公王岭动物群中存在着这么多的南方森林性动物，一方面表明当时蓝田一带气候温暖、湿润，属于亚热带森林环境；另一方面也表明那时秦岭不像今天这么高，还未隆起成为妨碍南北动物迁移的地理屏障。

公王岭直立人的头骨化石保存了额骨、大部分顶骨、部分颞骨、鼻骨和上颌骨，以及右上第二、第三臼齿和左上第二臼齿。头骨形态与北京猿人有相似之处，但也有一系列特征比北京猿人更原始。例如：一，头骨高度小，低于北京猿人，也低于爪哇直立人，是世界上已经发现的颅高最低的直立人化石标本；二，脑量较小，复原后头骨脑量仅约 780 毫克；三，头骨壁极厚，平均 12.4 毫米；四，眶上圆枕极为粗壮，眉脊和眉间粗壮，左右两侧眉脊在眉间部相连，眉间部向前突出，圆枕的外侧段比北京猿人更为向外延伸，因而眶后缩较北京猿人和爪哇人标本的后缩程度都大；五，牙齿粗大，上二、三臼齿的宽度均超过北京猿人。从头骨的形态看，头骨所代表的个体多半为年龄 30 岁左右的女性。鼻额缝和额上颌缝的走向约在同一水平位置，这与北京猿人相同，而且也是后来的蒙古人种的特点。

一般所谓蓝田猿人文化是指公王岭地点及其附近红色土中发现的石制品。这些石器的共同特点是形体较大，类型上有砍砸器、石球和尖状器。砍砸器等大型工具是用粗大的砾石加工成的。尖状器是将整块的石英岩砾石用交互打击法制成的，呈长三角形，但底部仍保留较大的砾石面。当时蓝田地区的自然环境具有很明显的南方色彩，温暖湿润的森林环境为早期人类提供了方便的生存条件。形体粗大的石器应是早期人类适应当地自然环境，进行生产生活的产物。

陈家窝位于灞河右岸，化石也发现于最高一级阶地的红色土层中。"红色土"属华北中更新世堆积。在陈家窝共发现哺乳动物化石 14 种，它们多半见于公王岭，但也有晚更新世的动物。许多学者认为，陈家窝的时代晚于公王岭，大致和北京人的相当；也有学者认为可能与公王岭相同，但经过用古地磁法测定的年代数据表明，陈家窝地点晚于公王岭地点。

陈家窝出土的是一具下颌骨化石，据判断属于一个老年女性。该化石从形态特征上来看，它具有多个颏孔，有明显的联合部突起和联合棘，下颌明显向后倾斜并有明显的颏三角。从整体上看比北京人原始，但比公王岭的头骨要稍进步一些。

陈家窝与公王岭不同，缺少带有强烈南方色彩的哺乳动物。软体动物也基本上都是现代生活于华北的种类。有的学者认为，两个地点的直线距离只有 22 公里，动物群却存在如此大的差别，这一事实也反映了他们之间时代的不一致。

北京人

蓝田猿人在物质文化方面是比较模糊的，而猿人活动的史迹，目前材料最丰富的，首推北京猿人。

北京猿人的化石发现于北京市西南周口店龙骨山的山洞里。从 1927 年开始发掘，这里所发现的北京猿人的骨骼化石，有头盖骨、面骨、下颌骨、牙齿、股骨、胫骨、肱骨、锁骨、肢骨等，根据科学家研究，认为是四五十万年前的原始人类。1976 年，学者用古地磁方法对北京猿人洞穴堆积物进行研究，从而得出北京猿人的年代不早于距今 69 万年的结论。周口店所发现的这些北京猿人的骨骼属于四十多个男女个体，学者定其学名为"中国猿人北京种"，简称"北京猿人"或"北京人"。

北京猿人的体质结构已经具备了人的基本特征，但仍残留一些现代类人猿的特点。与现代人比较起来，他们身材较矮小，男性平均身高 1.62 米，女性平均身高 1.52 米。其面部较现代人稍短而向前伸出，前额低平，不像现代人那样隆起，脑壳大约比现代人厚一倍，鼻子扁宽，颧骨高突，眼眶上缘有两个互相连接的粗大眉骨，像屋檐一样遮着两眼。牙齿粗大，臼齿咀嚼面比现代人复杂得多，齿面上具有许多皱脊。上下腭骨向前突出，没有下颏。脑容量平均为 1075 毫升，比年代更早的蓝田猿人的 780 毫升要大得多，比现代类人猿（415 毫升）则大一倍以上，但是如果与现代人相比，只等于现代人（1400 毫升）的 80%。

北京猿人的下肢骨基本上具备了现代人的形态，只是骨壁厚，髓腔小。

北京人头部复原像

北京人头部复原像是根据北京人头骨化石复原而成的，使我们可以更为直观地了解北京人的外貌。

虽然可以肯定已经能直立行走，但多少还具有若干原始性质。至于上肢骨则发展得几乎与现代人极为相似了。这是由于北京猿人在长期劳动中促使手、足发生显著分化，尤其是双手为了适应各种需要，进行着复杂的动作，使其日益变得灵巧，距离猿类就更远了。

由此可见，北京猿人身体各部分的发展是不平衡的。其进化的先后次序是：上肢骨发展得最先进，较早地进化到与现代人相近的程度，下肢骨次之，而头骨最后。这主要是由于北京猿人经常利用前肢制造和使用工具，前肢的劳动较多，因而这部分最早发达起来。前后肢的分工越来越明确，后肢要单独负担行走，腿和脚也跟着发展了。人直立行走以后，颈椎支持着脑袋，头部才逐渐稳定下来，促进了脑量的发展，因而其发展落在四肢的后面，保留着较多的原始性。可见人类体质各部分的变化是由劳动决定的。

北京猿人自从在周口店生活时期，就进行着艰巨的劳动。当时他们已经掌握了两种征服自然的知识：一是制造石器，二是用火。

北京猿人制造的石器已有大量的发现，原料以脉石英和砂岩为主，也有少量的燧石和水晶。

考古学家把北京猿人的石器勉强分为：锤状器、砍伐器、平圆器、尖状器和刮削器等。

北京猿人虽然能制造工具，但这些石器都很粗糙，带有很大程度的原始性。最主要的特征有三个：一是各种工具的用途未十分"分化"，一件工具既可以用于刮削与切割，也可以用于凿钻；二是彼此都有个性，每件工具有每件工具的式样。这是由于技术幼稚，不能打成一定的形状，用途相同的工具器形尚未规格化；三是使用时不加第二步工作，任选一片即能使用。

这种粗糙的用打制的方式制造的原始工具，考古学家称之为"旧石器"，使用这种石器的时代便称为"旧石器时代"。

在北京猿人住过的山洞中，不但发现了大量的石器，而且还发现了火烧过的成层、成堆的灰烬，以及一块块颜色不一的经火烧过的兽骨、石头，还有被火烧过的朴树籽以及紫荆树木炭块。这许多烧过的东西，并不是分散在地层里，而是堆积在一起。这就清楚地说明，这不是天然的野火所留下的痕迹，而是人类有意识地使用过的火的痕迹。

我们现在还不能够证明北京猿人已经发明了人工取火的方法，很可能他们只知道利用和保管天然发生的火种。从元谋猿人到北京猿人，在长期劳动

名家评史

长阳人的发现，不仅给江南动物群增加了新的种属，并为地层的划分提出了新的证据，同时给人类本身的分布与演化提供了新的资料。长阳人的问世，说明了长江流域以南的广阔地带同黄河流域一样，也是我国古文化发祥地，是中华民族诞生的摇篮。

——贾兰坡

中，他们在一定程度上从认识火到利用和控制火，必然有一个长期实践的过程。他们可以把火带到洞中，经年累月地保存着火种，以便随时利用。火的使用给人类带来了光明和温暖，扩大到生活领域，火使人类能够吃到熟食，结束了过去茹毛饮血的时代。熟食缩短了消化过程，有利于摄取食物的营养，促进人类体质尤其是大脑的发展。火还可以驱逐野兽，增强了人类的自卫能力。所以，火的发现和使用，的确是人类进化史上一个巨大的飞跃。

原始群后期

原始群后期大约在距今二十万年到距今十万年之间。猿人阶段的人类经历了大约几十万年的漫长岁月，到距今约十万年左右，就逐渐发展到早期智人，这段时期在考古学上相当于旧石器时代中期。我国境内典型的早期智人有马坝人、长阳人等。

马坝人

马坝人化石于 1958 年在广东省韶关市曲江区马坝镇狮子山石灰岩溶洞中被发现。他们是生活在中国东南地区旧石器时代中期的古人类，也是迄今为止广东省境内发现的唯一的古人类。地质时代为中更新世之末或晚更新世之初。

马坝人化石包括头骨的颅顶部分、右眼眶和鼻骨的大部分，属于中年男性个体。其额骨较顶骨要长，类似直立人类的原始性质。颅骨壁较薄，颅穹窿较为隆起，脑量可能较大（估计超过了北京人），具有早期智人的进步性质。但眉嵴较粗厚，眶后部位有明显收缩，口吻部阔平尖出。虽比 50 万年前的北京猿人已有了很大的变化，但仍保留了猿人的特征，而且有许多性状与北京猿人相似，说明与北京猿人有密切的亲缘关系。

同时这里也发现了一些动物化石，有鬣狗、大熊猫、貘、剑齿象等。1984年在洞内又出土了两件砾石打制的砍砸器，但未发现其他文化遗物。

长阳人

长阳人化石于1956年在湖北省长阳县（今长阳土家族自治县）西南下钟家湾村一个称为"龙洞"的石灰岩洞穴中被发现，1957年由贾兰坡主持进行发掘。长阳人化石包括有两颗臼齿的上颌和一颗单独的臼齿。其鼻腔底壁与现代人相比较凸，与猿相似，犬齿比较发达。但颌的倾斜度没有北京人的显著，又有与现代人相近的特性。总体来看，长阳人所具有的进步特性比原始特性要多，明显地比北京猿人进步。长阳人生活的大山区，洞穴极多。这种环境为长阳人提供了有利的生存条件。其地质时代为更新世中期之末或晚期之初。

同时发现的动物化石有豪猪、古豺、竹鼠、大熊猫、东方剑齿象、中国犀等。大熊猫化石的出现，说明当时这里有大片竹林；而东方剑齿象、中国犀和鹿类的存在，则说明附近还有开阔的草原和林边灌丛。以上动物都是喜温暖气候的，所以当时这里的气候是温和而湿润的。过去学者曾把大熊猫——剑齿象动物群的时代限定在和北京猿人的时代相当的中更新世。由于长阳人化石与该动物群共存，而长阳人又具有比北京人进步的体质特征，从而证明这一动物群的时代可延续到晚更新世，这对考古学、古人类学研究以及对第四纪地质学的研究都具有重要的意义。

另外，长阳人化石及动物化石的发现，终止了以往研究长江中下游阶地形成的时代无动物化石可以借鉴的历史，提供了洞穴和阶地的对比资料，解决了长江各阶地形成的时代问题，为南方的地层划分提供了依据。

丁村人

丁村人化石包括1954年发现的3枚小孩牙齿和1976年发现的一块小孩顶骨残片，距今约10万年，为晚更新世早期，旧石器时代中期，是中国北方的早期智人化石之一。丁村遗迹位于山西省襄汾县南约5公里的丁村一带，前后共有两次发掘。1954年进行大规模发掘时，在汾河东岸共发现十个石器地点，1976年又在汾河西岸发现了新的石器地点。

丁村人化石中，两颗门齿和一颗臼齿化石属于约十二三岁的小孩。两颗门齿化石都呈现铲形，特称铲形门齿。铲形门齿是黄种人和中国其他人类化石都具有的特征，与白种人显然不同。其齿根细小且缺乏纵行浅沟，是与现代人相近的特性。白齿尖分布为十字型，相对高度比北京猿人高，但咬合纹理较北京猿人简单。从总体上来说，三枚牙齿的咬合面的结构形态介于北京猿人与现代黄种人之间。

化石中的另一块顶骨残片大约属于一个两岁的幼儿。这块顶骨化石，后上角有缺刻，这意味着小孩可能具有印加骨，与北京猿人的特征相近，但比北京猿人小孩的顶骨薄，这显示了人类体质的进步。

丁村人的石器分布在汾河两岸，约有 2000 多件，主要用角页岩制成。石片一般角比较大。石器中第二步加工的不多，加工方法为碰砧法或锤击法。代表性石器为大棱角尖状器和石球。大棱尖状器的横断面近似等边三角形，可能作挖掘植物根茎之用。石球制作颇为粗糙，被认为可能供投掷之用。从石器类型的多样性和打造技术来看，丁村人的石器已经有了明显的分工。

同时发现的动物化石有纳玛象、野驴、斑鹿、羚羊、短耳兔、鲤鱼、厚壳蚌等。

丁村人三棱尖状器
这是出土于丁村遗址的丁村人石器，是属于旧石器时代的三棱大尖状器。

刮削器
此刮削器属于细石器，是可以进行双面加工的工具，石材的质地也属于坚硬的石英。所谓细石器是指可以镶在骨质或木质的柄上使用，加工较为细致的小石器。

许家窑人

许家窑古人类化石遗址是目前我国旧石器中期古人类化石和文化遗物中最丰富、规模较大的遗址，于 20 世纪 70 年代中期在山西阳高县许家窑村和与其紧临的河北阳原县侯家窑被发现，距今约 10 万年至 6 万年，属于中更新世末或更新世初。在 1974 年—1975 年间由中国科学院古脊椎动物与古人类研究所进行了发掘。所发掘出的古人类化石主要有顶骨、枕骨、附有 4 颗牙齿的左上颌骨、右侧下颌枝、牙齿等。这些化石分属于十多个男女老幼不同的个体，既有幼儿，又有年过半百的老人，平均寿命在 30 岁左右。

许家窑人嘴部不突出，牙齿齿冠结构复杂，牙齿粗壮。纹理与北京猿人牙齿相近，但更多的特征与早期智人相同。并且头骨骨壁较厚，大于北京猿人的平均值。顶骨内部也比较复杂，头骨最宽大部分比较靠上。脑量估计比北京人大。总的看来，许家窑人的体质特征既具有一定的原始性，又比较接近于现代人。有的专家推测许家窑人是北京猿人向智人过渡的一个类型，是曾在周口店地区居住数十万年之久的北京猿人后裔外迁的一支。他们大约在10万年前迁徙西行，遇"大同湖"阻隔，遂在此定居。这一发现弥补了从"北京人"到"峙峪人"之间的空白，有很高的价值。

许家窑遗址的石器至今发现大约有3万多件，所发现的文化遗物中，石制品、哺乳类动物化石和骨器的数量都很多。其石器类型虽然和北京猿人属同一传统，但大多都是细小的，且在技术上有很大进步。石器类型有刮削器、尖状器、雕刻器、钻孔器、砍砸器和石球等多种。其中最为引人注目的是石球，约有1000多个，最大的重达1500克以上，最小的不足100克。大量的石球反映了石器制造技术的进步。据推测，比较小的石球可能是狩猎工具"飞石索"上的弹丸，大的可能是一种投掷武器。这也反应了当时狩猎业的迅速发展。

许家窑人生活时期，现在的大同盆地还是一个面积达9000平方公里的大湖。许家窑人主要活动在湖的北岸，这里地势平坦，有溪流注入湖内，北边是低山丘陵，盛产许家窑人制作石器的原料。且湖周围植物类型丰富，动物群中绝大部分适应寒冷气候条件，为许家窑人提供了丰富的食物来源。

大荔人

大荔人因在陕西省大荔县解放村附近的洛河砂砾层中发现而得名。1978年和1980年前后进行了两次发掘。出土的大荔人化石是一块不足30岁的男性头骨（缺下颌骨）。化石的特征是粗壮、厚实、骨质较厚；头顶低矮，前额扁平，上方有一横沟，这些表现出直立人的原始特征；眉脊粗壮，较北京人的稍低，比马坝人显著高突；但吻部不甚突出，面部扁平；枕骨隆凸位置下移，顶枕部较高，脑量较大，这些是智人的进步特征。故大荔人化石是中国华北地区旧石器时代的早期智人化石。伴随出土的有石制品和哺乳动物化石，距今大约20余万年。

五氏的贡献

　　传说中，有五位神祇对人类贡献巨大，他们生活的年代，正是现实中的母系氏族时期，人类也从直立人进化到了智人。他们就是女娲和她的哥哥伏羲，还有有巢氏、燧人氏和神农氏，人们称他们为"五氏"。

女娲氏

女娲，中国上古神话中的创世女神，人首蛇身，为伏羲之妹，风姓。女娲起初以泥土造人，创造人类社会并建立婚姻制度；而后世间天塌地陷，于是她炼彩石以补天，斩龟足以撑天。

女娲补天的传说

关于女娲拯救人类的传说，版本众多，人们最熟悉的应该还是"女娲补天"的故事，这其中还有南北方神话的差异。

南方关于女娲的传说主要是苗族的创世纪系神话，讲的是雷公作恶，发起了大洪水，女娲与洪水战斗，最终胜利并与哥哥成婚。

北方神话则是相传水神和火神吵架，两人大打出手，最后火神打败了水神，水神因打输而羞愤地朝西方的不周山撞去。不周山是撑天的柱子，被水神撞折后，天出现了一个大窟窿，地也陷出一道道大裂纹，山林烧起了大火，洪水喷涌出来，人类面临着空前的大灾难。女娲目睹人类遭到如此奇祸，感到无比痛苦，于是决心补天。她选用各种各样的五色石子，架起锅将它们熔化成浆，用这种石浆将天上的窟窿填好，随后又斩下一只大龟的四脚，当作四根柱子把倒塌的半边天支起来。

经过女娲的一番辛劳整治，人们又重新过上了安乐的生活。但是这场特大的灾祸毕竟留下了痕迹，从此天向西北倾斜，因此太阳、月亮和众星都很自然地归向西方；又因为地向东南倾斜，所以一切江河都往那里汇流。而天上的彩虹，就是女娲的补天神石发出的光彩。不过经过这场浩劫，幸存者已经很少。为了使人类能再次繁衍昌盛，女娲在正月初一至初六先后造出鸡、狗、羊、猪、牛、马，然后在初七这一天，以黄土和泥，用双手捏起泥人来，

女娲画像砖
这是汉代画像砖，表现的就是女娲的故事，人们世代
传颂着她的功绩。

因此中国人都拥有了黄色的皮肤，对土地的爱从此渗入身体深处。

女娲补天的真相

对于史前时代所发生的一切，考究它的方法只有一种：考古发现，并结合民间传说或神话故事加以验证。

现代研究发现，在女娲生活的年代，曾有一颗小型彗星进入地球轨道，在山西北部的上空冲入大气层，并在高空爆炸。在一个极短的时间内，落入从晋北到冀中这一广大地区，形成规模宏大的陨石雨。

从《淮南子·览冥训》的描述中我们不难看出，"火爁焱而不灭"是巨大撞击、爆炸后在地面上引起的火灾。因为彗星的成分主要是陨冰，陨冰融化后形成大量的地表水，才会有"水浩洋而不息"的结果。这一次天外来物的撞击，造成了地球上一次气候的剧烈波动——降温，从而引起人类大范围的死亡和迁徙。

女娲的母系权力

关于女娲，后世考证她并不是一位神，而是一位伟大的女性首领。据说她是伏羲氏族风姓部落一位大酋长的女儿，伏羲以一双精致的狐皮为聘礼向她求婚，二人结成了夫妻，还生下了四个儿子，长曰羲仲，次曰羲叔，三曰和仲，四曰和叔。

不久后发生了大洪水，女娲组织族人乘葫芦舟逃到秦岭的太白山下。洪水退去后，女娲与伏羲带着部分愿意继续迁徙的族人离开，来到了中原的王屋山（今河南济源市城区西北约九十公里），在那里开辟新的领地。伏羲去世后，女娲成为氏族首领，帝号女皇。

女娲成为首领后，把氏族治理得井井有条，附近许多氏族也都听命于女娲。但是，还是有一个氏族不服，那就是共工氏。于是，女娲命火正祝融率南方部族北伐共工氏，这是中国远古史上最早的一次大规模的群体战争。

大战的结局是共工氏失败，率部族西奔，怒而袭击祭天圣地不周山，砍倒了天齐建木，割断了八索准绳，定表向东南倾斜，表绳断绝，八维失准，象征王权的祭天中心遭到了严重的破坏。女娲大怒，又命骊连氏率族人与祝融氏族联合攻打共工氏，将共工氏一族赶往祁连山以北。

由于天齐建木遭到破坏，天象观察和天气变化的预测都不能正常进行，结果这年夏天大洪水来临，人们在毫无知觉的情况下被突然而来的洪水吞没，许多族人都葬身于大洪水中。女娲的本部由于居住在高地得以幸免，她立刻组织族人砍伐树木，绑制简易木排，下水迎救被困的人，救出了数百名青年男女。这些获救的青年都向她磕头致谢，尊称她为圣母。女娲率族人与洪水搏斗的这段历史，后来在民间广为流传，逐渐被神化，演绎成了今天女娲造人的传说。

但正是这个传说，反映出早期人类社会真实的生活状况。众所周知，人类历史上存在母系氏族社会时期，当时妇女在生产和生活中居于重要地位，子女只认得自己的母亲，不认得自己的父亲。女娲造人的神话并非空穴来风的杜撰，而是早期血缘时代母系社会中女性占据人口生产主导地位的反映。

伏羲氏

在传说中是伏羲氏教会了人们如何用火烹饪，并制作八卦、设立官员、发明乐器、制造渔网、挖掘陷阱狩猎、植桑养蚕、抽丝纺织。不仅如此，伏羲氏还教导男女固定配偶，结束了那种不分辈分的乱婚。

火 的 用 处

在古代，人们把十二年作为一纪，因此将伏羲的诞生地改名为成纪。据史学家考证，古成纪就是今天的甘肃天水。《汉书》中记载："成纪属汉阳郡，汉阳郡即天水郡也。古帝伏羲氏所生之地。"所以，天水历来被称为"羲皇故里"。

说到伏羲氏教会人用火，我们要把"火"提出来单说一下，因为它在人类进化史上占据了非常重要的地位。

我们可以想象一个偶然的机会，一个原始人捡到了一只被天火烧死的鹿，不知是出于好奇还是饥饿，也许只是烤熟的肉香诱惑了他，这个原始人啃了一口鹿肉。他突然发现，烤熟的肉味，比以前生吃的时候好多了。于是，这个发现迅速被传播开来，人类从此抛弃了长期以来与其他动物一样生吃食物的习惯，开始做起熟食来。

饮食习惯的改变，让食物中的营养充分发挥了作用，人类的体质和智力都得到了前所未有的提高。火的作用还不止于此，它让原始人类拥有了更广阔的生存空间，即使离开了温暖的大草原，他们一样可以生存，不再受到环境的限制。原始人类从此可以开始大范围地迁徙，可以寻找到更多的食物和更好的家园。

婚配的改变

传说伏羲规定了人类的婚配，在著名的《伏羲女娲交尾图》中，虽然各地出土的在色彩、人物造型上略有不同，但大的构图基本相同。图中，伏羲和女娲都是上为人身，下为蛇尾，头上绘日，尾间绘月，周围布满星辰，仿佛置身在浩渺的宇宙之间。源于中国古代男左女右的礼俗，画面上伏羲在左，女娲在右，伏羲的右手抱住女娲，女娲以左手抱住伏羲，两人四目相交，下身均为蛇形且相缠绕。大多数的图中，伏羲左手举着"矩"，即拐尺，女娲右手举着"规"，即圆规，象征着天圆地方。

在原始人类发展的历史上，婚配制度占据了重要位置。最开始，原始人类的婚姻同样处于蒙昧初期，是和黑猩猩一样毫无禁忌的群居杂交。这一时期是直立人向早期智人过渡的阶段，也就是伏羲和女娲生活的年代。后来，婚配制度发展为血缘家族，也就是禁止了不同辈分之间的婚配，也不许亲兄弟姐妹之间婚配。婚配制度的改变不可能是伏羲或某个伟大的人的命令，因为原始人类并不缺乏这样做的理由，在他们身边，有很多可供他们学习的动物榜样。而是因为率先这样做的群体得到了更好的遗传效果，那些没有任何禁忌

伏羲像

相传，伏羲氏的母亲名叫华胥氏，是一个非常美丽的女子。一天，她去雷泽郊游，在游玩途中发现了一个大大的脚印。出于好奇，她便将自己的脚踏在大脚印上，当下就觉得有种被蛇缠身的感觉，于是就有了身孕。这一怀孕就怀了12年，后来就生下了一个人首蛇身的孩子，这就是伏羲。

伏羲八卦方位图

八卦原始图谱乃伏羲所画。太极（宇宙本体）生两仪（天地、阴阳），两仪生四象（太阳、太阴、少阳、少阴），四象生八卦，八八六十四卦。

的、乱交的群体，便逐渐被淘汰了。

八卦与九针

伏羲的发明或说创造，最被后人称颂的要数八卦和九针。

相传在天水北道区渭南乡西部有一卦台山，这里就是伏羲画八卦的地方。远古时代的人类对于大自然知之甚少，每当下雨刮风、电闪雷鸣之时，人们既害怕又困惑。伏羲为了弄清这些自然现象，经常站在卦台山上，仰观天上的日月星辰，俯察周围的地形方位，研究飞禽走兽的脚印和身上的花纹。

一天，正当伏羲苦苦思索这些未解之谜时，突然听到了一声奇怪的吼声。他抬头一看，只见卦台山对面的山洞里跃出一个龙头马身的怪兽，身上还有着非常奇特的花纹。这怪兽一跃就跃到了卦台山下渭水河中的一块大石头上，这块石头形如太极，再配合怪兽身上的花纹，顿时让伏羲有所了悟，就这样画出了八卦图形。从此，用它来通晓万事万物变化的性质，分类归纳万事万物的形状。

八卦到底是怎样解读宇宙洪荒的，至今还在被世界各国的人研究和解读，它的奥妙只能领悟，无法言传。而伏羲发明的九针，就实用多了。

在没有金属制品的远古时代，针多是石制或骨制的。直到冶金术发明之后，人们才根据不同的需要创造出金属针。九针的形状各不相同，有圆头的，

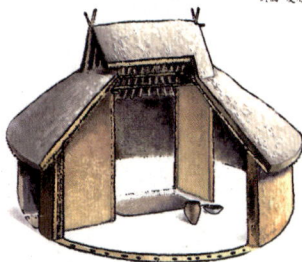

半坡居民房屋结构图
这张图是今人所绘，根据半坡房屋遗址加以复原，展现了半坡居民的半地穴式房屋的结构。（毛智勇 绘）

用来按压止痛；有尖头的，用来点刺或放血；还有带刃的，用来切割等。这是一套完备的外科用具，在原始社会中，就已经被用于医疗实践当中，这是十分令人惊诧的。不管这是不是伏羲的发明，对于原始先民来说，九针的发明都是一项伟大的进步。

有巢氏

当原始人类可以自由迁徙后，山洞便不是唯一的住处了，这时有巢氏及时出现，教会了人们用树枝建造简单的房屋。据说有巢氏是受到鸟类在树上筑巢的启发，发明了"巢居"，样式相当于现代的窝棚。这种住所虽然简陋，但它建在树上，可以躲避爬虫和野兽，非常实用。

原始的建筑

说到有巢氏，我们就不能不提提建筑。中国的建筑以它独特的魅力屹立于世界建筑之群，究根溯源，原始先民的居所就很值得研究，因为这时期多种形制的房屋，无不是人类智慧的结晶，并对后来的中国古建筑有着深远的影响。

比巢居更早出现的建筑形式是穴居，说简单些就是住在山洞里。这种大自然所赐予的天然洞穴，用作住所是当时的一种较普遍的方式。即便进入了氏族社会，穴居依然是氏族部落主要的居住方式，只不过人工洞穴取代了天然洞穴，且形式日渐多样。例如在黄河流域有广阔而丰厚的黄土层，土质均匀，含有石灰质，有壁立不易倒塌的特点，便于挖成洞穴。因此，挖一个竖穴，上面覆盖草顶的穴居一度成为这一区域氏族部落广泛采用的一种居住方式。同时，在黄土沟壁上开挖横穴而成的窑洞式住宅也很普遍。山西、陕西、河南等地还发现了"低坑式"窑洞遗址，即先在地面上挖出下沉式天井院，再在院壁上横向挖出窑洞，这是至今在这些地方仍被使用的一种窑洞。随着原始人类营建经验的不断积累和技术的提高，穴居从竖穴逐步发展到半穴居，最后又被地面建筑所代替。

我们不妨想象有巢氏是南方人，因为北方多山，人们可以在山坡上打洞，居住在里面后用石头或树枝挡住洞口，就能抵御野兽。而南方气候湿热，蛇和爬虫也很多，搭建房屋的必要性要强于北方。而北方毕竟寒冷，许多人宁愿留在危险的南方，也不肯往北迁移。

较之穴居，有巢氏的巢居算得上是一种超常的建筑形式，堪称建筑史上的一次飞跃。因为在巢居的基础上，真正意义上的地面建筑诞生了。

在南方较潮湿的地区，巢居慢慢发展为干栏式建筑，主要的构件就是木材。这种房屋下部架空，可以通风、防潮、防盗、防兽，最令人惊叹的是，当时已经采用了榫卯技术。中国木构建筑的雏形，由此确立。

伟大的贡献

有巢氏发明房屋，其功绩不亚于人类使用火。因为他生存于蒙昧时代，却率领大家走出洞穴，引导人类为脱离动物界而迈开了坚定的一步，是觉醒最早的原始人类之一。虽然当时的房屋从结构到样式都极其简陋粗糙，没有什么工艺可言，但那种房屋绝对就是初民用以躲避禽兽的伤害，并用以挡风防雨和朝夕安身的家，意义重大。如果有巢氏真的是一个人的话，那么他无愧于智者的称号。

自古以来，人们认为万事万物都是智者创造的。任何重大事物的发生、发展及其变化，总是有其必须的酝酿和渐成的过程，而这种客观过程又总是由大智者来深化、提高和总结。历史的经验告诉我们，许多重大事物的创造和发明，往往经历了无数个智者的长期摸索，当经验"量"的积累达到一定的界点之时，又往往由大智者推动起"质"的突破，完成和终结这个事物的"发明"和"创造"。所以，有巢氏是原始时代大胆改造自然、改善环境的大科学家，是为人类不断改变生存条件、生活方式的大革新家。

名家评史

人工取火的发明，对于远古人类的生活无疑起了极为重大的作用，引起后人极大的重视……这样的传说固然夹杂着后代的生活内容，蒙上了神秘的外衣，但它依然反映着朴素的远古人类生活的史实背景。

——郭沫若

燧人氏

燧人氏，又称"燧人"，远古人"茹毛饮血"，传说他钻木取火，教人熟食，是人工取火的发明者。

关于人工取火的猜测

从人类保存野生火种到自行取火，这期间经历了漫长的过程以及许许多多次尝试。关于燧人氏是怎样灵光一闪，成功取火的，人们至今有许多猜测。

最通俗的猜测，也是可能性最大的猜测是这样的：燧人氏在和同伴外出打猎的过程中，投掷石头打击野兽。当然，没有人能把石头打得那么准。我们不妨想象，一群身穿兽皮，披头散发，兴高采烈叫嚷的原始人们，纷纷用石头砸向一头受惊的小鹿。有的石头打中了猎物，有的则砸到了地上、岩石上……石块与山石相撞，有时会产生火花。于是，燧人氏受到启发，发明了敲击燧石取火法。

据《太平御览·拾遗记》记载，燧人氏是见到了鸟儿啄木，于是也找了一根木头往树上钻，结果钻出了火，就这样发明了钻木取火。

为了彰显燧人氏这个伟大的发明，唐代文学家王起还特地写了一篇《钻燧取火赋》，生动描述道："尔其钻也，势若旋风，声如骤雨，星采晨出，萤光夜聚……青烟生而阳气作，丹焰发而炎精吐。"

古人如此赞美钻木取火，可见对这项发明也是赞叹有加。不仅如此，在《论语·阳货篇》中，对钻木取火所用的木材也有记述。一年四季，要采用不同的木头取火，春天用榆柳，夏天用枣杏、桑柘，秋天用柞楢，冬天用槐檀。古人认为每种木头的物性不同，钻出的火也有不同的性格，因此每一个季节

神农画像砖
这张画像砖上的神农氏正在驾龙御凤，表现了他的神通广大。

要用与之相匹配的木材来取火，这样才符合大自然的天性。

结绳记事

燧人氏不仅发明了钻木取火，还发明了"结绳记事"。那时候人类还没有文字，生活中有许多事全凭大脑记忆，但时间久了，有些事情往往会被遗忘。燧人氏用柔软而且带有韧性的树皮搓成细绳，然后将数十条细绳排列整齐悬挂在一处，在上边打结记事。大事打大结，小事打小结，先发生的事打在里边，后发生的事打在外边。为了能够记录更多的事情，燧人氏又利用植物的天然色彩，把细绳染成各种颜色，每种颜色分别代表一类事物，使所记之事更加清楚。

不过，也有人说结绳记事不是燧人氏的发明，而是他老婆弇兹氏的创举。相传弇兹氏是一位氏族女首领，有人干脆说她就是织女星，还尊她为女帝，又称玄女。传说她发明的绳有三种，单股曰玄，双股曰兹，三股曰索或素。以不同的绳来打结，表示不同的事情。

神农氏

有了不灭的火种，中国人的饮食丰富起来。在饮食方面做出突出贡献的，就是伟大的神农氏。不仅如此，神农氏还是传说中农业和医药的发明者，相传他发明及制造了耒耜等多种农具，教人民进行耕作。美丽的传说故事无不反映了中国原始时代从采集、渔猎进步到农业文化的情况。

播种五谷

据《拾遗记》记载，一天，一只周身通红的鸟儿，衔着一棵五彩的九穗谷掠过了神农氏的头顶。九穗谷掉在地上，神农氏见了，拾起来埋在了土里，后来竟长成一片。他把谷穗在手里揉搓后放在嘴里，感到很好吃。于是，神农氏教人伐倒树木，割掉野草，用斧头、锄头、耒耜等生产工具，开垦土地，种起了谷子。

谷子可年年种植，源源不断，若能有更多的草木之实选为人用，多多种植，大家的吃饭问题不就解决了吗？到时再也不用为拣不到野果子、打不到野兽而犯难了。因为野生的五谷和杂草长在一起，草药和百花也开在一起，哪些可以吃，哪些不可以吃，谁也分不清。因此神农氏就一样一样地尝，一样一样地试种，最后从中筛选出谷、菽、麦、稷、稻五谷让人们种植，后人因此尊他为"五谷爷"。

教会人们种五谷后，神农氏认为不能单单靠天而收，于是又带领大家打井汲水，对农作物进行灌溉。最初的水利灌溉，就是在这时发展起来的。

野生的植物种子变成人类有意识栽培的粮食，这期间经历了漫长的过程、艰辛的尝试，当然不可能是神农氏一个人完成的。所以在中国的传说故事中，将"神农盗谷"描述得格外神奇。

传说神农氏找了好多的地方，总是找不到很如意的食物。当他听说天上有一种叫谷的作物时，便暗下决心，要把这种作物弄到手，普济大卜众生。可是天府禁卫森严，凡人是根本无法偷渡进去的。于是他养了一只狗，命它去天上把谷偷来。

这聪明的狗领命后直奔天宫，边跑边想，怎样才能带点谷出来呢？那时正是烈日炎炎的夏天，狗来到池塘里洗了个澡。上得岸来，突然一阵风刮得尘土飞扬，粘了狗一身。那狗见了，猛然计上心头，回转身来又扑进池塘，把全身搞得透湿。一上岸，便直奔天宫。守关将士见是一只狗，也就没有阻拦。这只狗发现晒谷坪上正在晒谷，便将湿身子在谷子上一滚，粘了一身谷，连忙往回走。

守关神将一见狗盗了谷种下凡，马上报告了西王母。西王母从头上抽出银簪，向奔跑的狗丢去。立刻，一条大河横挡在狗的面前，那狗跳下河，朝对岸游去，把粘满稻谷的尾巴翘得高高的。就这样，谷种来到了人间。原来稻谷是从稻脚一直结到顶的，可是狗在过河时身上脚上的稻谷都被水冲跑了，只留得尾巴上那一点。所以现在的水稻结谷只有顶上一点点。

遍尝百草

传说神农氏一生下来就是个"水晶肚"，几乎是全透明的，五脏六腑全都能看得见，还能看得见吃进去的东西。那时候，人们经常因乱吃东西而生病，甚至丧命。神农氏为此决心遍尝百草，好吃的放在身体左边的袋子里，介绍给别人吃，或者作为药用；不好吃的就放在身体的右边袋子里，不能吃的就提醒人们注意。

神农氏采集各种花草果实，一一尝试，撰写了一本书，定名《本草》，详

神农采药图
传说神农氏发明了医药、制陶、打井和贸易，最为重要的是发展了农业。图中所表现的是神农遍尝百草。

细地记载了各种药物的性能，并把一些可作为食用的若干植物，分别定名为小麦、稻米、高粱等，教人种植；还教人们把若干野兽豢养到家里，也就是我们现在还饲养的狗、马、牛、猪的始祖。中国的农业社会，就在这位伟大神祇的领导下建立了。

这时，人类的劳动果实已有剩余，神农氏设立集市，让大家把吃不完、用不了的食物和东西，每天中午拿到集市上去交换，从而出现了原始的商品交易。

母系时代

　　群居在一起的原始人们被称为一个氏族，所有获得的食物都是大家共有的，由女人们来进行公平分配，因此这一时期被称作母系氏族时期，这也是女性在历史上"掌权"的时期。

陶猪

这是一只新石器时期的陶猪，体形扁平，四肢粗壮，吻部前突，腹部下垂。体态兼具野猪和家猪的特点，造型简练逼真。陶猪反映了当时家猪饲养的发展，同时也可以看出，当时手工技艺水平的进步。

母系氏族的出现

传说就是对严酷现实的美丽诠释，五氏大概生活在距今一万至八千年前，那时中原地区的农业进入了锄耕阶段，人们聚氏族而居。由于种植和采摘是生活的稳定来源，所以氏族中负责农业生产的女性慢慢成为领袖。她们不仅负责农业生产，还负责生育孩子、纺织、饲养家畜。氏族中的男人们大多结伴外出狩猎，当他们打不到野兽空手而归的时候，女头领也会将氏族的食物均衡地分配给他们。

这是一个女人当家做主的时期，氏族里大大小小的事情都由女子决定，不过男人们的日子也并不难过，歧视和不公正在这一时期还没出现。到了母系氏族的后期，族外婚取代了族内婚，每一个男子都要到别的氏族去找喜欢的女子，如果生下孩子，那也由女方抚养，男子还回到自己的氏族生活。那时的孩子应该是最快活的，有慈母而无严父。虽然生活很艰难，但母亲公平的分配就是有力的保障。孩子们身边的成年男人都是母亲的兄弟，这些舅舅们每天不是外出打猎，就是到其他氏族去谈情说爱，也没有时间和精力去管教他们。生活虽然艰难，但并没有阻止人类的梦想，人们开始在陶器上进行绘画——丰收时欢快的歌舞，河里跳跃的鱼，家里养的猪，山林里见到的奔跑的鹿……

氏族社会的早中期为母系氏族，即建立在母系血缘关系上的社会组织。在距今约十至二三万年的旧石器时代中晚期，远古社会由原始人群阶段进入母系氏族社会。

原始人群阶段过渡到母系氏族社会，是在生产力水平提高的推动下完成

马家窑人形浮雕彩陶瓶
此人形贴塑彩陶壶是用细泥红陶制成。敞口、
鼓腹、小平底，腹下部有双耳，两耳上方绘两
大圆圈纹。正面塑人头像并浮塑彩绘人体像，
人体正面全裸，它可能与人类繁衍生殖有关，
表现了一种对母神的崇拜心理。

的。而血缘内婚制向氏族外婚制的转化是社会性质变革的关键因素。原始人
的血缘家族经过几代繁衍之后，人口大量增加导致食物来源匮乏，生活与生
存都受到了严重的影响，因而逐渐分裂出新的血缘家族。血缘家族虽然不断
分裂，但是家族之间却依然保持着千丝万缕的联系，各家族之间也免不了会
发生婚配现象，内婚制逐渐向族外婚转变，一个内部不能婚配的血缘亲属集
团——氏族便产生了。族外婚的男子外婚到另一氏族后，死后仍然要埋回本
氏族的公共墓地里，在这种群婚的形态下，子女仍然是只知其母不知其父，
氏族成员的世系也只能根据母系的血统来决定。同一始母祖生下的若干后代，
便形成一个氏族，而母系血统是维系氏族存在的纽带。

　　母系氏族社会的初期，生产力水平十分低下，人们依靠采集、狩猎和捕
鱼生活，这些人类活动都必须集体进行，否则就不能有效地抵御野兽、饥饿
和疾病的威胁。他们还没有私有财产观念，共同劳动且平均分配。

　　母系氏族社会里，存在着按性别和年龄划分的简单的不稳定的分工。青
壮年男子们需要外出狩猎、捕鱼，而妇女则在氏族中从事采集果实、看守住
所、加工食物、缝制衣服、管理杂务、养护老幼等劳动。因为当时的采集经
济比渔猎经济收获稳定，成为氏族成员生活资料的重要来源，所以女性的劳
动是维系氏族生活的基本保证。再加上妇女在生育上的地位，使得妇女在氏
族中具有崇高的威望，在生产生活中居于主导的地位。

　　在母系氏族社会初期，人类进入了晚期智人阶段。这时期代表性的人类
化石有山顶洞人、柳江人和河套人等。这时期人类使用的石器属于旧石器时
代晚期。

山顶洞人的饰品

山顶洞人已经有了爱美之心，并掌握了钻孔技术，他们把石珠、贝壳等穿连在一起，作为自己的装饰品。这是一枚钻孔石珠耳坠，山顶洞人的装饰品之一。

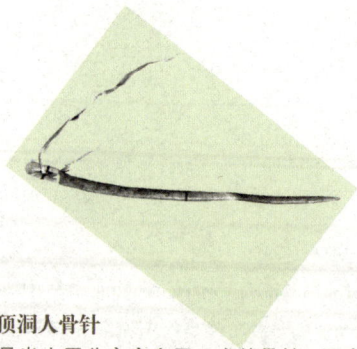

山顶洞人骨针

这是出土于北京房山周口店的骨针，距今大约18000年，属于山顶洞人的缝纫工具。

初期人类总的体质特征

母系氏族社会初期人类总的体质特征是：面部较平阔，下颏比较明显；额部较垂直，眉脊不太突出；体型较高，头颅骨的厚度也逐渐变薄，脑容量大约为1300—1500毫升，基本在现代人脑量的变异范围之内。因此从体质上来说，"猿人"遗留下来的原始性已经逐渐消失，其体貌特征比较接近于现代人。

这个时期的人类，已经经过了长期的劳动，头脑已经比较发达，双手更加灵巧，劳动分工也有更显著的进步。出土石器也有了更明显的打磨痕迹，尤其是这一阶段的人类已经初步学会穿孔和磨制技术。例如在北京山顶洞人遗址中出土了一枚长82毫米的骨针，表明他们已经能用兽皮缝制衣服；还有穿孔的兽牙和贝壳等装饰品。这种类型的石器文化，被考古学划分为旧石器时代晚期。尤其是初步的磨制技术，在石器发展史上是一个飞跃，标志着以磨制技术为主的新石器时代的到来。

母系氏族初期

在母系氏族社会初期，大约在四五万年前左右，人类进化到晚期智人阶段。我国已经发现了大量这个时期的人类遗迹。其中有广西柳江县的柳江人、四川资阳县的资阳人、广西来宾县麒麟山的麒麟山人、北京市周口店龙骨山北京人遗址顶部的山顶洞人、内蒙古自治区伊克昭盟乌审旗萨拉乌苏河河岸的河套人、山西朔州峙峪村的峙峪人等。那时候，人们没有私有物品这一概念，一个人最珍贵的个人物品，都在其死后用于殉葬，比如说一条漂亮的贝壳项链。接下来，让我们从几个有代表性的文化遗存，来了解一下现实中的母系氏族风貌。

山顶洞人及其文化

山顶洞文化遗址发现于北京周口店龙骨山北京猿人遗址顶部的山洞里，山顶洞人由此得名。山顶洞人属于考古人类学上所谓的新智人，这个时期的人类，在体质形态方面，猿的特征已经基本消失，身材相貌与现代人相当接近了。

山顶洞人已经能够制作比较精细的石器和骨角制品。遗址内也发现了为数不少的装饰品，有穿孔的小砾石、石珠、贝壳、兽牙、骨饰。山顶洞人已经掌握了一些前所未有的新技术，诸如从两头对钻穿孔法，而且这种精细工作也要求具有极尖锐的石器，否则不能胜任。他们还有熟练的刮挖技术，并把赤铁矿粉作为染料使用。

在遗址里还发现了火烧的灰烬，很可能山顶洞人已经掌握了人工取火的方法，特别是考虑到他们在磨钻技术上的进步和大量应用，有理由推断他们不难发现钻木取火和摩擦生火的方法。

渔猎是山顶洞人的主要生产经济行为。在山顶洞遗址里还发现了一些非本地所有的东西，比如来自沿海的海蚶，出自黄河以南的厚壳蚌，以及数百公里以外才有的赤铁矿。这些物品的发现，说明山顶洞人有较强的远途活动能力和较广阔的活动区域。

山顶洞分为洞口、上室、下室和下窨四部分。洞口朝北，呈拱形，高 5 米，宽 4 米。上室位于东半部，上宽下窄。下室在西半部，宽约 8 米。所谓下窨，即下室底部的一道大裂隙。洞口最下层的堆积，处于含有北京猿人化石的堆积层之上。

山顶洞人的文化遗物中，石器器型主要是刮削器和砍砸器两种。但水平普遍不如北京猿人，有退化迹象。骨器中代表性的工具是一枚骨针，角制品方面则发现了一件赤鹿角，枝杈被人工截断，表面有刮磨痕迹，用途不详。尽管山顶洞人将掌握的钻孔和磨制技术仅用于制造装饰品，但同样为新石器时代磨制工具的产生奠定了基础。骨针这种缝纫工具的出现，意味着缝纫技术至少在山顶洞人时代即已被发明、掌握。将兽皮缝缀加工，可以当作御寒的衣物，又可搭盖住所，还能充当睡眠时的被褥。装饰品的出现表明了山顶洞人具有审美意识。他们还懂得使用赤铁矿粉末染色，增加装饰品的美感。

山顶洞遗址中发现的人类化石共有三个完整的人头骨，若干头骨残片，几块下颌骨，部分躯干骨，还有一枚牙齿。全部材料包括两个成年男性，三个成年女性，一个少年，两个幼儿。在三个完整的头骨中，有一个约六十岁的老年人，一个中年女性和一个青年女性。它们的共同的特征是：前额隆起，脑量增大到约 1300—1500 毫升。与旧石器早中期的猿人相比，脑壳变薄，嘴部后缩，牙齿细小且齿冠较高，下颌骨突出，这些特征都说明山顶洞人属于典型的晚期智人类型，体质形态上已经近似现代人类。我国人类学家吴新智教授对头骨研究后得出结论，山顶洞人的特点是："在形态观察上都有着不同程度明显的蒙古人种特征，在测量上除了许多全世界新人化石共同具有的原始特征以及中国新人化石所共具的特征外，各项特征一般地都和蒙古人种现代的这一或那一地区性种族（特别是中国人、爱斯基摩人和美洲的当地居民）相近。因此我们完全有理由相信山顶洞人是原始的蒙古人种。"

根据已经掌握的考古资料，早期人类没有埋葬死去的氏族同伴的意识。任何猿人的遗址中都不曾发现有意识埋葬死者的行为。人类的埋葬文化，是到了早期智人阶段才开始出现的。山顶洞人的墓葬，是中国迄今发现的最早的墓葬。

柳江人

柳江人因在 1958 年于广西壮族自治区柳江县通天岩洞穴中被发现而得名，为新人化石，是迄今所知东南亚地区新人阶段人类最早期的代表。柳江人化石包括一块完整头骨及部分体骨和肢骨。其中头骨属中头型，眉骨稍微突起，前额膨隆，脑壳容积约 1400 多毫升；嘴部无猿人向前突出特征；面部较宽，顶骨较现代人扁平。其体质形态基本上和现代人相似，并具有蒙古人的特征。伴随出土的还有许多动物骨化石，其中有一具完整的熊猫骨架。

我国著名古人类学家吴汝康教授认为：柳江的全部人骨化石可能属于同一个中年男性个体，生物分类上归于晚期智人。柳江人是中国乃至整个东亚迄今所发现的最早的晚期智人。一般认为其生存年代在距今 3 万年—5 万年间。黄现璠在其著作《壮族通史》中认为：柳江人所在的区域，恰好是壮族先民的活动地域，也是今天壮族的聚居地区。基于此，壮族是这些古人类的后裔之一。

麒麟山人

麒麟山人因在 1956 年于广西来宾县麒麟山洞穴内被发现而得名，为新人化石。其地质年代属更新世晚期。麒麟山人化石为一块头骨的颅底部分，包括上颌骨、腭骨、颧骨、枕骨四部分，各部分之间已不连续，同属于一个老年男性个体。同时伴随出土的还有一些动物化石和一些打制石器。

稷神崇拜图
这是刻于将军崖上的岩画，属于新石器时代，表现了人们崇拜稷神的情景。

资阳人

资阳人化石是 1951 年在四川省资阳县城西黄鳝溪修建铁路桥时，在桥墩基坑中被发现的，故称资阳人。资阳人属晚期智人，是中国西南地区发现的旧石器时代晚期的人类化石。

资阳人化石为一个较完整的头骨和一件骨锥。其中面骨保留了上颌骨的一部分，其余大部分残缺。牙齿仅保留了一颗臼齿的一个齿根。头骨较小，表面平滑圆润，额部较丰满。头骨内面骨缝几乎全部愈合。化石属于一老年女性个体。其眉嵴比现代人显著，头骨较矮而且平整，弧度较现代人小，证明其脑容量不大。另一块化石骨锥底部缺失。

对于资阳人的生活年代有几种说法：一种说法是属于更新世纪晚期；另一种说法是根据对资阳人出土地点一件树木化石的放射性碳素断代年代数据断定，距今约 7500 年，有人据此认为资阳人属于新石器时代。1980 年以来，有关单位对资阳人地层进行了多次考察，采集了不同层位的动植物化石，进行了测定，结果表明该地点附近地层堆积比较复杂，从顶部的距今约 2170 年到底部的距今约 39300 年，早晚都有。尽管资阳人化石出土层位不十分确切，但根据头骨形态及表现出的若干原始性质，许多学者仍肯定它是旧石器时代晚期的人类。

名家评史

　　人类历史发展的规律是共同的，或经历过类似的或者相同的阶段，然而这决不等于说，此种类似的或者相同的阶段在时间上是一致的。

——翦伯赞

　　近年来，在资阳人化石出土地点附近的沙砾层中，发掘出了许多打制石器。制作方法和类型与铜梁旧石器地点的石器相似。在资阳县鲤鱼桥一带与资阳人时代相同的地层中，还发现了大量植物化石，有树干、果壳等。研究表明，当时的地貌和今日相似，气候则较暖和温润。伴随资阳人化石出土的动物化石主要有鬣狗、马、猎、麂、水鹿、东方剑齿象等。

河套人

　　河套人遗址是中国境内最早被发现的旧石器时代遗存。河套人化石是1922 年在今内蒙古自治区伊克昭盟乌审旗萨拉乌苏河河岸砂层中被发现的。化石包括一颗牙齿化石以及 1956 年再次在该区域发现的一块顶骨化石和一段股骨化石。河套人牙齿冠部具有原始特征，但牙齿大小与现代人相似。我国古人类学家吴汝康认为，河套人类化石的形态可能比西欧典型的尼安德特类型的人类更为接近现代人，也就是更可能是现代人类的祖先。

　　专家认为，河套人化石是 35000 年以前生活在鄂尔多斯的古人类化石。这一结论的得出，让河套人遗址在中国乃至世界上都成了一处具有较大影响的旧石器时代晚期的文化遗址，对研究人类的进化过程和晚期智人的体质特征及旧石器晚期文化类型特征等具有十分重要的价值。河套人的发现，还填补了中国旧石器时代考古的空白。在未发现河套人之前，中国有无旧石器时代遗存，一直是个谜。河套人的发现，不但揭开了这个谜，还填补了中国旧石器时代考古的空白，为中国古人类研究拉开了帷幕。并且，河套人遗址的发现，还为研究历史悠久的鄂尔多斯文化的发源及发展提供了重要的科学依据，对进一步弘扬鄂尔多斯地区的民族文化起到了不可替代的重要作用。

　　到目前为止，在河套人文化遗址出土的人类化石、石器共计 380 多件。并伴随出土了大量的更新世晚期的哺乳动物化石及鸟类化石。

凹刃刮削器

这是一个边缘十分锋利的刮削器，薄石片的边缘刃缘很均匀，不仅可以用于劳作，还可以用于制作其他生产工具。

刮削器

这个刮削器属于细石器，长身圆头，应该属于十分简单的生产加工工具。

峙峪人

峙峪人遗址于 1963 年由中国科学院的科学工作者在山西朔州峙峪村北的黑驼山脚下发现并发掘的，故称峙峪人。遗址所处时期为旧石器时代，距今大约有 28000 年，属山西省重点文物保护单位。

遗址中出土的峙峪人化石为一块枕骨，经过对化石特征的分析后判定，峙峪人要早于山顶洞人，但晚于山西丁村人，距今至少有 10 万年的历史。他们在体质形态上，已经和现代人相似。伴随出土的还有大量精巧的细小石器和哺乳动物遗骨。其中有两万多件人工砸击过的碎骨，并且有数百件上留有清晰的数目不等的直道。据专家推测，这些划痕可能是文字发明以前，人类最早使用的计数符号。

在峙峪遗址出土的动物化石中，有大量的马类骨骼化石，说明当时的峙峪人大量猎食野马，故峙峪人又被称为"猎马人"。另外，在峙峪遗址的剖面上，可以看到有两个灰烬层。下面的灰烬层中出土了一件骨片，上有较为复杂的图像，刻划痕迹十分清楚，易于辨认，显然是峙峪人有意识的骨雕。

峙峪遗址还出土了大量的石制品，约 15 万件，其中有石核、小石叶等。还出土了一件石镞，这是人类前所未有的武器，证明当时人类已发明了弓箭。并且还出土了一件石墨磨成的钻孔装饰品，这说明峙峪人制作工具的技巧相当进步，已能使用技术很高的石制工具。

全部出土遗物告诉人们：当峙峪人在这里生活之时，陆地上植物生长繁茂，水里鱼虾贝类丰富。当时生活在峙峪一带的动物有羚羊、野马、野猪、

石雕人头
这是一件石雕人头，人面雕成的形象与新石器时代阴山岩石上的人面画很相似，它是新石器时代早期磁山文化的作品。

陶人头
这件陶人头塑像是新石器时代早期作品，是裴李岗文化中具有代表性的陶器之一。

鹿、鸵鸟等。

　　峙峪文化属华北旧石器时代晚期文化，和周口店第一地点、许家窑遗址一样，是华北旧石器文化发展进程中极其重要的组成环节，是华北新石器时代细石器文化产生的基础。

母系社会繁荣时期

　　母系社会繁荣时期的文化遗存遍布南北各地，主要代表有磁山文化、裴李岗文化、老官台文化、北辛文化、仰韶文化、半坡文化、河姆渡文化、马家窑文化等。此时，生产力水平有着显著的进步，磨制、穿孔石器取代打制石器；产生了原始的农业；家畜饲养、原始手工业及副业出现等。人们开始了定居的生活。原始审美和宗教观念继续发展，并产生了最早的文字符号。

磁山——裴李岗文化

　　磁山文化是母系氏族的早期文化，因在河北武安县磁山发现而得名，类似的遗址还包括河北保定容城坡上遗址和河南北部的淇县花窝遗址等。该文化类型的年代大约在前 5400 年—前 5100 年，是 1972 年发现的一种新的新石器时代文化遗存，突破了新石器时代仰韶文化的考古年代。

　　磁山文化遗迹中的房基有两种，一种是圆形，另一种是椭圆形，均为半地下式。房基直径 3 米左右，深约 1.2 米，沿房基周围有一些圆洞，用于安插支撑房顶的木柱。而这种穴屋出入口，是一个斜通到地面的台阶门道。屋子中间有灰坑，内有陶片、兽骨，还有猪、狗、鸡等家禽家畜的骨骸和大量粟的炭化遗物。

石器基本上是石灰岩加工的，都是经过磨制而成。主要的品种有石镰、石铲、石刀、石斧与柳叶形石磨盘。

陶器多以较粗糙的砂质红褐色陶土为质，素面少有花纹。制法主要是纯手工的捏制和盘制。除素面外，还有不少是绳纹的，另有一些是划纹、指甲纹、剔纹、刺文等。器类有直口或广口的深腹平底罐、直口深腹平底盂、敞口圆底三足钵、直口平底盘、敞口碗、双耳壶等。

从出土的文物来看，此时的原始先民们已经居于半地穴式的房子之中，过着以原始农业为主的定居生活。磁山文化遗址出土的文物中，一是粟的发现，证明黄河流域是世界上由人工培植粟类最早的地方；二是家鸡骨的发现，证明中国是世界上最早饲养家鸡的国家。

裴李岗文化因 1977 年首先发现于中国河南新郑裴李岗而得名，与磁山文化属于同一时代的遗址，因此经常被放在一起研究比较。

裴李岗文化主要分布在河南中部地区，如郑州、新郑、登封、鄢陵等地。除新郑裴李岗外，已发掘的还有密县莪沟和舞阳贾湖等遗址。

裴李岗文化的基本特征是：

遗址中已经出现房基、灰坑、墓葬和烧陶的窑这些标志新石器文化的建筑和生活形态，而且似有一定布局，居住建筑集中在遗址中部，窑穴主要在南部，墓地在西部和西北部。房基为方形或圆形半地穴，室中央的灰坑有圆形、椭圆形和不规则形，有些坑可能是贮存东西的小窖。房中央或者房壁前的地面上有圆形洞，用于安插支撑篷顶的柱子。室内地面用黄砂土铺垫。

生产工具多是磨制石器，最有代表性的器型是带足磨盘、带齿石镰和双弧刃石铲。

墓葬多为长方形，死者一般都是单人葬，合葬情况相对少见。死者头向普遍朝南，葬式多为仰卧。女性墓内多随葬石磨棒和石磨盘，男性墓内则多随葬石斧、石铲、石镰和石箭镞等生产工具以及陶器。由此可推断，当时已有明显的男女分工，男人显然主要负责狩猎和耕种，而女性负责加工粮食。

种植的主要农作物也是粟。另外，遗存中除陶器和石器外，还有骨器、蚌制物品等。

烧陶的窑规格都比较小。发现的陶器数量不少，多以红泥烧成，制法是纯手工捏制和盘制，陶壁厚薄不匀，工艺比较原始。器面以素面型的最多，但拍压的划纹、指甲纹等装饰已经在个别陶器上出现了。器类主要是双耳壶、平底罐、广口圆底钵和碗等。

值得注意的是，在舞阳贾湖遗址内，出土了骨笛以及刻有符号的龟甲，这意味着当时有专门的宗教或者巫术活动。

老官台文化

上世纪60年代，在陕西、甘肃地区发现了老官台文化类型。这种新石器时代早期的文化，因最先在陕西华县老官台发现而得名。该文化遗址包括陕西华县元君庙、宝鸡北首岭、西乡李家村、临潼白家村、渭南北刘村、甘肃秦安大地湾等。

老官台文化的基本特征是，圆形的半地穴房基、房内的灰坑以及公共墓地。如秦安大地湾的半地穴式房基，面积一般为六七平方米，房基一侧有一个斜坡门道。房基内和门道内都挖有圆形柱洞，洞周边用土夯实，房基内周壁似经过火烧，坚硬而呈红色。灰坑分圆形直竖平底坑、圆形圆底坑和不规则形坑等。墓葬形制一般为长方形竖穴土坑，但也有少数为圆角方形坑。墓内死者多是一次单人葬，只有个别的为二次葬。死者葬式以仰身直肢葬为多，侧身屈肢葬为少。有些墓的排列似乎有规律，墓内死者头向多朝西或西北。墓中有随葬品，有石器和陶器，有的还有猪的下颌骨。遗物中主要是石器和陶器。石器有磨制和打制两种，品种有铲、斧、矛、簇等。陶器多为手制，胎质以砂质红褐陶为主，泥质红陶较少，还有少量的泥质灰陶，火候低，质松易碎。器表除素面外，多饰有绳纹，还有锯齿纹、锥刺纹和划纹。器类有小口深腹平底罐、小口鼓腹罐、三足筒形罐、圆底钵、三足钵、假圈足碗和小口壶等。

老官台文化、磁山文化和裴李岗文化，从文化面貌上看，尽管存在着较大差异，但共性也是不少的，而且非常有意义，它们表现出与仰韶文化的早期阶段相当密切的联系。比如，它们的陶器都是大口深腹罐、三足钵、圆底钵和双耳壶等，而这些典型也都见于仰韶文化。它们的绳纹、划纹等装饰方法，在仰韶文化时代则更为普遍。这些迹象都表明它们是仰韶文化的来源。

北辛文化

北辛文化处于中国古代社会中母系氏族社会趋向繁荣的发展阶段。1964年由中国科学院考古研究所组成文物普查队在滕县考查时发现。其遗址位于山东省枣庄市北部的官桥镇薛河故道的北辛村，出土文物具有独特的文化面貌，因而被命名为"北辛文化"，是一处7000余年前的新石器早期村落遗址。考古工作者于1978年秋、1979年春对北辛遗址进行了两次历时85天的发

彩陶鹳鸟石斧瓮

此彩陶鹳鸟石斧瓮属于仰韶文化。砂质红陶，敞口厚沿，平底深腹，厚胎壁。器表涂有一层红色细泥陶衣，罐腹部绘一只高大的立鹳，鹳口中叼一条大鱼。鹳右边绘有一件长柄石斧。

掘。发掘面积 2583 平方米，获得了十分丰硕的成果。

北辛文化遗址作为黄河下游一种原始社会较早期的文化遗址被发现和确立，解决了大汶口文化的渊源问题，还对我国原始社会早期的农业、手工业及渔猎生产等方面的问题提供了重要依据和线索。

北辛遗址出土文物中，有两件残陶器的底部清晰地印有规整的席纹。另外，还出现了磨制精细的骨针和陶纺轮，说明当时的人们已经能利用野生纤维和动物毛绒纺线编织、缝制衣服，已度过了身披兽皮、腰围树叶的时代，进入了穿衣时代。

在出土文物中，还发现了粟粒碳化颗粒和大量磨制生产工具，表现出了北辛文化中的农业特征。在一些窖穴的底部发现的粟类作物的颗粒，是目前我国北方发现较早的农作物之一。根据发掘地的地形和气候特征看，当地地势平坦、土壤肥沃，是古代先民从事生产活动的理想区域。但降水量集中于夏季，不及南方年降水量平均，所以，北辛文化的居民很自然地选择具有耐旱早熟特点的粟作为主要的农作物。它的发现既证明了我国有发达的原始农业，还证实我国是世界上农业发展最早的国家之一。石磨盘、石磨棒和石磨饼是北辛文化居民的粮食加工工具。这些工具都是在原始生产过程中必不可少的。磨盘多经过磨制而成，形状有方形的，有近似鞋底形下有矮足的。磨制生产工具的出现为原始农业的较快发展奠定了良好的基础。

发现的农业生产工具中，还有石制的刀、铲、斧等。其中，石刀分为两种，打制的大多利用石片加工制成，略呈长方形；磨制的有略呈长方形的，半月形的，可能作为一种收割工具。铲的体形扁薄，呈长方形或梯形，多通

彩陶鱼鸟纹细颈瓶

此彩陶鱼鸟纹细颈瓶属于半坡类型的器具，出土于陕西省宝鸡北首岭。器具是泥质红陶，制作成封口上包，只留出一个小孔。细颈圆肩，折腹平底。瓶子的肩部是黑彩绘制的水鸟衔鱼纹饰，整体造型十分美观。

仰韶文化彩陶片

这些为河南安阳小屯出土的彩陶残片，上面绘制着太阳、星星的纹路，说明当时人们已经懂得利用天象掌握农时。

体磨光，刃部有些有使用痕迹，为翻土播种的工具。斧多数是打制的，主要的平面呈梯形或长方形，是开垦荒地砍伐树木的工具。还有用鹿角制的锄，有的根据鹿角的分叉处把短枝的部分磨成斜面刃，长枝的部分为柄部。有的用鹿角的一段，修整后装上把柄做锄，在农业劳动中用来挖坑或松土。

北辛文化的人们除种植农作物获取生活资料外，狩猎、捕捞和采集仍是不可缺少的生存手段。在遗址中，出土了一些骨镞、弹丸、骨梭等，以及数量相当多的鱼骨、兽骨和贝壳，经过对这些骨头的鉴定，有猪、牛、梅花鹿、獐、鸡、龟、青鱼等种类。这些动物中除猪是人工驯养的，其余都是野生动物。

还有大量的陶器出土。这些陶器以夹砂黄褐陶和泥质红陶为主，有少量黑陶。夹砂黄褐陶因烧制时的火候较低，质地比较粗疏，胎质较硬；泥质陶火候较高，质地细腻。全部陶器都是手制的，尚处在原始阶段，造型比较简单，主要有釜、壶、罐等。这些陶器全部都是当时的生活用具。有一些陶器上有纹饰，以划纹、压划纹、指甲纹等为主。

仰韶文化

仰韶文化是黄河中游地区重要的新石器时代文化，比较全面地反映了母系氏族公社的生活情景，因 1921 年在河南省三门峡市渑池县仰韶村被发现，所以被称为仰韶文化。这个文化遗存持续时间长，跨度大概在前 5000 年至前 3000 年，遗址面积纵横两千里，广泛分布于新疆维吾尔自治区和甘肃、青海、陕西等省以及华北、中原地区。

仰韶文化是我国古代陶器色彩最丰富的时期，因此在考古学上也被称为彩陶文化。这时期的陶器上，多画有鸟、鱼、蛙和其他动物的形象，还有各种各样的几何纹饰。这些精美的陶器以细泥红陶和夹砂红褐陶为主，基本是用泥条盘成器形，然后将器壁拍平制造出来的。

仰韶文化是一个以原始农业为主的文化。这是应用"刀耕火种"方法的原始农业，先是放火烧光草木，第二步用石斧、木棒、石铲等工具松土，然后点种作物。在仰韶文化各遗址里，常见石斧，石斧主要是用来进行农业生

名家评史

彩是用笔画，那是无疑问的。色的浓淡与笔枝的
义丫都极清楚；有几笔的笔势来得很壮，可见彩绘人
的功夫已到了很高的境界。中国书法的讲究在这时期
已得着一个先兆了。

——李济

产的工具。到了仰韶文化时期，农具已经从打制的粗糙石器，进化为磨制的
较为精细的石器。遗址大部分位于河谷地带，因为那里土地较为肥沃，便于
耕作，而耕地都分布在村落周边。

其村落或大或小，村落周围有一条围沟，村落外有墓地和窑场。村落内
的房屋主要有圆形或方形两种，墙壁是泥做的，有用草混在里面的，也有用
木头做骨架的。墙的外部多被裹草然后点燃烧制过，用来加强其坚固度和耐
水性，村中最大的房子是公共活动场所。

山西夏县的西阴村遗址，其东西约 560 米，南北约 800 米，面积不算小。
其中有四壁的长方形土坑彼此接连。这村落化结构展现了相当巩固的定居生
活方式，足以证明当时的居民是从事农业生产的。

在农业之外，畜牧业也是仰韶文化的重要生产部门。仰韶遗址中有许多
牛、马、猪的骨骼，其中猪骨最多。从大量养猪这点，也可以看出当时的居
民过着相当稳定的生活。

仰韶文化各遗址多有骨箭镞和石箭镞，可见当时弓箭已被普遍使用了。

西阴村遗址中发现数以万计的陶片，其他遗址也多见陶片和陶器，就制
造技术和纹饰而言，可称得上精美。骨针、骨锥也见于各遗址，而西阴村还
发现了纺轮，这说明纺织和缝纫已经是普遍存在的手工作业。此外，各遗址
中还常见石刀和石斧。以上这些工具的存在，可以证明当时手工业生产种类
是多样的，某种程度的劳动分工也已确立。

而且，仰韶文化遗址中普遍比较美观的陶器，也表示着它们的制作者对
器皿实用性之外的艺术性具有主观追求。

在甘肃地区的仰韶文化墓葬中，发现了海贝，以及经过磨制加工的玉瑗
和玉片。玉，据推测是来自于新疆，而贝多半是从沿海地区传来的。由此可
以想见，当时甘肃境内的居民，已和沿海地区的人类有了或直接或间接的交
换关系。这也说明，在仰韶文化时期，私有制的萌芽开始出现。

从对墓葬发掘的情况来看，这时期多长方形土坑墓，墓中有陶器等随葬品，小孩实行瓮棺葬。葬制中实行女性厚葬和母子合葬，女孩墓中的随葬品一般精致丰富，表明当时对女孩的爱重。

半坡文化遗址

提到仰韶文化，就不得不说说半坡文化。半坡文化是仰韶文化中极具代表性的一种，位于陕西省西安市城东六公里外的半坡村。遗址总体呈南北略长、东西较窄的椭圆形，总面积为5万平方米。其中部和南部是居住区，制造陶器的窑场在东边，而北部和东北部是公共墓地。三个区域各被宽和深均有五六米的壕沟围绕，这多半是抵挡外敌和野兽的防御工事。

半坡遗址里有几十座当时人居住的房子，其中一些保存得相当完好。房子很有特色，第一种是圆形的，在地上挖出直径5米左右的圆坑，以坑壁做墙壁，在壁内密集嵌入一圈柱形木篱，外涂一层两三厘米厚的混有草秆的黄泥，并用篝火烤硬。屋顶以木柱或木板条搭成，上面覆盖黏土。至于方形和长方形的房子，在地面挖出长宽约四五米，深不到一米的坑，也是以坑壁做墙壁，夹一圈木柱或木板，并涂泥烧硬。在南面开出一个通向地面的狭窄阶梯形斜道，仅宽0.4米，刚够一人出入。门道内左右地面上有安插木柱的圆洞，这里的柱子应是用于支持门道篷顶的支柱。圆形和矩形的房子中央都有烧火的灶坑，坑附近堆积着灰烬和炭渣。

居住屋旁边还有作为公共仓库的储藏窖穴。居住区当中有一所规模最大的长方形大房子，是核心建筑，也是氏族部落的公共建筑。部落首领主持的会议和宗教活动等大概就在此举行。通过"大房子"和其所处的广场，以及整个居住区的结构，再结合对墓葬区、陶窑区的布局，可以看出半坡氏族村落的环境规划大有章法可循。这种章法，正是原始社会的人们遵照当时社会生产和社会意识要求经营聚落生活形态的反映。这种建筑形式也体现出新石器时代人类的穴居生活正在向地面生活进化。

这里的居民生活上以农业和渔猎并重，烧制的彩陶十分出色，红地黑彩，花纹简练朴素，绘人面、鱼、鹿、植物枝叶及几何形纹样。其中最著名的半

彩陶人面鱼纹盆

这个彩陶盆是仰韶文化中半坡类型的器皿，画面构图奇特，表明当时的人已经开始从事捕鱼活动。

坡出土单体鱼纹陶盆，是用人的脸和鱼的身体结合而成的人面鱼纹盆，赖以为生的鱼被看作氏族部落的保护神。

马家窑文化遗址

在中国的西北地区不乏母系氏族，马家窑文化就是其中的重要代表。这个被称为甘肃仰韶文化的历史遗存，分布在今甘肃和青海东部。那里的原始居民过着定居生活，用磨制的石斧、石锛、石凿等工具砍伐树木，开垦荒地，刀耕火种；用较锋利的石刀、石镰收割谷物。

马家窑文化以精美的彩陶器著称于世，它的器型丰富多彩，图案极富于变化，彩绘图案讲究对称协调。最著名的是舞蹈人纹图案彩陶盆。研究人员认为，这是我国最早的成型舞蹈图，在我国美术发展史上也占据了重要地位，被称为史前"中国画"。

彩陶漩涡纹瓶

这件彩陶漩涡纹瓶属于新石器时代马家窑文化。腹双侧饰半环形耳，口沿部有四只角形装饰，以角形装饰为点组成一周漩涡纹，腹肩部位绘有波浪纹和直线纹。制作的技巧熟练，体现了高超的工艺水平。

马家窑文化的彩陶图案，是目前为止史前任何一种远古文化都不可比拟的。它丰富多彩的图案构成了典丽、古朴、大器、浑厚的艺术风格。它神奇的动物图纹，恢宏的歌舞，对比的几何形状，强烈的动感姿态，像黄河奔流的千姿百态，生生不息，永世旋动。

神秘的红山文化

红山文化因首次发现于内蒙古赤峰红山而得名，延续时间达两千年之久，社会形态处于母系氏族社会的全盛时期。

红山文化是中原仰韶文化和北方草原文化在西辽河流域相碰撞而产生的富有生机和创造力的优秀文化，它的手工业达到了很高的阶段，形成了极具特色的陶器装饰艺术和高度发展的制玉工艺。

20世纪初，喀喇沁蒙古王公聘请了一位叫鸟居龙藏的日本学者来赤峰讲学，此学者曾在当地发现了一些陶片。1930年冬，梁启超的儿子梁思永归国，开始研究考古学。他收集了一些关于鸟居龙藏在赤峰发现陶片的资料后，参加了中国科学院考古组，也在赤峰发现了一些陶片，并带回北京。侵华战争爆发后，承德沦陷，一批所谓的日本考古工作团想在内蒙古找出其不属于中国历史文化的凭据，结果在红山三十多处遗址中，仅发现一些陶器残片和几件青铜器，都属于中国历史文物。此时，梁思永先生则在研究着红山的陶

彩塑女神头像
此头像出土于红山文化牛梁河遗址中，是用于
供奉女神庙的女神塑像残件。

玉猪龙
这是个新石器时代的玉兽玦，上部刻画
出了一个兽形头部，怒目圆睁，脸部纹
路很像是猪。背部卷曲，以龙为原型，
应该是代表等级、权力的礼器。

器碎片，认为红山文化是北方细石器文化和仰韶文化的结合，并提出定名为
"红山文化"。

红山文化的彩陶多为泥质，以红陶黑彩见常，花纹十分丰富，造型生动
朴实。

红山文化出土了大量的陶塑女性，都有着丰满的乳房，学者们推测是生
育神或地母神的象征，同时也是母系社会的具体表现。在实用性的陶器上，
压印"之"字纹是其纹饰的主要风格。"之"字纹线细而纹带较宽，连线和篦
点共用，横压竖排与竖压横排共用，直线与弧线、波浪线共用，有的还配以
龙鳞纹，非常美丽。

红山文化的玉器制作为磨制加工而成，表面光滑，晶莹明亮，极具神韵。

红山文化的玉器至今已出土近百件之多，其中大型碧玉猪首龙，周身卷
曲，吻部高昂，毛发飘举，极富动感，是红山文化玉器的代表作，也是目前
中国出土时代最早的龙形玉器，被誉为"天下第一龙"。

除了龙，猫头鹰也是玉器中出现最多的动物，据考证可能是红山文化的
图腾崇拜物。考古人员解说，红山文化时期，人们恐惧黑暗，希望在黑暗中
得到光明或者看清一切；人们经常遭到其他野兽的攻击，希望能够像鸟儿一
样飞起来，以避免受到伤害；人们过着农牧渔猎生活，又希望像雄鹰一样轻
易地捕捉到猎物。而猫头鹰具备这一切优势，是辽西地区普遍存在的猛禽，

鸟形象牙圆雕

这件出土于浙江省余姚市河姆渡的鸟形象牙圆雕，属于新石器时代的文物。这件用象牙雕成的鸟是中国最早的牙雕艺术品之一。河姆渡遗址出土有亚洲象的骨骸，说明在距今 7000 年左右的浙江一带生活着亚洲象，共存的应该还有犀牛、红面猴等动物。

黑夜活动，可以飞向高空，又给人以通达天地阴阳的神秘感。所以，红山文化时期先民们寄希望于猫头鹰能够给予自身与自然界抗争的神奇力量，这样，猫头鹰成为红山文化时期先民们的图腾崇拜物应该是一种必然。

河姆渡文化

　　同一时期，在长江流域下游地区，也有一个古老而多姿的新石器时代文化——河姆渡文化，因发现于浙江余姚河姆渡而得名。它主要分布在杭州湾南岸的宁绍平原及舟山岛，年代为前 5000 年至前 3300 年，这个遗址的发现，一度震惊了中外考古界。

　　河姆渡文化的骨器制作比较进步，有耜、鱼镖、镞、哨、匕、锥、锯形器等器物，都是精心磨制而成，一些有柄骨匕、骨笄上还雕刻花纹或鸟纹图案。

　　河姆渡文化在农业上以种植水稻为主，并大量使用耒耜耕作。在出土的陶盆上，许多都印有稻穗图案。遗址中还出土了大量稻壳，据发掘报告称总量达到 150 吨之多。

　　河姆渡文化时期的建筑形式，就是有巢氏发明的干栏式建筑，并已形成大小各异的村落。河姆渡的干栏式建筑蔚为壮观，其中有幢建筑长 23 米以上，进深 6 米多，檐下还有一米多宽的走廊。这种长屋里面可能分隔成若干小房间，供一个大家庭住宿。在建筑方法上，已经较多地采用了榫卯技术。

　　除了同一般遗址一样发现有骨器、陶器，河姆渡遗址中还发现了象牙制品，其中最为人称道的是"双鸟朝阳"纹象牙雕刻件，形似鸟窝，器物正中阴刻五个同心圆，外圆上部刻火焰纹，两侧各有一只圆目利喙的鸷鸟相对而视。画面布局严谨，线条虚实结合，图画寓意深刻，有人说它象征太阳，另有人认为是鸟在孵蛋，象征对生命、生殖的崇拜。

在发掘河姆渡遗址以前，考古学对新石器时代的人类普遍是这样定义的：已经穿上树皮或兽皮做的"衣服"；吃上谷类食物；大部分居住在洞穴里，房屋的形制非常原始；没有交通工具。

然而，河姆渡遗址几乎将这些结论完全推翻了，出土的木桨更使得考古人员非常吃惊。看来，中国土地上的一部分人类，在新石器时期已摆脱蒙昧状态，开始迈向文明社会的门槛了。河姆渡遗址的发现发掘，取得的成果是全方位的，文化内涵这样丰富的遗址在全国一万多处新石器时代遗址中是十分罕见的，从而奠定了它在人类发展史上里程碑式遗址的地位。

为什么河姆渡人会拥有较高的智商，会比同时代的人类拥有更丰富的知识和技能呢？目前的结论是：营养。

据考证，河姆渡先民大量食用鱼类、龟鳖类、蚌和螺，且人均占有稻谷160公斤左右，加上采集的蔬菜、水果，膳食结构已接近或达到现代人类膳食的科学要求，因此河姆渡人才有强健的身体和较高的智商。

当然，我们不能因此说河姆渡人已懂得了科学膳食的道理，这可能是一种巧合。

屈家岭文化

屈家岭文化因在1955年—1957年间发现于湖北京山屈家岭而得名。1954年修建石龙水库干渠时发现了屈家岭遗址，1955年及1957年中国科学院考古研究所和湖北省文物工作队在这里进行了两次发掘，发现该遗址是一处以黑陶为主的文化遗存，文化面貌不同于仰韶文化，也与洞庭湖以南的几何印纹陶差别较大，所以将其单独命名为屈家岭文化。据推断屈家岭遗址距今约5000年—4600年。

屈家岭文化分布范围较广，西至四川境内，东未超出湖北境内，北到河南西南部，南至洞庭湖一带。根据其分布范围可以将其分为四个区域：鄂西区、鄂东区、湘北区和江汉平原区。京山屈家岭遗址、石首走马岭遗址、荆州阴湘城遗址、钟祥六合遗址、谭家岭和肖家屋脊遗址、天门邓家湾等，都属于屈家岭文化遗址。

屈家岭遗址出土了大量生活用陶器。陶器多为手制，但快轮制陶已普及。出土陶器有杯、碗、纺纶等，还有陶制鸡、狗等装饰品。陶器表面光滑，像是经过打磨，多以泥制为主。陶色以灰色为主，黑色次之。另有一些彩陶，呈红色或橘黄色。有纹饰的不多。纹饰多以篮纹、瓦棱纹等为主。彩陶的绘制作，笔有浓淡，不讲究线条，里外皆施彩。陶衣有红、白等色，施加陶衣后用黑色或赭色彩绘出带形纹、网格纹、圆点纹和弧三角纹。另外还有较多

彩陶船形壶

此彩陶船形壶出土于陕西宝鸡北首岭，高
15.6厘米，长24.8厘米。杯子形状的口，短
颈向两侧伸延出平肩。左右肩上有环耳可系绳，
壶腹两面绘黑彩方格网纹。壶体似船，所以称
为彩陶船形壶，它属于仰韶文化的半坡类型。

横截面呈椭圆形、长条形等形状的彩陶纺轮，纺轮先施米黄色陶衣，再彩绘
出多种线纹。屈家岭义化的陶器多三足器和四足器，少平底器，无圜底器。
器形有薄胎杯、壶形器等。大量的彩陶和纺轮的出土，说明新石器时代江汉
平原地区的烧陶技术和纺织技术已具有较高的水平。

屈家岭遗址出土的大量用于生产的石器之中，有斧、镞等，造型精美，
磨制精细。

屈家岭文化常用的农具之一是双肩石锄。这里的农业生产活动以种植水
稻为主，饲养家畜及渔猎采集也成为了很重要的生产活动。家畜以狗和猪为
主。

这一时期发掘的墓穴中，以竖穴土坑墓为主。在发掘中还发现了氏族公
共墓地，成人墓多集中于此。而小孩墓多圆形土坑瓮棺葬，葬具通常是在一
个陶碗上对扣一陶盆或用两个陶碗对扣。

屈家岭文化中还出现了大型分间房屋建筑。这种建筑里面隔成几间，有
的是里外套间，有的各间分别开门通向户外。房屋整体呈长方形，地面为了
隔潮，用红烧土或黄砂土铺垫，表面再涂白灰面或细泥，并用火烘烤使之坚
硬。大者长约40米，宽约5米，室内面积70平方米左右。

屈家岭遗址的发现，说明了长江流域同黄河流域一样，是中华民族的
摇篮。

父系氏族

　　作为中国传说时代的代表人物黄帝，人们在他身上集中了古人的各种优点、诸多创造，赞颂他带领中华文明从野蛮向文明发展，从而将他奉为人文始祖。黄帝可能实有其人，是父系氏族时期中原地区的一位部落联盟长。他通过战争，使中原各部落实现了联合，并做了许多好事，因而在古人的口传历史中占据了重要的位置。下面，就让我们看看父系氏族时中华大地上的风貌。

历史细读

在母系氏族社会向父系氏族社会过渡阶段时，产生了"氏"，实际上体现了同姓者地位与财富的差别，而由于此时男子正逐渐成为氏族的主导者，他们称氏，便可将自己的地位与财富同其他氏族区别开来。所以男子称氏，而从不以姓相称。"贵者有氏，贱者有名无氏"。直到先秦时期，只有贵族才有氏，普通的平民没有"别贵贱"的需要，一般没有氏。

从母系向父系的转变

大约四五千年前，我国黄河流域、长江流域的一些氏族部落，先后从母系氏族逐渐进入父系氏族公社时代。农业的发展为母系向父系的转变创造了条件。生产力的发展和生产工具的进步使得男子在农业、畜牧业和手工业等主要的生产部门中逐渐占据主导地位。

父系氏族的萌芽

中原的仰韶文化和江南的河姆渡文化都以原始农业为主要生产部门，农业技术已经进展到耒耜耕种的阶段。河姆渡遗址发现了大批骨耜，半坡、姜寨等仰韶文化晚期地层中发现了大批石锄、石镰。这些工具的出现，提高了农业生产力。农业的发展为母系向父系的转变创造了条件。在农业生产发展的基础上，由于有了饲料，畜牧业也有可能发展起来。不过，从西安半坡所发现的饲养猪的骨骼看，绝大多数都是在幼小时被宰杀的，这可能是因为饲料尚不丰富，无力长期饲养的缘故。可见当时饲养家畜的经济价值还不大。大汶口遗址中出土了不少猪、鸡、狗的骨骼，由此可见，当时家畜的饲养有所发展。

父系氏族的确立

母系氏族公社经历了全盛时期后，社会生产力日渐发展。生产工具的进步使得男子在农业、畜牧业和手工业等主要生产部门中逐渐占据主导的地位。生产工具发展的结果导致，或由锄耕农业过渡到犁耕农业，或从动物驯养过

彩陶鱼纹盆

这件彩陶鱼纹盆出土于陕西西安半坡遗址。盆口微敛，宽折沿、圆唇、扁圆体，折腹内收，用黑彩在上腹部绘出单体鱼三尾，构成连续带条形图案装饰。鱼的神态生动，反映了先民与渔猎生活的密切关系。

渡到畜牧业。而先前在社会经济中占据主导地位的妇女，其所负担的家务劳动逐渐与其他生产活动分离开来，成为无足轻重的私人事务，从而男子和妇女在社会上的地位发生变化。于是，依靠新取得的社会经济地位，男子逐渐把妻子和子女全部留在自己家中，实现妻从夫居、子女从父居的制度。世系也由跟随母系计算变成了按父系计算，对偶婚逐步变成一对夫妇长久结合的一夫一妻制，女子嫁到男方，财产也由父亲传给子女。对男性祖先的崇拜祭祀成为巩固氏族成员联系的纽带。这种生产力和生产方式的进步令母权制自然过渡为父权制，父系氏族公社逐渐形成。

父系氏族制度的存在时间相当于新石器时代晚期至金石并用时代。父系氏族由若干家庭公社构成，一个氏族或若干近亲家族聚居在一个村落或几个相邻的村落之内，父系家庭是社会的基本单位，包括同一祖先的三四代后裔。他们的土地和主要生产工具为集体所有、集体生产并且共同消费。

父系氏族公社的初期，氏族内的生产领导和管理建立在民主的基础之上。家族长通过选举产生，一般是由年事最长的男子来担任生产的组织者，而其他家庭年长者组成长老议事会共同决定氏族的内外事务。各氏族的氏族长又组成部落会议，其中有些部落以长支的氏族长为部落酋长。每个部落有一定的土地范围。父系氏族社会进入铁器时代以后，由于生产力的提高，手工业和商品交换的发展，家长的作用和权力就越来越大，家长个人便企图成为家庭公社经济乃至公社财产及成员的全权支配者。家庭公社的成员除了妻子、儿女之外，还包括非自由人。有的家长不仅对非自由人，甚至对妻子、儿女都有生杀之权。在古代许多民族中，父权是神圣不可侵犯的。考古学上的龙山文化就属于父系氏族公社时期。

父系氏族的风貌

在中原大地众多的氏族中，一类以游牧为生，一类依靠农业种植，开始了定居生活。驰骋在马背上的游牧民族，他们带着大批的牛羊逐水草而居，从沿途的氏族部落中抢来女人做妻子。这种生活方式，给了一个男人与一个女人单独相处的机会。男人们恍然大悟，原来女人不是刚下完雨的树林，不会自然而然地长出蘑菇，她们其实只是土地，而自己才是真正的播种者。

"父亲"诞生了，这个新鲜出炉的词汇燃烧着男人们的心：要做父亲，要有一个可以确信为自己的孩子，把自己所有的牛羊都传给他！

游牧民族的男人们虽然从其他民族或是部落那里抢了妻子，却将"父亲"这一概念向外传播，得到了身处农业母系氏族众多男性的艳羡。此时剩余产品已经产生，农业部落中凭借战争或是巫术上的才能获得特权的男性，开始要求在氏族中有专一的配偶，以得到可以确信为自己的骨肉。

浮雕壁虎图陶缸
此彩绘陶缸属于仰韶文化。在陶器外腹上绘制着一只壁虎，壁虎攀附于陶缸的口沿下，扁圆首，口微启，四肢对称曲伏于壁，作捕猎物状。也有观点认为原始人雕塑壁虎、蜥蜴是代表对男根的崇拜。

继而所有的男人都向往起来，他们要求一男一女之间保持一段排他性的性关系，以便确认自己的孩子。当然，这种关系是平等的，男女双方有任何一方改变了主意，双方便会立即分手——不需要办理任何手续。在从群婚模式的母系社会向专偶模式的父系社会的转变过程中，这种过渡形式被称为对偶婚。

从这个时候开始，孩子们结束了只知其母不知其父的时代。男人们对于孩子的情感也变得强烈起来，一方面是对权力的喜爱，一方面是希望在自己死后生命能因孩子得以延续。一个人造就他的后代，在某种意义上说就是重塑自身，孩子的生命，实际上就是自己生命的延长。他的宏伟抱负不会在坟墓中腐朽，能够由后代们的事业得以扩展和实现。

而此时的生殖崇拜也已经有所转变。生殖崇拜是原始社会普遍流行的一种风习，是原始先民追求幸福、希望兴旺发达的一种表示。原始人由于不懂得人类生殖的原因，见到从妇女腹中能孕育出一个新的生命，总认为其中有一种神奇的力量。每当有妇女分娩时，氏族都要举行隆重的祝祷仪式，并要孕妇到野外去分娩，认为这样可以使土地肥沃。

如果妇女因分娩而死，那么就要对死者举行英雄的葬礼。当人们发现了男性在生育中的作用后，生殖崇拜也改变了方向。从原来崇拜女性丰硕的双乳，转而崇拜石笋、蝉、蜥蜴、龟等。汉字"祖"字的写法，便揭示了男性生殖器崇拜这一现象："祖"字右边的"且"字，是男性生殖器的象形；左边的"示"字，在古代指神祇。可见这个"祖"字，就是以男根祭神的意思。

父系氏族文化遗存

父系氏族公社时期的文化遗址也是十分丰富的，地下考古材料如黄河流域的大汶口文化晚期、龙山文化等，长江流域的良渚文化等，基本上反映了父系氏族公社的基本面貌。

大汶口文化

父系氏族时期的考古发掘，在中国黄河下游地区，以大汶口文化最具代表性。大汶口文化因发现于山东泰安大汶口遗址而得名，主要分布在山东省及江苏省淮北地区，年代大约在前 4040 年—前 2240 年，延续时间长达两千余年。

大汶口文化具有许多之前文化不具有的特征。经济生产以农业为主，兼营畜牧业和渔猎。农业以种植粟为主。在三里河遗址的一个窖穴中，曾发现约有 1 立方米的碳化粟，在其他地区还发掘出大量牛、羊、猪、狗等家畜骨骼。房屋多数属于地面建筑，但也有少数半地穴式房屋。一些陶房模型，为我们提供了相当形象的大汶口文化房屋形状。大汶口文化的灰坑有圆形竖穴和椭圆形竖穴，可能是储藏东西的窖穴，也有口大于底的不规则形灰坑。

这时的生产工具仍以石器为主，兼有一些骨器、角器和蚌器。石器有铲、锛、斧、凿、刀、匕首、矛等，有的石铲和石斧钻有圆孔。还有一些带柄石铲和石锛。骨器有镰、鱼镖、镞、匕首和矛。角器有锄、鱼镖、镞、匕首。蚌器有镰和镞。遗址出土的陶纺轮和石纺轮可以证明当时已经有比较成熟的纺织技术了。

大汶口文化的制陶技术较之前已有很大提高。陶质有红陶、灰陶、黑陶和白陶四类，彩陶数量不多。高柄杯和白陶是大汶口文化中最具特征的陶器。在早、中、晚三期中，陶器的陶色、纹饰、器型都略有变化。陶器纹饰，早期有锥刺纹、划纹和少量彩陶。主要器型有釜形鼎、钵形鼎、小口带柄壶形鼎、敛口平底钵，也有在上腹部饰彩的陶钵、高柄豆、高柄觚、双耳壶等。中期又出现了附加堆纹、篮纹、压印纹和镂刻纹，以及施黑赭色和红色的彩陶。中期的陶器类型较早期明显增多，主要有小口深腹罐形鼎、钵形鼎、盂形鼎、小口深腹罐、平底盂、三实足鬶、敛口钵、高柄喇叭形座豆、小口长颈带鼻壶、圈足尊、高柄杯、盆、簋、勺与漏器等。晚期陶器纹饰有弦纹、附加堆纹、篮纹、镂刻纹等，彩陶则以涡纹为主。器类有罐形鼎、瘦

大汶口文化黑陶杯

此黑陶杯属于细泥黑陶，奢口，由口沿至杯底反弧形收缩，中间有一环形小耳。光亮漆黑，不施纹饰。

大汶口文化刻纹陶尊

这是一个大型的夹沙灰陶器，大口、深腹、尖底。外部刻有太阳、云气、山峰等图案。

腹背壶（其中有白陶）、宽肩壶、高柄豆、袋足鬶（有白陶）、三实足盉、带把杯、长颈壶等。从陶器在不同时期的形态演化，我们可以窥见大汶口社会文化发展的一斑。大汶口文化的雕塑工艺品有较高的艺术水平，多数是随葬品。雕塑品有象牙雕饰、嵌绿松石的骨雕、穿孔玉器，以及陶塑动物等。这些雕塑品，制作都相当精细，造型优美，是大汶口文化中颇具特色的艺术作品。

大汶口文化的墓葬在我国的原始社会人类遗存中占有非常重要的地位。墓室多为长方形竖穴土坑，有的仅有棺，但也有棺椁皆备的。从墓的规模看，有大墓和小墓的差别。这里还发现了一些无头葬、无尸葬和"迁出葬"（即将墓内部分骨骼迁移他处，而在原葬墓内仍保留死者的部分骨骼）等。墓内多数无任何随葬品，凡有随葬品的墓，随葬品的数量多少十分悬殊：少者一两件，多者百件以上。如大汶口的一个老年女性墓葬，墓坑东西长4.2米，南北宽3.2米，墓底有二层台和涂漆棺椁，随葬品有装饰于头和颈部的三串七十七件石质饰品，还有大量玉器、象牙制品和陶器，还有猪头、兽骨、鳄鱼鳞板等。随葬品的悬殊，反映了处于父系社会的大汶口文化晚期已有十分显著的贫富分化现象了，而晚期墓葬出现了夫妻合葬，说明当时社会婚姻习俗已经由对偶婚向一夫一妻制转变了。

大汶口文化渊源于北辛文化，后继为山东龙山文化。该文化居民的种族，一般认为是中国古代的东夷族。

关于大汶口文化的类型问题，目前考古界看法不一。有人提出可划分为"青莲岗""刘林"和"花厅"3个类型；也有人认为可以划分为"大汶

历史细读

大汶口时期的陶尊上有很多的刻画符号，有的是仿照农具斧形演化成为的"戍"字；有的可能是仿照一些当时崇拜的神的形象；有一个陶尊上的符号是上中下结构的"日、云、火"，有人认为应该是"旦"字。它们的年代远远早于甲骨文，应该是原始文字的雏形。

口""大墩子"和"三里河"三个类型。现将后一种划分的三个类型简要介绍一下。大汶口类型包括山东中南部的泰安、济宁等地区的大汶口文化遗址。经过发掘的有滕县岗上、曲阜西夏侯、邹县野店、兖州王因等遗址。该类型的特点，表现在陶器器形上，以釜形鼎、大镂孔编织纹高柄豆、背壶、筒形杯、盉、尊形器、圈足瓶、袋足鬶、带耳杯等较有代表性。墓葬以头向东单身仰身直肢葬为主，所有大汶口墓葬都有一个共同点，就是死者手中多握有獐牙器。大墩子类型因最初发现于江苏北部的邳县大墩子而得名，主要分布于淮河以北的苏北地区，经过发掘的遗址有邳县刘林、新沂花厅、连云港二涧村等遗址。陶器以鼎、鬶、豆、背壶、带把三足罐、篦形器、钵、觚形杯、高圈足杯、罐等较有代表性。葬式也以头向东或东北的单身仰身直肢葬为主。有的墓中的死者双眼处还放有石环。三里河类型因发现于山东胶县三里河遗址而得名，主要分布于山东潍坊地区和日照等县。经过发掘的遗址有日照东海峪、安丘景芝镇、诸城呈子等遗址。陶器以釜、罐形鼎、鬶、单耳长颈壶、双耳长颈壶、细长瓶、大口折肩尊、单耳杯、高柄杯、折腹钵等具有代表性，背壶、豆、筒形杯较少。葬式以头向西和西北的单人仰身直肢葬为主。在呈子遗址中还有较多的合葬墓，并有重叠葬。有的死者手臂处放有石钺、蚌器、黑陶杯和海螺等，有的死者口中还含有玉琀，用猪下颌骨随葬比较普遍。

大汶口文化时期，社会生产的劳动者的性别发生了很大变化。这从男女随葬的是石铲、石斧、石锛等农业生产工具，还有纺轮等织布工具两类的变化，可以得到很好的说明。在大汶口文化中期以后，随葬石铲、石斧、石锛等生产工具的主要是男性，而随葬纺轮的则主要是女性。这说明男子已成为社会生产，特别是农业生产的主要担当者，而妇女则从事纺织等家内劳动，社会已经从母系氏族公社阶段发展到父系氏族公社阶段了。

大汶口文化晚期，随着生产的发展，私有制已经开始出现。猪就是大汶

白陶背水壶
此壶出土于山东泰安大汶口，属于新石器时代大汶口文化。壶高 19.3 厘米，口径 9.7 厘米。此壶为盛水器，口阔、颈粗、肩圆、腹深，肩部有双耳，应为大汶口文化中期的制品。制作形式很有实用性。

口氏族家族的一种重要财产。有一些大汶口墓葬里随葬有很多猪头和猪的下颚骨，这些随葬的猪头和猪的下颚骨，应是墓主人生前的私有财产。此外，随葬的私有财产还有陶器、生产工具和各种装饰品等。私有制的产生和发展，必然导致贫富两极分化，在氏族内部出现富有者和贫穷者。大汶口文化中、晚期的墓葬，清楚地反映了这种演变。

黑陶和白陶是大汶口文化中晚期制陶业中出现的两个新品种，反映了当时制陶工艺的显著进步。这时的陶器已用快转陶车来制造。陶车由轮盘和轮轴组成，使用时，由一人转动轮盘，使其急速旋转，由另一人借助陶轮转动形成的离心力，配以双手灵巧的动作，将陶土塑成需要的器皿。用快转陶车制坯，数量多，质量也好。烧制技术也有提高。当时的人们扩大了窑室，缩小了火口，增加了火道支道和窑算算孔的数量，使热力分布更加均匀。这时采用了高温下严密封窑技术，使陶土中的铁元素得以还原，有的还在陶土中掺过炭，因此烧成的陶器多为黑色。白陶用高岭土制造，制造时努力保持陶土的纯洁，因而烧成了白色。白陶的出现有重大的意义，它为以后瓷器的制作奠定了技术基础。有的白陶还有图案花纹。

大汶口遗址早、中、晚三个阶段各有特色，对我国原始社会氏族制的研究有很大帮助。早期应属于母系社会向父系社会过渡的阶段，晚期墓葬随葬品种类和数量有很大差异，并且出现夫妻合葬墓，应属于父系社会末期。有些遗迹刻有规则符号，被认为是文字，再加上有些墓葬出现"人殉"现象，由此推测大汶口文化晚期可能已经由原始氏族社会向奴隶社会转化了。

大汶口文化的农业生产，以种植粟为主。居民饲养猪、狗等家畜，也从

名家评史

良渚古城的发现无疑对加快良渚遗址的"申遗"进程具有显著作用，因为遗产价值越突出，获得世界范围认同的可能越大。

——陈同滨

事渔猎和采集。生产工具有石制的斧、铲、刀、镞，骨角制的锄、鱼镖、鱼钩和镞等。制陶业较发达，小型陶器开始用轮制法生产。陶器以三足器、圈足器和平底器较多，也有圜底器，主要有鼎、豆、觚形杯、壶、高柄杯和鬶等。制作石器、玉器、骨角牙器和进行镶嵌的手工业也很兴盛，出土的玉钺、花瓣纹象牙筒、透雕象牙梳等，制作精致，工艺水平很高。

当时居民中盛行枕骨人工变形和在青春期拔除一对侧上门齿的风俗，这是中国东南沿海古代先民拔牙习俗的起源。有的长期口含小石球或陶球，造成颌骨内缩变形。还流行在死者腰部放穿孔龟甲，死者手握獐牙或獐牙钩形器。这些习俗在中国其他史前文化中是较罕见的。

大汶口文化是新石器时代晚期重要的遗存之一，其分布范围北濒渤海，南抵苏皖，西进河南，始自前 4300 年，到前 2500 年左右发展成山东龙山文化。大汶口文化的陶器特征明显，社会经济已发展到较高水平。已发现的许多刻划符号被认为是古老的象形文字。当时的社会已产生严重的贫富分化，私有制逐渐形成，整个社会已接近阶级社会的门槛了。

良渚文化

浙江余姚良渚镇一带，发现过一些黑皮陶器和磨光石器，后被定名为"良渚文化"。良渚文化距今约 5400 年—4000 年。良渚文化时期的农业已进入犁耕稻作时代。手工艺趋于专业化，特别是玉器制造加工业异常发达。而大型玉质礼器的出现，也为礼制化的中国古代社会揭开了序幕。贵族大墓与平民小墓的分野显示出社会分化的加剧；刻划在出土器物上的符文被认为是中国成熟文字出现的前奏。

良渚文化的陶器，以轮制为主。泥质灰胎黑皮陶和夹细砂的灰褐色陶最为普遍。良渚人已经掌握了快轮拉坯、慢轮修坯的技术，因此生产出来的陶

玉方柱形尖状器
这是一个不规则方形的玉质尖状器。器身磨制精细，有光泽。有一不规则圆孔，孔壁经打磨，
但仍有数道弧形切割痕迹，形如良渚文化玉璧上的线切割痕迹。

器器型规整，器壁又匀又薄。器表一般是素面的，只有少数带花纹装饰的陶
器，器型丰富多彩，极具艺术想象力。

良渚文化的石器通体精磨，而且普遍使用了管钻穿孔技术。主要器类有
石斧、石锛、石凿、石钺等。石锛中无段石锛的数量多是良渚文化与众不同
的一个重要特征。此外，还有两种形体特异的石器很有特色，第一种是呈 V
字形的石器，有些专家推断是犁一类的破土工具；另一种呈三角形，有穿孔，
有人推断是在水田里进行耕耘的农具。

良渚文化玉器非常发达，种类有珠、管、璧、璜、琮、蝉。多是用于祭
祀的礼制化玉器，神秘而精美，如玉璧、玉琮、玉钺，以及玉璜、玉管、玉
珠等小件装饰品。其中被誉为"玉琮王"的玉琮个体高达18—23厘米，形
状为内圆外方，与古代的天地相通思想相吻合。上刻圆目兽面纹，工艺精湛，
是中国古代玉器中的珍品。很多玉器上多以阴刻线勾勒出云雷纹、鸟纹、蝉
纹、鹰纹，以及神人合一的奇诡形象，工艺大都极精细。无论哪种纹饰，应
该都寄托着古人的愿望和希冀，可见良渚人信仰着比较发达的原始宗教。从
玉器表面留下的加工痕迹判断，良渚时期的玉工可能已经掌握了铊具等加工
工具。良渚文化制玉业的发展，与石器加工技术的进步密切相关。良渚文化
玉器创造性的器型，为后代玉器的造型奠定了基础。

良渚文化的竹木编织技术也相当成熟，很多东西在同期其他文化中根本
没有。在钱山漾出土的竹编器类有篓、筐、席、簸箕、篷盖、门扉、算等，
编织纹样富有变化，显示了制作匠人的高超技艺。此外，在一些遗址中，也
发现有木制品，如盆、杵和桨。在下家山遗址中，出土了大量同期文化未见
的漆木器。此外，还有为数不少的骨器、象牙制品。唯一遗憾的是，在同时
期其他文化遗址里，都发现了金属遗迹，而在良渚文化众多的遗址中，却没
有一点金属的影子。

兽面纹琮
瑶山在良渚墓葬群中是作为祭祀和墓地两种用途的遗址，大部分良渚玉器都是出土于此。玉琮是良渚文化中的重要礼器，主要用于祭祀。

良渚文化的居址一般选择靠近河流湖泊的平地上，墓地大都处于离居址不远的土丘或小山上。与其他同期文化一样，其聚落群也有中心性聚落和一般性聚落之分。在钱山漾遗址发现了 3 座居址。其中一座东西长约 2.5 米，南北宽约 1.9 米，木桩按东西向排列，正中有一根长木，似起"檩脊"的作用，其上盖有几层竹席。另一座只在东边保存下一排密集而整齐的木桩，上面盖有大幅的芦席和竹席。良渚文化的中心区在浙江余姚西部的良渚、安溪、长命、北湖等地境内。

良渚文化居民以农业生产为主，主要作物是水稻。经鉴定发现，良渚文化的水稻主要有粳稻和籼稻两种。农业工具种类较多，制作大都较精细。

良渚墓葬坑呈长方形，以头向南的仰身直肢葬为主，有大、小墓之分，随葬品也有很大差别。在有些墓葬的墓主人脚下，与随葬陶器一起还发现了人头骨，有人认为其身份应是奴隶，说明当时已出现财富占有的差别，并且出现了只有特殊地位的人才拥有的玉琮、玉璧等礼器。

良渚文化与大汶口文化之间存在着相互影响的关系。有段石锛和贯耳壶，是良渚文化的基本特征之一，在大汶口文化后期阶段的遗存中有少量发现，是受良渚文化影响的产物。大汶口出土的玉笄，与良渚文化的玉锥形饰可能有联系。

浙江省考古所在良渚遗址区内发现一座与颐和园面积差不多的拥有城墙的古城，被称为良渚古城。它改变了考古界原本以为良渚文化只是一抹文明曙光的认识，证明了良渚文化已经进入了成熟的史前文明发展阶段，是继上世纪河南安阳殷墟发现之后中国考古界的又一重大发现。城墙，是氏族社会和文明社会区别的一个重要标志。

名家评史

偃师二里头文化就其文化内容和所在地点而言，显然是从晚期河南龙山文化发展过来的，但可能吸收了其他地区一些文化中某些元素，例如山东晚期龙山文化（陶器某些类型、铜器）、晚期大汶口文化（陶器上刻划符号，可能还有铜器）、江浙地区的良渚文化（玉璧、玉琮等玉器）、西北地区的"甘肃仰韶文化"（陶器上符号、铜器）等。

——夏鼐

龙山文化

龙山文化泛指中国黄河中下游地区，约处于新石器时代晚期的一类文化遗存，属于铜石并用时代早期的文化，因发现于山东章丘龙山镇而得名。这一时期占卜等巫术活动较为盛行，代表器物则是磨光黑陶。人们利用快轮制陶，烧出了薄如蛋壳的器物，且表面光亮如漆，堪称中国制陶史上的顶峰时期，所以也叫"黑陶文化"。龙山文化分布的地区主要是山东、河南、河北、晋南和陕西渭水流域，文化的地域性差别显著。这意味着各地区的龙山文化可能有不同的来源。比如，山东龙山文化的一个来源是大汶口文化，河南的龙山文化有一支是来源于仰韶文化，同时有遗址证明龙山文化早于殷的小屯文化而晚于仰韶文化。

山东和河南的龙山文化是大汶口文化、仰韶文化的进一步发展，所以龙山文化时期的社会生产力比过去有了明显的提高。这时生产工具种类增多，石器都磨得相当精致。骨器、蚌器的制法大都经过打、磨、修三个步骤，其用途与石器相同。

河南陕县庙底沟龙山文化在农具方面开始出现双齿木耒。其他农具，如磨型的半月形石刀和镰，都是仰韶文化和大汶口文化中所未见的，显示了龙山时期磨制工艺的使用更加广泛，磨制技术达到了很高的水

黑陶蛋壳杯

蛋壳黑陶是龙山文化的标志性陶器，也是古代制陶艺术的巅峰之作。器物的壁如同蛋壳一般薄，因此被称为"蛋壳黑陶"。龙山文化的蛋壳黑陶器皿不以色彩、纹饰为重，乃以造型和工艺见长，风格简洁爽利，应是当时人们审美观念的一种反映。

鹰尊

尊是酒器，此鹰尊属于仰韶文化庙底沟晚期，做成鹰形，但支脚是动物腿，造型浑厚，形体较大。

平。从制孔工艺来说，龙山时期出现了有孔石镰、蚌镰，而且种类比仰韶时期明显增多了。仰韶时期的石刀是单孔，龙山时期则变为双孔，使农具与皮革或绳子更好地结合使用，有利于劳动生产，反映出龙山时期的生产力比仰韶时期有了较大的发展。

龙山文化的制陶业也很繁荣，器型多种多样，实用性加强，这是当时人们生活水平有所提高的表现。山东龙山文化以陶器群为显著特征。当时的陶器普遍采用轮制，壁薄而均匀、造型规整，除突出地存在具有代表性的少量白陶外，也有白衣红陶。成就最高的是磨光发亮的黑陶，其中的蛋壳黑陶高柄杯器壁仅厚 0.5 毫米，还加以镂孔和装饰纤细的划纹，其工艺水平达到了古代制陶史上的顶峰。陶器在当时是一种显示尊贵身份的礼器，这类精致的陶器绝非日常用具，而是在社会上产生阶级分化后为适应某种特殊需要而生产出来的。

龙山文化的社会经济是以大汶口文化晚期为基础发展起来的，经济形态以原始农业为主，主要是粟类旱地作物；兼营家畜饲养及渔猎，并经营各种原始手工业。饲养的家畜有猪、狗、牛、羊等，羊的饲养比起大汶口文化尤其有明显的发展，考古中还发现了石镞、骨镞、蚌镞、陶镞、骨鱼镖和陶网坠等渔猎工具。

在农业发展的基础上，龙山文化中畜牧业也相应地繁荣起来。龙山镇遗址中发现了大批兽骨，经鉴定有狗、马、猪、獐、鹿、麋、羊、牛等九种。据推测，畜牧业这时大概已从农业中分离出来，初步出现了第一次社会劳动大分工。

龙山文化的制玉工艺已经很发达，考古中发现了扁平穿孔玉铲、阴刻兽面纹玉锛、三牙璧及鸟形、鸟头形等精美的玉器，在工艺方面都达到了较高的水平，同时说明玉质礼器的生产已专业化。

在山东龙山文化中，遗址通常分布在丘陵地带地势高亢的河旁台地上。考古学者们在城子崖遗址的周围发现了版筑夯土围墙，应是重要聚居地的防御性设施。当时人的住房有长方形或圆形半地穴式、圆形地面式和夯土台基地面式，室内还有灶坑。在龙山文化的各个遗址当中，都发现了相当数量的窖穴，呈现为规整的圆形或椭圆形。在氏族公共墓地中已经发掘的墓葬约有三百多座。有的墓葬中，有棺有椁，随葬品有精美的陶器。

私有制、阶级的出现

在父系氏族社会中，随着社会生产力的发展和剩余产品的出现，一些人能够占有他人的劳动成果，并利用已占有的劳动财富奴役他人，于是，贫富现象出现，私有财产开始萌芽。贫富悬殊的变化是阶级产生的基础，到父系氏族社会的后期，氏族社会开始走向瓦解，阶级社会开始出现。

贫富分化

当原始社会处于初期和中期的时候，社会生产力极为低下，人们必须通过集体协作的艰苦劳动才能取得仅仅够维持最基本生活水平的生活资料，没有什么剩余。当时没有私有财产，更没有私有观念，人们的所有生产资料都是公有的原始共产主义，大家在一起过着共同劳动、共同消费的生活。

后来，在长期劳动生产和其他实践当中，人们不断改进工具、革新技术，提高劳动技能，生产力在缓慢地进步。到了母系氏族社会的晚期，在黄河、长江和珠江流域的广大范围内，经过漫长的历史发展，社会生产力已经有了很大的提高，农业、家畜饲养业迅速发展起来；而在北部、西部的广大草原地区，则兴起了游牧经济。在这样的背景下，第一次社会大分工产生并不断扩大，最后发生了交换。原始社会后期，金属工具出现，生产力有了极大的发展，这是私有制产生的根本原因。这时，手工业逐渐从农业中分离出来，原先由很多人参与的共同生产的方式发生了改变，畜群开始分散到各个家庭去养，土地也分配给各个家庭去耕作，以家庭为单位的个体劳动逐渐代替了以氏族公社为单位的共同劳动。一个人生产的劳动产品，除了维持自身最低生活需要之外，还出现了剩余产品，这是产生私有制的物质基础，也是占有他人劳动产品、进行经济剥削的条件。

随着社会生产力的发展，剩余产品的出现为私有制的产生准备了前提条件。社会分工和商品交换的发展，促进了私有制的形成。私有制从个人占有财产开始，人们先占有工具、生活用品和牲畜，进而占有奴隶和房屋，而土地私有的出现则是较晚的事情了。有了私有制，贫富的两极分化就成为不可避免的历史趋势。

人头形器口彩陶瓶

这是新石器时代庙底沟文化的人头形器口彩陶瓶，器皿瓶口做成人形，彩色器身，纹饰夸张，是一种具有神秘意义的酒器。

名家评史

> 凿井技术发明以后，征服我国北方的广大平原，开辟为富实的农场，虽说已具有可能性，但是工具还很粗陋，进展不能很快，因此人口的蕃殖也还受着相当的限制。人民拣择到平坦易居的地方建设都邑，附近辟为耕田，方圆数十里或百里就成一国。
>
> ——徐旭生

从父系氏族时期的遗址中，我们可以清楚地认识到这一点。在大汶口遗址中，有的墓葬中随葬品极少，甚至连一件也没有，可以推测墓主是个很贫穷的人。而在有的墓葬中，陪葬品则极为丰富，比如其中一个墓的随葬品包括 14 个猪头，还有一个墓中有三串头饰，除象牙雕筒、梳及玉钗外，还有玉臂环、玉指环等稀世瑰宝，大批精美的陶器也包含其中，仅陶瓶就达 38 件之多。这些随葬品的数量已经远远超过了一个人的实际生活需要，说明墓主人拥有较多的剩余产品作为私有财产，这些墓葬的情况突出反映了当时已经日益悬殊的贫富分化。在父系氏族时期的遗址中，江苏四户镇出土了带箭的人腿骨，在甘肃永昌鸳鸯池出土了白色的石护臂，这些都是在私有财产增多、贫富分化之后发生战争的有力证据。

可以说，贫富分化的出现建立在两个前提之上，一是私有制的产生和发展，二是原始社会末期交换的发展和商品生产的出现，而结果就是私有制的产生和贫富分化最终导致了氏族成员之间地位的不平等。这种不平等和财产私有取代了原始共产主义之后，原始社会也就随之解体了。

奴隶制和阶级

当个体劳动日益成为主要生产方式之后，生产资料也就相应在逐渐转归个体家庭私有。一些氏族部落首领和少数家长，为了占有更多的剩余产品供自己享用，利用自己的身份开始在对内分配产品、对外进行交换的过程中把一些集体的财产窃为己有，这样，私人占有财产的现象就出现了。由于原始社会中土地是最重要的生产资料，因此，当后来土地逐渐变成私有财产后，私有制就在社会上正式确立起来了。剩余产品的出现是阶级产生的物质前提。当私有制确立以后，阶级就产生了。人们对生产资料占有关系的不同是形成不同阶级的基础。

私有制和贫富分化之后引发占有和战争，随着战俘的增多，财产大量集中于一人之手，氏族首领变成了奴隶主，氏族成员则变成了平民，而战俘就成为了奴隶。奴隶主对奴隶握有生杀予夺的权力，可以随意奴役、买卖甚至杀害他们。奴隶没有独立的人格，更没有任何自由和权利，奴隶的后代也世代为奴。

在大汶口文化中晚期的父系社会后期，中国社会已产生贫富分化的现象。为了争夺财产，氏族部落之间彼此掠夺，战争中获胜的一方获得的俘虏就转变成了奴隶，也有部分氏族公社的贫苦社员沦为奴隶。发展到我国第一个奴隶制国家夏朝的时候，奴隶的名目已经非常繁多，从事农业生产的叫"民""黎民""众人""众"，从事畜牧业的叫作"牧竖"或者"隶圉"，而奴隶主的家内奴男子叫"臣"、女子叫"妾"。他们的劳动负担非常沉重，被奴隶主看作是会说话的工具，没有任何自由可言。大多数奴隶主是由父系社会末期的氏族贵族和部落首领转化而来的。在原始社会末期交换发展的过程中，这些部落首领夺取了大量财富，并且在战争中扩大了权力，最终转变为占有全部生产资料和完全占有生产者本身的奴隶主阶级。作为统治者，他们不仅掌握着财富，而且只有他们才有资格保持自己由图腾崇拜而来的姓氏，并对"亡其姓氏"的奴隶们握有生杀予夺之权。除了奴隶主和奴隶，社会中还有一个中间阶级就是平民。大多数平民是由各级贵族疏远的宗族成员和原来的氏族公社成员形成的，这部分人虽然还保有人身自由，但同样要受到各级贵族的剥削和压迫。国家形成之后平民大多居住在都邑之内，被称为"国人"。

从历史发展的规律来讲，奴隶制产生于能产生剩余产品的社会经济条件下，是一个人对另一个人的在当时被认为是合法的拥有和控制制度。奴隶为奴隶主的私有财产，早期的奴隶主要来源于异族战俘。可以说，奴隶制是生产力发展到一定阶段，一个劳动者能生产出超过他本人所需的剩余财富时才会产生的一种社会制度，所以奴隶制的出现常常限于一个相当发达的农业社会里，这是人类社会的普遍规律。在我国，夏朝是最早的奴隶制国家。从前21世纪开始到前476年止，我国奴隶社会延续了一千六百年左右。

父系氏族的文化艺术

汉字产生前，最像是文字的符号就是陶文。陶文已经出土的资料很多，但它只有单个的符号，没有成文。现在已出土的陶文以半坡陶文为最早，此外，大汶口文化、龙山文化、良渚文化时期，也都有陶文。陶器不仅成为了文字的载体，也成为了先古文化遗迹中最显著的标志。父系氏族时期，生产力有了很大的提高，创造了辉煌的黑陶艺术。此外，玉骨器的制造也是这一时期的突出成就。

父系氏族的文化

一般认为，文字是文明社会产生的标志。关于中国文字的起源，有着仓颉造字的传说。《荀子·解蔽》记载："好书者众矣，而仓颉独传者壹也。"《吕氏春秋》记载："奚仲作车，仓颉作书。"相传仓颉是黄帝的史官，是古代整理文字的一个代表人物。他所处的年代约为前 26 世纪。据此推测，四五千年前，我国的文字就比较成熟了。

但传说毕竟是传说，从考古证据来看，西安半坡遗址陶器上的符号可能是中国文字的起源。《西安半坡》一书认为："这些符号是人们有意识刻划的，代表一定意义。"

目前，在龙山文化（前 25 世纪—前 20 世纪）和良渚文化（前 33 世纪—前 22 世纪）的陶器上已经发现了刻划简单的文字，被认为是我国发现的最早的文字，称为陶文。这一时期的陶文尚未被辨认出来，很可能是一种消逝了的文字，但可以证明，陶器是已知最早的人工制作的文字载体。郭沫若提出："彩陶上的那些刻画记号，可以肯定地说是中国文字的起源，或者说是中国原始文字的孑遗。"

父系氏族的艺术

新石器时代晚期的时候，出现了快轮，用快轮塑造的陶坯具有器形规则、厚薄均匀的特点，不仅使得生产效率大为提高，在艺术形式上也大为进步。父系氏族时期，生产力有了很大的提高，出现了冶铜业、丝织业等新兴手工业部门。这个时期进步最为明显的就是陶器制造，出现了轮制技术，创造了辉煌的黑陶艺术。玉骨器的制造也是这一时期的突出成就。

陶窑的结构也有了很大的改进，窑室扩大，可以烧制大型的或一次烧成数量较多的陶器；还掌握了在高温下严密封窑的技术，使陶坯的铁素能够充分还原，这样一来，烧制出来的陶器可以呈现灰色或黑色，质地坚硬紧密。这种高超的制陶技术使得龙山文化中的黑陶形成了独特的"黑、薄、光、纽、挺"的艺术风格。同时，黑陶艺术的巨大成就还与原始的尚黑观念、审美与实用结合的能动创造有着密不可分的联系。

除了代表性的黑陶以外，父系氏族时期的玉石工艺也达到了很高的水平。譬如玉神人新石器，是一个用青玉琢成的圆雕立体人像，它面部造型奇特，拱手直立，威严森然，是龙山文化时期被崇拜的神人形象，在工艺上古拙简

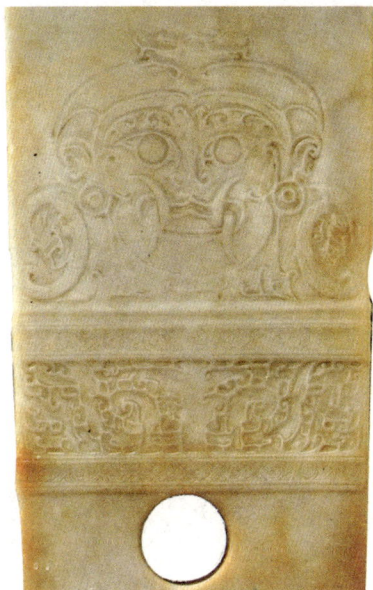

有孔玉斧（局部）
此玉斧属于距今大约 4000 年的龙山文化末期，斧
面呈板状，很薄。下部带有一孔，可以穿系。

练、玉质晶莹，具有极高的艺术欣赏价值，可以说是当时艺术成就的代表。
无论是山东龙山文化、河南龙山文化还是陕西龙山文化，都发现了很多玉器，
山东龙山文化、陕西龙山文化中的璇玑和玉质生产工具颇具特色，尤其是山
东龙山文化玉锛上的饕餮纹，被认为是商代铜器饕餮纹的祖型。

黄帝的时代

　　人类在生活中不断进行着发明和创造。当弓箭发明后，男人们狩猎的成果显著提高了。再加上人口的增多，各个氏族间开始为争夺地盘而发生争斗，于是氏族中的头等大事，从温饱转向了战争。每个部落都会推举一名英勇善战的勇士作为首领，黄帝就是这些部落首领中最伟大的一位军事首领。

正史史料

> 黄帝者，少典之子，姓公孙，名曰轩辕。生而神灵，弱而能言，幼而徇齐，长而敦敏，成而聪明。轩辕之时，神农氏世衰。诸侯相侵伐，暴虐百姓，而神农氏弗能征。于是轩辕乃习用干戈，以征不享，诸侯咸来宾从。
>
> ——《史记·五帝本纪》

有熊部落

据《史记》记载，黄帝姓公孙，因生于轩辕之丘，故称为轩辕氏。相传轩辕黄帝的母亲名叫附宝，一天晚上，附宝见一道电光环绕着北斗枢星。随即，那颗枢星就掉落了下来，附宝由此感应而孕，怀胎二十四个月后，生下了黄帝。黄帝一生下来就显得异常神灵，出生几十天就会说话，少年时思维敏捷，青年时敦厚能干，成年后聪明坚毅。后来继承了父亲少典有熊国君的王位，并壮大了自己的部落。

有熊部落的传说

有熊部落的老首领少典，相传少年时救了一只大熊，从此山林中的熊都臣服于少典。一年，临近的狼部落向北扩展，与少典的部落发生了冲突。少典部落被狼部落打败，失去了不少土地，损失惨重。危急关头，少典唤来了熊群，一同赶走了狼部落的人，夺回了土地。因为熊帮助少典部落重建了家园，少典就把自己的部落改名为熊部落。熊部落的人们感到自己有熊相助，很安全，经常对外部落的人夸耀说："我们有熊。"久而久之，大家都称少典部落为"有熊氏"或"有熊部落"。

少典之子

据说少典娶了有乔氏的两个女儿做妃子，长妃叫女登，次妃叫附宝。

一天，长妃女登在游玩时，忽然有一神龙来伴。女登因此怀孕，生了炎帝，取名榆冈。传说炎帝生下来三天能言，五天能走，七天就长全了牙齿，五岁便学会了许多种庄稼的知识。但是，因为他相貌长得很丑，牛首人身，

炎帝

据说炎帝牛首人身，为了辨别草药有没有毒性，药性如何，炎帝拿自己做试验，因此得到人们的拥戴。

脾气又暴，不大受少典的喜爱，少典就把他和女登母子俩养在姜水河畔。所以，炎帝长大后就以姜为姓。

炎帝长大后剽悍勇武，智慧过人，做了部落首领，以"牛"为图腾，标记于旗帜之上。巫师说他以火德旺，所以称作炎帝。据说炎帝有一条神鞭，名叫"赭鞭"，用它抽打各种野草，野草便显出药性，炎帝为了验证这些药草有毒无毒，是热性还是寒性，到底能治什么病，就亲自尝百草，试其效用，为氏族百姓防病治病。因而炎帝氏族的人，个个身强力壮，氏族迅速繁衍壮大，炎帝便率领他的部族沿渭水、黄河东迁，经河北、河南、湖北，还到过山东曲阜，打败了不少弱小部落，最后"定都于陈"，即今河南省淮阳县。

少典的次子，是附宝所生的黄帝，为人敦厚朴实，被拥戴成为有熊部落的酋长，因巫师说他"以土德王天下"，土是黄色，所以叫黄帝。

部落间的征伐与融合

黄帝为了壮大自己的部落，发动了对其他部落的战争。通过征战，各个部族逐渐融为一体，成为中华民族的主要组成部分。在相互融合中，中华各族多元文化滋长、兴旺并扩散于四面八方，造就中华民族悠久辉煌的一体文化。

黄帝大战蚩尤

在当时的黄河流域，除了黄帝的有熊部落，还有两个部落也十分强大，一个是北方古老的神农部落，另一个是南面的九黎部落，酋长是性格残暴好战的蚩尤。

黄帝是一个有着雄心大志的人，为了让自己的部落更加强大，他首先发动了对神农部落的战争。古老的神农部落各方面都在走下坡路，当然经不住有熊部落的突然袭击，所有的人口和牲畜都被俘虏。黄帝获得了大批物资，又解除了腹背受敌的危险，这才将矛头转向南方。

传说蚩尤有八十一个兄弟，都是能说人话的野兽。与黄帝交战之初，一度大败黄帝的军队，因为蚩尤自己就是半个妖怪，会喷烟吐雾，把黄帝和他的军队团团罩住，使之辨不清方向，更杀不出重围。就在这危急关头，黄帝猛然抬头看到了天上的北斗星，斗柄转动而斗头始终不动，他根据这个原理发明了指南车，认定了一个方向，这才带领军队冲出了重围。

据说黄帝和蚩尤一共打了七十一仗，历时十五年，黄帝胜少败多，终日焦虑不安。这一天，黄帝梦见九天玄女交给他一部兵书，醒来一看，手中果真有一本《阴符经》。黄帝按照玄女兵法设九阵，置八门，阵内布置三奇六仪，制阴阳二遁，演习变化，成为一千八百阵，名叫"天一遁甲"阵。不久，黄帝又做了一个梦，梦见大风吹尽了天下尘垢。梦醒之后，黄帝自忖道："风是号令风行的意思，'垢'刮去'土'，'后'还在，难道有姓风名后的人可以帮助我执政吗？"于是他四处访贤，终于访得了风后，封他为相，统领攻战。风后制五旗：东方是青龙，南方是朱雀，西方是白虎，北方是玄蛇，中央是黄龙，用以区别各部，打起仗来井然有序，攻守自如。从前作战，战士们都是一哄而上，杂乱无章。黄帝教给他的军队用风后的阵战方法，用各种不同的队形和兵力，以应付不同的战场情况。

决战打响在涿鹿（今河北涿鹿东南）一带。当时恰逢炎帝被蚩尤打败，来向黄帝求救，双方结为了联盟。黄帝于是统率炎、黄两大部落，与蚩尤在涿鹿之野大战。蚩尤率领魑魅魍魉，请风伯、雨师纵风下雨。黄帝则布下阵法，又请来女魃止雨，终于杀死了蚩尤，分其尸葬于四处。蚩尤死后，他勇猛的形象仍然让人畏惧，黄帝便把他的形象画在军旗上，用来鼓励自己的军队勇敢作战，也用来恐吓意图和他作对的部落。

天下的小部落见蚩尤都被黄帝打败，纷纷前来归附。炎帝不满黄帝成为天下共主，企图夺回失去的地位，起兵反抗。炎、黄二帝发生火并，决战在阪泉之野（今河北涿鹿东）进行。经过三场恶战，黄帝得胜。

从此，中原大大小小的部落都尊黄帝为共主，炎、黄等部落在黄帝的领导下融合成了一个新的民族——华夏民族。黄帝在统一了各部落后，把都城设在有熊（今河南新郑），并下令各部落间如发生争执，不准再用武力解决，而要向他控诉，由他为大家判断是非。

炎帝的传说

与黄帝一争雌雄的炎帝，传说的版本不尽相同。有的认为他与黄帝是同胞兄弟，有的说炎帝就是神农氏，还有的说炎帝是一个姜姓游牧部落的首领，活动在今渭河流域，号烈山氏或厉山氏。

无论哪种传说，唯一能肯定的是，炎帝也是一位了不起的氏族领袖。

炎帝在阪泉之战败给黄帝后，其部落的一部分融合于华夏族，一部分则被迫迁徙，居于长江中游和洞庭湖南北。

后来，炎帝因误尝毒草而死。送葬那天，炎帝的遗体被放在木排上，顺水而下。忽然天上乌云滚滚，大雨瓢泼，河里跃出一条金龙向炎帝遗体点头哀吟。接着轰隆一声，江边的一块巨石开了坼，一个大浪将炎帝遗体卷进石头缝里去了。天神知道后大怒，认为炎帝劳苦功高，不应该葬在水里，大骂金龙不知好歹，于是把金龙化为石头，龙脑变成龙脑石，龙爪变为龙爪石，龙身变为白鹿原，龙鳞变为原上的大树，护卫炎帝陵。

刑天舞干戚

传说和黄帝争夺首领之位的，还有一位勇士——刑天。"刑天"这个名字的意思是：天者，颠也；刑者，戮也。天就是天帝，"刑天"就表示誓戮天帝以复仇。

刑天本是炎帝手下的一位大臣，酷爱音乐，为炎帝作乐曲《扶犁》，作诗歌《丰收》，总名称为《卜谋》，以歌颂当时炎帝部落的幸福生活。

后来炎帝被黄帝打败，蚩尤也被杀死，刑天便决定和黄帝争个高低。刑天左手握着长方形的盾牌，右手拿着一柄闪光的大斧，一路过关斩将，直杀到黄帝的住所。黄帝当时正带领大臣们观赏歌舞，猛见刑天挥舞盾斧杀将过来，顿时大怒，拿起宝剑就和刑天搏斗起来。两人斗得难分难舍，最终还是黄帝技高一筹，看准机会，一剑砍下了刑天的头。

刑天一摸颈上没有了头颅，顿时惊慌起来，忙把斧子移到握盾的左手，伸出右手在地上乱摸乱抓。他要寻找到他那颗不屈的头颅，安在颈上再和黄帝大战。刑天摸呀摸呀，周围的大小山谷被他摸了个遍，参天的大树，突出的岩石，在他右手的触摸下，都折断、崩塌了，还是没有找到那颗头颅。刑天只顾向远处摸去，却没想到头颅就在离他不远的山脚下。

筋疲力尽的黄帝怕刑天真的摸到头颅，举起手中的宝剑向山峰用力一劈，随着"轰隆隆"的巨响，山被劈为两半，刑天的头颅被滚落的石块深深埋葬起来。感觉到周围异样的变动，刑天停止了摸索，他知道黄帝一定把他的头颅埋葬了，自己将永远身首异处。

刑天呆呆地立在原地，不甘心就这样败在黄帝手下。突然，他一只手拿着盾牌，一只手举起大斧，向着天空乱劈乱舞，继续和眼前看不见的敌人拼死搏斗起来。黄帝心里一阵战栗，不由自主地害怕起来，默默走远了，只留下断头的刑天在苍茫荒原上舞动着大斧。从此，刑天成为勇猛将士的象征，被喻为战斗之神。

蚩尤的贡献

蚩尤虽然战败了，但他也一直被作为英武的战神接受人们的崇拜。后人在祭祀黄帝的时候，也多把蚩尤放在次位一起祭祀。蚩尤之所以有这么大的影响，除了他强盛的战斗力，还因为他给人们做出了伟大的贡献。

蚩尤统率的九黎部落生活在黄河中下游和长江中下游一带，传说他们发明了育苗、移苗、壮苗等技术。与此同时，他们还创制出较精美的陶器，蚩尤更是发明了金属冶炼和金属兵器的制造。翦伯赞曾写道："据说蚩尤'以金作兵器'，是金属冶炼的最早发明者。"冶炼业的出现具有划时代意义，从此，人类开始进入了使用金属工具的时代，它标志着原始社会生产力的一次新的飞跃。不仅如此，蚩尤还是刑法的发明者，《周书·吕刑》曾说"蚩尤对苗民制以刑"，这些发明后来都被黄帝部落效法，延续至今。

蚩尤被黄帝打败后，他的一部分族人向南方迁徙，留在北方的则逐渐与黄帝族融合为一。他们一直保持着对其英雄祖先蚩尤的崇拜。南迁的蚩尤族人被称为"苗"或"三苗"，原因可能是他们将蚩尤发明的育苗、移苗、壮苗等耕作技术一直延续了下去，并在南方荒蛮地区发展开来。

关于蚩尤与黄帝、炎帝的斗争，在苗族的史诗中有着不同版本的讲述。据说蚩尤从小离家出去学艺，刻苦修炼，会利用草药给人治病，成了可以呼风唤雨、起死回生的大神。当时有个垂耳妖婆，捉去了十八寨的老幼苗民。蚩尤设计杀死了妖婆，解救了苗民。数十年后，苗寨兴旺发达，发展成为八十一寨。蚩尤的九个儿子也长大了，一人管九寨，蚩尤则成了八十一寨的大首领。后来妖婆之兄黄龙公攻打苗寨，被蚩尤打退。黄龙公于是联合赤龙公，在雷王五子的帮助下，打败了蚩尤。八十一寨苗民只好放弃平原向"鬼方"迁徙，渡过了黄河，长途跋涉，来到豺狼、鬼怪的"鬼方"。苗民吹芦笙、打鼓，把豺狼、鬼怪赶跑，开山种地，从此在这里居住下来。

苗族有"踩花山"这个传统节日，每年正月，这个盛大的歌舞集会都会让苗民们尽情欢乐。这个风俗的形成传说与蚩尤有关。当年蚩

蚩尤始乱图
传说蚩尤牛首人身，英勇善战。此图表现了黄帝和蚩尤两个部落交战的场面。

历史文献

精卫衔微木，将以填沧海。刑天舞干戚，猛志固常在。同物既无类，化去不复悔。徒设在昔心，良辰讵可待！

——陶渊明《读山海经十三首》

尤率领苗民抵抗黄帝东进，失败后退入深山，为了召集四方苗人前来会聚，蚩尤在山上树起高高的树杆，系上腰带，令男女青年绕树杆欢歌跳舞，吹起芦笙，如此热闹的聚会吸引了众多苗人，于是重整旗鼓，又投入了战斗。

不朽的功绩

黄帝建立了强大的部落后，传说他在位的时间有一百年之久。这期间部落势力强盛，生活安定，文化进步，有许多发明和制作，如文字、音乐、历数、宫室、舟车、衣裳和指南车等。黄帝的妻子嫘祖，亲自栽桑养蚕，教民纺织。史书记载，黄帝统治的时期，中国没有盗贼，没有殴斗，人与人都和睦相处，每年都有大丰收。从此以后，幸福的中华民族都自称为"黄帝后裔"，或"炎黄子孙"。

黄帝的创举

传说黄帝是第二位教人建筑房屋的。人们舍弃了有巢氏时的树枝树叶，改用泥土或石头，在地面上建造房子。如此一来，住所更为坚固实用，而且逐渐聚集成为村庄，村庄再聚集，最终形成了城市。

因为黄帝所处的年代相当于仰韶文化末期，因此让我们看看仰韶文化末期的房屋，也许黄帝和他的氏族就生活在这样的房屋中。

典型的仰韶文化末期房屋是这样的：以正方形的半地穴式主室为中心，四周围以回廊，斜坡式门道伸出回廊外，近门口处有一火膛，是一种四面坡式的建筑。而房间的居住面、墙面，均是夯土，表面均涂有红色，加工考究，表面光滑规整，门道、火膛、柱洞等设施齐备。在房屋附近有蓄水池，池内底部多粉砂，并有众多沟槽，可以对水有澄滤作用。

继发明了指南车后，黄帝又把木头插在圆轮子中央，使它运转，因而造出了车。轩是古代一种有围棚的车，辕则是车的基本构件，所以后人才把黄帝称为轩辕氏。

据说黄帝发明了车后，又把树木当中剖空，就成了可以浮在水面上的小船。这一点和考古发掘不吻合，在黄帝出现很多很多年前，船就出现了。

除此之外，传说黄帝发明了"笛""箫""琴""瑟"等乐器，还把人类声音分为五个主音阶，每个主音阶各有专名，即宫、商、角、徵、羽。主音阶又分为十二个副音阶，使它们配合发声。

最后，黄帝制定了井田制度，把全国土地重新划分，划成"井"字形状。周围八家都是私田，当中一块是公田，八家合作耕种。

蚕神图
这张年画中的蚕神正坐于桑树屏风之前，下有养蚕之妇女与老者，反映了过去农村育蚕劳动之概况。

养蚕抽丝

养蚕抽丝是黄帝的妃子嫘祖发明的。相传黄帝一日看到一位少女，身穿一件金色彩衣，衣裳闪着轻柔、温和的黄光，地面上堆着一堆蚕茧。黄帝就问少女身上穿的是什么，少女就说了植桑养蚕、抽丝织绸的道理。黄帝听后，想起人们还在过着夏披树叶、冬穿兽皮，一年四季衣不蔽体的生活，意识到这是一项伟大的发明，就与这位少女结为夫妻，让她向百官和百姓传授育桑养蚕的技术。这位少女就是黄帝的正妃嫘祖。

不久后，嫘祖组织女子们上山育桑养蚕织丝。但很快又遇到了一个大难题，蚕养了很多，茧也产了不少，但抽丝和织帛却有了困难。这时，一个相貌丑陋的女子发明了缠丝的纺轮和织丝的织机，解决了这个难题。黄帝对这项发明大加赞赏，娶了这位丑女为次妃，她就是被后人尊称为嫫母的女子，嫫母教会了众人纺丝。

还有另外一个关于养蚕的传说，是说嫘祖嫁给黄帝以后才发现养蚕织丝的工艺。据说嫘祖一次因为劳累过度病倒了，什么都吃不下，她身边的几个女子想给她换换口味，便决定上山摘些野果回来给嫘祖吃。她们一早进山，跑遍了山山峁峁，摘了许多果子，可不是涩的便是酸的，都不可口。直到天快黑了，才在一片桑树林里发现满树结着白色的小果。她们以为找到了好鲜果，就忙着去摘，谁也没顾得尝一小口。回来之后一尝，这白色小果根本就咬不烂。她们连忙把摘回的白色小果都倒进锅里，加上水用火煮起来。煮了好长时间，可还是咬不烂。正当大家不知该怎么办的时候，一个女子随手拿

仓颉

传说仓颉四目重瞳，他不仅仅创造了文字，还是黄帝时期的史官，被后人尊称为"史皇"。

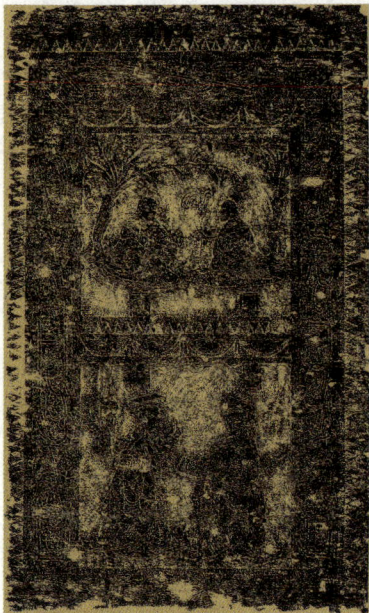

沂南仓颉造字画像砖

仓颉看见龟背上面有许多青色花纹，认为这些花纹是有意义的。他想花纹既能表示意义，如果定下一个规则，岂不是可以记载事情么。于是仓颉开始思考、观察天上星宿的分布情况、地上山川脉络的样子、鸟兽虫鱼的痕迹、草木器具的形状，描摹绘写，造出种种不同的符号，并且定下了每个符号所代表的意义。仓颉把这种符号叫作"字"。

起一根木棍，插进锅里乱搅，边搅边说："看你烂不烂，看你熟不熟！"搅了一阵子，把木棒往出一拉，木棒上缠着很多像头发丝一样细的白线。女子们很是奇怪，继续边搅边缠，不长功夫，煮在锅里的白色小果全部变成雪白的细丝线，晶莹夺目，柔软异常。嫘祖一见，病马上就好了，亲自上山，在桑树林里观察了好几天，才弄清这种白色小果，原来是一种虫子口吐细丝绕织而成的，并非树上的果子。嫘祖把此事报告黄帝，要求黄帝下令保护山上所有的桑树林。从此，在嫘祖的倡导下，开始了栽桑养蚕的历史。后世人为了纪念嫘祖这一功绩，就将她尊称为"先蚕娘娘"。

创立文字

文字相传是黄帝的史官仓颉发明的，他因此被后人尊为中华文字始祖。仓颉，姓侯刚，号史皇氏，黄帝时史官，曾把流传于先民中的文字加以搜集、整理和使用，在汉字创造的过程中起了重要作用，为中华民族的繁衍和昌盛作出了不朽的功绩。当然，汉字由仓颉一人创造只是传说，不过他可能是汉字的整理者，被后人尊为"造字圣人"。

传说中，仓颉生有"双瞳四目"，专门管理圈里牲口的数目、屯里食物的多少。可慢慢地，牲口、食物的储藏逐渐增加、变化，光凭脑袋记不住了。

仓颉很是为难，结绳计数不管用了，用不同颜色的绳子也起不了作用，最后只得在绳子上打圈圈，在圈子里挂上各式各样的贝壳，增加了就添一个贝壳，减少了就去掉一个贝壳。黄帝见仓颉能干，叫他管的事情越来越多，年年祭祀的次数，回回狩猎的分配，部落人丁的增减，统统叫仓颉负责。如此一来，凭着添绳子、挂贝壳也数不过来了。

次，仓颉在一个三岔路口遇到几个老人在争辩。一个老人坚持往东，说东面有羚羊；一个老人要往北，说前面不远可以追到鹿群；一个老人偏要往西，说那里有两只老虎。仓颉一问，原来他们都是看到地下野兽的脚印来认定的。仓颉心中猛然一喜：既然一个脚印代表一种野兽，为什么不能用一种符号来表示我所管的东西呢？

就这样，仓颉开始创造各种符号来表示事物，果然把事情管理得头头是道。黄帝知道后大加赞赏，命令仓颉到各个部落去传授这种方法。渐渐地，这些符号的用法被推广开，逐渐形成了文字。

陕西有谷雨祭文祖的习俗。每年谷雨，人们都到位于白水县城东北35公里处的史官乡境内的仓颉庙，纪念文字始祖仓颉。这里流传着几百年的谷雨祭文祖的传统，每年谷雨时节举办为期七至十天的庙会。届时，白水县洛河以北的百十个村子，会成立专门的庙会组织，称为十大社。一年一度的庙会就由十大社轮流主办。庙会前半个月是清明节，十大社的会长来仓颉庙烧香膜拜，祭扫仓颉之墓。继而，开会商量本年度庙会事宜。在谷雨节气的前两天，会长到庙里请回仓颉泥塑像，置于村内显眼处，然后请剧团给仓颉神唱一天两晚大戏，此谓"偏寨"，表示村民对仓颉的优先祭祀。谷雨当天，庙会从祭祀仓颉正式开始，十分热闹。

黄帝的图腾

黄帝统一中原后，召集各部落联盟，商讨部落联盟统一的图腾，以统一意志、统一行动。原来，各大部落都有各自的图腾，黄帝的有熊部落图腾是熊，西南各部落的图腾为虎，南方各部落的图腾为蛇，东方各部落的图腾为鱼。还有的部落图腾是鹰、猴、鹿、马等。于是，黄帝取各氏族部落图腾之特长，将蛇身、鹿角、鹰爪、蜈蚣尾、虎头、虾目、马齿、公羊须等组合在一个图腾中，形成了"龙"。

当然，龙图腾的由来完全是传说，即使是今天的学术界，龙的起源也还是一笔糊涂账，其原型有蛇、蜥蜴、鳄、熊、猪、马、鱼、虹、闪电、云、蚕、鹿、羊、狗、牛、鹰、恐龙、河马、松树、龙卷风、雷声、极光、黄河、星象、葫芦、地蝼、乌

龙图腾

这是新石器时代红山文化的玉龙，是早期龙的形象之一，也是原始先民以龙为图腾的实物证据之一。它的吻部较长，鼻部前突，具有很高的艺术价值。

龟等等几十种说法。因此有人说，华夏部族原来确定的图腾是蛇，在那时人的心目中，伟大的神都是人首蛇身的。后来强大的氏族吞并了其他氏族，就将战败者图腾中最精彩的部分增添到自己的图腾上，当作自己新的图腾，形成了异样的蛇，后世则称之为龙。

轩辕问道

轩辕黄帝去崆峒山问道于广成子，广成子教以"无视无听，抱神以静，形将自正必静必清……形乃长生"。此图为明朝石芮所画，即是表现这个场景。

黄帝升仙

黄帝在创造了一系列伟大的功绩后，开始外出巡游。

黄帝访大隗

黄帝在巡游途中，听说大隗是一个很有才能的人，便前去拜访。哪知走着走着走进了一条山沟里，迷了路，见旁边有一位牧马童子，就问他知不知道有一个叫大隗的人。牧童点头说："不但知道，还认得呢。"黄帝见这牧童年纪很小，就对他说："你认得大隗，却不一定像大隗那样懂得治理天下的道理。"不料牧童回答："治理天下跟我这牧马的道理是一样的，只要去掉害群之马就可以了！"

黄帝大惊，心想："连认识大隗的牧马童子都这么有见识，大隗的学问可见更不得了啦！"于是更加思贤若渴，急忙拜别牧马童子，按照他的指点，终于找到了大隗。访罢大隗归来，黄帝梦见一人手执千钧之弩，驱赶上万群羊放牧。黄帝突然醒悟："手执千钧之弓者，大力也；驱赶数万群羊，善牧也，莫非这梦应在那牧马童子身上？他应该就是姓力名牧的人。"于是，黄帝找到那牧马童子，果然名叫力牧，便封他做了大将。

乘龙升天

有了良才，黄帝更加放心地巡游天下。一天，黄帝在洛水上观赏风景，忽见一只大鸟衔着一张图飞到了自己面前。那鸟形状似鹤，鸡头，燕嘴，龟颈，龙形，骈翼，鱼尾，五色俱备。黄帝连忙拜受下来，只见图中写着"慎德、仁义、仁智"六个字。

当晚梦中，上天告诉黄帝，衔着图的鸟雄的叫凤，雌的叫凰。凤凰一出，表明天下安宁，是吉祥的征兆。黄帝很是高兴，便到泰山封禅，后来又向仙人广成子问道。又登上王屋山得取丹经，向玄女、素女询问修道养生之法。

一番巡游后，一百五十二岁的黄帝来到桥山（今陕西黄陵），采来首山铜，在山下铸了一个大鼎。大鼎刚刚铸成，就有一条黄龙从天而降，迎接黄帝进入仙境。黄帝当即骑上龙身，飞升而去。见到这种情景，黄帝身边的人也想随他升仙，匆忙间抓住了龙须，结果龙须断了，这些人又坠落到地上。无奈，大家只得懊恼而悲伤地将黄帝留下来的衣服埋在山下，这就是现在陕西黄陵的黄帝衣冠冢。

五帝的更选

黄帝有二十五个儿子，其中十四人被分封得姓。这十四人共得到十二个姓，它们是：姬、酉、祁、己、滕、葴、任、荀、僖、佶、儇、衣。黄帝离去后，他的后人继续担任部族的首领，当时的首领都是大家共同选举或由老首领挑选的，只有品德高尚、才能出众的人才有可能当选。对于这些男性首领，后世比较推崇的有五位，称他们为五帝。除了黄帝之外，还有颛顼、帝喾、尧帝和舜帝。

正史史料

颛顼

颛顼是黄帝的孙子，号高阳氏，居于帝丘（今河南濮阳附近）。传说其母
因感"瑶光"而生下颛顼。颛顼聪明敏慧，有智谋，十岁时就帮助父亲打理
事务，二十岁便成为首领，在民众中有很高的威信。颛顼统治的地盘也比黄
帝大了很多，北到现在的河北省一带，南到南岭以南，西到现在的甘肃一带，
东到东海中的一些岛屿。

颛顼在位七十八年，子孙很多，屈原就自称是颛顼的后裔。后人对颛顼
的评价是："静渊有谋，疏通知事，养材任地，载时象天，依鬼神以制义，治
气以教化，洁诚以祭祀。"

因他生前崇尚玄色（黑色），故后人推戴他为玄帝。

颛顼的功绩

为了夺取好的田地、更多的粮食，氏族间的战斗越来越频繁。一些氏族
开始联盟，结合成一个或几个大的部落，共同发动战争或是抵抗其他部落的
侵犯。在打仗方面，女人显然不如男子。于是，开始有男子在发生战争的时
候担任氏族头领。随着男子在氏族中的作用不断增大，仅在战争期间拥有领
导权已经不够了，女性开始逐渐退出氏族的核心位置，由男性取而代之。原
始社会逐渐从母系氏族过渡到了父系氏族。

传说中，部落西南一带有个黄水怪，经常口吐黄水淹没农田、冲毁房屋。
颛顼听说后就决心降服它，可黄水怪神通广大，二人激战九九八十一天，依
然不分胜败。颛顼便上天求女娲帮忙。女娲借来天王宝剑交给颛顼，并教他
使用方法，颛顼用天王宝剑打败了黄水怪。为了给人间造福，他用天王宝剑
把大沙岗变成了一座山，取名付禺山；又用剑在山旁划一道河，取名硝河。

从此这里有山有水，林茂粮丰，人们过上了好日子。

当然，这个传说神话色彩浓重了些，我们清楚知道的关于颛顼的政绩，就是他进行了一次重要的宗教改革。那些被黄帝征服的九黎族，到颛顼时仍信奉巫教。颛顼下令禁绝巫教，强令他们顺从黄帝族的教化。颛顼还下令妇女在路上和男子相遇，必须避让一旁，恭恭敬敬地让男人先走。如果不这样做，就要被拉到十字路口打一顿。

不难看出，在颛顼的时代，男性的权威已经确立，母系氏族彻底瓦解了。

颛顼和共工氏

在颛顼统治时期，共工氏也强大起来。传说共工氏的首领共工有一头火焰般的红发，他的坐骑是两条龙。

相传共工氏的领地大概在今天的河南北部，这是一个农耕部落，在水利方面的经验要领先于其他部落，他们最早发明了筑堤蓄水的办法。共工的儿子后土更是能干，他和族人把高处的土运走，用来垫高低处的土地。洼地垫高可以扩大耕种面积，高地去平有利于水利灌溉，没过多长时间，共工氏的农业就有了很大发展。

可颛顼很不赞成共工氏的做法，他认为共工氏没有向自己请示，就擅自改变土地的状态，这不但是蔑视自己的无上权威，也会招来上天的惩罚。于是，颛顼与共工氏之间发生了一场激烈的斗争，表面上是对治土、治水的争论，实际上是对部族领导权的争夺。

颛顼利用鬼神降罪的说法，煽动部落民众，叫他们不要相信共工氏。共工氏不能得到民众的理解和支持，但他坚信自己的做法是正确的，愤怒之下撞向了不周山。

颛顼见共工如此不服管教，最后还是除掉了他。共工虽然死了，但他坚定的信念和治水的成就还是得到了人们的尊敬和肯定，被奉为水神，他的儿子后土也被人们奉为社神，即土地神。后来人们发誓时说的"苍天在上，后土在下"，指的就是他们，由此可见人们对他们的敬重。

帝喾

帝喾是黄帝的曾孙，颛顼的侄子，相传他"生而神灵，自言其名"。因辅佐颛顼有功，被封于高辛（今河南商丘南部高辛）。30岁时，代颛顼为帝。

德行高尚的帝喾

有关帝喾的功绩，史书记载的很模糊。我们唯一清楚知道的是，这位首领非常喜欢音乐，他叫乐师制作了九招、六列、六英等歌曲，又命乐垂作鼙鼓、钟、磬等乐器，让 64 名舞女穿着五彩衣裳随歌跳舞。在音乐起鸣之后，凤凰、大翟等名贵仙鸟都云集殿堂，翩跹起舞。古时认为只有德行高尚的人才能招来凤凰，帝喾的品德由此可见一斑。

玉鸮

此红山玉鸮长 4.2 厘米，最宽处 4.6 厘米，最厚处 1.5 厘米，出土于内蒙古巴林右旗。器物形象生动、古朴，玉质细润。玉鸮的两耳采用"双面钻"的方法钻成两孔，因孔内有附着物包裹，所以钻孔留下的痕迹不明显。

后世最为津津乐道的，是帝喾的几个儿子都是了不起的人物。传说帝喾有四妃，长妃叫姜嫄，是有邰国（今陕西武功）君的女儿。相传姜嫄在娘家时，因出外踏上巨人脚印而怀孕，因无夫生子，所以把生下的孩子三次弃于深巷、荒林与寒冰上，均得牛羊虎豹百鸟保护而不死，所以起名叫"弃"。弃长大后喜欢农艺，教人种五谷，被尊为后稷，成为周民族的祖先。次妃简狄，是有娀国（今甘肃高台）君的女儿。相传简狄在娘家时，一年春分到玄池温泉洗浴，有燕子飞过，留下一卵，被简狄吞吃，后怀孕生下了契，便是商族的祖先。三妃庆都，相传是天帝的女儿，生于斗维之野（大概在今河北蓟县），被凡人收养，因头上始终覆盖着一朵黄云，被认为是奇女，帝喾于是纳她为妃，后来就生了尧。四妃常仪，聪明美丽，长发垂足，先生一女叫帝女，后生一子叫挚，继承了帝喾的位子，也做了帝王。

帝喾的继位

作为颛顼的侄子，帝喾能成为部落的首领，源于在一次重大战役中展现的智谋。

一次，九夷攻打颛顼，颛顼很是烦恼。帝喾说道："九个氏族齐来攻打我们，我们如果跟他们硬打硬拼，必然顾此失彼，难以取胜。不过，这九个氏族都想独吞我们的地盘，他们彼此之间必然互不相让。我们若能叫他们之间互相打起来，不就好平定他们了吗？"颛顼认为这个主意不错，就派人分别到九夷中调拨他们之间的关系。很快，九夷间发生了战争，颛顼没费多大力气就平定了他们。

帝喾因功被颛顼封在了"辛"这个地方。不久水患来袭，辛地的百姓就往另一个地方迁徙逃难。而重新迁徙的地方又闹了水灾，百姓便又重新回来。

这样迁来迁去，老是不能安居乐业。帝喾于是带领大家把住处的地势加高，但是加高的速度却赶不上水涨的速度，头天加高的，第二天又被水淹没了。无奈，帝喾便去找上天辩理，说道："天既然生了人，为什么又故意与人们为难，不叫人们活下去呢？"上天答不出来，只得派天神下来，一下子把"辛"这个地方的地势抬高到了水面以上。百姓们很是高兴，欢呼雀跃，纷纷歌颂帝喾。从此"辛"被称为"高辛"，帝喾便以封地的名字作为了自己的姓氏。

颛顼见帝喾这么能干，感觉自己不论在能力或是才智上都比不上这个侄子，就把自己的首领之位让给了帝喾。

帝喾死后被葬在了他的封地高辛（今河南商丘附近），汉代始建祠，元明时期又经多次修复，其殿宇雄伟壮观，松柏苍郁，碑碣林立。庙堂中央有一口古井，梁上绘有彩龙，彩龙映入井中，栩栩如生。相传大旱之年求雨多有灵验，所以被人们誉为"灵井"。相传赵匡胤不得志时，去北方投奔郭威，路过帝喾陵，抽签问卜，当有天子命。后来他果然在商丘当了归德节度使，自此发迹。赵匡胤登基后，因商丘是西周时的宋国，又是后来的宋州，因而定国号为"宋"。

帝尧

帝喾去世后，尧的哥哥挚继承其帝位，封尧为唐侯。尧姓陶唐氏，本名放勋，年轻时就以擅长制作陶器而著名。据说尧身材高大，面色如蜡，长着彩色的八字眉毛，眼睛中有三个瞳孔，头发特别长。成为首领后，尧把唐地治理得井井有条，不仅受到百姓的拥戴，更得到不少部族首领的赞许，可挚却没什么政绩。渐渐地，各部族首领都来亲近尧，在位九年的挚见此情景，便率官员到唐地，将帝位禅让给尧。

出生的传说

远古传说时代，大凡伟大的人物，出生都是很不寻常的。尧的母亲是帝喾的第三个妻子庆都，成婚后仍留住娘家。一年春天，庆都与父母坐船游玩。正午时分，船行至河中，忽然狂风大作，迎面天上卷来一朵红云，在小船上形成扶摇直上的龙卷风，仿佛一条赤龙飞舞。庆都的父母惊恐万状，可庆都却若无其事，还对赤龙露出了微笑。直到傍晚时分才风住云散，第二天搭船返回途中，大风又起，卷来红云又出现了那条赤龙，不过形体小了些。因为它并未肆虐加害于人，庆都的父母也就不怎么害怕了。

回到家中，庆都在睡梦中又见到了那条赤龙，朦胧中阴风大作，赤龙扑上了庆都的身子。庆都猛然惊醒，发现身上沾了腥臭的涎水沫子，身旁还有一张沾满涎水沫的画儿，上面画着一个红色的人像。自此以后庆都就怀孕了，后来生下儿子尧，和画上的人长得一模一样。帝喾听说庆都为他生了儿子，很是高兴。不料帝喾的母亲在这个时候去世了。帝喾是个孝子，为母亲一连服孝三年，也顾不上庆都和儿子的事。庆都于是带着儿子住在娘家，一直把儿子抚养到十岁，才让他回到父亲的身边。

卓越的政绩

相传尧当政初期，天文历法还很不完善，百姓经常耽误农时，因此尧组织了专门人员总结前人的经验，制定了太阴历法，计算出一年 365 天的差数，创立了闰月制度。这是有记载的我国最早的历法，奠定了我国农历的基础。

尧当政后生活依然非常俭朴，住茅草屋，喝野菜汤，穿粗布衣。他在简陋的宫门前设了一张"欲谏之鼓"，谁要是对他或国家提什么意见或建议，随时都可以击打这面鼓。为了方便民众，尧还让人在交通要道上设立"诽谤之木"，即埋上一根柱子，柱子旁有专人看守。民众有意见，可以向看守人陈述。

尧年老后，开始物色接班人。他的儿子丹朱虽然是陶唐氏族的首领，但做天子却资质不够。这时，有人向他推荐了鲧。为了考察鲧的才能与德行，尧便命令鲧去治理洪水。可无论鲧怎样卖力地修筑堤防，都无法阻遏洪水的冲击。

这时候，舜站了出来，抨击鲧治水无功，迫使尧帝处决了鲧，任命鲧的儿子禹继续他父亲未完成的工作。禹检讨父亲失败的原因，决定以疏导代替拦截，使水势向低洼的地方渲泄，用了 13 年的时间，终于让洪水平息。

禅让

禅让制是中国上古时期推举部落首领的一种方式，即部落每个人表决，以多数决定。禅让最早的记载见于《尚书》之中，但它的真实性一直存在着争议。

关于禅让制和尧舜禹的传说在中国是极为深入人心的。传说黄帝以后，

帝尧像

此图为帝尧陶唐氏像。传说帝尧的脸上部窄下部宽，形状好像葫芦，他的眉毛呈八字形，而且有很多颜色，所以人们说"尧眉八彩"。

在黄河流域的部落联盟出现了尧、舜、禹三个著名的领袖。当尧为部落联盟领袖的时候，四岳推举舜为继承人，尧对舜进行三年考核后，让他帮自己办事。尧死后，舜继位，用同样的方式推举禹做继承人，经过治水考验后禅让联盟首领的位置给禹。禹之后又举皋陶为继承人，但是皋陶早死，又以伯益为继承人。这种部落联盟推选领袖的禅让制度，据说首领要躲在树林中，然后由族人拥戴他出来。尧舜"禅让"的历史传说，反映了原始公社的民主制度。但禹死后，他的儿子启杀掉了伯益，自己继承了禹的职位，建立了夏朝。从此，王位世袭制代替了禅让制。

但另一种说法是，禅让制只是到禹就终止了，他建立第一个朝代夏朝。这种说法中，舜是东夷部落的领袖，而大禹则是华夏部落的领袖。二者之间的争权夺利是部族集团之间的争斗。在大禹死后，掌握政权的华夏集团为了不让权力落到东夷部落手中，就把当选为部落联盟首领的东夷领袖伯益杀死，由禹之子启继位，从而建立夏朝，以世袭制取代了禅让制。但是启死后，在夏朝建立的初期，仍然发生了由东夷集团的领袖后羿和寒浞争夺权力的争斗。

在世袭制度建立之后，禅让制仍然并存着，后来中国的王朝更替也有以"禅让"之名，行夺权之实的，包括：8年，西汉的孺子婴禅让给新朝的王莽；220年，东汉献帝刘协禅让给曹魏文帝曹丕；265年，曹魏元帝曹奂禅让给西晋武帝司马炎；420年，东晋恭帝司马德文禅位于南朝宋武帝刘裕；479年，南朝宋顺帝刘准禅让给南朝齐高帝萧道成；502年，南朝齐和帝萧宝融禅位给南朝梁武帝萧衍；557年，南朝梁敬帝萧方智禅让给南朝陈武帝陈霸先；581年，北周静帝宇文阐禅让给隋朝文帝杨坚。这些禅让的本质是权力争夺，在实现禅让之前，首先要经历剧烈的权力争斗，最后由胜利者掌握政权。

鲧治水的办法

相传，鲧其实是一个很能干的人，否则尧也不会任用他去治理洪水。无奈鲧生性耿直，为人有些自负，因此与其他氏族酋长们的关系处得不好，常被其他氏族、部落的酋长们指责，说他品德不好。尧很清楚鲧的自负容易把事情办坏，但考虑到他的才能，还是命鲧担负起了治理洪水的重任。

鲧治理洪水所采用的方法，是延用传说中水神共工的治水策略"堕高堙庳"，即将高的地方铲低，把低的地方填高，说白了就是用土把水填堵起来。但这是共工已经用过的失败的方法，可鲧却认为，共工之所以失败，是因为填堵得太低，未能阻住流水。

但是，要想在一个广大的地域内来筑堤阻水，短时期内是根本办不到的。鲧一意孤行，花了很大的力气筑堤围堵，结果不但没把洪水堵住，反而使被围堵的水越积越多，最后把堤坝冲溃，造成了更加可怕的灾害。

九年的时间里，鲧修筑了许多大大小小的堤防，但是堵了东边西边溃堤，围了南边北边泛滥，终于以失败告终。

丹朱的悲哀

鲧死了，尧一面继续考察舜，一面培养自己的儿子丹朱。

丹朱是尧的嫡长子，因出生时全身红彤彤的，取名"朱"。成年后被封于丹渊（今天河南淅川的丹水流域），故称为丹朱。

丹朱为人开通聪明，智慧极高，但个性刚烈，做事坚决有主见，缺少和顺以及政治智慧。为了磨砺儿子的性情，尧发明了围棋，说道："这棋里包含着很深的道理，关于如何治理百姓、军队进退的方法都在其中，你只要悉心研究，就能领悟。明白了这些道理，接替我的帝位，是自然的事情啊。"

丹朱从此潜心研究围棋，可就在他于方格图形中领悟治国之道时，尧却宣布将部落首领的位子禅让给舜。

丹朱大怒，率部族伐舜，双方在丹浦展开大战。丹朱的得力大将，是巨人部落的首领夸父，不料夸父"逐日"去了，误入大泽而死，巨人部落无法参战。

那么夸父为什么会去追逐太阳呢？原来这是个大旱之年，火一样的太阳烤焦了地上的庄稼，晒干了河里的流水。夸父见到这种情景，发誓要把太阳捉住，让它听从人们的吩咐。早上，当太阳刚从海上升起时，夸父就从东海边上迈开大步开始了他的逐日征程。夸父向着太阳不停地奔跑，终于在禺谷要追上太阳了。夸父心里兴奋极了，可就在他伸手要捉住太阳的时候，由于过度激动，身心憔悴，晕了过去。夸父不愿放弃，第二天继续追赶，离太阳越近，就越感到焦躁难耐，似乎浑身的水分都被蒸干了，喝多少水都无济于事。就这样，逐日的夸父在走到大泽时，渴累而死。丹朱失去了重要的臂膀，伤亡惨重，不得不承认舜的地位。

不久尧死了，丹朱回到华夏部落奔丧。这时舜"谦让"起来，请丹朱继承首领之位。丹朱就这样当了三年首领，但大臣们全去朝觐舜，而不来朝觐丹朱。于是舜曰"天也"，便顺应天意和人们的呼声登上了帝位，丹朱则率领自己原来的部族，再次向南迁徙了。

虞舜孝行感天

舜忍辱负重，始终以孝自励，对父亲的无情和继母以及弟弟的恶毒从不怨恨，反而更加自谨尽孝。时间长了，父亲终于被他感化，也变得和顺了。父母慈爱而儿子孝顺，这不算太难，但舜的父母对儿子不疼爱，而最终能被感化，这在当时看来也是不容易的，因此后世称帝舜为大孝之人。

舜

　　舜，因生于姚地，以地取姓为姚，名重华，尧帝的女婿。因建国于虞，故称为虞舜或有虞氏。相传舜十分孝顺，尧很器重他，命他摄政，后传位于他。

伟大的孝道

　　相传舜虽然是颛顼的后裔，但五世为庶人，且遭遇更是不幸。舜的父亲叫瞽叟，是个盲人，母亲很早去世。瞽叟续娶后，继母生了个孩子名叫象，舜从此便生活在"父顽、母嚣、象傲"的可怕家庭里。

一次，瞽叟让舜去修房子，等舜爬到屋顶上后，瞽叟偷偷把梯子搬走，放起火来，企图把儿子烧死。舜早就知道父亲、继母和弟弟要除掉自己，因此准备了两个斗笠，他把两个斗笠绑到手臂上当作翅膀，飘然而下。

一计不成，狠心的继母又生一计，命舜挖浚旧井。舜知道情形不妙，挖井时悄悄在一旁凿出了一条通到地面的坑道。果然，父母和弟弟见舜下到井底后，马上就把井填平了，然后兴高采烈地把舜的财产瓜分了。等到舜回到家，父母弟弟三人吓得半死。可舜什么也没说，依然和以前一样对待他们。

因为对虐待、迫害自己的父母坚守孝道，舜被推荐给了尧。尧将两个女儿娥皇和女英都嫁给舜，以考察他的品行和能力。

娥皇与女英

娥皇与女英同时嫁给舜，究竟谁为正宫，谁为妃子，尧和夫人曾争论不休。最后尧决定，命二女同时由平阳向舜所在的蒲坂出发，哪个先到哪个为正宫，哪个后到哪个为偏妃。

娥皇是个朴实的姑娘，便跨了一头大马飞奔前进。而女英讲求排场，乘车前往，并选由骡子驾车，甚觉气派。当时正值炎夏，牲口浑身淌汗，好不容易找到了一处溪水，二女决定休息片刻，让牲口饮水解渴，以便继续赶路。意想不到的事就在这时发生了，女英的母骡突然要临盆生驹，因此车停了。娥皇的乘马在饮饱溪水后继续奔驰，将女英远远甩在了身后。

就这样，舜的正妻之位为娥皇所夺，女英气愤之余，斥责骡子今后不准生驹。因此传说骡子不受孕、不生驹，都是女英封下的。

婚后，舜不但让全家和睦相处，而且在各方面都表现出卓越的才干。尧大为感动，便让舜帮助自己处理政事。

励精图治

舜成为君主后，开始大力进行改革。

鉴于领土的辽阔，舜把全国分为十二个"方"（州），每一"方"设"方伯"（州长）来管理，开始征收赋税。舜规定天子五年巡守一次，考察诸侯的政绩，明定赏罚，以此加强与地方的联系，更好地对地方进行统治。

在舜的治国方略里，还有重要的一项，就是"象以典刑，流宥五刑"，即在器物上画出五种刑罚的形状，起警戒作用；用流放的办法代替肉刑，以示宽大。但又设鞭刑、扑刑、赎刑，特别是对不肯悔改的罪犯要严加惩治。

舜在位四十八年，在此期间，大禹的威望不断高涨。大禹治理洪水十三年，殚精竭虑，三过家门而不入。于是，舜在生前确定大禹为继承人，舜将权力交给了大禹。

禹及氏族的终结

大禹，姒姓，名文命，鲧的儿子，传说是颛顼的曾孙。因为治水有功，舜任命大禹为自己的接班人。随着舜和禹的权力交接，父系氏族部落的瓦解和禅让制度的终结终于到来了。

大禹治水

据传大禹是因为治水有功而声名鹊起的，接受治水的使命时，他刚刚二十岁。禹很聪明，深知要完成这一事业，不是靠一个人的力量和智慧能办到的，因此向舜提出请求，邀请契、后稷和皋陶三位酋长来协助自己。看到舜二话没说就点头同意了，禹又邀请了伯益一同参加治水。这些被禹请来的酋长中，契是后来商族的始祖，担任着掌管教化的司徒；后稷是后来周族的始祖，担任农官；皋陶是当时的狱官；伯益是后来秦国的祖先，他担任掌管山林鸟兽的虞官。

这支由各氏族齐心协力组织起来的队伍，比鲧那种自恃其能、单干独行要强得多。为了治水，禹可算费尽脑筋。他先不忙于动工治理，而是查清每次洪水泛滥的原因。治水当然得先从了解大大小小河川的情况，如流向、水量、所经地势等等开始。禹亲自查勘，终于制定了"疏川导滞、钟水丰物"的治水方案。也就是说，要治理洪水，不能单纯地筑堤拦堵，而应该疏通河川、开导阻滞，使洪水畅流无阻地流入大海。同时，可以利用一些沼泽、洼地聚积一定的水量，遇到天旱缺水时，就会有丰富的水源供给百姓耕种农田、放养牲畜。

方案制订后，禹开始亲自参加劳动。那时，禹与妻子新婚不久，就离开家踏上了治水的道路。后来，他路过家门口，听到妻子生产，儿子呱呱坠地的哭声，都咬着牙没进家门。每口吃着粗劣的食物，亲自带头干最苦最脏的活，终于使天下的河川都流向大海，根治了水患。

传说大禹治理黄河时有三件宝：一是河图；二是开山斧；三是避水剑。

河图是黄河水神河伯授予大禹的。当年河伯查水情、画河图，待河图画好，河伯已是年老体弱了。恰在这时大禹出来治水，河伯便决定把黄河河图授给他。

这一天，河伯听说大禹带着开山斧、避水剑来到黄河边，他就带着河图从水底出来，寻找大禹。

河伯没见过大禹，在河滩上走了半天，看见对岸走着一个年轻人，长得英武雄伟，便问道："喂，你是谁？"对岸的年轻人是后羿，他抬头看着河伯，没有答言。河伯又高声喊道："我是河伯。你是大禹吗？"

后羿一听是河伯，想到黄河的泛滥，顿时怒冲心头，冷笑说："我就是大禹。"说罢张弓搭箭，不问青红皂白，"嗖"地一箭，正中河伯左眼。河伯大惊，疼得浑身颤抖，一边破口大骂大禹不讲道理，一边去撕那幅水情图。正在这时，猛地又传来一声大喊："河伯，不要撕图！"河伯忍痛用右眼一看，对岸一个头戴斗笠的人拦住了后羿。这个人才是大禹，他知道河伯画了幅黄河河图，正要找河伯求教，只是晚了一步。

大禹把河伯画图的艰辛讲了，后羿也后悔自己冒失莽撞，向河伯承认了过错，河伯于是把黄河水情图送给了大禹。

关于治国的讨论

在治水的过程中，禹走遍天下，对各地的地形、习俗、物产都了如指掌。加上治水的成功，使得禹在氏族中的地位和声望迅速提高。

为了表彰禹13年治水的功绩，舜召集了华夏部落联盟的酋长们，开了一次庆功大会，举行了隆重的祭祀仪式，并给禹颁赐了玄圭。不久，舜封禹为伯，以夏（今河南万县）为其封国。禹在天下的威望达到顶点，万民称颂说："如果没有禹，我们早就变成鱼和鳖了。"舜也称赞禹说："禹啊禹！你是我的胳膊、大腿、耳朵和眼睛。我想为民造福，你辅佐我。我想观天象，知日月星辰、作文绣服饰，你教导我。我想听六律五声八音来治乱，宣扬五德，你帮助我。你从来不当面阿谀背后诽谤我。你以自己的真诚、德行和榜样，使朝中清正无邪。你发扬了我的圣德，功劳太大了！"

这一天，舜召集禹、伯益和皋陶谈论治国之道，目的是考察他们的德行。掌管刑法的皋陶说："我认为，遵循道德确定不移，就能做到谋略高明，臣下团结。"禹表示同意，问道："但应该怎样做呢？"皋陶说："要谨慎对待自身修养，要有长远打算，使上至高祖下至玄孙的同族人亲厚稳定。这样，众多有见识的人就都会努力辅佐你，由近处可以推及到远处，一定要从自身做起。还有，成就德业就在于能够了解人，能够安抚民众。"

禹说："你说的这样，即使是尧帝恐怕也会感到困难的。能了解人就是明

大禹治水
这是清朝乾隆年间的玉雕，玉雕展现的就是大禹治水的情景。

智，就能恰当地给人安排官职；能安抚民众就是仁惠，黎民百姓都会爱戴你。如果既能了解人，又能仁惠，还忧虑什么呢，何必流放那些罪人，何必害怕花言巧语伪善谄媚的小人？"

皋陶说："检查一个人的行为要根据九种品德，检查一个人的言论，也要看他是否有好的品德。开始先从办事来检验，宽厚而又威严，温和而又坚定，诚实而又恭敬，有才能而又小心谨慎，善良而又刚毅，正直而又和气，平易而又有棱角，果断而又讲求实效，强有力而又讲道理，要重用那些具有九德的善士呀！能每日宣明三种品德，早晚谨行努力，卿大夫就能保有他的采邑。每日严肃恭敬地实行六种品德，认真辅佐王事，诸侯就可以保有他的封国。能全部具备这九种品德并普遍施行，就可以使有才德的人都居官任职，使所有的官吏都严肃认真地办理自己的政务。不要叫人们胡作非为，胡思乱想。如果让不适当的人居于官位，就叫作扰乱上天所命的大事。上天惩罚有罪的人，用五种刑罚处治犯有五种罪行的罪人。我讲的大抵可以行得通吧？"

禹说："如果按你的话行事，一定会做出成绩的。"皋陶说："我才智浅薄，只是希望有助于推行治天下之道。"舜帝对禹说："你也说说你的好意见吧。"禹谦恭地行了拜礼，说："哦，我说什么呢？我只想每天勤恳努力地办事。"皋陶追问道："怎样才叫勤恳努力？"

禹说："洪水滔天，浩浩荡荡，包围了高山，漫上了丘陵，下民都遭受着洪水的威胁。我在陆地上行走乘车，在水中行走乘船，在泥沼中行走乘木橇，在山路上行走就穿上带铁齿的鞋，翻山越岭，树立木桩，在山上做了标志。我和伯益一起，给黎民百姓稻粮和新鲜的肉食。疏导九条河道引入大海，又疏浚田间沟渠引入河道。和后稷一起赈济吃粮困难的民众。粮食匮乏时，从粮食较多的地区调剂给粮食欠缺的地区，或者叫百姓迁到有粮食的地区居住。民众安定下来了，各诸侯国也都治理好了。"皋陶说："是啊，这些是你的巨大业绩。"

禹对舜说："帝啊！请谨慎对待您的在位之臣，稳稳当当处理您的政务。辅佐的大臣有德行，天下人都会响应拥护您。您用清静之心奉行上帝的命令，上天会经常把美好的符瑞降临给您。我娶涂山氏的女儿时，新婚四天就离家赴职，生下启我也未曾抚育过，因此才能使平治水土的工作取得成功。我帮助帝王设置了五服，范围达到五千里，每州用了三万劳力，一直开辟到四方荒远的边境，在每五个诸侯国中设立一个首领，他们各尽职守，都有功绩，只有三苗凶顽，没有功绩，希望帝王您记着这件事。"

舜说："用我的德教来开导，那么凭你的工作就会使他们归顺的。"皋陶敬重禹的功德，命令天下都以禹为学习的榜样。对于不听从命令的，就施以刑法。

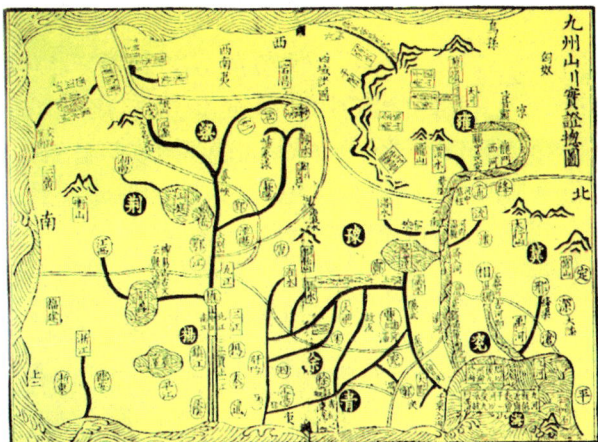

九州山川实证总图

九州山川实证总图选自《禹贡山川地理图》，此图绘制于南宋淳熙四年（1177年）。它用文字注记来区别古今内容。将九州用阴文、宋代建置用阳文的方式，在地名上套以黑圈，山河名则加方框，河道变迁处还辅以文字说明。地图刻工精细、印制清晰，是我国现存最早的雕版墨印地图实物。

最后的禅让

禹的威望越来越高，与此相反，舜已是八十多岁的老翁了，不得不考虑推荐接班人的事。

按照华夏部落联盟的传统，舜要"让位"给接位的人，必须经过部落联盟中议事会议的通过，而且必须事先征求四岳的意见。四岳是在部落联盟中，地位仅次于舜的大臣。但是这时的议事会议中，四岳已不存在，所以舜就直接推荐禹为华夏部落联盟领袖的接班人，并得到了各氏族、部落酋长们的同意。

不久之后，年迈的舜出发去南方巡视，死在了苍梧之野（今广西）。他的两位夫人娥皇和女英痛不欲生，一起去南方寻找舜王。二女在湘江边上，望着埋葬了舜的山谷痛哭流涕，直到双目中流出鲜血。血泪洒在青竹上，留下了斑斑痕迹。最后泪哭干了，娥皇和女英双双跳入湘江中。从此以后，南方的斑竹就被称作湘妃竹，娥皇与女英也被奉为湘水女神。

舜死后，禹避居阳城，将帝位让给舜的儿子商均。但天下的诸侯都离开商均去朝见禹。禹这才正式即天子位，分封商均于虞。

当了天子的禹更加勤奋地为万民谋利，诚恳地招揽士人，广泛地听取民众的意见。有一次，他出门看见一个罪人，竟哭了起来。随从说："罪人干了坏事，你何必可怜他！"禹说："尧、舜的时候，人们都和尧、舜同心同德。现在我当天子，人心却各不相同，我怎能不痛心呢？"

攻伐三苗

禹在掌握了部落的领导权后，统领众多氏族首领，对三苗进行了大规模的征伐。

三苗，又称有苗、蛮、南蛮，相传也是颛顼的后代。他们的一个祖先在尧时被流放，后人向南迁徙，成为南蛮中的一个部落，居住在古洞庭一带，也就是今天的湖北南部和现在的洞庭湖一带。

据说禹在治理洪水的过程中，三苗也参加了治水工程。但是治水成功后，各氏族都得以论功行赏，只有三苗有没得到奖赏，因此他们发动了叛变。禹准备去征伐三苗，但舜制止了他，说："我们自己的德薄，反要用武力去征伐，这是不道德的事。"于是禹先用了三年时间来对三苗实行教化，同时加强练兵。三苗知道舜、禹作了文武两手准备，只好归顺。

舜死后，三苗不服禹的统领，起兵反叛。禹为了进一步扩大统治区域，统一长江流域，决心对三苗进行一次大规模的兼并战争，亲率五千大军南下，大获全胜。

禹的这次征伐最后打到什么地方，史书上没有确切的记载。我们只知道自此一战，禹的势力已经达到江淮流域，而且北方和东夷的许多氏族部落，都纷纷归顺。失败的三苗氏族继续南逃，相传后世在湖南、广西、广东以及云南、四川、贵州等地的苗族，其祖先就是三苗。

禹战胜三苗后便开始称王，把国都设在了安邑（今山西夏县）。从此时开始，国家代替了部落联盟，禹的最高王权得以确立。

涂山大会划九州

为了巩固王权，大禹召集各氏族的首领，在淮水中游的涂山（今安徽蚌埠西郊怀远县境）举行大会，史称"涂山之会"。

在这次大聚会上，禹重新将天下规划为九个州，并制定了各州的贡物品种。禹还规定：天子帝畿以外五百里的地区叫甸服，再外五百里叫侯服，再外五百里叫绥服，再外五百里叫要服，最外五百里叫荒服。甸、侯、绥三服，进纳不同的物品或负担不同的劳务。要服不纳物服役，只要求接受管教、遵守法制政令。荒服则根据其习俗进行管理，不强制推行中朝政教。

大禹重新规划的九州为——冀州：河北平原与山西高原；兖州：黄河与济水之间；青州：山东半岛；徐州：河淮平原；豫州：中原地区；雍州：关中与陇西；凉州：秦岭以南与四川盆地；扬州：长江下游；荆州：长江中游。

每一州都由一位氏族首领进行管理，而这些首领的管理权则归大禹所有。这是中国行政区域正式被称为"州"的开始，并被后世沿用。原来的众多氏族首领，此时大都转化成了贵族，分别成为各个邦国的君长。大禹还把各方诸侯部落酋长们送来的青铜铸成九个鼎，象征统一天下九州。

矛盾的根源

尧、舜、禹的时代，大致相当于新石器时期至青铜器出现的阶段，即恩格斯说的原始蒙昧向文明的过渡时期。原始的氏族制部落联盟体制逐渐开始瓦解，奴隶制家天下的国家开始酝酿形成。

在原始社会前期，氏族都是以血亲为纽带的，有血缘关系的人们组成部落，居住在一个地方，共同采集、渔猎、耕种。在这个氏族的外围，是这个氏族与其他氏族相隔离的一片无归属的中间地带。随着人口繁殖和需求的增长，原有的地域不够用了，各个氏族便自然地要扩张领地。当两部落扩展到与对方临界的时候，部落之间的冲突便成为必然而不可避免的了。

战争就这样爆发并逐渐增多。起初的战争是要彻底消灭敌对部落，后来则演变为抢夺敌人的粮食、物资，将敌人变成奴隶，为自己劳动。随着奴隶数量的增多，阶级——奴隶主与奴隶出现了。

当战争发展到一定程度，弱势部落自知难以抵抗，强势部落也明白胜利代价的惨重，双方便达成妥协与和解。这种和解，大多是以弱势部落表示臣服，同意按时纳贡，派劳力服役，甚至割让领土等为条件。当然，如果双方势均力敌，为避免两败俱伤也会结成同盟。就这样，超越氏族的新组织形式形成了。而新组织的最高领导人，则是由最强势部落推举出来的能力最强、威望最高的人。

部落或部落联盟的势力增强了，生产力提高了，财富丰足了，人的贪欲和分配不均的问题也就迅速被暴露了出来。部落之间的矛盾，酋长之间的矛盾，盟首与部落酋长之间的矛盾，部落内部上下级之间的矛盾，奴隶与奴隶主之间的矛盾……各种错综复杂的矛盾，以及或明或暗或文或武的斗争，都不可避免地发生了，人类的舞台，从此变得热闹起来。

夏 商

"家天下"奴隶制国家的建立 青铜文明

　　中国历史从"公天下"变为"家天下",就是从夏朝的建立开始的,这也是由原始社会向奴隶制社会转变的重要时期。对于夏文化的探讨,它的概念问题是一个首当其冲的问题。通常认为,夏人活动区域内夏王朝时期的居民留下来的物质文化遗存叫夏文化。

　　夏启建立夏王朝后,经过了三代的争斗,从"太康失国"到"少康中兴",夏朝的统治才稳定下来。这时的奴隶制经济有了很大进步,农业生产中使用的器具与前代相比有了很大进步。天文历法在这一时期也得到了很大发展,编成于战国时期的《夏小正》,就是反映夏朝历法的。

　　但到了夏朝的末帝桀统治的时候,夏朝再次遭遇了危机。夏桀贪图享受,荒淫残暴,他一味对诸侯国用兵讨伐,结果落得众叛亲离。

　　这时商族渐渐兴起。商族是一个十分古老的氏族,舜在位的时候,商族出现了一位杰出的军事首领契,后来他被称作"玄王",为商的始祖。商族的祖先与夏朝的奠基人大禹生活在同一时期。商部落自上甲微以后发展很快,到了夏朝末年,已经发展成为了一个强大的部落。太康失国的时候契的孙子相土开始向东方发展，到了夏朝中期，契六世孙冥"勤其官而水死"，到了契第十四代孙汤时，商已成为东方一个比较强大的方国。商汤看到夏桀的无道，

于是暗暗积蓄力量，终于在前 17 世纪左右兴兵讨伐夏桀，得到了众人的拥护，最终灭夏建商。

商朝是中国历史上的第二个重要朝代，延续了约 600 年。商朝的农业和畜牧、养殖业发展都比较快，尤其是手工业，青铜器的冶炼与制造都相当成熟，各种常用的器具和礼器、酒器十分精美，著名的青铜器司母戊大方鼎、四羊方尊都铸造于这个时期。可以说，商朝是奴隶制的鼎盛时期，也是中国青铜文化走向繁荣的时期。从殷墟出土的大量甲骨文来看，殷商时代文字已经得到充分广泛的应用，发展得也比较成熟，汉字的结构在甲骨文中已经基本形成。商朝对于天文天象的记载、对于干支记时法的运用等在甲骨文上有所反映。商代甲骨卜辞中记录了当时的历法《殷历》。

夏商时期奴隶的生活十分悲惨，他们是奴隶主的私有财产，不仅常年从事最为繁重的体力劳动，没有人身自由，而且经常在祭祀中被奴隶主作为人牲、人殉，从而被成批地杀死。在夏商时期的很多墓穴中，都发现了作为陪葬而被残杀的人。

商朝前期一直没有建立稳固的都城，经常迁都。自第十九世商王盘庚时迁殷（今河南安阳小屯村）后，商朝逐渐扩大势力范围，走向了它的繁荣期。不过，商朝也没能一直延续自己的辉煌，经过了"武丁中兴"的鼎盛时期后，商朝开始渐渐走向衰落。到末帝商纣王统治时期，他生活荒淫奢侈，不断诛杀忠义而有才能的大臣，商王朝已成强弩之末。

周族在几代首领的治理下国力已经很强大，到姬昌时他治国又十分贤明，到了他的儿子姬发时，他们已经积蓄了足够的力量，于是姬发起兵攻商，商王帝辛（纣）仓促间只能以奴隶为军抵御周人，结果，商王的军队毫无斗志，"前徒倒戈"，牧野一战，"血流浮杵"，众叛亲离的帝辛逃到鹿台自焚而死，商王朝就此灭亡。

泰山松图 盛茂烨

禹王锁蛟："世袭"代替"禅让"

嫦娥执桂：太康失国

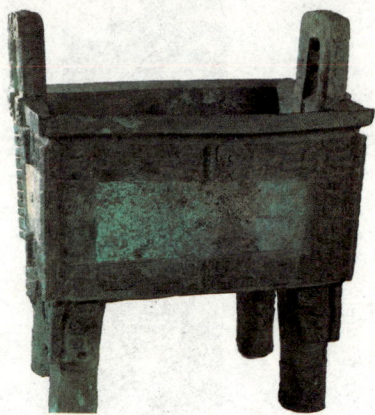

司母戊大方鼎：灿烂的青铜文明

八月剥枣：夏的中兴和衰亡

夏代世系：禹 >> 启 >> 太康 >> 仲康 >> 相 >> 少康 >> 杼（予）>> 芬（槐）>> 芒 >> 泄 >> 不降 >>
扃 >> 胤甲（廑）>> 孔甲 >> 皋 >> 发 >> 履癸（桀）

商代世系：天乙（汤）>> 太丁（继位前已去世）>> 外丙 >> 中壬 >> 太甲 >> 沃丁 >> 太庚 >> 小甲 >>
雍己 >> 太戊 >> 中丁 >> 外壬 >> 河亶甲 >> 祖乙 >> 祖辛 >> 沃甲 >> 祖丁 >> 南庚 >>
阳甲 >> 盘庚 >> 小辛 >> 小乙 >> 武丁 >> 祖庚 >> 祖甲 >> 廪辛 >> 康丁 >> 武乙 >>
文丁 >> 帝乙 >> 帝辛（纣）

夏商大事一览表

时　间	事　件
约前2070年—前2030年	禹先选举皋陶为继承人，皋陶早死，又推举伯益为继承人。
约前2070年—前2030年	禹在巡防会稽山时逝世，死后葬于会稽山麓。
约前2030年	禹死后，启继位建立夏朝，开始了"家天下"的王位继承制。
约前2030年—前2000年	有扈氏不服夏启，双方大战于甘，有扈氏战败。
约前2030年—前2000年	启于钧台大会诸侯，后征西河，讨伐武观。
约前2000年—前1970年	启长子太康继位后，终日游猎，不恤民事，被有穷氏的后羿所逐。
约前1970年	太康被逐后，后羿立其弟仲康做了夏王。
约前1970年—前1940年	仲康讨伐没有准确预报日食的羲和氏，但不久后便死了。
约前1940年—前1910年	仲康死后其子相继任夏王，后被后羿驱逐后逃到帝丘，建立政权。
约前1940年—前1910年	后羿称王改国号"有穷"，不久被寒浞杀死。
约前1940年—前1910年	寒浞称王，派兵攻打偏安的夏政权，杀死了相。
约前1900年—前1860年	相的妻子逃奔娘家有仍氏，生下了少康。少康长大后在夏旧臣帮助下杀死寒浞，重振夏王朝，史称"少康中兴"。
约前1860年—前1830年	太康之子杼，出征东夷，得胜不久后死去。
约前1830年—前1800年	杼之子芬在位时，东方的"九夷"来朝，国力强盛。
约前1800年	芬之子芒亲到黄河祭祀，祈求河神赐福。
约前1770年—前1730年	芒之子泄将东方九夷中的六夷封为诸侯，密切了夏与东夷之间的关系。
约前1730年—前1700年	泄长子不降因年老，将王位让给弟弟扃。
约前1700年—前1680年	扃之子胤甲期间逢大旱，胤甲以为是上天惩罚他，天天祭祀，最后在恐慌中死去。
约前1700年—前1660年	不降之子孔甲继位，迷信鬼神，据说喜欢养龙，好吃龙肉。
约前1640年—前1600年	发之子桀攻有施氏，得到妹喜，于是筑倾宫、瑶台，大敛百姓之财，整日享乐不问政事。
约前1640年—前1600年	夏忠臣关逢龙对夏桀诤谏，激怒夏桀被杀。
约前1640年—前1600年	商汤举兵讨桀，双方战于鸣条，夏桀败逃，被商汤流放，自杀而死。
约前1640年—前1600年	商汤名履。商族从始祖契至汤迁居八次，汤时定居于亳。当时夏桀暴虐无道，汤任用仲虺和伊尹为相，积蓄力量，鸣条一战，灭亡了夏朝，商王朝建立。
约前1600年—前1580年	商汤登位为王后不久，国内发生大旱，汤欲以自身作为牺牲祭祀求雨，正好大雨降下，缓解了旱情。
约前1580年—前1530年	太甲名至，汤的孙子，继位后暴虐、乱德、不遵法度。

时　间	事　件
约前1580年—前1530年	太甲屡教不改，被伊尹放逐，伊尹摄政。
约前1580年—前1530年	过了三年以后，太甲改过自新，伊尹还政于太甲。
约前1580年—前1530年	太甲就此开始注重德行，关心国事，诸侯百姓都得到很好的治理。
约前1500年—前1470年	太戊继任后任用伊尹之子伊陟为相。
约前1500年—前1470年	宫院中一株桑树疯长，伊陟告诫太戊需要修德以灭妖魔。
约前1500年—前1470年	太戊十分惊恐，于是勤于王政，修德治国，不久桑树自己枯死。王朝复兴，诸侯归顺。
约前1450年—前1440年	河亶甲名整，太戊之子，继其兄外壬之位为王，将王都由嚣迁于相（今河南内黄东南）。
约前1450年—前1440年	河亶甲讨伐东南不臣服的诸侯国，重振商朝的国威。
约前1300年—前1250年	商王盘庚名旬，祖丁之子，阳甲之弟。为发展农牧业、控制诸侯、摆脱王族间的派别之争而迁都至殷。
约前1300年—前1250年	盘庚为振兴王朝，迁都前后对臣民有三次训话，即《尚书》中的《盘庚》三篇。目前发现的殷墟甲骨，就是盘庚迁殷后商王朝的遗物。
约前1250年—前1192年	商王武丁名昭，小乙之子。早年在民间访问，得识贤者甘盘，后武丁守孝三年不问政事，以甘盘辅政。
约前1250年—前1192年	武丁借梦召见以前在民间相识的犯人傅说，任为相，政治大有起色。
约前1250年—前1192年	武丁四处用兵，征伐鬼方、土方、西羌、东夷等诸侯国，扩大了商王朝的统治范围。
约前1250年—前1192年	武丁关心农牧生产发展，商王朝迅速复兴。
约前1250年—前1192年	武丁惑后妻言，流放与妇好之子孝己。孝己忧愤而死，武丁最后也郁郁而终。
约前1147年—前1113年	武乙是康丁之子，授周侯季历以征伐大权，征伐一些不服王命的方国。
约前1147年—前1113年	武乙迷信武力，用皮囊装血，仰天而射，称为"射天"。破神权，加强了王权。
约前1147年—前1113年	武乙最后在打猎时被雷电击死。
约前1112年—前1102年	文丁继位。季历助商征燕京戎、余吾戎，势力渐大。文丁恐慌，囚季历，季历忧愤而死。
约前1101年—前1076年	帝乙名羡，文丁之子。为缓解文丁害死季历造成的商周关系恶化状况，将其妹嫁周侯姬昌，封姬昌为西伯侯。
约前1101年—前1076年	帝乙在位约二十余年中曾亲征人方、孟方等诸侯国，均获大胜。
约前1075年—前1046年	帝辛名受，帝乙之子，史称纣王。继位后加重赋税，大修宫殿，压榨诸侯，十分暴虐。
约前1075年—前1046年	商纣攻伐有苏国，得到美女妲己，宠爱无比，开始纵情声色不理政事。
约前1075年—前1046年	姬昌被任命为殷商"三公"，因触犯商纣遭到囚禁。姬昌在狱中演绎八卦，成为后来《周易》蓝本。
约前1075年—前1046年	姬昌长子伯邑考被商纣处死。
约前1046年	武王姬发率兵与商军大战于牧野，商军倒戈，商纣登鹿台自焚而死，商朝灭亡。

家天下的建立

禹死后，启杀伯益，夺取了王位。启成为了夏朝的第一任君主，正是他结束了延续百年的"民主禅让制"，建立了中国历史上第一个世袭制的王国，开始了"父传子，家天下"的王位继承制。

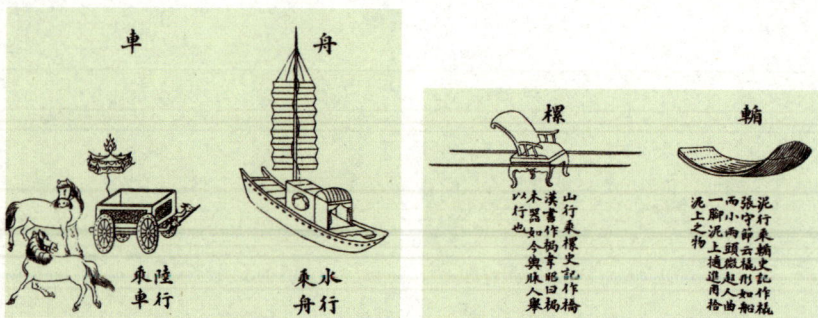

车　舟

棵　轎

乘陸
车行

乘水
舟行

以木　山行
行器　汉书乘棵史
也如　作梮　记
　今　音如　作梮
　典　肥曰　
　服　人車　
　人　車

泥行　而　一　张泥
沈上　头　两守行
　之　微　头　节来
　物　起　小　梮轿
　如　　　　史
　船　　　　记
　舠　　　　作
　　　　　　轿

禹乘四载图

大禹也曾巡游四方，图中展现了大禹所乘坐的四种代步工具：陆行乘车，水行乘舟，山行乘樏，泥行乘轎。

大禹诛杀防风氏

苗山之会时，防风氏族部落的首领来晚了，禹就当着所有氏族部落首领的面杀了防风氏。这次事件一改过去每个氏族部落首领都有相当大的独立性的局面。由此，各个部落的首领自然以禹马首是瞻，不敢自行其是。也就是从这时开始，禹真正实现了号令天下，成了真正的"九州王"。这也为他的儿子启日后确立权威，奠定了基础。

苗山之会

涂山大会后，禹不放心南边的众多部落，再次出外巡守。相传禹南行巡守，乘船顺长江而下。因人多船多，惊起了江中的各种鱼类。惊起的鱼群跳出水面，有的就直接跳到禹乘的船上，其中有两条很大的金色大鱼，一直跟随着禹的船。众人非常惊恐，认为是龙来翻船，但是禹却镇定自若地说："我应该做的事，就应尽力的去做，生死都不怕，还怕龙？"禹的镇定给了随从们很大的鼓励，大家这才镇定下来，而那两条大鱼也没能翻了禹的船。

江淮流域的东南地区此时分布着古夷人的许多氏族、部落，史称"九夷"。当年征伐三苗时，"九夷"中的东夷没有参加。虽然后来在涂山大会上也来朝贺，并进献了玉帛，但禹还是不放心。

到了越地（今浙江境内）的苗山（在今浙江绍兴境内）后，禹便住了下来，并下令各地诸侯、方伯于第二年的春天来苗山相会，自己要根据他们每年的贡献大小论功行赏。

到了约定的时间，各地诸侯、方伯都如期到达。禹接受了他们的朝见，祭祀了天地山川和祖先，并封赏了大家。就在这次大会结束的时候，一个叫防风氏的诸侯姗姗来迟，令禹十分不满。

防风氏的居地就在距苗山不远的地方，而这位首领更是生得高大健壮，是个很有势力的部落酋长。防风氏早有建国称王之意，当初，在得知三苗这个比他还大得多的部落都被禹率军打败后，不得已才到涂山参加的大会。如今禹巡守到苗山，防风氏本应先去朝见，可他不但没有先去，反倒在苗山会期之后才到，而且见禹时不但认为自己迟到无罪，态度还十分傲慢。

为了警告各地诸侯、方伯，禹毅然命令将防风氏杀了，并且暴尸三日。诛杀防风氏是禹行使王权的开始，也是第一次以天子的威力诛杀诸侯。

防风氏的传说

防风氏又名"汪芒氏"或"汪罔氏"，是天下汪姓的始祖。古防风国在今浙江湖州德清的三合乡封山和禹山之间，即下渚湖一带，深受良渚文化影响。

防风氏族一直在太湖流域开垦荒莽，造水田，种水稻，生活很是富足。因此吴越一带靠狩猎、采集为生的氏族都十分羡慕，不少氏族首领还带领部下来向防风氏讨教。防风氏对这些前来学习种植水稻的其他部落先民都热情接待，毫不保留地将开辟水田、防治洪涝、种植水稻的经验告诉他们。

这个消息一传十、十传百，知道的人越来越多。一些远方的氏族也想到防风氏的部落请教，他们到处打听如何才能找到防风部落。去过的人回答他们说："一直向东走，看到一片汪芒耀眼的地方，就到了防风氏的部落。"

从此，汪芒地方就成了防风部落的代名字，传来传去，汪芒氏也成了防风氏的别称。防风部落的先民觉得汪芒这称呼也不错，便认可了。后来，防风氏的首领被大禹杀害，防风氏族的人偷偷将首领的尸身运回，葬在太湖南岸。为了防止夏禹追究，不敢称"防风氏坟"，只作"汪芒氏坟"。

甘战杀伯益

大禹年老后，按照禅让的惯例，应该选举一个有能力的继承人来接替他的位置。许多人推荐掌管刑法的皋陶，可是不久皋陶病死了，于是大家又推举当年同大禹一起治水的伯益。

伯益在部落中威望很高，大禹也就确定了他的地位。可是，这时在氏族中实际掌握权力的人却不是伯益，而是大禹的儿子启。

传说大禹治水时，要在介于太室山和少室山之间的轩辕山打出一条疏洪

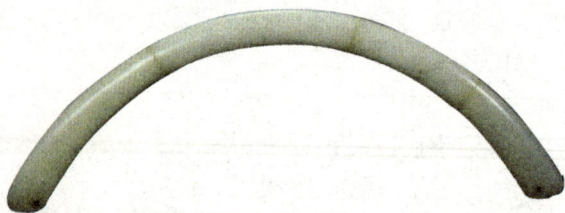

玉璜

此玉璜出土于凌家滩遗址，属于夏时期文化。玉璜有两种形态，一种是半圆形片状，圆心略缺似半璧；另一种就是图中的这种较窄的弧形。玉璜一般都在两端打孔，早期的属于礼器，商周以后有一部分作为佩戴的饰品。

泄流的通道。他与妻子涂山氏约定，以击鼓为号，把饭送到山上。为了加快挖山的速度，大禹化为一头神力无比的大黑熊，连推带扒，很快就把山挖掉了大半。正干得起劲时，一块劈山时被崩裂的石头误触皮鼓，禹妻闻听鼓声，连忙烧火做饭。当她拖着已怀孕的身子送饭到山上时，东张西望却不见丈夫踪影，只见有一头威猛的大黑熊在跳跃奔忙，她吓得扭头就跑。大禹见此情景，忘记变回原形就朝妻子追去，妻子受到惊吓，顷刻间化作一块巨石。大禹大声呼唤着妻子和将要出生的孩子，只听一声巨响，巨石突然开裂，从中蹦出一个婴儿，这就是禹的儿子启。于是后人便称这块裂开的巨石为"启母石"。

神话毕竟是神话，但启出生后不久母亲便死了，这却是千真万确的。因此启从小便很独立，跟随父亲处理氏族中的政事，是一个很有能力的人。

不久大禹死了，伯益为他举行了葬礼。当年大禹为舜举行葬礼后，曾将继承人的位置让给舜的儿子，但没被接受。这次，伯益也效仿大禹的样子避居起来，假意将王位让给禹的儿子启。没想到弄假成真，启并没有客气，堂而皇之地登上了王位。启在氏族中的威望本来就不亚于伯益。各部落首领看见启登上了王位，纷纷来都城表示祝贺。

伯益见此情况，不禁恼羞成怒，率领自己的部族攻打启。启对于此早有预料，他召集军队，对大家说道："啊！六军的将士们，我告诫你们：有扈氏轻慢洪范大法，废弃正德、利用、厚生三大政事，因此，上天要断绝他的国运。现在我只有奉行上天对他的惩罚。车左的兵士不善于射箭，你们就是不奉行我的命令；车右的兵士不善于用戈矛刺杀，你们也是不奉行我的命令；驾车的兵士违反驭马的规则，你们也是不奉行我的命令。服从命令的，我会在先祖的神位面前赏赐你们；不服从命令的，我会在社神的神位面前惩罚你们，会把你们降为奴隶，或者杀掉你们。"

誓师后，夏启率军队从容应战。两军在甘亭（今陕西户县）大战，史称"甘之战"，伯益战死。伯益死后，他的氏族有扈氏十分愤怒，又联合了其他部落攻打启，可同样遭到失败，战败后的有扈氏部族都沦为奴隶。

伯益和有扈氏的失败，使启的地位得到进一步巩固，并将禅让制彻底改变为世袭制。中国历史上第一个王朝—夏朝建立了。从此以后，帝王把国家当成了他一家的天下，他死后，王位不再选举有能力的人来继承，而是由他

历史细读

大禹陵位于浙江省绍兴市东南的会稽山，史料载："禹因病亡死，葬会稽。"因此历代祭禹都在会稽，且十分隆重。前210年，秦始皇"上会稽，祭大禹"。历代以来，由皇帝派出使者赍礼来会稽祭禹者更多。到明代，遣使特祭成为制度。在清代，康熙、乾隆又亲临绍兴祭禹。民国时改为特祭，每年9月19日举行，一年一祭。

的儿子继承，并且希望世世代代这样继续下去。

皋陶的传说

皋陶是东夷族少昊之后，偃姓。传说舜时被任为掌管刑法的官。大禹继位后按禅让制举荐皋陶为他的继承人，但皋陶先于大禹亡故了。

皋陶大概是中国历史上第一位公正的法官，据说他长了一张青绿色的脸，嘴像鸟喙，还养了一只独角羊，名叫獬豸。审理案件时，每遇疑难，就牵来獬豸，獬豸便会用它的角去顶有罪的人。然后皋陶"画地为牢"，把罪人囚禁起来，这就是最早的监狱，皋陶则被尊为狱神。

我国的第一部《狱典》，据说也是由皋陶制定的，他把《狱典》刻在树皮上，呈给大禹，大禹看后觉得很好，就让皋陶实施。《狱典》归纳了偷窃、抢劫、奸淫、杀人等多项犯罪的轻重，给予不同的量刑。在皋陶执法的那些年，天下无虐刑、无冤狱，卑鄙的小人非常畏惧，纷纷逃离，天下因此太平。

据说，尧在位的时候，皋陶想制定两部法律，一部是惩治犯罪之法，一部是保护民权之法。尧敲定了第一个，却否定了第二个，他说："可定刑法，但不要创民法。刑律定了，人民畏敬，天下就能安宁；你要定民法，凡事不侵民权，以民为重，那么王者之威放在哪里呢？"皋陶听了，很是失望。后来尧死了，皋陶再提创民法一事，问舜，舜说："圣人不改变现状就能教育他的子民，智者不改变法统就能治理天下。如今天下太平，如果无缘无故地变法，恐怕人心会混乱，民众会倚恃新法来闹事。"从此，皋陶再也不提此事了。大禹上台后，奉行严刑峻法，令皋陶修改，皋陶不愿意，二人产生了摩擦，于是大禹让儿子启修订刑法，参与政事，渐渐在氏族中确立了地位。

在过去，人们眼中的监狱是个阴阳分界的地方，死囚的最后一段路程就是在监狱中度过的，因此，谁都不愿意让死囚身上以前的"晦气"沾染到自

乾隆帝南巡图卷—谒拜大禹陵（局部）
现在禹陵附近的禹陵村住户多为姒姓，是禹的后人，据说如今已传至144世。绍兴成为人们祭祀和瞻仰大禹的圣地。秦始皇就曾经"上会稽、祭大禹"。此图表现的就是乾隆皇帝南巡时到会稽山上祭祀大禹的情景。

己。拜狱神，就是请求他的保佑，只是不同人参拜的目的不同。狱官参拜狱神表示自己是替天行道，管教犯人，让狱神保佑自己一切平安；囚犯参拜则是为了求狱神保佑自己能够健康地活着出去；死囚参拜则是求狱神保佑自己早日投胎做个好人，不再受血光之灾。因此，皋陶是以前监狱中最受尊敬的神灵。

伯益的传说

伯益姓偃，名益，伯是他的爵位。伯益最突出的贡献就是辅佐大禹平治水土，而且在治水过程中还立下了其他功劳。

在遭受洪水侵袭的地方，伯益根据当地地势低洼的特点，教给民众种植稻谷，促进了农业的发展。因此当禹平定洪水后，帝舜赏赐伯益以皂游（一种黑色旗帜），还将自己家族的女子许配给伯益。此后，伯益就在舜的手下担任虞官，掌管山泽，繁育鸟兽。

传说伯益还发明了凿井技术，这个井包括陷阱和水井。伯益因为是负责狩猎的头领，总是带领先民狩猎。慢慢地，伯益认为狩猎不光要靠体力，更要靠智力。最能展示伯益才智的，当属陷阱的发明：挖个深坑，上覆枯枝败叶，野兽只要从上面走过，就会跌落下去，成了大家的美食。伯益的这种始创，让大家对他充满了钦敬。

至于水井可就没这么简单了。一开始由于不懂如何处理水窖内的渗水问题，虽然挖了水窖，但每盛满窖水，很快就全渗完了。等到需要用水时，个个成了干窖。所以，打成的水窖等于无用。一天，伯益一个人去深沟底担水，看见绿汪汪的泉水，突然想到，如果从高原上挖一个深洞，一直挖到沟底，通到有水的地方。人们用水时，再用绳子往上吊，需要多少吊多少，不就再也不愁无水可用了吗？

说干就干，井很快就挖成了，水也出来了，可就是吊不上来。原来，伯益挖井时只顾往下挖土，没注意井身的端正，几十丈深的井洞歪歪扭扭。当人们用绳子系着尖底瓶从井口放下去，还没放到井底，就被歪扭的井洞把陶制尖底瓶碰破打碎了。后来，有人用木桶吊水，木桶虽然一下子碰不破，但盛满的水被歪扭的井洞一碰，全洒了。

总结了教训，挖井重新开始，终于很顺利地把水吊了上来。井水不仅清凉，又特别干净，人们食用后，疾病也大大减少，伯益因此受到了嘉许。

伯益（古虞官）

据传《山海经》是伯益所作。他的势力范围大约位于今天的山东省日照地区。舜时伯益与大禹同朝为官，因善于狩猎与畜牧，被舜推为九官之一的虞官，负责治理山泽，管理草木鸟兽，并佐舜调驯鸟兽。伯益是龙山文化后期由原始社会向奴隶社会转变时期的一个历史性人物。

历史细读

> 过去的狱官上任，第一件事就是要参拜狱神皋陶。刚刚被关进来的犯人也要参拜，出狱时，被释放的囚犯再次朝拜狱神，而死刑犯在临刑前，也要朝拜狱神一次，然后才被正法。

当代考古发掘证明，水井出现于与舜时期相差不远的龙山时代晚期，可知传说有其根据。凿井技术的发明有重大的意义，在此之前，人们不得不靠近河流定居，忍受河水泛滥的威胁。凿井技术发明后，古代北方的广大平原地区逐渐为各氏族所开发。

除了水利和凿井，伯益在政治上也很有建树。他曾告诫大禹，凡事要有前瞻性，要虑事周全，不要违背法则和制度，不要过度游乐享受，不要违背规律去追求百姓的称誉，不要违反民意而满足自己的欲望。治国不能懈怠，政事不能荒废，谦虚会受到益处，自满能导致失败，要选贤任能、除奸去邪。

在辅佐大禹攻打三苗时，伯益认为只有以美德才能使人顺服。大禹接受了伯益的建议，撤退军队，实行文教德治，三苗族受到感化，终于归顺。

对母族的剿杀

对于夏启杀伯益，虽然后世认为这是世袭制代替民主禅让制的必然，但还是多少对夏启的行径表示不满。究其原因，是伯益原本出身于涂山氏，是夏启母亲的氏族，因此这一场战争也被称作"剿母族之战"。

涂山的地望，众说纷纭，或曰安徽，或曰巴蜀，或曰江南，但更可信的是浙江绍兴，因为涂山氏是皋陶氏族的一支，最早居住于山东，后迁至南方各地。其中迁至浙江绍兴的，就形成了百越的一支。

夏朝的建立，涂山氏可以说功不可没。当时涂山氏拥有强大的军事力量，在各方国中势力很强。大禹的父亲因治水无功而被杀，大禹也是一个没有根基的人，正因为娶了涂山氏的女儿，才得到了妻族这支强大的后援力量。

屈原在他的《天问》中，曾这样描述大禹和涂山氏女娇的结合："焉得彼涂山女，而通之于台桑。"翻译过来，就是大禹和女娇一见钟情，在桑林里野合。

当时，大禹已经三十岁了，和女娇好了以后，他才知道女娇的本家原来

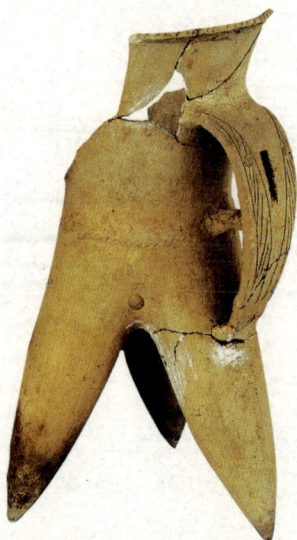

白陶鬶

鬶是我国新石器时期的一种陶器，一般是用作水器或酒器的。这只夏文化时期的白陶鬶应该是盛酒的器皿。

是东夷强大的涂山氏。如果能联姻涂山氏，则整个东夷都会为己所用，朝内的重臣皋陶也会支持自己。况且与女娇两情相悦，岂不是天作之合？

当然，世界上没有这么好的事。因为涂山氏当时尚处于母系氏族后期，所以禹只能做上门女婿，"夫从妇居"。据《吕氏春秋》记载："禹娶涂山氏女，不以私害公，自辛至甲四日，复往治水。"也就是说，大禹每次只在女娇家里住上四天，然后又加入到治水的大军中去了。对大禹来说，治水的业绩决定着前途；但是对女娇来说，爱情才是唯一的。于是，她唱出了"候人兮，猗"的歌声，这是有记载的第一首女子吟唱的情歌，意思是："我在苦苦等待心爱的人呀，唉……"

女娇在生下儿子启后不久就死了，没有母亲的启生活在母族，父亲大禹又不在身边，我们可以猜想他的童年不会很幸福，也许常受到族中人的欺侮，所以才会对母亲的氏族没有好感吧。

统一天下的夏启

夏启经过一系列的征伐，王位终于坐稳了，父死子继的家天下制度正式开始了。夏启家天下的开始，说明那时原始社会的氏族公社制度已经彻底瓦解，氏族部落会议制度已经转化，开始出现了国家的雏形，奴隶社会到来了。

夏启征西河

启灭了有扈氏后，也效法父亲当年"涂山大会"的办法，下令各地诸侯、方伯前来钧台（在今河南禹县南）相会。启本来的个人威望就不小，加上各地诸侯、方伯感戴禹的功德，又看到有扈氏的悲惨下场，都一致拥护新建的夏王朝。大家沿袭了涂山大会之例，根据各地所出的土特产，备办了朝贡物品，到钧台来朝见。

启为了显示天子的威仪和夏王朝的富有，一改禹生前节俭朴实的作风，特设"享礼"招待大家。所谓"享礼"，就是在接受诸侯、方伯们的朝见和进献的礼物时举行祭祀，然后设酒食大宴群臣。酒宴上不仅吃的都是当时能办到的山珍海味，还有美酒供大家品尝。据考证，有三百多人参加了这次盛会，

历史细读

相传，酒是一个叫仪狄的人发明的，他用米造出醇香甘美的酒，进献给了禹。禹喝后觉得香甜可口，但却没有因此奖赏仪狄。禹说，饮酒后四肢无力，昏昏欲睡，后世一定会有因喝酒误事而亡国的国君。因此，禹下了"禁酒令"。但喝酒既可以助兴，又能显示出粮食的充足，所以启成为天子后，解除了这个禁令。

启在每位诸侯席前摆了五个筐、五个高脚盆和五个大铜鼎，里面盛满了美味佳肴。宴席上使用的都是青铜酒甄、玉雕盏、角制觥，及琢有龙纹的勺等贵重酒器。大典进行过程中，乐队还奏起《九辩》，诸侯和唱《九歌》，夏民随曲起舞，气氛十分热烈。

让启万万没想到的是，祸乱没发生在诸侯处，而是起于自己家中。禹的幼子武观被封在观地（今河南浚县一带），看到哥哥启做了天子，威风无比，十分羡慕。在钧台大会上，武观因为也是诸侯，当然要对着启朝拜。但武观心中不服，认为亲兄弟之间不必讲求那些礼节，口出怨言。这让启很生气，便将武观流放到了西河（今河南滑县一带）。武观因此憎恨哥哥，暗中蓄积力量，三年后发动了反对启的叛乱。

启命令诸侯讨伐武观，西河一战，武观兵败投降。虽然俯首认罪，但启对这个弟弟总是不放心，最后还是把他杀了。

启经过甘之战灭了有扈氏，经过征西河诛杀了武观，统治地位就此得以巩固。

夏朝初期的军队

夏王朝以前，各部落、部落联盟之间的征战，是由部落内部的青壮年男子负担的。夏朝建立后，中原形成了统一的部落共同体。因此，专职战斗的队伍便建立起来了，这就是军队。禹征三苗时，称他所统领的军队为"济济有众"；启征有扈氏时，严厉告诫所属的军队要严格听从他的指挥，足见当时军队的规模已十分壮大。

失国与复国

　　夏朝建国不久就遭到一次重创。中国历史上第一个王朝夏朝毕竟还保留着很多部落氏族时代的特征，周边各部族实力也比较强大。第二代夏帝太康误国导致有穷氏的后羿趁机夺位，致使夏朝的统治中断了几十年。少康励精图治而复国，这才使夏朝步入正轨。

太康盘游图 五子作歌图
太康即位后沉迷于游猎，不理政事，后羿趁他出去打猎未归，占领了他的领地。
他的五个弟弟携母出逃，作歌述大禹之戒，指责太康的过失。

太康失国

　　夏启建都安邑（今山西夏县西），稳定了政权，开始还励精图治，可慢慢
就腐化起来，传说他创作了名为《九韶》的大型乐舞，天天饮酒唱歌，打猎
游玩。不久夏启死了，他的儿子太康继位。

　　太康最大的爱好也是打猎，对治理国家却没有什么兴趣。有一次，他带着
随从外出，从都城阳城（今山西）出发去打猎，越打越起劲，一直打到黄河以南
的有穷部落（今河南洛阳南）。

　　有穷部落的酋长后羿，看到太康只带了少数随从出来打猎，觉得是个机
会，就带兵悄悄截住了太康回去的道路。等到太康带着一大批猎得的野兽，
兴高采烈回来的时候，却看到洛水对岸全是后羿的军队。太康慌忙向部落首
领们求救，可各部落的首领都不满意太康的荒唐，又惧怕后羿的实力，谁也
不来。太康后悔不已，没办法，只好在洛水南面过起了流亡生活。

五子悲歌

　　太康是启的长子，他的五个弟弟见兄长长时间不回来，就陪着母亲来到
洛水岸边苦苦等候，可始终没能等到兄长归来。五兄弟就作了一首歌来追念

他们祖父禹的功绩和品德，倾诉眼下的凄凉悲哀之情。这首歌就是《尚书》中著名的《五子之歌》，大意是这样的：我们的祖先大禹曾经训导子孙说，百姓是国家的根本，只有根本稳固了，国家才能安宁。君主应当勤于政事，用心治理好天下，倘若贪酒色、好游猎，或者大兴土木，建造亭台宫室，那么，只要有其中的一件，就会失去民心，导致亡国。缅怀我们的祖先大禹，他身为万邦之君，将天下治理得井井有条，使百姓安居乐业，他是一位多么贤明的君主啊！今天，太康不遵祖训，荒废政事，弄得百姓都仇视我们，使祖先创建的王朝被人颠覆，陷我们于凄苦的境地。太康啊，你铸下了大错，我们心中是多么痛苦啊！

仲康杀羲和

由于世袭制已经确立，后羿的势力也没达到独立为王的地步，因此他不敢自立，便立了太康的兄弟仲康为王。

仲康是很想有一番作为的，一上台就对朝廷内外进行了整顿，任命胤侯执掌兵权，希望能抑制后羿的势力。

可就在这时，一件惊天动地的事发生了。某一个朔日，原本高悬天上光芒万丈的太阳开始一点点消失，天色很快由亮变灰，由灰变暗，由暗转黑，几步之内都难辨人影。路上的行人惊恐万分，争相夺路而逃。我们现在知道这是发生了日食，但在当时，日食代表着灾难，人们认为只有国王亲自祭祀上天，才能将太阳重新召回，免除灾害，这个仪式被称作"救日"。

此时，夏王宫中也是一片混乱，官员们忙着准备祭祀用具，仲康也匆匆赶往祭台，准备举行"救日"之礼。就在朝廷上下一片惊恐混乱，忙得不可开交的时候，仲康突然意识到少了一个重要人物：负责天象工作的羲和。仲康本来就对羲和没能提前预报日食感到恼火，现在又不见他来行"救日"大

高句丽羲和捧日与常羲捧月壁画
此壁画中，羲和与常羲都是人首蛇身，羲和男相，常羲女相。画面人物形象俊美，线条流畅，色彩浓艳。在高句丽古墓中出现日、月神像，对于了解高句丽族的艺术有重要意义。

礼，心中愤恨不已。情急之中，仲康忙叫人去找羲和，结果手下回禀道："羲和喝多了，正躺在家中睡大觉呢！"仲康大怒，咬牙切齿地说了三个字："杀无赦！"

就这样，仲康以羲和失职为名，不但杀了羲和，连他的部族也一并治罪。一般来说，天子对一个部族进行征伐，都是因为这个部族发生了叛乱行为，可此次却是因羲和未能尽职，可见夏王为了显示王权的力量，已不惜兵戎相见了。

后羿的悲哀

仲康剿杀羲和氏的行为惹恼了后羿，毕竟国家的实际权力还操控在后羿手中。很快仲康死了，后羿不再甘心躲在幕后，于是把仲康的儿子相撵走，正式夺取了夏朝的王位。仗着自己射箭的本领高超，他也开始作威作福起来。后羿和太康一样，经常四处打猎，把国家政事交给亲信寒浞打理。

相传寒浞原为寒国（今山东潍县东北）的一个奸诈子弟，被国君驱逐出来后流浪到有穷国，为后羿收养。寒浞有一手迎合拍马的本领，给后羿出了不少吃喝玩乐的主意，并在暗中培植自己的势力。后羿对寒浞的行为虽然有所耳闻，但他自恃勇猛，毫不在意。

经过几年的准备，后羿身边的亲信随从都被寒浞收买。在一次出行打猎途中，后羿的家将乘机谋反，杀死了后羿。据说这个家将名叫逄蒙，拜后羿为师学习射法，后羿见逄蒙聪明好学，不但把射法倾囊相授，还把逄蒙视为亲信。

后羿被杀后，家将们将他的肉煮了，强迫后羿的儿子吃。后羿的儿子不肯吃，也被杀死在城门口。

寒浞不但抢了后羿的王位，也继承了他的家室。后羿的妻妾相继为寒浞生了两个儿子，一个名浇，一个名殪。浇生来身强力壮，天性好战。二斟是夏王室的庇护地，且离寒国不远，所以浇长大后，寒浞就命他率兵攻灭二斟，以绝后患。二斟抵挡不住浇的凶猛进攻，血战后大部被杀，少数四散逃亡。避难偷安的仲康之子相在这次战争中被杀。寒浞灭了二斟后，分封两个儿子立国，把浇封在过（今山东莱州西北），把殪封在戈（今河南东部，古宋、郑之间）。

后羿之功

除了夏朝有穷部落的首领后羿，在神话时代，还有一位后羿，他生活在尧帝的年代。这两个后羿生活的年代虽然不同，但都是著名的弓箭手。

在神话时代，据说天上曾经有十个太阳同时出现，把土地烤焦了，庄稼都枯干了，人们热得喘不过气来，倒在地上昏迷不醒。因为天气酷热的缘故，一些怪禽猛兽，也都从干涸的江湖和火焰似的森林里跑出来残害生灵。是后羿射下了九个太阳，才让人们得以正常地生活。

解除了十日并出的灾难，后羿又去捕猎肆虐人间的六大怪兽。

中原地区，以窫窳、封豨为害最烈。窫窳本是黄帝辖下的一国诸侯，不幸被杀。黄帝怜悯他无辜丧命，用不死神药使他复生。窫窳的命是捡回来了，却完全迷失了本性，刚一醒来，就连滚带爬地窜下山，一头扎进弱水，变成了一条龙首虎爪、号声如婴儿啼哭的吃人怪兽。后羿深入窫窳巢穴，仅一箭，就令它死了第二回。封豨是一头獠牙如戟、力胜百牛、铁骨铜皮的大野猪，他拱毁庄稼、村落，所经之地顿成废墟。羿左右施射，刺瞎了野猪的双眼，将它生擒活捉。

从中原来到南方，那里的凿齿人身兽脸，杀人利器是突出嘴外的两根五六尺长、形似凿子的牙齿。后羿没有手软，一箭射进了它的心窝。

怪兽修蛇盘踞在洞庭湖，兴风作浪，覆舟无数，吃人无数。它风闻神射手后羿到了南方，便潜伏湖底，销声匿迹了。后羿毅然舍弓持剑，跃入深不可测的大湖，历经千难万险，终于在滔天白浪中剑断长蛇。据说洞庭湖水竟给蛇血染红了一半。

此时的北方，还有九头怪九婴喷火吐水，淹乡焚城；东方的巨型鸟大风仍在青丘之泽掀起狂风，毁屋拔树。

后羿用青丝绳系于箭尾，一箭射中闪电式飞掠的大风。那大风力大善飞，还想带伤逃生，无奈箭上系绳，只能像一只风筝一样被后羿收回。九头怪九婴自恃有九颗脑袋，九口齐张，喷吐出一道道毒焰、浊流，交织成一张凶险的水火网，企图将后羿困住。后羿使出连环箭法，九支箭几乎同一时刻插到了九婴的九颗头上，至此结束了它罪恶的生命。

少康中兴

少康是相的儿子，他在老臣靡的帮助下，横扫寒浞残余势力，灭有穷氏，重新恢复了夏王朝的统治地位。少康从政后，采取了一系列休养生息的政策，社会经济得到了长足的发展，史称"少康中兴"。

少康复兴故国

相死的时候，他的妻子正怀着孕，她从一个墙洞里爬出，才捡回一条命，逃到了娘家有仍氏部落，生下儿子，取名少康。

少康长大后，以放牧为生。寒浞听说相的儿子还活着，又派人追捕。最后，少康逃到了舜的后代有虞氏的部族。部落首领虞思让少康担任管理畜牧的官，学习本领，还把两个女儿嫁给了他，赐予田地和奴隶。少康从小在艰难的环境中长大，练就了一身本领，在有虞氏部族立足之后，开始招收人马，逐渐有了自己的队伍。

有了根据地和军队，少康体察百姓疾苦，宣传祖先禹的功德，努力争取人们支持他复兴故国，并召集夏朝的旧臣前来会合。当时有个名叫靡的人，原是相的臣下，寒浞夺取王位后，他逃到名为有鬲氏的部落（今山东境内），招集流亡之人，积蓄实力，等待时机复兴夏朝。他首先应少康之召，倾有鬲氏之兵，会合斟寻、斟灌两地的复仇之师，和少康会合，拥戴少康为夏王。不久后，少康又得到许多忠于夏朝的大臣和部落的帮助，率兵打败寒浞和他的两个儿子，终于把王位夺了回来。

夏朝从太康到少康，中间经过大约一百年的混战，如今终于恢复过来，历史上称作"少康中兴"，由此进入了由"治"到"盛"的局面。

酒圣杜康

据东汉许慎的《说文解字》记载："古者少康作箕帚，秫酒。少康，杜康也。葬长垣。"

那么，夏朝的中兴之主少康即是酒圣杜康。据说少康在有仍氏居住时，

酒中仙圣

这幅年画表现的是酒中仙圣。图中的酒仙敞怀袒胸，把爵豪饮；下有刘伶、李白醉不可支，席地而眠。画面颇有"眼看人尽醉，何忍独为醒"之意趣。

为联络夏后氏族人，经常带着秫米饭来往于有仍与空桑（即穷桑，今山东曲阜东）之间，在空桑将吃剩下的秫米饭留存起来，因饭自然发酵，等少康再回来时，往往感觉到发酵的饭醇甘美味，四处飘香。于是他便潜心研制出了用秫米发酵的醇纯甘美、柔润芳香、饮之欲醉、回味悠长的美酒，被后世尊为"酒圣"。

因为酒在大禹的时候就有了，所以这个传说并不可信。因此也有人说，杜康不是少康，而是黄帝手下一位管理生产粮食的大臣。那时候由于没有仓库，更没有科学保管的方法，杜康把丰收的粮食堆在山洞里，时间一长，因山洞里潮湿，粮食全霉坏了。黄帝知道后很生气，下令把杜康撤职。

杜康心里十分难过，想到嫘祖、仓颉等臣都有所发明创造，立下大功，唯独自己不但没立功，反而犯了罪，很是沮丧，希望找到储存粮食的好办法。一天，杜康在森林里发现了一片开阔地，周围有几棵大树枯死了，只剩下粗大的树干，树干里边也已空了。杜康灵机一动，把树林里凡是枯死的大树，都一一掏空，然后把粮食装了进去。

两年后，装在树洞里的粮食，经过风吹、日晒、雨淋，慢慢地发酵了。一天，杜康上山察看粮食，突然发现一棵装有粮食的枯树周围躺着几只山羊、野猪和兔子。开始他以为这些野兽都是死的，走近一看，发现它们还活着，似乎都在睡大觉。杜康很是纳闷，就在他发呆的时候，这些动物慢慢醒了，一见有人，马上窜进树林去了。

杜康向四周看了看，发现两只山羊在装着粮食的树洞跟前低头用舌头舔着什么，舔了一会儿，两只羊都摇摇晃晃起来，走不远都躺倒在地上了。杜康飞快地跑过去，把两只山羊捆起来，仔细察看。原来，装粮食的树洞裂开一条缝子，里面的水正不断往外渗出，还散发出清香的气味。杜康自己忍不住也尝了一口，虽然有些辛辣，却特别醇美。越尝越想尝，最后一连喝了几口，这一喝不要紧，霎时，杜康只觉得天旋地转，身不由己地倒在地上睡着了。

醒来后，杜康急忙下山，把看到的情况报告了黄帝。黄帝命百官品尝粮食化成的水，大家都交口称赞，最后由仓颉创造了一个"酒"字，为其定名。

兴盛的王朝

少康算得上是一位有作为的君王，他从小经历过一段流离的生活，亲自管理过畜牧和膳食的工作，了解平民和奴隶们的疾苦，深知要保住祖业，巩固地位，就必须得到人民的拥护。而要使人民拥护夏王朝，就要关心人们的生产和生活，不能像祖父太康一样"盘游无度"。

农业的发展

少康复国后的第一件事，就是恢复了稷官来管理农业生产。"稷"在夏朝是管理农业生产的官职，督导人们按时播种五谷。太康时，因为打猎游玩胜于一切，一度把稷官废弃了。

农业生产的命脉是水利，虽然自禹平治水土以后，黄河中下游地区不再是"洪水横流，泛滥于天下"，但是每年到了雨季，河水上涨，近河两岸的农田仍然要受河水之患。尤其是后羿夺权后河道失治，水患又成为发展农业生产的一大阻碍。少康即位后恢复了管理水利工程的水官——水正，任命商侯冥为水正。冥自从做了水正，勤勤恳恳地从事治水，再次消除了水患，使农业生产有了较大的发展。据考古发现，在夏代已经有谷、稻、麦、菽、瓜等多种农产品。夏朝还实行"五十而贡"的税收制度，即各部落都要按收入的一定比例向中央政府纳税。

除了水利，此时的夏朝已经有了历法，夏历是按月亮的运行周期制订的。由于历法中有节气变化和农事安排，所以又称农历，至今仍在农民的农事生产活动中发挥着作用。

夏历有一段非常有名的口诀，形象地讲述了一年四季天气的变化，那就是《夏小正》中的记述，这也是现存最早的将古代天文、气象、物候和农事结合叙述的月令式著作。其内容是这样的：

正月到，要做好播种的准备啊，雁儿就要飞回北方了，园子里的韭菜又长出了新叶，农夫们的身影出现在田间，水中露出了水獭的头，林中看到了初生的小鹰。

二月到，翻土撒种忙不停，羊羔断乳好祭祀，

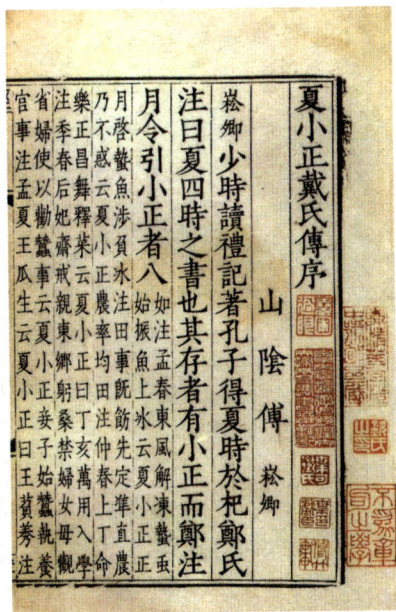

《夏小正》书影

这是明刻本《夏小正》书影。《夏小正》是我国现存最早的科学文献典籍之一，也是我国现存最早的星象物候历。今本《夏小正》全文十二章，体例分经、传两部分，共四百多字。

宫蚕图

这幅宫蚕图反映了人们在室内养蚕的情景。
夏商周时期我国的养蚕作业已经由室外养殖
转到室内养殖。

正是士子娶亲的好时节。捕取鲔鱼的季节来到了，还可以取蚁卵做成酱，燕子开始在檐下做窝了，剥取鳄鱼的皮，准备用来做鼓吧。

三月到，整理桑树，伐去徒长的枝条，天子给贵族们分发下祭祀用的冰，女人们开始养蚕了，并祈求麦子丰收，不要遭遇鼠害。

四月到，苦菜花盛开，采茶人的身影遍山遍野，连狗尾草都抽穗了。

五月到，此时白天最长，需要抓紧时间织制衣裳，以备天气转凉时用啊。树上蝉儿叫不停，要开始种瓜了，要记得把怀孕的母马同其他马匹分开放牧啊。

六月到，雏鹰已成长，开始会搏击猎物了。狸子也已长大，开始自己捕杀猎物了。

七月到，织女星面向东方，正是除去田间杂草的时候。

八月到，牝牡鹿追逐交配。

九月到，大火星看不到了，野菊开出黄花，正是种麦的大好时节。

十月到，人们跟随着王，都换上了裘衣。

十一月到，王率领大家去狩猎，兵器显示威力，只有农官留在了田地里。此时白天变短了，麋角的角也脱落了。

十二月到，王处罚罪人，统计人口。

不难看出，《夏小正》对于气候、农业、动植物的观察是非常细致且准确的，夏人的生活也是井井有条，符合自然的规律。应该说，夏历对农业生产有着相当准确的指导作用，再加上木制农具的使用，让当时的农业生产有了很大发展，粮食出现大量剩余。

剩余的粮食大多被用来酿酒。在夏朝遗址——二里头遗址中，出土最多

历史文献

七月: 秀蓷苇。狸子肇肆。湟潦生苹。爽死。苽秀。汉案户。寒蝉鸣。初昏织女正东乡。时有霖雨。灌荼。

八月: 剥瓜。玄校。剥枣。丹鸟羞白鸟。辰则伏。鹿从。参中则旦。

......

——《夏小正》

的就是酒器，饮酒用的青铜爵更是精美。据文献记载，夏朝人很喜欢喝酒，一度酗酒成风。不光是大禹的子孙们，普通人也经常痛饮，喝醉了就彼此搀扶着大声唱歌。

农业的发展也带动了畜牧业的发展。夏朝不但有一大批奴隶专门从事畜牧工作，还有一些专门从事畜牧业的氏族部落。此外，制陶业在夏代可能已经成为一个独立的极为重要的行业。至于青铜器，形式非常接近陶器，比较原始，没有更多的花纹，多是小圆点的装饰，刻画简单的线条。

讨伐东夷

国家安定富足了，少康的注意力转向了东边。东夷的诸多部落和方国时服时叛，如今国家实力强大了，少康便想对东夷进行征伐。就在准备东征时，在位二十一年的少康病死了，其子杼继位为夏王。

杼幼年时跟着少康东躲西藏，过着流亡生活。夏室匡复后，少康把涂山封给了杼，让他去镇守禹陵。杼成为天子后，决心完成父亲的遗愿，一继任就立即带领大军出发，他以当年大禹讨伐三苗为榜样，振臂一呼，得到了华夏各族的响应。各族属都派遣兵众，肩负斧、钺，跟着杼去打东夷。斧、钺是古代近战的锐利武器。

不想杼的大军刚进入东夷的地盘，就遭遇了手持弓矢的东夷各族属的顽强抵抗。夷就是大弓，荷弓者，即称为夷人。杼的部队被东夷的长距离武器弓矢抵挡住，遭受损失，无法前进。

退回国都后，为了战争的需要，杼发明了矛和甲。矛是进攻的武器，甲是防御的衣服。这时的甲是用兽皮制成的皮甲，如犀皮甲之类。东夷人善射，有了皮甲就能防身。随后，杼将王都迁到老丘（今河南开封陈留北），然后再次出兵东夷。这次出征得到沿途各地诸侯、方国的支持，新武器更是确保了杼的部队顺利前进。

这一次，夏朝的大军一直打到东海边，东夷大败，不得不退守到沿海的荒蛮之地，重新剪除杂草，开辟土地。除了东夷，杼还消灭了海边三寿，打败了以狐为图腾的九支胞族，擒获了他们的首领。随着东征的节节胜利，夏人大规模涌入，建立起以夏王族亲族为主体的封国，密集林立的封国与东夷各方国犬牙交错，东夷各族也进一步融入华夏各族。

取得了这场大胜利后不久，年轻的杼就死了，王位传给了他的儿子芬（有的史书中又作槐）。因为讨伐东夷的胜利，夏王朝的威望在各地诸侯、方国中又大大提高，一些原来叛离的部落又重新臣服于夏。芬在位约四十四年，国力更加强大。

初定刑法

此时的夏朝疆域，西起河南省西部和山西省南部，东至河南省、山东省和河北省三省交界处，南起湖北省，北至河北省。势力延伸到黄河南北，甚至长江流域。

为了有效控制这广大疆域内的民众，夏王朝颁布了《禹刑》，这也是中国历史上第一部奴隶制法典。一般认为，《禹刑》是夏朝法律的名称，是后人为纪念夏的先祖禹而命名的，是后人追述的。《禹刑》的性质相当于现代的刑法典，其具体内容已经无法考订，文献中只有零星记载，即"昏、墨、贼，杀，皋陶之刑也，请从之"。

"昏、墨、贼、杀"的规定最早是皋陶所创，后为夏代的法律沿袭。"昏"指自己做坏事而窃取他人的美名；"墨"指贪得无厌、败坏官纪；"贼"指肆无忌惮地杀人，这三种罪都要处以死刑。

《左传》中，关于这几个刑罚的具体记载，有春秋时期的"刑侯与雍子争田案"。原来，晋氏族的刑侯和雍子争夺土地，调解了很久却一直没有成功，于是就交由叔鱼处理。叔鱼认为罪在雍子。雍子为了贿赂叔鱼，就把女儿嫁给他，叔鱼于是宣判刑侯有罪。刑侯发怒，在法庭上将叔鱼和雍子杀死了。接手此案的叔向说："这三人罪状相同，杀了活着的，三个人全暴尸。雍子明知自己有罪，还要用女儿贿赂叔鱼以换得胜诉，叔鱼出卖法律，刑侯擅自杀人，他们的罪状相同。自己有了罪而掠取别人的美名是昏，贪婪而败坏职责是墨，杀人而没有顾忌是贼，犯此三罪者，都要处以死刑。"可见当时人们还在沿用夏代的一些定刑标准。

除了死刑，据说夏朝的刑罚有三千条之多。是否有这么多条文，需要进一步考证，我们对此的理解也不必过于拘泥，三千条不过是言其多而已。

名家评史

> 七夏朝还有不孝罪，而且是严厉惩处。因为氏族时期尊敬老人是传统的良好习惯，首先要善待自己的父母，其次要对君王效忠。
>
> ——章太炎

最初的城市

随着疆域的扩大，夏朝人的地理知识也随之迅速积累，并在城市、治水、青铜器和原始地图等许多方面得到了体现。

中国早在父系氏族公社，也就是龙山文化晚期就出现了防御性的设施——城堡，如河南登封王城岗及淮阳平粮台城堡，这就是初期的城市。传说夏朝以前已经开始筑城，如"夏鲧作城"，即禹的父亲鲧建筑了城池。那时候的城市还不可能是砖头或石头修筑的，从目前的考古发掘来看，城墙是用夯土筑成的。至于城市地址的选择，一般来说以平坦、干燥为好，要靠近河川大海，但又不能过于低洼，交通要方便等。毕竟，城市的最大功能是促进物资、信息的交换，所谓"日中为市，致天下之民，聚天下之货，交易而退，各得其所"。这一点，夏朝的先民是很懂得的。

相传夏禹曾用青铜铸九鼎代表九州，每一个鼎上都铸有那一州的山川、道路、鸟兽和草木图案，这种图案就是古代的原始地图。这九鼎在秦代时被销毁，不过鼎上的图被摹绘下来，叫作"山海图"，流传于世。

虔诚的祭祀

据说芬在位的四十多年间，夏王朝没有发生过内忧外患，因此当芬的儿子芒（有的古书又作荒）继位为夏王后，第一件事就是举行隆重的祭神仪式，祭祀黄河之神。

经过长时期的治理，黄河在六十年间都没泛滥过，两岸的农业生产有了较大发展，可以说是五谷丰登、六畜兴旺。对于夏朝人来说，这一切不是自己的功劳，全靠河神的赐福。

国君芒为了这次祭祀，亲自选定良辰吉日，率领朝中的臣僚、官吏以及一些前来参加祭扫的诸侯、方伯们，来到黄河下游的岸边，举行了隆重的祭祝仪式。除了有鼓乐、祈祷的祭文外，芒还将猪、牛、羊等做了贡品沉于河

夏初畜牧壁画
在这张壁画上，画了鹿、羊等大量的牲畜，反映了夏朝时畜牧业一派繁盛的景象。

中。最后，将象征着先祖大禹当年治水成功后舜所赐的玄圭沉入黄河，以此表示自己的虔诚。

这就是后世史书中所说的"沉祭"，这种仪式一直延续了数千年。祭河之后，芒又率领大家打猎，捕捉到一条很大的鱼，诸侯们认为这是河神所赐，可永保太平。

二里头夏文化遗址

关于夏朝的文献记载非常少，到了汉代司马迁编撰《史记》时，第一个王朝的本纪便是《夏本纪》，但是其中的主要笔墨是记述禹的事迹，而对夏朝的统治状况，还没有可靠的文字材料佐证。

除了传说和文献记载，对历史最有力的佐证，就是考古发掘。

20 世纪初甲骨文的发掘和释读，对商朝历史的研究取得突破，也推动了对夏朝历史的研究。最突出的是从 20 世纪五十年代开始，对河南偃师二里头遗址的发掘，为夏史的探究开启了一扇大门。夏朝的历史风貌，在二里头遗址中可见一斑。

二里头文化遗址位于河南偃师二里头村，发现于 1959 年，是探索中国夏朝文化的重要遗址。这里曾是中国第一个王朝的都城所在，上演过夏王朝的繁荣，这里也埋藏我们已经遗忘的重大秘密。

这里发现了大型宫殿基址，大型青铜冶铸作坊、制陶、制骨遗址，与宗教祭祀有关的建筑以及四百余座墓葬，出土了成组的青铜礼器和玉器，证明了它是一处早于郑州商城的具有都城规模的遗址。可以说，这里是迄今为止可确认的中国最早的都城遗址，发现了迄今所知中国最早的大型宫殿建筑群、最早的宫城、最早的青铜礼器群及铸铜作坊，还发现了最早的车辙痕迹，将中国发明双轮车辆的年代前推了三百多年。

二里头遗址共分为四期：一、二期属石器、陶作坊、村落文化；三、四期属青铜和宫殿文化。关于二里头文化和夏文化的关系，学术界一直争论不休，没有定论，主要有两种看法：一是二里头遗址一至四期都是夏朝文物，发现的宫城就是夏都；第二种观点认为一、二期是夏朝文物，三、四期则是商朝文物，所以发现的宫城是商都。

持第一种观点的学者的理由是，郑州商城是汤都之亳，据放射性碳素商城年代为前 1620 年 ±140 年，是商代早期。而二里头文化四期遗存中第二、三期之间虽然存在变化，但相同的因素是主要的，而它们的年代都早于郑州亳都，所以是夏文化。第二种观点的理由则是，虽然二里头文化的四期遗存有延续发展的一面，但也应该注意到差异变化的一面，这种差异突出表现为第三期遗存中出现了一组与商文化代表性器物相同或相近的器物，而且其数量越来越多，这就充分说明，第三期遗存的时代已经进入商代纪年，应是商代早期的遗存。

此外，还有学者认为河南龙山文化、二里头文化和二里岗商文化是一脉相承的，夏商文化是同源的，因此夏文化实际即是夏代纪年内的那一段文化遗存。从二里头遗址发现至今，围绕它与夏文化的争论就一直没有停止，最大的悬念就是它是夏都还是商都西亳。

对于夏文化的探讨，它的概念问题是一个首当其冲的问题。通常认为，夏人活动区域内夏王朝时期的居民留下来的物质文化遗存叫夏文化。对于夏文化的探索，主要是从早于商代的非商文化中去寻找。经过几十年考古工作的辛勤探索，特别是 1996 年夏商周断代工程启动以来，在对偃师二里头遗址、郑州商城遗址、偃师商城遗址不断的发掘和研究过程中，学术界在以下几个重要问题上已基本取得共识：第一，以偃师二里头遗址一、二、三、四期遗存为代表的二里头文化是夏文化；第二，分布在豫北冀南以河北磁县下七垣遗址为代表的一类遗存是与夏文化基本同时的先商文化；第三，以郑州二里岗遗址为代表的二里岗文化是早商文化，郑州商城与偃师商城基本同时或略有先后，均是早商都邑遗址。而郑州商城宫殿区的始建和偃师商城小城的始建，则可以作为夏、商分界的标志。

龙山文化与夏文化

通常认为，夏人活动的中心区域在以嵩山为中心的伊洛河和颍河上游一带以及山西南部，与龙山文化有密切的关系。

镂孔素爵

爵是饮酒器。此镂孔素爵出土于河南省偃师二里头。爵身狭长，下部鼓出，尖尾无柱，束腰平底，直壁下四处镂孔，下连细长的三锥足。流折处有两钉形短柱。腹部一面有两道凸线，两线之间横列五枚乳钉装饰。器壁甚薄，是中国出土最早的青铜器之一。

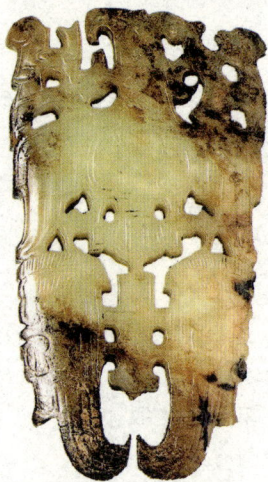

鸷攫人头纹玉佩

此鸷攫人头纹玉佩出自龙山文化末期，表现了当时人们对不同生活现象的认识。

河南龙山文化从早到晚一脉相承，在它的发展过程中，不断出现了许多新事物，聚落分级的趋势愈演愈烈，冶金术也逐步得到推广，大型显贵墓葬和设防的城市不断涌现，从河南龙山文化遗存可以很明显地看出其正处于社会重大变动时期。因为二里头文化一、二期是夏文化已经基本上获得了学术界的认可，而河南龙山文化的王湾类型与二里头文化之间存在继承关系，测定出的年代数据表明，它也在夏代纪年之内，所以学者们认为龙山文化王湾类型中晚期遗存应是夏文化，早期是先夏文化。尤其是位于登封告成镇王城岗龙山城堡的发现，对夏文化的研究具有十分重大的意义。这座城堡在同时代出现的城堡中的确不能算大，但是其地理位置却十分重要。就在王城岗龙山城堡之东不远的地方发现了战国时期的阳城城址，所以这里与先秦古籍中所说的"禹居阳城"的所在地是大概相符的。

早在 1959 年寻找"夏墟"的过程中，著名考古学家徐旭生先生就发现了王城岗遗址，当时称之为"八方遗址"。

1977 年，在王城岗又发现一座小型城址、奠基坑、青铜器残片和文字等。著名考古学者夏鼐先生指出，王城岗城堡属于河南龙山文化晚期，至于城堡是否为夏都遗迹则是另一个问题，因为河南龙山文化晚期是否为夏文化意见并不一致。1996 年，"夏商周断代工程——早期夏文化研究"专题组在王城岗河南龙山文化晚期城址内发掘采样，已测出的碳 14 数据和研究成果表明：王城岗二期的年代是前 22 世纪。这个时间已接近或者说进入夏纪年的范围之中。而三、四期的时间是前 21 世纪，五期是前 20 世纪，这两个时间都属于夏朝的纪年范围。在最新的考古调查中，一座面积约在 30 万平方米的大型城址在王城岗被发现，这是迄今河南境内发现的最大面积的龙山文化城址，同时发现祭祀坑、玉石琮和白陶器等重要遗存。尽管夏文化的研究仍然迷雾重重，但是王城岗遗址的发现和挖掘使夏文化的研究有了长足的进步。

夏朝的覆灭

　　夏朝是当时华夏大地最强大、文化最发达的国家，但大禹的后裔早已没有了祖先的奋斗和进取精神，逐渐安于享乐，日益沉醉在荒淫腐朽的生活之中。贵族的奢侈生活完全建立在对人民的残酷压榨上，致使民不聊生。夏朝再次因周边部族的进攻而覆灭，再也没有重现复国的传奇。

笃信鬼神的孔甲

到了芒的儿子泄在位时，他为了与东夷保持友好和平，将东方六夷都封为诸侯。泄长子不降因自己年纪过大，便让位于弟弟扃。扃的儿子胤甲在位时，夏朝的王都迁至了西河（今山西西南部），没过几年，就遭遇了大旱。

古代人缺乏天象知识，认为"天有十日，更番运照"。即每天出一个太阳，普照大地，周而复始。若是天旱，则一定是"十日并出"，说明天上有妖怪作祟了。

就在这个大旱之年，庄稼颗粒无收，胤甲也死去了。

王位就这样传到了孔甲身上。孔甲的父亲不降，当初让位给了弟弟，也就是胤甲的父亲扃，孔甲因没能继承王位，曾企图谋夺王位，但没能成功。从此以后，孔甲寄希望于鬼神，几近疯狂。当自己果然继承了王位后，孔甲大喜过望，认为这都是求助于鬼神的结果，从此愈加沉迷于神鬼之道。

残忍的孔甲

一天，孔甲出外打猎，途中因突然起了大风而迷了路，孔甲走进一个山民家中。这家只有女主人和一个正在吃奶的小男孩，孔甲见这个小男孩长得十分可爱，逼着主人将婴儿送给了自己。

两年后，这个男孩自己玩耍时，不小心碰倒了一把很锋利的大斧，结果受伤而死。孔甲却并不在意，还命人作《破斧之歌》，歌辞为："呜呼！有疾，命矣夫。"并让身边的人学唱取乐，叫作"东音"。这事传扬出来以后，引起诸侯们的痛恨，骂他是一个胡作非为而又残忍的昏君。

孔甲好龙

这位胡作非为的君主不但喜欢占卜，与鬼神交流，还有一个怪癖，喜欢养龙。

传说有一天，有四条龙从天而降，孔甲视为天赐神物，欣悦不已，准备用这四条龙来给自己驾车，但他自己却不会饲养。相传尧、舜时代有豢龙氏擅长饲养龙，孔甲便命人找来他们的后人刘累，赐姓御龙氏，让他为自己饲养这四条龙。据文献记载，刘累是帝尧陶唐氏的后裔，他一生下来，两手手掌中就各有一个特殊的纹饰，看上去分别是"刘""累"二字。刘累的家人认为这种胎记是上天的某种预兆，是神的暗示，因此就以"刘累"给初生的孩子命名。

刘累所出生的氏族，是原始时期一支崇拜斧钺、善于使用斧钺的部族。

当时，对人类最大的威胁莫过于那些巨大的猛兽。人们认为，在所有的动物中，龙是最神秘莫测、最难征服的动物。那么，除了作为上天之子的帝王，只有那些具有非凡本领的特殊氏族或人物，才具有征服龙的专门本领。作为远古时期最优秀的狩猎部族，刘累的氏族自然很希望能成为征服龙的部族。刘累诞生时手掌中有"刘累"二字，氏族的人便认为这正是神的暗示，即刘姓将要成为征服龙的氏族。因为"刘"字是一柄巨斧，引为征服和杀的意思；而"累"字本义是一种绳索，引申为拘系、捆绑的意思。这两个字合起来，就是一手执刘，一手执绳，要去征服、驯服龙的意思。

最初，刘累把龙饲养得很好，孔甲对他的工作非常满意。过了几年，刘累负责驯养的四条神龙中，突然死了一条雌龙。刘累害怕事情被发现，干脆将龙肉煮熟，做成一道菜，派人送给孔甲。不料这龙肉的味道异常鲜美，孔甲不知实情，吃后大加赞赏，并派人向刘累再次索求龙肉。刘累无法拒绝，又不能说出实情，于是一不做，二不休，又宰了一条龙做菜。孔甲一吃不可收拾，愈发上瘾，不断向刘累索要龙肉。可是，龙是罕见之物，怎么可能要多少有多少呢。在三条龙都被孔甲吃了

嵌绿松石饕餮纹牌饰

这件二里头遗址的铜牌饰表面凸起，用青铜作为衬底，牌身两侧有两组穿钮，可以固定在织物上。牌饰表面用数百块绿松石小片镶嵌成饕餮纹图案，开了青铜器镶嵌工艺的先河。这件牌饰的饕餮纹，是青铜器上已知最早的一例。

之后，刘累的恐惧也到达了极限，害怕事情败露后会族灭家亡，于是带着他的一部分族人偷偷逃离夏朝都城，迁到鲁县（今河南平顶山鲁山）一带隐居起来。孔甲无奈，只得再次四处寻觅养龙的高手。

师门使火

不久，孔甲又觅到一个名叫师门的养龙高手。师门可不像刘累那样徒有虚名，据说他能够经受烈火的焚烧，而且只靠吃桃花就能生存。师门进宫成为御龙师后，将仅存的那条雄龙养得精神抖擞，神采焕发。但是，师门生性耿直，常常批评孔甲对养龙不懂装懂，终于招来了杀身之祸，被暴尸荒野。

师门死后天降大雨，继而狂风大作。好容易风停雨止了，城外的山林又燃烧起来。孔甲认定这是师门的鬼魂作祟，急忙赶到郊外去祈祷，结果无缘无故死在了马车里。

孔甲死后，他的儿子皋（又作昊）继位，三年后就死了。接着皋的儿子发（有的古书中又作敬或发惠）继位，七年后死去。按照夏王朝的制度，凡是新王即位，各诸侯、方伯们都要前来进贡朝贺，即使是本人不能来，也要

历史文献

师门者，啸父弟子也，亦能使火，食桃李葩。为夏孔甲龙师，孔甲不能顺其意，杀而埋之外野。一旦，风雨迎之，讫，则山木皆焚。孔甲祠而祷之，还而道死。师门使火，赫炎其势。乃拳虬龙，潜灵隐惠。夏王虐之，神存质毙。风雨既降，肃尔高逝。

——《搜神记》

派代表前来。但是自孔甲以来，"夏后氏德衰，诸侯叛之"。皋、发这两位短命的夏王继位时，前来进贡朝贺的诸侯、方伯屈指可数。

残暴君王的灭亡

夏朝的王位传了十四代，最后一代王名叫姒履癸，后世习惯用他的谥号"桀"来称呼他，意为"凶暴的君主，贼人多杀"。

频繁的征伐

桀算得上文武全才，相传他力大无穷，赤手空拳可以搏斗虎豹，一个人就能擒住野牛。

夏桀登上王位没几年，就率军大败了畎夷。畎夷即后世的犬戎，一个生命力顽强的游牧民族，几乎人人都是天生的骑射高手。诸侯们对畎夷都是又恨又忌，只苦于打不过。如今看到夏桀打了一场漂亮的硬仗，无不对这位新君王心生忌惮，想要一探究竟。

最先来打探情报的是豕韦部落。豕韦以猪为图腾，是一个擅长养猪的部落。豕韦侯带着大批礼物亲自前来，表现得很是恭敬，一时倒让夏桀不知所措了。这时一个大臣对夏桀说："现在诸侯都不来朝拜，我们是肯定要教训他们的。但是，如果仅靠我们自己的军队，一个个对付所有的诸侯，恐怕很难，我们必须要借助别人的力量。如果我们自己开口请人帮忙，有损王朝的权威。现在豕韦侯来朝，对于我们来说是个契机。只要我们厚待他，那么肯定会有越来越多的诸侯跟着来朝。到时我们再率领来朝的诸侯去讨伐那些不来朝的诸侯，就一定可以收服他们。"

夏桀大喜，用高规格接待豕韦侯，并正式赐封豕韦侯为"方伯长"，具有征伐现在山西一带所有诸侯的权力。

这招恩威并重的方法相当漂亮，入朝的诸侯越来越多。六年后，夏桀大宴诸侯，宣布要讨伐不来入朝的彤城氏和党高氏。为了在诸侯面前表现自己的神勇，夏桀自己拥着大旗，手持长钩，一车当先杀入敌阵，一击辄毙十数人，势如破竹，亲手将彤城氏国君斩杀了。党高氏当然也没逃脱灭国的厄运，他们的财宝、妻妾、子女被夏桀运回了都城，土地和奴隶则分给了诸侯。

暴虐的刑罚

本来，夏桀可以成为一位英明的君主，可他却把所有的聪明才智都用到了暴虐和享乐上。

夏桀自己动手做了一辆人力车，让人拉着优哉游哉地到处跑。当时虽已用牛、马拉车，却还没有用人拉的。何况一个君主，居然自己动手造车享乐，而不是把主要精力用在治国安邦上，这本身已是大逆不道了。

不仅如此，夏桀还倾全国之力，"筑倾宫，饰瑶台，作琼室，立玉门"，然后和妻子妹喜在这寝宫瑶台里整日玩乐。

对于夏桀的暴行，关龙逢实在看不下去了，于是手捧黄图进谏。黄图就是一种地图，关龙逢想借此说明形势危急，让夏桀多关心朝政。夏桀很不耐烦，一把将黄图撕毁，喊来士兵把关龙逢囚禁了起来。没过多久，夏桀又想起关龙逢来，命人将他放出，陪同自己观看炮烙。夏桀看得高兴，一面看一面问关龙逢是不是也觉得快乐。不料关龙逢还是直言不讳，说道："这种做法，好像春天走在薄冰上，危险就在眼前。"夏桀这回怒了，冷冷地说："你只知道别人危在眼前，却不知道自己危在眼前。"随即下令把关龙逢炮烙处死。关龙逢是中国历史上第一个因进忠言而被杀的臣子。

妹喜的罪名

说到夏桀的残暴荒唐，就一定要说到他的妻子施妹喜，这是中国历史上第一个"红颜祸水"。从此以后，每当亡国的君主宠爱某一个女子，那个女子便被说成"祸水"，不管亡国跟她到底有没有关系。

据记载，妹喜"女子行丈夫心，佩剑带冠"，就是说她比较中性，或说美貌中带着几分英气。这位英气美人有一个怪癖：喜欢听绸缎撕裂时发出的声音。于是，宠爱她的夏桀就命宫女在她身旁日夜撕裂绸缎。

除此之外，妹喜似乎也没再干什么不利于国家的事。至于夏桀喜欢将妹喜抱在膝盖上听她说话，纯属夫妻间的正常交往。

放桀南巢图
夏桀因为荒暴无道、沉于美色而亡国，被流放到南巢，后来他跳崖自杀。

汤殂妹喜
商汤灭夏以后诛杀了妹喜。此图表现的就是这个情景。

不过，后世的儒学家们不这么看，因为夏桀的第一位妻子非常讲求礼仪。据说有一次，夏桀和妻子在花园散步，看到蝴蝶成双成对翩翩起舞，心神激荡，便也伸手去搂抱妻子。不想妻子推开了夏桀的手，说道："你是一国之君，要注意影响！"夏桀很无奈，说："这是后园，无人看到。"可妻子却说："作为国君，就算没人看到，你也要行为端正，这样才是真正的发自内心的品行端正。一个好的君王，都是很注意细节的，在自己家里也应对自己要求严格，这样才能严格要求别人。"

一番话说得夏桀哑口无言，不久就换了妻子，专宠妹喜。抛弃讲求礼仪的妻子，宠爱那个会坐在自己大腿上撒娇的妹喜，就冲这一点，后世对夏桀的无道和妹喜的淫荡就能盖棺定论了。

夏桀的灭亡

夏桀的酷刑让人们感到十分恐惧，日益增加的赋税更让人们生活苦不堪言。有莘部落（今山东曹县西北）的酋长于是来劝告夏桀："你再不接受规劝，恐怕会亡国。"夏桀大怒说："你又在妖言惑众，人民有君主，犹如天空有太阳。太阳亡，我才亡。"于是国民们都喊叫说："太阳，你快亡吧，我情愿与你一起灭亡！"

夏朝在桀的统治下危机四伏，四方诸侯纷纷背叛而去。于是，商族首领汤决定兴兵伐夏。决战前，汤举行了隆重的誓师大会，作"汤誓"，即向士兵们发表了征伐夏桀的誓师辞。商汤说道："来吧，你们各位！都听我说。不是我敢于贸然发难，实在是因为夏王犯了许多罪行，上天命令我去讨伐他。现在你们大家会问：'为什么我们的国君不体贴我们，让我们放弃种庄稼的事，却去征讨夏王？'这样的言论我早已听说过，但是夏桀有罪，我敬畏上天，不敢不去征讨呀。现在你们会问：'夏桀的罪行到底是什么呢？'我告诉你们，夏桀耗尽了民力，他的民众大多怠慢不恭，不予合作，并说：'这个太阳什么时候才能消

玉七孔刀

这柄夏朝的七孔玉刀长 65 厘米。玉料呈墨绿色，体扁平，呈长宽梯形，两侧有对称的凸齿，近肩处有排成直线的 7 个圆孔。玉刀两面都是交叉直线阴纹组成的网状和几何纹路。

失？我们宁可和你一起灭亡！＇夏桀的德行败坏到这种程度，现在我一定要去讨伐他。你们只要辅佐我，行使上天对夏桀的惩罚，我将重重地赏赐你们。你们不要不相信，我不会说假话。如果你们不听从我的誓言，我就把你们降成奴隶，或者杀死你们，不会得到赦免。"

誓师后，商汤精选战车七十乘，组成了一支六千人的敢死队，又联合了其他方国，采取战略大迂回，绕道至夏都以西发动突袭。夏桀仓促应战，双方在鸣条（今山西安邑）展开战略决战。夏桀战败出逃，后来死于南巢（今安徽寿县东南），历时四百余年的夏朝王朝灭亡了。

鸣条之战

鸣条之战，曾一度让军事学家和历史学家赞叹不已，称它是中国军事史上一篇辉煌的杰作。因为它是中国古代通过"伐谋""伐交""伐兵""用间"的全面运用，最终达到战争速胜的最早的成功战例，对于后世战争的发展，军事理论的构筑，都产生过相当深远的影响。

商汤虽然是通过鸣条这一战役打败夏桀的，但他为这场决定性战役所做的准备，可不是一朝一夕的努力所能达到的。

首先，商汤在政治上采取了争取民众和与国的政策，开展了揭露夏桀暴政罪行的政治攻势，为战争的胜利奠定了政治基础。在军事战略上，他在伊尹等人的辅佐下，巧妙谋划，逐一剪除夏桀的羽翼，孤立夏王族，最后一举攻克夏邑。

具体地说，他实施了以下几个主要步骤：

第一，创造性开展"用间"活动。为了彻底查明夏桀的内部情况，商汤派遣右相伊尹数次打入夏桀内部，充当间谍，掌握了夏王朝"上下相疾，民心积怨"的混乱状况。做到知彼知己，然后有针对性实施自己的战略方针。

第二，先弱后强，由近及远，剪除夏桀羽翼，完成对其战略包围。当时夏王朝总体力量仍然大于商部族。在这种情况下，商汤不马上正面进攻夏王朝，而采取先弱后强、绝其羽翼的正确方针，为最后决战创造条件。

第三，正确选择和把握决战时机。在完成对夏桀的战略包围后，商汤对最后决战仍持十分慎重的态度，几经试探和权衡方才作出决定。俗话道"百足之虫，死而不僵"，立国四百年的夏王朝，即便已面临灭亡之时，但仍具有相当的实力。当商汤停止向夏桀纳贡以试探其反应时，夏桀即调动九夷之师，准备讨伐商汤。商汤马上"谢罪请服，复入职贡"，稳住夏桀，继续积蓄力量，等待时机。不久传来了夏桀诛杀重臣、众叛亲离的消息。商汤乃再行停止向夏桀的贡奉。这次，夏桀的指挥棒完全失灵了，九夷之师不起，商汤方才认为讨伐夏的时机完全成熟，果断下令起兵。

商朝的建立

　　商族是一个古老的氏族，他的祖先与夏朝的奠基人大禹生活在同一时期。历经了十四代的艰辛，商族才走向强大，最终消灭了大禹的子孙，掌控了天下。

正史史料

　　殷契，母曰简狄，有娀氏之女，为帝喾次妃。三人行浴，见玄鸟堕其卵，简狄取吞之，因孕生契。契长而佐禹治水有功。帝舜乃命契曰："百姓不亲，五品不训，汝为司徒而敬敷五教，五教在宽。"封于商，赐姓子氏。契兴于唐、虞、大禹之际，功业著于百姓，百姓以平。

——《史记·殷本纪》

商朝的神话传说

　　商人把东方大神帝俊尊为"高祖"，以"天命玄鸟，降而生商"（《诗经·商颂·玄鸟》）来宣称自己本是天帝的代言人和人间政权的拥有者，并进一步确立商人与上古英雄帝喾和契的血缘关系。目的是对自己的氏族历史进行宣扬和传播，来显示自己氏族的历史地位。

天命玄鸟

　　灭掉夏朝的商族，一直生活在黄河下游。商族的祖先是契，也叫阏伯，跟大禹一起治过洪水，是个有功的人。

　　传说契的母亲简狄美丽动人，是帝喾的次妃。帝喾政务繁忙，便打发一只燕子去看简狄。每当燕子离去，简狄都会失望地歌唱道："燕燕飞去了！燕燕飞去了！"这天，简狄到温泉洗澡，天空中突然飞来一只巨大的燕子，正好生下一个蛋，掉落在简狄脚边。简狄捡起这个蛋吃了，回家后不久便发现有了身孕，后来生下了儿子契，也就是商朝的祖先。因此，商族人都认为自己是鸟儿的后代，在他们的许多日常生活用具上，都有鸟的图形。

　　之所以会有这个"天命玄鸟，降而生商"的神话，是因为原始人类还不了解受孕的常识，他们不知道女人为什么会怀孕。在确定有了孩子后，人们就开始回想，有的人想到了最近吃了一种平常不常吃的东西，有的人想到了曾经做过的一个奇怪的梦……于是，慢慢人们就认为，是神灵通过某种特殊的形式让自己怀孕的，那么自己的孩子，就是这个神灵的后代。

舞蹈、放牧及战争图
由于生产力的不断发展，私有制出现，人类社会不断地进步。部落联盟之间的战争使分散的各个部落渐渐地融合为整体，国家也诞生了。这幅岩画表现了人们舞蹈、放牧以及战争的场面。

火正与商丘

据说有一次，帝喾带着契出外巡察，来到一个地方，见这里的人还拿着生食吃，大都身体虚弱，带有病态。帝喾十分可怜他们，问大家为什么不吃熟食，百姓回答道："虽然有了火种，但因为柴草供不上，加上洪水时常泛滥，都熄灭了。"帝喾四处看了看，果然有被泛滥的河水浸灭火后的灰烬。叹息道："契啊，眼下帮助这里的臣民引来火种，并把火管理好不让它熄灭，是关系着这里的臣民生死存亡的大事情，你是我最有能力的儿子，我想让你办这件事。"契当即答应下来，留在当地成为"火正"，即管理火的官，这片地方也就成了帝喾给他的封地——"商"。

契一直尽职尽责地履行着自己的职责，他死后，人们怀念他的功德，怀着崇敬的心情，以当时最隆重的葬礼把他葬在存放火种的土丘上。按照当时的风俗，悼念他的人每人都要往他坟上添一包黄土。因而，土丘被堆得越来越大，从此便被称为"商丘"。时间长了，"商丘"便成了这儿的地名。直到现在，当地百姓每年的正月初七都到火神庙进香朝拜契，形成了祭祀火神的盛大庙会。

火神台庙会是商丘最为古老和盛大的庙会，简称台会或朝台。它是由人们对祖先契的祭祀演变成的盛大庙会，已延续四千多年的时间。每年农历正月初四至初八，许多参加祭祀和庙会的人们，为契添土圆坟并以敲打木棒、石块，吟诵悼念之词等古老的方式祭祀。随着时间的推移，朝台的人越来越

象尊

此青铜象尊铸于商代，在当时被当作酒器来使用。此象尊的大象身上还立一小象，造型精巧而富有创意。相土有没有真的降伏大象我们不得而知，但还是可以得知先民对大象等动物十分熟悉。

素爵

爵相当于今天的酒杯，是古代饮酒器。爵身大多是圆腹，由流（倾酒）、尾、鋬（把手）、三足等几个主要部分组成，此爵口有上两柱，下有三个尖高足。少数爵也有单柱或无柱的，还出土过罕见的方腹爵。

多，香火越来越盛，至唐代已发展成相当隆重的庙会。据考证，火神台庙会至清代乾隆年间最为盛大。

参商离别

关于契被封在商地，还有一种说法，那就是这是帝喾为了不发生兄弟相残的惨剧，采取的不得已的做法。

契因为一出生就特别聪明，与众不同，因此很得帝喾的宠爱。除了契，帝喾的小儿子实沈也很有才华，所以对契的受宠很不服气。两兄弟小的时候，只要一见面，就会因为一点小事吵起来，严重时还会打架，没有片刻的安宁。长大以后，情形越来越严重，有几次甚至动刀动枪，见面就厮杀。

帝喾很是烦恼，可责罚哪个儿子他都心疼，看样子这两兄弟是天生相克，若不把他们分开，早晚会发生无法弥补的憾事，毕竟手足相残，是为人父母不愿意看到的事情。经过一番思考，帝喾决定让他们离得愈远愈好，最好一辈子都不要再见面，这样才能保全两兄弟使他们平安无事。

就这样，契被封在商地，实沈则被封在大夏。当时的商即现在的河南东部一带，大夏则在山西南部。虽然这两处地方以现代的交通情况来看，离得并不远，但在原始社会，除非这两兄弟有意派兵千里迢迢跨过许多封国互相征讨，否则是不可能再见面的。

契在商，职位是火正，管理着东方的大火星，也叫辰星、商星；实沈在大夏管理参星。商星和参星位于天文学上的黄道的东西两端。每当商星从东方升起，参星已没于西方的地平线下；而当参星从东方升起，商星也没于西方地平线下，二星在天空中绝不会同时出现，所以就有了"参商离别"的故事。

相土驯马

大约在夏禹建国前，契死了，他的儿子昭明成为首领。

商族是一个畜牧业部落，氏族一直"逐水草而迁徙"。昭明听说北方有平坦的大草原，于是就带着族人一直向北迁徙。他们跨过黄河，一直走到了一个叫砥石的地方（今河北石家庄南，邢台以北）。这里的大草原一望无际，水草丰美，昭明和他的族人便在这里停下了迁徙的脚步。

此时的商族势力还不大，虽然茂密的水草养肥了牛羊，但周围氏族的劫掠让商人苦不堪言。昭明死后，他的儿子相土率领氏族又返回了老家。

相传相土身材高大，十分强壮，善于制服各种野兽。在长期与野兽争斗的过程中，相土发现野马是最容易与人类亲近的动物。因为野马不吃肉，而一旦驯服，就能帮助人做许多粗重的工作。

历尽千辛万苦，野马终于被相土驯服了。相土又对它们加以训练，让马来驮运东西、拉车子，并开始实行圈养，不再散放。不仅如此，相土还明确了驯服和饲养牲畜的目标：马主要用于作战、狩猎和运输；牛除了食用外，还用于运输和祭祀；猪、羊、鸡除食用外，主要在祭祀活动中做祭品；狗则用于防卫与狩猎。

据《吕氏春秋·古乐》记载，"商人服象，虐于东夷"。说明相土不但驯养马、牛，还驯养了大象，并且把驯服的大象用于征讨东夷人的战争之中，取得了胜利。商族从此走向强大。相土驯养动物、征伐东夷的英雄事迹，不仅被居住在黄河中下游一带的商族人熟知，还被中原之外的人们所传颂，他们在歌中赞叹道："玄王商契威武刚毅，接受小国认真治理，成为大国政令通利。遵循礼法没有失误，巡视民情处置适宜。先祖相土武功烈烈，四海之外顺服齐一。"

相土与骑兵的传说

马这种野生动物，最早叫"火畜"。传说有一次，相土捕获了一匹野马，把它圈了起来。过了一段时间，围栏外又来了几匹野马，对着围栏内的那匹野马叫个不停，不肯离开。相土把木栏门打开，不料外边的好几匹野马一下子冲进木栏，和圈在栏内的野马混在一起，互相嘶叫了一阵，然后又都卧下。于相土是把栏杆门关住，用割来的草喂它们。过了不长时间，其中的一匹马

名家评史

传说相土作乘马，王亥作服牛，就是驯养牛马，作为运载的工具。还有记载说，商的祖先"立皂牢，服牛马，以为民利"。"皂"是喂牛马的槽，"牢"是养牛羊用的圈，说明他们很早就过渡到定居放牧的生活，服牛乘马，以为专利了。这样就形成了农业生产的发展，形成农、牧结合的经济，使这个部落很快兴旺起来。

——郭沫若

还生下了一只小马驹。

相土高兴极了，决心要驯服更多的野马。这一天，相土喂过马后，牵出一匹性格温顺的马，纵身跳上马背。马一受惊，猛地四蹄腾空飞奔起来，把毫无精神准备的相土一下子抛下来，跌了个仰面朝天。相土费了半天劲才爬起来，望着越跑越远的马，心里十分着急，以为它再也不会回来了。他正要往回走，不料这跑掉的马又扭头跑回来了。相土忙把马引进围栏内圈好，然后灵机一动，用桑树皮拧成一条绳子，把马头绑好，再一次慢慢牵了出来。然后，相土又跳上马背。马仍像头一次一样，四蹄腾空飞奔起来。这回相土吸取了上次的教训，一只手紧紧抓住绑在马头上的绳子，另一只手抓紧马鬃，任凭马怎么飞跑，就是不松手。跑了一阵后，马的速度减慢下来，直到马不再跑时，相土这才勒过马头，缓缓地骑着回去。

相土骑马成功后，就开始教族人一同骑马。一次，众人在森林中骑马，猛然间看见一只猛虎，相土一箭射中了老虎。负伤的老虎朝密林深处逃去，相土和族人骑着马向老虎逃走的方向追去，终于猎到了老虎。

在族人欢呼雀跃的时候，相土脑子一动，对大家说："既然骑在马上能追老虎，能射杀野兽，那么，打仗时能不能也骑在马上，追杀敌人呢？"大家一听，都认为相土说得有道理。从此以后，商族人更加努力地驯服野马，族中精干的小伙子们都成为勇敢的骑手，这大概就是中华民族最早的一支骑兵了。

相土之城

相土驯服了野马后，商氏族的势力随之壮大，在东扩中，相土选中了相城（今安徽）作为他的别都之一，后人为纪念相土来此，便把此地命名为相城、相山。

据说，相土在途经相山这个地方时，发现这里山川秀美、森林茂盛、动物繁多，河里、沼泽里鱼虾游来游去。相土很是高兴，手舞足蹈蹦跳起来，唱道："好地方、好地方，北是山来西是水，东、南两面是平原。山有柴，水有鱼，一片平原好种田。"于是，他决定将部落从商丘迁到相山。

迁居的路途走得很辛苦，纵然有马匹，人们也还是要自己背一部分东西。机智的相土又想了个办法，他叫人砍些树枝绑成人字架，又砍了一棵很粗的大树，锯成一段一段的，从树心处钻个眼，再用木棒穿在钻成的眼里，然后将木棒绑在人字架的小头处，叫两个人推拉着走。大家一试，果然轱轮转动向前，觉得省劲多了，东西也都能放上。后人称这种东西为原始的独轮土车，后来就发展成了马拉车。因为相土在相城居住了很长时间，本来的荒芜之地得到了很好的发展。

勤于职守的冥

到了相土的曾孙冥做首领时，正值夏朝"少康中兴"时期，冥被夏王朝任命为水正，即管理治水工程的长官。

冥上任后勤勤恳恳，忠于职守，一心治理黄河水患。相传他发动黄河两岸灾区的人民一齐动工治理，疏河道、开沟渠，还贡献出自己氏族的许多马匹，为治水工程作驮运工具。夏王少康死后，儿子杼继位，仍然任命冥领导治河工程。在杼即位后的第十三年，冥率领一支治河的人马在黄河岸边疏导被泥沙淤塞的河道，因年纪老了又长期劳累过度，在察看黄河水势时，不慎跌落水中淹死。

冥因为以身殉职得到了人们的爱戴，被后世人们奉为水神。因古人把黑色称为玄，在五行中属水，所以水神就被叫作"玄冥"。

商部落的强大

冥死后，他的长子亥继承了侯位，没有再做夏王朝的水正，而是一心经营畜牧业。亥驯服了大批的牛群，并用它们驮运货物进行贸易，商部落因此变得越来越富有和强大。

亥的贡献

当时，马主要产在北方，中原地区还是比较少的，所以商部落虽然有了很长的驯马历史，马队却并不发达。亥把注意力转向了牛，将牛驯服饲养，

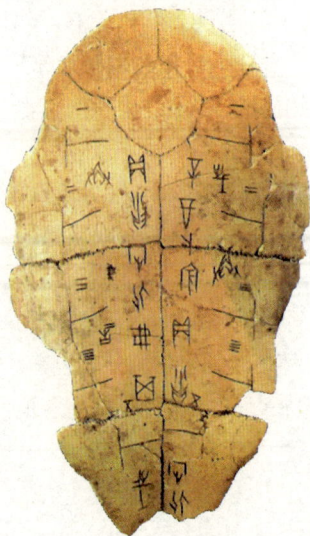

甲骨卜辞

远古先民对于自然充满了憧憬和幻想，每遇大事都要占卜，遵从上天的启示来做决定。而祭祀在商朝人们生活中占据很重要的地位，因此很多甲骨卜辞中都记载着祭祀的内容。

用来驾车和驮运东西。虽然牛的行动不如马快，但繁殖和驯养起来比马快，因此没用多长时间，亥就驯服了大批牛群，并用它们驮运货物进行贸易，商部落因此迅速富足起来。

三千多年前的中国大地上，被人类开发的土地还很少，各氏族间相隔的土地多是野兽出没的荒野，互相往来很不容易。自从亥驯服了牛作驮运工具后，荒寂的平原上，经常能看到一队人赶着牛羊，穿梭行进在各个方国、部落之间进行贸易。随着亥和各方国、部落间贸易的频繁，大家又都知道他是商族的首领，便都称呼他为商人。直到现在，人们依然把做生意的人叫作"商人"，就是来源于商族亥用牛驮着货物往来贸易的缘故。

因为亥的这个伟大贡献，他成为商族中"祭祀之最隆重者"。据统计，甲骨文中祭祀亥的卜辞，仅《殷墟卜辞综述》所收就达九十六条之多，祭祀时用牲五牛、三十牛、四十牛乃至三百牛不等。而且，在卜辞中多次提到"高祖亥""高祖王亥"，在甲骨文中被称高祖的共有三人，其一为高祖夔，即高辛氏帝喾；其二为高祖王亥；其三为高祖乙，即商汤。帝喾为五帝之一，商汤则为灭夏后商代的第一位君王，能与此二人并列为高祖，足见亥在商人心目中的地位。

失检点商王丧命

一年，亥带着弟弟恒，率领着商队又开始了远行。他们赶着大批牛羊，驮着货物跨过黄河，长途跋涉来到了旅居在易水流域一个叫有易的部落（在今河北易县、徐水一带），打算换一些粮食和当地的特产。

有易部落的首领名叫棉臣，见商人带了这么多货物远道而来，非常高兴，以上宾之礼相待，还举行了一个很隆重的宴会，招待商王兄弟。宴饮中，有易部落的女子们表演了时兴的歌舞，亥一时高兴，不免多喝了几杯，对美貌的有易氏女子调戏起来。

棉臣将亥的行为尽收眼底，认为这是商部落在侮辱自己的氏族。宴会结束后，他派人乘夜把亥杀死，并把商人带来的牛羊、货物全部扣下，将恒和商族人赶了出去。

恒灰头土脸地逃回，将棉臣杀兄、夺财、驱人的事添油加醋，向亥的儿子上甲微哭诉。上甲微大怒，决心为父报仇。

上甲微的复仇

此时的商族和有易部落一样，都是夏王朝的一个诸侯国。虽然富足，但因为一直专心致力于农牧业生产，武装力量并不强大。当上甲微决心为父亲报仇时，才认识到这一点。

然而父仇不能不报，此时再练兵也来不及了，上甲微决定求助于河伯——黄河岸边一个方国的方伯。河伯所属的地方也是夏王朝的一个方国，正在黄河附近，是水患较多的地区。在少康授命让冥治河后，因为得到了冥的治理，水患消除，河伯对冥很是感激和敬重，因此一直和商族保持着友好的关系。

一开始，当上甲微找到河伯时，河伯没有同意。因为他与有易的棉臣一直很友善，相互之间常有往来。不料夏王听说此事后，亲自册封了上甲微为商王。上甲微又亲自拜访，向河伯申诉了父亲被杀的经过。河伯考虑到夏王对商族的信任，同时也觉得棉臣不该杀了人还抢夺财物，是个不义之人，这才答应出师相助。

经过一段时间的准备，上甲微也组织起一支武装队伍，又派人给河伯送去一些牛羊犒军，两军会合后便去讨伐有易氏。

棉臣很瞧不起牧牛放羊的商人拿起武器的样子，无奈他们有河伯相助，他也只好召集了大小头目，组织兵力抵抗。两军于是在易水岸边展开厮杀，商族军队要为先王报仇，河伯要为商王伸张正义，军士们个个勇敢无比，拼力厮杀。有易部落的军队师出无名，节节败退，最后完全溃败，棉臣也在混战中被商族军士杀死。上甲微慷慨地把有易氏的财产与河伯平分，俘虏统统罚为奴隶。

为了告慰父亲的在天之灵，上甲微创建了"祕五祀"之礼。五祀，指有五种祭祀对象：门、窗、井、灶、中雷（屋檐或堂屋）。祕的意思是在道路上祭祀。当时上甲微要将父亲亥的尸体从有易国运回，当然会有一个"道上祭"

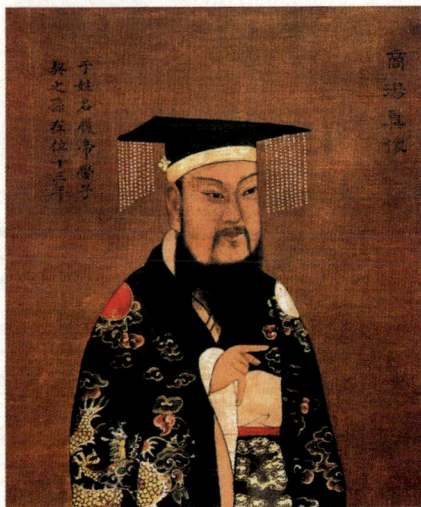

商汤
商汤是商朝的开国君主，他在前代人的基础上用心治理国家，使得商部族越来越强盛，同时他还兼修德行，赢得了天下人心，为灭夏做好了准备。

的仪式。这个"祸五祀"还不是一般的"道上祭"，而是有一套完整的礼仪。因为亥死得冤，化作厉鬼肯定特别不安分，所以祸礼要将门、窗、井、灶、屋檐都搜索驱赶一遍，以免有厉鬼被遗漏。

上甲微创建"祸五祀"之礼是有特别深意的，不仅仅是为了告慰老父的亡灵，而且是为了增强自己实力。上甲微在古书中又称作微，上甲是商族的后人在祖庙中给立的号，叫作庙号。微是上甲的名。商族自上甲微以后，都是甲、乙、丙、丁、戊、己、庚、辛、壬、癸十个天干作为庙号。商人祭祀上甲的卜辞很多，祭典也很隆重。"甲"字是天干之始，殷人也从此将天干应用于天文、历法、农业生产、宗族谱系和宗教信仰等方面，使商族在科学、文化方面逐渐发达，乃至超过夏王朝的实力，这都是在上甲微手上加速发展起来的。

有易氏就这样被上甲微给灭了，夏王朝的诸侯、方国仿佛经历了一场地震，都对上甲微另眼相看，对商族的人再也不敢轻易冒犯了。而上甲微并没有以自己的势力去侵犯其他诸侯，对夏王朝仍然朝贺、纳贡称臣。因为从有易部落那里获得了不少的俘虏，商族农业、畜牧业和军事力量大为加强。商族人认为上甲微是一个伟大的土，后世用隆重的礼仪来祭祀他。

提到祭祀要说说商族的祭祀神官。商代的神官，就是原始社会的巫师，他们在政治上也是一种重要的力量。巫总管一切"神事"，所有的"民事"又都要涂上"神事"的色彩，所以巫对一切军国政事都能起着直接或间接的支配作用。商代以巫为首，有祝、宗、卜、史等专职人员，组成相当庞大的巫

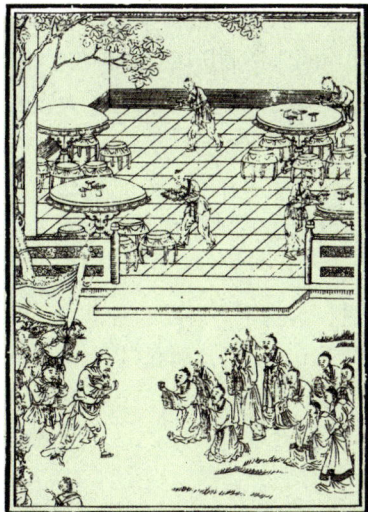

剿灭葛国

葛伯的无道使得他失去人心，终于在商汤的讨伐下灭亡。百姓都禁不住相互贺喜，可见征讨无道是下合民情、上顺天意的。两幅版画出自《钦定书经图说》，表现的就是这个情景。

职机构。有关祭祀的众多繁杂事务，都由巫职机构管理。另外，事无大小，都要通过占卜，以预测吉凶，决定行止。商代有很多的卜人、贞人，专管占卜事务。殷墟出土的大量卜辞，就是商代后期王室的占卜记录。

成汤革命

商部落自上甲微以后发展很快，到了夏朝末年，商汤成为首领的时候，已经发展成为了一个强大的部落。在看到夏桀的腐败后，商汤就决心推翻夏朝。虽然表面上对夏朝臣服，暗地里却在不断扩大自己的势力。

剿灭葛国

商汤又名履，古书中说"汤有七名"。见于记载的有：汤、成汤、武汤、商汤、天乙、天乙汤等。甲骨文中称作唐、成、太乙、大乙。

那时候，部落把祭祀天地、祖宗看作最要紧的事。商部落附近有一个部落叫葛，首领葛伯不按时祭祀，商汤派人去责问葛伯，葛伯回答说："我们这儿穷，没有牲口作祭品。"商汤就送了一批牛羊给葛伯作祭品，可葛伯却把牛羊杀掉吃了。商汤又派人去责问，葛伯说："我没有粮食，拿什么来祭祀呢？"商汤派人帮助葛伯耕田，还派人给耕作的人送酒送饭。不料在半路上，葛伯把那些酒饭都抢走了，还杀了一个送饭的孩子。这件事激起了大家的公愤，商汤借此出兵把葛族消灭了，并攻取了附近几个部落。

商汤灭葛的行动，在诸侯中不但没有人反对，人们还纷纷指责葛伯的不仁，说他被杀是罪有应得、咎由自取。一些诸侯、方国还自愿归顺商汤，以脱离夏王朝的统治。

征服了葛之后，商汤的眼光继续向前看，落到了有洛氏的身上。有洛氏拥有在当时堪称首屈一指的建筑技术，史称"宫室无常，池囿广大"，但是过于追求技术，忽略了农业生产和粮食储备。这一年恰逢天灾，有洛氏出现了大饥荒，商汤趁机出兵，很快就攻克了有洛氏。

征伐进行得如此顺利，商汤的目光又盯上了荆国。荆国位于今安徽一带，势力范围和九夷互相交错，很是富足强大。商汤不敢贸然进攻，他把军队拉到了荆伯的面前，搞了场大规模演习，然后再派使者带着贵重的礼物跟荆伯谈判，双方很快达成协议：永不互相侵犯，一方有难，另一方则给予帮助。

就这样，商汤开始逐步翦除夏王朝的羽翼，削弱夏朝的势力。

仲虺投商

在商汤灭夏的过程中，有两个人功不可没，他们就是左相仲虺和右相伊尹。

相传仲虺的祖先叫奚仲，是夏禹时的车正，就是管理、制造车子的长官，历代子孙也都在夏王朝做官，监制车子。据说奚仲的父亲发明了舟，奚仲本人发明了马车，奚仲的儿子吉光发明了木马车，堪称造车世家。到了仲虺时，他看见夏桀暴虐，诸侯叛离，就带了族人来投奔商汤。商汤早就听说仲虺是个有才干的人，只是顾虑他的祖辈们都是夏王朝的臣子，恐怕仲虺不愿归商。没料到仲虺竟然主动前来归附，商汤很是高兴，任命他为左相。

仲虺可是一个了不起的人，他姓任，又名莱朱，据说出生时雷声虺虺，闪电如蛇，大雨倾盆，解了家乡多年不遇的旱灾。古时形容雷鸣声为"虺虺"，同时"虺"也是蛇的代称，因为下雨时的闪电就像一条条长蛇飞舞，于是他的父亲给儿子起名叫"虺"，并给他以赤蛇文身。因为排行老二，所以叫任仲虺。仲虺不仅掌握了精湛的造车技艺，还有着高明的巫术，长大后显示出非凡的治国才能，把家乡治理得风调雨顺，五谷丰登。

仲虺来到商族后，给了商汤八个字：兼弱攻昧，取乱侮亡。也就是说，将弱小的、开始衰败的国家收为附庸国，它不愿意就打得直到它愿意，再慢

成汤解网施仁

成汤的德行与夏桀的残暴形成了鲜明的对比，商部落在汤的治理下一天天强大起来，为灭夏做好了舆论的铺垫和实力的积蓄。

慢让它消亡成为本国的领地；衰败到了极点、快要灭亡的国家，就不要客气，逐一消灭了它。

伊尹传奇

商汤的右相名叫伊尹，他以前的地位不如仲虺，只是商汤妻子带来的陪嫁奴隶。

关于伊尹的身世，还有一个神奇的传说。相传从前有个小国叫有莘氏，一天，一个姑娘去桑林采桑叶，忽然听到婴儿的哭声，她就顺着哭声找去，发现在一个空心的桑树洞里有个胖胖的男婴在啼哭。姑娘可怜这孩子，便抱了回去，献给有莘氏国王。国王觉得这孩子来历蹊跷，便派人去打听孩子的来历。不久，打听的人回来说：孩子的母亲住在伊水岸边，身怀有孕。一天夜里，她梦见一位神仙对她说，如果春米臼出了水，就赶紧向东走，千万不要回头，切记！切记！第二天，她春米果然出水了，就赶紧告诉众乡邻一起往东走。有的人相信她的话，跟着她走；有些人不太相信她的话，因破家难舍就留在村子里。大家结队走了十几里路后，孩子的母亲心中惦念留在村中的人，就忍不住回头看了一眼。这下可了不得了！原来伊水暴涨，洪水已经淹没了村子。她吓得大喊，但已喊不出声来，变成了一株空心的老桑树。洪

正史史料

汤出，见野张网四面，祝曰："自天下四方皆入吾网。"汤曰："嘻，尽之矣！"乃去其三面，祝曰："欲左，左。欲右，右。不用命，乃入吾网。"诸侯闻之，曰："汤德至矣，及禽兽。"

——《史记·殷本纪》

水逐渐退去后，过了几天那位采桑姑娘就在这株空心树的树洞里发现了孩子。因孩子的母亲居住在伊水边，国王就让他以"伊"为姓，后来他官职为"尹"，后人称其为伊尹。

伊尹就这样在有莘氏长大成人，他聪明好学，不但学会了一手烧菜的好手艺，还勤奋读书，掌握了治国安邦的谋略。

商汤到东方巡视时，听说有莘氏国王有个美丽贤惠的女儿，就来求婚。有莘氏国王也早就听说汤是一个贤明的君主，爽快地答应了。伊尹不甘心当一辈子厨子，就向国王请求让他去做公主陪嫁的媵臣，这样他才来到了商部族。

为了引起商汤的注意，伊尹故意将饭菜做得时咸时淡，惹商汤生气。一天，商汤实在忍耐不住，就将伊尹叫来责问。伊尹心平气和地对他说："佐料放得适中，饭菜才能做得正好。治国安邦也是同样的，既不能急于求成，也不可懈怠松弛。只有弄清主次先后，掌握好分寸，才能够政通人和。"这一番议论令商汤吃惊不小，他发现其貌不扬、身份低微的伊尹竟然是个不可多得的人才，于是解除了伊尹的奴隶身份，拜为右相。

关于伊尹是否做过厨师、是否以厨师的身份游说过商汤，在战国末期形成了三种不同的说法。《吕氏春秋·本味》认为，伊尹曾以烹饪的道理劝说商汤而得重用；《韩非子·难言》认为伊尹屡次陈政见于商汤之前，仍不获赏识，无奈之余只好屈身以为厨师，进献各种美味讨好商汤，最后才以商汤亲信的身份得以重用；《孟子·万章上》明确否认伊尹曾经干过厨师这种为士人所不齿的职业，在孟子的叙事中，伊尹被想象成一个躬耕于山野、笃信"尧舜之道"，"先知先觉"的人。

网开三面

有了仲虺和伊尹的辅佐，商汤首先治理内部，鼓励人们致力于农耕，饲养牲畜，同时结交与商族友善的诸侯。

那时，商汤经常和仲虺、伊尹出外巡视，一次走到郊外山林中，看见一个农夫正在东南西北四面张挂捕捉鸟的网，一边挂还一边祈祷："上天保佑，让天上飞下来的，地下跑出来的，从四方来的鸟兽都进入我的网中来！"商汤听后感叹道："只有夏桀才会如此网尽，要是如此张网，就会完全捉尽，太残忍了！"于是，商汤叫从人把张挂的网撤掉三面，只留一面，并对那个农夫说："对待禽兽也要有仁德之心，不能捕尽捉绝，不听天命的，还是少数，我们要捕捉的就是那些不听天命的。"

商汤"网开三面"的事很快便在诸侯中传扬开了，人们都齐声称颂商汤的仁德，归附的诸侯越来越多。

被困夏台

为了探听夏王朝的情况，伊尹带着大批礼物来到了夏王都拜见夏桀。但是夏桀不在王都理朝，而是在离宫寻欢作乐。伊尹在夏王都一住就是三年，夏桀只见了他一次，问了些不关痛痒的话。见夏桀果然是只知饮酒作乐，根本不理朝政，伊尹这才返回。

商汤很是高兴，便和伊尹商量讨伐夏朝的事。伊尹说："夏桀虽然荒淫，但夏朝还是有一定实力的，我们先不去朝贡，试探一下，看它的反映如何。"商汤按照伊尹的计策，停止了对夏朝的进贡。夏桀果然大怒，命令九夷发兵攻打商族。伊尹一看还有许多氏族服从夏朝的指挥，便赶快请罪，恢复了朝贡。

九夷，是对居于今山东东部，淮河中下游江苏、安徽一带的诸多少数民族的泛称。据《后汉书·东夷传》记载："夷有九种，曰畎夷、于夷、方夷、黄夷、白夷、赤夷、玄夷、风夷、阴夷。""九"并非具体数目，只是表示众多之义，所以"九夷之师"就是东部地区的军队。

在忠于夏王朝的诸侯中，有三个势力强大的氏族，他们是彭姓的豕韦（今河南滑县东）、己姓的顾（今山东东北）和己姓的昆吾（今河南濮阳境内）。

这三个诸侯早就看出了商汤的意图，不断向夏桀进言，要他一举灭掉商族，以绝后患。夏桀听说商汤一直在笼络诸侯，扩大势力，便派使臣召商汤入朝，然后将他囚禁在了夏台（也叫钧台）。

商汤的手下庆辅得到消息，马上行动起来，赶在押送商汤的人之前到了夏台，把几个月的干粮藏到商汤的囚室中，然后关好囚室，恢复原样，再四处散布"商汤圣德，遭奸人陷害"的言论，暗中招募一些自愿服侍商汤的人，秘密送往夏台。庆辅是共工之后，未来的商汤七佐之首。所谓商汤七佐，是辅助商汤打江山的七个能人，他们是庆辅、伊尹、湟里且、东门虚、南门蝡、西门疵、北门侧。

庆辅的工作完成之后不久，商汤就被押到了夏台。夏桀命令断了商汤的饮食，要好好折磨他一番。夏桀的人每天都来观察商汤，却发现商汤精神很好，行动如常，无不惊诧莫名。

更离奇的事还在后面。自从商汤被囚禁在夏台，夏台就开始下大雨，风雨越来越大，一些押解商汤的士兵受冻受饿，甚至死了人。再后来，可能是由于风雨的原因或者年久失修，夏台塌了一角，摔死砸死了不少士兵，可商汤却安然无恙。

有大臣建议释放商汤，可夏桀不以为然，于是有人说道："初时不许商侯饮食，商侯忧闷，天就阴雨不止。如果给商侯少许饮食，商侯心情一开朗，没准天就放晴了。"夏桀哈哈大笑道："天下怎么可能有这种怪物。如果给他饮食就能让雨停下来，就算是饱死他又何妨？何必给少许！"就这样，商汤在夏台的待遇好了一些。

伊尹和仲虺得到消息后，赶忙搜集了许多珍宝、玩器和美女献给夏桀，请求释放商汤。夏桀见到商族送来这么多的珍宝、美女，心中很是高兴，加上商汤表现得一味顺服，夏桀认为恐吓、警戒的目的已经达到，于是就下令将商汤释放了。

征伐豕韦、顾

商汤重获自由后，第一件事就是征讨豕韦。当然，出兵需要理由，否则就是不义之师。至于理由，不管现实有没有，都要找出一个来。

商族派出了探子庆辅，不但成功搜集了不少对豕韦不利的证据——诸如滥杀、不按时祭祀之类，还策反了豕韦的权贵彭祖和彭宾。彭祖是中国历史上有名的寿星，传说中的养生家。据古代典籍记载，彭祖精于养生，《楚辞·天问》还说他善于食疗，据说活了八百多岁。不过，一人享寿竟至八百余岁，显然是不可能的。彭祖实际上是以其命名的一氏族，对于彭祖善于养生的种种传说历代并无异议，可以推想，由于彭祖这个氏族精于养生，族中长寿之人辈出，并以此而闻名于世，于是逐渐产出"彭祖享寿八百"这类的传说并流传于后世。故彭祖这个氏族可以说是上古时代一个有代表性的著名的长寿家族。彭宾后来成为了商王朝的豕韦侯。

于是，商汤在景亳（今河南浚县大伾山附近）召开了伐夏联盟的大会，作"景亳之命"，来参加的诸侯一致通过了对豕韦的征伐决议。景亳之会一结束，商族的大军以迅雷不及掩耳之势杀向豕韦，豕韦猝不及防，仓促迎战，家中又有内鬼，连求援都来不及就被灭掉了。豕韦的后裔有的部分沦为平民，即后

日雷纹刀

此刀的刀背上有镂雕的扉棱，刀尖上翘，与以往的刀剑相比，它更富有杀伤力，适合在作战中斩杀敌人。从武器形制的进步中，可以看出当时战争的频繁。

世韦姓；有的部分照旧可以做他的豕韦侯；有的部分逃到了北方。

商汤乘胜东进，又消灭了顾。夏朝的支持者，只剩下昆吾了。

剿灭昆吾

昆吾国在夏王朝的属国中算是一个较大的方国。见豕韦、顾二国被商汤所灭，昆吾国立即整顿军队，同时派人向夏桀求援。夏桀大怒，准备出兵征商。商汤本想率军去灭昆吾，然后征东夷，进而灭夏。可伊尹权衡利弊，认为时机还未成熟，暂时收兵，还准备了礼物送给夏桀。夏桀见了贡物和商汤请罪的奏章，颜面上和蔼了许多。身边的大臣趁机恭维他说："大王威震天下，谁也不敢反叛，不出兵就能安享太平了。"

夏桀一听这话更加高兴了，下令罢兵，天天饮酒取乐。夏桀罢兵了，昆吾却不愿放下武器，依然率军向商族进攻。见昆吾仍死心塌地效忠夏王朝，商汤决定与昆吾决一死战。

昆吾的力量不容小觑，对于此战的胜负，商汤也没有十足的把握。就在这时，费昌带着他的人马前来投奔，让胜利的天平向商汤这方倾斜了。

据说费昌的先祖是伯益，被夏启杀死后，族人便逃到了边远地区，慢慢融入到了夷狄之中。这一年，中国的天空上出现了两个太阳，一个太阳在东边冉冉升起，一个太阳在西边缓缓落下，发出轰隆隆像雷一样的声音。费昌看到这异常的天象后，就到河水边祭祀河伯，占卜吉凶。卦辞告诉他：西夏东殷。于是，费昌就带领着自己的氏族来投奔商汤了。商汤大喜过望，因为费昌的部族以善于驾车闻名，战车的多寡对胜负的决定作用实在是太大了。

此时的商族，军事力量大为加强，又有其他的诸侯、方国相助，只一战就大败昆吾军。商汤没收了所有昆吾的土地、财物，还俘获了大量战俘作为

历史文献

成汤放桀于南巢，惟有惭德。曰："予恐来世以台为口实。"仲虺乃作诰，曰："呜呼！惟天生民有欲，无主乃乱，惟天生聪明时乂，有夏昏德，民坠涂炭，天乃锡王勇智，表正万邦，缵禹旧服。兹率厥典，奉若天命。……呜呼！慎厥终，惟其始。殖有礼，覆昏暴。钦崇天道，永保天命。"

——《仲虺之诰》

商族人的奴隶。伊尹又出谋说："今年我们不要朝贡了，再看看夏朝的动静。"

夏桀本来对商汤灭昆吾就大为震惊，又见不到商族的贡品，不禁火冒三丈，再次下令"九夷之师"伐商。可惜，这一次夏桀的命令没有起到任何作用，"九夷"中没有一支队伍响应，大家都看到了夏王朝的没落，不愿意再为他卖命了。商汤见状，知道讨伐夏桀的时候终于到了。

定都西亳

在出征之前，商汤饶有兴致地对族人讲述了自己的一个梦。

商汤说，自己梦见乘船经过日月之旁，于是便去祭拜帝尧。商汤将三分厚的玉璧沉下洛水，退立片刻，只见一对黄鱼跃出水面，紧接着一只黑鸟飞了过来，变成块黑玉落到商汤的面前，黑玉上面刻着"玄精"二字。

这个梦可不是一般的梦，经过巫师分析，得出了这样的结论：鱼没有足翼，即夏桀孤立无党，可伐；黄色离水，意思是土归汤，有金德相助，而商正好是金德；黑鸟，是玄帝的使者，玄鸟也是商的图腾守护；玄精是水精的意思。这个梦表示商汤受到神的保佑，伐桀必胜。

果然，鸣条一战，夏王朝全军覆没。夏桀被流放，三年后死去。商汤告祭于天，宣告建立商王朝。为了能够有效地控制四方诸侯，监视夏王朝的遗民，在伊尹的建议下，商汤将王都迁到了西亳（今河南商丘），把夏朝"尚黑"的风俗改成了"尚白"。

夏桀死后，商汤的心里总是忐忑不安，怀疑自己通过武力"革"了夏朝的"天命"，是不是会给后人留下"大逆不道"的口实？因为古时尧舜禹的"禅让制"最为人们所推崇，禹虽然把江山传给了他的儿子，但那是和平政变，而且得到了大多数诸侯的首肯，被认为是天命所归。如今商汤通过暴力革命推翻夏朝，可是"亘古未有"的大事。于是，仲虺站了出来，作了一篇《仲虺之诰》，阐述了商汤革命的正确性。

所谓诰，在秦代以前，是帝王向臣下传达诸如任命或封赠等命令的文书，秦代废"诰"而改称"制""诏"，宋代用"诰"来追赠大臣、贬谪有罪、赠封其祖父妻室等等。总之，"诰"主要是上级对下级的，但仲虺对商汤说的话却被称为《仲虺之诰》，实在是很反常的事。然而商汤却认可了，因此后人把仲虺的这篇诰文提升到了非常之高的地位，甚至称之为"革命理论"。

《仲虺之诰》这样说道：

"啊！上天生养人民，人人都有情欲，没有君主，人民就会乱，因此上天又生出聪明的人来治理他们。夏桀行为昏乱，人民陷于泥涂火炭一样的困境；上天于是赋予勇敢和智慧给大王，使您做万国的表率，继承大禹长久的事业。您现在要遵循大禹的常法，顺从上天的大命！

"夏桀王有罪，假托上天的意旨来施行教命。上天因此认为他不善，要我商氏承受天命，使我们教导他的众庶民。简慢贤明依从权势的人徒众很多。从前我商氏立国于夏世，像苗中有莠草，像粟中有秕谷一样。小百姓和大人物战栗恐惧，无不害怕陷入非罪，何况我商家的德和言都可听闻呢！

"大王不近声色，不聚货财；德盛的人用官职劝勉他，功大的人用奖赏劝勉他；用人之言像自己说的一样，改正过错毫不吝惜；能宽能仁，昭信于万民。从前葛伯跟馈食的人为仇，我们的征伐从葛国开始。大王东征则西夷怨恨，南征则北狄怨恨。他们说：'怎么独独把我们百姓摆在后面？'我军过往的人民，室家互相庆贺。他们说：'等待我们的君主，君主来临，我们就会复活了！'天下人民爱戴我们商氏，已经很久了啊！

"佑助贤德的诸侯，显扬忠良的诸侯；兼并懦弱的，讨伐昏暗的，夺取荒乱的，轻慢走向灭亡的。讨论灭亡的道理，以巩固自己的生存，国家就将昌盛。

"德行日日革新，天下万国就会怀念；志气自满自大，亲近的九族也会离散。大王要努力显扬大德，对人民建立忠道，用义裁决事务，用礼制约思想，把宽裕之道传给后人。我听说能够自己寻求老师的人就会为王，总以为别人不及自己的人就会灭亡。爱好探究，知识就充裕；只凭自己，闻见就狭小。

"啊！慎重的办法，在于善谋它的开始。扶植有礼之邦，灭亡昏暴之国。敬重上天这种规律，就可以长久保持天命了。"

这篇洋洋洒洒的诰文，从三方面阐述了商汤革命的合理性。首先，讨伐夏桀是按照老天爷的意思干的，是为了拯救老百姓。这就是所谓的"顺乎天"。而老天爷是不会错的，他指定的"天子"一定是又聪明、又勇敢的。夏桀行为昏乱，违背了老天爷要他治理好百姓的初衷，因此要商汤替代他做天子。其次，仲虺称赞了商汤品德高尚，深受百姓爱戴，与夏桀形成了鲜明对比，这就是所谓的"应乎人"。最后，仲虺宣布革命的目的是为了恢复大禹王创立的合理制度，而夏桀恰恰是破坏了他祖上的制度。

仲虺的诰文不仅消除了商汤的犹豫，也为第一次武力夺取天下以及日后所有的改朝换代者找到了革命的理由。

商朝的瓶颈

孔子说："殷因夏礼。"商朝基本上继承了夏朝的制度，同时这两个朝代也面临着很多相似的问题。商朝建立不久，险些遭遇和夏朝一样的失国厄运。黄河的肆虐冲击着还不是很发达的农业文明，连年的王位争夺导致战乱频繁，从而引发了商朝国都一次又一次的迁徙。商朝的统治似乎进入到最困难的时期。

夔龙象牙杯

这是一件商朝时期的夔龙象牙杯，状如觚，杯侧有一柄与杯身等高的龙形把手，杯身有装饰性的饕餮花纹，还镶嵌了绿松石。这种象牙杯在当时应该是作为礼器来使用的。杯子的工艺精细，可见当时手工业的发展水平。

明君商汤

汤建立商朝后，对内减轻征敛，鼓励生产，安抚民心，从而扩展了统治区域，影响远至黄河上游，氐、羌部落都来纳贡归服。

商汤祷桑林

商汤即王位后，仿照夏朝制度，定期巡守天下。所到之处，诸侯纷纷前来朝拜、进贡宝物。商汤认为，诸侯所贡物品大同小异，于王室也未必适用，而且诸侯互相在贡物价值上攀比，势必造成过重的负担。于是，商汤命伊尹制定了四方贡物种类的规定，要求各地只进贡本土所出产品。伊尹根据商汤的旨意，制订了"四方献令"，颁行于天下，规定：东方各国濒临大海，贡物以鱼皮制品、鱼酱、剑为主；南方各国盛产珍禽异兽，贡物以犀牛角、象牙、珠玑、玳瑁、翠羽为主；西方各国山地众多，贡物以龙角、神龟、各色颜料为主；北方各国草原广袤，贡物以骆驼、野马、良马和弓箭为主。四方献令颁布后，四方诸侯备办贡品不仅便宜，负担也大为减轻，王朝府藏应有尽有，受到各地诸侯欢迎。

正在商汤准备大展宏图的时候，商王国发生了一场大面积的旱灾。这场旱灾延续了七年之久，且越来越严重。尽管伊尹亲自带领人们挖井抗旱，可旱情依然没得到缓解。

商人笃信鬼神，认为如此大旱肯定是上天降罪，商汤命官员们不断占卜、

历史文献

> 汤得伊尹，祓之于庙，爝以火燔，衅以牺犻。明日设朝而见之，说汤以至味。……天子不可强为，必先知道。道者，止彼在己，己成而天子成。天子成则至味具。故审近所以知远也，成己所以成人也。圣人之道要矣，岂越越多业哉！"
>
> ——《吕氏春秋·本味》

祈祷，希望上天赐福降雨。尽管商汤天天祭祀，苦苦哀求，可老天爷就是不肯下雨。无奈，商汤决定亲自求雨。

在一个叫桑林的地方，商汤设好祭坛，亲自率领伊尹等大臣祭扫求雨。但祭祀后还是没有下雨，负责占卜的官员后说，看来只用牛羊作牺牲不行了，一定要用最高等级的祭品人。那时，用人做祭品求雨，就是将活人放在柴堆上焚烧。

商汤拒绝了，他说："我祭祀求雨，本是要让人们幸福地生活下去，怎么能用人去做祭品焚烧求雨呢？如果真要烧死人才能感动上天，那就烧死我吧！"说完后，商汤不顾大家的反对，毅然爬上了柴堆。似乎老天这时终于听到了祷告声，倾盆大雨适时降下，阻止了商汤的自焚。

关于这戏剧性的一幕，也有史料说是焚烧了商汤的头发和指甲作为其替身，因此天降大雨。无论如何，七年的大旱终于过去了，商汤这种勇于牺牲的精神更是受到了人们的敬佩和颂扬。于是，人们用歌唱来颂扬商汤的德行，伊尹将这些歌词收集起来编了乐曲，取名为"桑林"，也叫"大修"，这就是后世所谓的"汤乐"。

商汤的礼让

商汤在位时，似乎一直是小心谨慎的。在他打算讨伐夏桀时，曾与名士卞随商量，卞随说："这不是我应该做的事。"商汤问："谁可以呢？"卞随回答："我不知道。"商汤又拿这件事跟瞀光商量，瞀光说："这不是我该做的事。"商汤问："谁可以呢？"瞀光回答："我不知道。"商汤问："伊尹怎么样？"瞀光说："伊尹这个人毅力坚强，而且能够忍受耻辱，至于其他方面我就不知道了。"商汤于是跟伊尹商量讨伐夏桀的事情。

打败夏桀后，商汤想把天下让给卞随。卞随说："你讨伐夏桀时跟我商量，必定是把我看作了凶残的人。如今战胜夏桀后想要禅让天下给我，必定是把我看作贪婪的人。我生活在天下大乱的年代，而且不明大道的人两次用他的丑行玷污我，我不能忍受这样的言谈。"说完自己跳入水中自杀了。

商汤又打算禅让给瞀光，说："智慧的人谋划夺取天下，勇武的人继而加以完成，仁德的人居于统治之位，这是自古以来的道理。先生怎么能不居于其位呢？"瞀光是夏时有名的贤人，耳长七寸，弹得一手好琴，不吃饭不吃肉，只靠吃菖蒲过活。听了商汤的话，瞀光说道："废除了自己的国君，不合于道义；征战杀伐，不合于仁爱；别人冒着危难，我却坐享其利，不合于廉洁。我听说这样的话：不合乎道义的人，不能接受他赐予的利禄；不合乎大道的社会，不能踏上那样的土地。何况是让我尊称为帝呢！我不忍长久地见到这种情况。"说完，背着石块沉水而死。

夏王朝的名士都死了，商汤再也没有说过让位的事了。

贤臣伊尹

伊尹曾辅佐商汤推翻了夏朝，又帮助商汤制定了各种典章制度，使商朝初期的社会得以稳定，经济得到发展，从而名扬天下。

厨圣伊尹

伊尹历任商的三朝宰相。据传他十分善长厨艺，最初能够得到商汤的注意也是因为他所做出的美味佳肴。

伊尹放太甲

商汤在位大约十三年就因病而死，他死后本来应该由他的大儿子太丁继位，但太丁在商汤死前就病死了，于是仲虺和伊尹就立了太丁的弟弟外丙为商王。外丙名胜，只做了三年王就一命呜呼了，王位由外丙的弟弟仲壬继承。

仲壬也是个短命的人，继位四年后便撒手人寰。此时仲虺也病死了，元老重臣只剩下伊尹，伊尹便立了太丁的儿子太甲为商王。太甲名至，是商汤的嫡长孙。

伊尹确实是个尽职的臣子，在确立了王位继承人后，他一连写了三篇文章给太甲阅读，教他怎样做一个好的君主。有一篇文章的题目叫《肆命》，专门讲如何分清是非的道理，对于什么样的事情不应当做，什么样的事情应当做，都说得清清楚楚。还有一篇文章的题目叫《徂后》，讲的是商汤时候的法律制度，教育太甲一定要按照祖先制定的规矩行事，不能背弃祖训，为所欲为。

太甲做了商王后，见四方臣服，风调雨顺，五谷丰登，又有伊尹勤勤恳恳地工作，因此就不理政事，每天只知享乐，对不顺从他玩乐的人任意处罚和杀戮。

伊尹很是失望，没想到自己平时的谆谆教诲全是白费。不甘心的伊尹开始每天对太甲进行教育，反复给他讲述夏桀暴虐伤民、失德亡国的历史，讲述商汤是如何爱护百姓的，讲述灭夏建商的艰辛过程。太甲根本听不进去，认为伊尹完全是多事，越来越讨厌他。

见多次教育都没有效果，伊尹索性把太甲放逐到了桐邑（今河南虞城），自己摄政，并接受诸侯的朝见。

太甲被囚禁了三年，也觉悟到自己继位后的所作所为是不对的，又经伊尹的劝导，悔过自责，表示愿意改恶从善。桐邑离商汤的坟墓不远，太甲见祖父身为开国君王，坟墓却十分简陋，又从守墓老人那里了解到祖父的许多艰苦创业、仁厚省俭的旧事，对照自己的所作所为，感到确实不像话，暗自内疚。从此开始在桐邑关心孤老，遵守法度，与人为善。七年后，确定太甲已经改过自新了，伊尹这才迎回这位废君，将政权重新交还给他。

太甲复位后果然痛改前非，效法祖父商汤以德治民。人民因此得以安居，四方诸侯年年都来朝贡。不过，曾经的荒唐和被臣子放逐的经历还是一直困扰着太甲，他因此找了个理由，把伊尹杀了。由于伊尹的有莘部落力量太大，太甲不得不继续任用伊尹的两个儿子，分别继承伊尹遗留下来的酋长和大臣的职位。

伊尹墓位于河南虞城县西南，墓周有高大古柏183棵，枝叶繁茂，遮天蔽日，蔚为壮观。这片古老的柏林，还留下很多有趣的传说。在伊尹墓东500米处，有唐代丞相魏徵的墓。据说程咬金一次带兵夜间行军到这里，误将伊尹的墓认做了魏徵之墓，命令将士连夜给魏徵墓栽种柏树。栽完后，听说植错了地方，气得哇哇大叫，随即抓住面前的一棵柏树要拔。谁知柏树已落地生根，他费了九牛二虎之力，只把树将掉了一层皮，未能把树拔出。后来这树的齐胸处就形成了一个大疱，人们就把这棵树取名为"罗汉柏"。其他名柏还有"相思柏""五龙柏""鸟柏""母子柏""闯王柏"等，千姿百态，耐人玩味，每棵树都有一个传奇的故事。这里每年四次古会，分别为农历二月初二、四月初八、九月初九、腊月初一。

伊尹的智慧

关于伊尹和太甲，史书上说法不一。有记载说伊尹活了一百多岁，太甲死后他还写了篇祭奠文章《太甲训》，以警戒后人知过自改。也有人说，太甲

饕餮纹簋

簋是古代盛食物的器具，一般为圆腹，侈口，圈足。商代的簋多无盖，无耳或二耳。这是出土于湖北黄陂盘龙城的商代前期饕餮纹簋，簋有双耳，身上绘有兽首，簋身绘有饕餮纹。

不是被伊尹接回来的，而是偷偷潜回王都杀死了伊尹，这才夺回了王位。

无论传说怎样，伊尹贤哲的身份却是不容置疑的。他从一个做饭的奴隶被商汤发现，最终成为灭夏建商的大功臣，本身就极具传奇性。不仅如此，伊尹在当厨师期间，看到人们生病吃中草药的叶、根，委难食咽，就用陶器煎草药汤液帮人治病。《中药学》一书说："商代伊尹始创汤液，疗效显著，服用方便，并可减低药物毒副作用。"以后便成为常用的中药剂型，使中药得到了广泛的应用，并延续至今。至于伊尹被商汤发现，《吕氏春秋》中有一段精辟的

记述：

相传在一次祭祀的时候，身为厨师的伊尹向商汤讲述了天下美味的精妙，他说："肉类，水中的有腥味，食肉动物肉臊，食草动物肉膻，要使这些肉成为美味，水是第一重要的，其次用甜、酸、苦、辣、咸，臭的、恶的、莸草、甘草，等等五种味道和多种调料，谁先加谁后加，谁多谁少，很有讲究。火候很关键，快慢缓急掌握好了，能很好去除腥味，去掉臊味，减少膻味。美味全由鼎中精妙的变化而产生，只能意会不能言传，就像射箭驾马、阴阳变化、四季规律那样，须花费时间，多多实践，细心观察体会。掌握了其中的奥妙，做出的肉就会熟而不烂、香而不薄、肥而不腻，五味恰到好处。"

一番话只说得商汤眼睛放光，忙问："你能做吗？"伊尹回答说："你的国家太小，不能满足置办制作美味食品所需要的东西，只有你成了天子，才有具备的条件。我给你讲一讲天下的美味特产吧！最美味的肉有：猩猩的唇、熊獾的掌、燕雀的尾肉、述荡的蹄筋、旄象的腰、流沙之西、丹山之南的凤鸟蛋。美味的鱼有：洞庭鳋鱼、东海鲕鱼、醴水的朱鳖六只脚，能从口中吐

饕餮纹袋足斝

这个商朝前期的饕餮纹袋足斝为侈口，口沿有柱宽身，下有三只袋足，足上有饕餮纹。斝既是一种盛酒器，也是一种礼器，由新石器时代的陶斝发展而成。

商代玉龙

龙分为很多种，其中有一种鱼化龙，是一种龙头鱼身的龙。民间流传的鲤鱼跃龙门以及《长安谣》中说的"东海大鱼化为龙"，都讲述了"龙鱼互变"的现象。这种造型商代时便在玉雕中出现。

出青色珠子；灌水的鳐鱼，像鲤鱼却长着飞翼，经常从西海夜飞，游于东海。菜中的美味有：昆仑山上的灵芝，寿木的花，南极石崖上青色的嘉树菜，阳华山的芸菜，云梦泽的芹菜，具区泽的菁，深谷里的士英。调和味道的美味调料有：阳朴的姜，招摇的桂，越骆的菌，膻鱼的酱，大夏的盐，宰揭的露，长泽雪白如玉的卵石。美味的粮食有：玄山的禾麦，不周山的小米，阳山的黄黍，南海的黑米。最好的水有：三危山的露水，昆仑山的井水，沮江丘陵的摇水。美味的水果有：沙棠的果，常山之北投渊的上游有百果，是君王们爱吃的；箕山东边有甘甜的栌，江浦的橘子，云梦的柚子，汉水的石耳。以上这些美味特产，要想得到它们，必须用'青龙''遗风'等快马，如果不成为天子，无法全部得到。但天子不能强为，必须懂得古往今来治国之道，加强自身的德行修养，成为天下之主，那所有的美味就很容易齐备了。所以，了解近处就能知道远方，成就别人也就是成就自己，这是王者之道啊！"

　　商汤听了伊尹关于美味和天下特产与治国之道关系的论述后，认为伊尹是个难得的奇才，于是破格任用他主持国家政务。

九世的混乱

　　自太甲之后，商王朝进入了一个稳定发展的时期，天灾不多，也没有大的战争爆发，但却有两个很不稳定的因素困扰着商王族，那就是王位的频繁更迭和都城的不断迁徙。

商王朝在建立之初，帝位是传给弟弟的，最后由最幼的弟弟再传给长兄的长子，依此类推。从第十世商王仲丁到第十八世商王阳甲这九世期间，王位时常更迭，王室子孙为了争夺王位相互残杀。

为了结束这种混乱的局面，商朝逐步废除了"兄终弟及"，一律改为"父亡子继"，以保安宁。

太戊服诸侯

等到王位传到太戊的时候，不仅商王朝统治的地区十分繁荣，各地诸侯、方国中有的势力也强大起来。太戊的哥哥雍己为王的时候，一度加重了劳役，引起了诸侯、方国和百姓的不满，有些诸侯甚至停止向王朝进贡和朝贺。

太戊做商王的第七年，在王宫的庭院中生长了一棵桑树，而桑树之下又长出了一棵谷树，在七天的时间里就长得很大。太戊非常恐惧，认为这是不祥之兆。大臣伊陟进言道："臣听说过妖怪胜不过德，大概是大王在治理朝政上有什么不当之处，所以才会出现妖怪。如果善政修德，以德治民，自然就能免除祸害。"

太戊少年继位，确实一味追求享乐，不勤于国政。听伊陟这样说，联想自己以往的行为，认为很有道理，自此开始勤于政事，修德治国。过了一段时间，那棵疯长的树枯死了，太戊很是高兴。伊陟趁机大肆宣扬太戊的德政，说是得到了上天的福佑。为了报答天地山川的福佑，太戊还特地举行了一次隆重的祭祀山川的仪式。各地诸侯听说后，又纷纷前来朝拜。

据说首先来进贡朝贺的，是西方的西戎部落。太戊很高兴，也派了一个叫王孟的朝臣为使，率领从人，携带了中原地区的特产和青铜器，到西戎各部落去慰问。由于太戊和伊陟治国有方，不仅是西戎，连以前时常反叛的九夷也都纷纷入朝进贡。

太戊死后被后世称为商中宗，其陵位于河南省内黄县城西南 15 公里，是我国目前存世的唯一一处商王陵。汉代建陵，唐代续修，宋太祖开宝七年（974 年）复修，明、清多次修葺增建，规模宏大。陵内有开宝七年（974 年）所立《大宋新修商帝中宗庙碑》，高耸雄伟，碑文由翰林梁同翰撰写，碑有铭有序，雕刻精湛，字迹清晰，笔法变化多端，妙趣横生，刀工娴熟，骨刀坚凝，堪称一绝。

规劝太戊的伊陟，有人说他是伊尹的儿子。伊陟与伊尹是否有血统关系，并没有确凿证据，但是商代有世袭制度，想来伊陟和伊尹的关系也不会太远。太戊把国家治理得很好，每当有诸侯赞美太戊时，太戊都把功劳归于伊陟，

正史史料

　　帝太戊立伊陟为相。亳有祥桑谷共生于朝，一暮大拱。帝太戊惧，问伊陟。伊陟曰："臣闻妖不胜德，帝之政其有阙与？帝其修德。"太戊从之，而祥桑枯死而去。伊陟赞言于巫咸。巫咸治王家有成，作《咸艾》，作《太戊》。帝太戊赞伊陟于庙，言弗臣，伊陟让，作《原命》。殷复兴，诸侯归之，故称中宗。

　　　　　　　　　　　　　　　——《史记·殷本纪》

说这是伊陟的教导，从不把伊陟当作普通的臣子看待，而是尊崇他为师父。伊陟也没有自夸其功，而是十分谦让，不敢接受太戊的尊崇。

仲丁伐蓝夷

　　太戊之后的商王，是他的儿子仲丁。仲丁名庄，甲骨文中称作中丁。他上台后的第一件事，就是将王都由亳迁到了嚣（今河南荥阳东北）。

　　至于仲丁为什么要迁都，后世分析可能是迫于形势。太戊是一个比较有才干的商王，在他统治的时期，商王朝的社会生产有了较快的发展，王室和贵族们的生活日益奢侈、腐化。为了占有更多的奴隶和财富，为了获得豪华的宫室和更多的美人，王室内部就发生了很多次权力之争。那些富足起来的诸侯国，也无不希望扩展自己的势力，因此小规模的战争时常爆发。另外，此时的商朝，"父亡子继"还没完全代替"兄终弟及"。太戊是否有弟弟，史料上没有明确的记载，但仲丁确实是经过一番斗争才得以继位的。不难看出，仲丁一上台就采取迁都的办法，一方面是想尽快摆脱王室内部的威胁，另一方面也是为了找个更合适的地方加强对诸侯们的控制。

　　嚣地与蓝夷氏族相近，蓝夷族见仲丁的城池还没有修好，大量财物都暴露在外，就打算前去打劫。仲丁到嚣的那天，大臣伊陟、巫咸就提醒他要提防不测，因此仲丁早就命士兵在四面屯扎，保护国库的财产。蓝夷哪里知道这些，趁夜前来劫掠，结果不但毫无收获，反而损失了不少人马。

　　第二天，巫咸对仲丁说："这蓝夷敢来抢劫国库，真是无礼之极，我们应该乘胜追击，讨伐他们的不义之罪，这样也能让其他的部族更加敬畏大王。"于是，仲丁命巫咸亲自率兵讨伐蓝夷。一场大规模的战争由此爆发，仲丁花了好大力气才把蓝夷打败，此后，商王朝经历了一段太平时期。

关于仲丁信赖的大臣巫咸，据说其擅长占星术，能以巫祝的方法治愈疾病，还发明了筮卜和鼓。巫是商王朝的一个官位名称，从事卜筮、祭祀、书史、星历、教育、医药等多方面的文化活动，担任上天与商王之间的媒介任务。巫的职位是世袭的，一直都是商王信赖、倚重的臣子。

天灾和人祸

仲丁在位大约十三年，他死后，他的儿子及弟弟们互相争夺王位，连侄子也跳出来争夺，朝廷一片混乱。最后，仲丁的弟弟外壬胜出，继承了王位。

为了安抚弟弟们，外壬许诺，自己死后王位不传给儿子，也将由弟弟继承，混乱这才稍稍平息。坐了十年王位，外壬便死了，王位传给了弟弟河亶甲。

河亶甲可不想把王位让给弟弟，加之为了控制曾经反叛的诸侯国，所以他将王都由嚣迁到了相（今河南内黄东南）。

虽然迁徙了王都，但危机并没有消除。河亶甲的有生之年，一直忙于对付各地诸侯国的反叛，率兵攻打南方的班方等部族。好不容易天下太平了，河亶甲也走完了他短暂的人生。

河亶甲一死，王族内又发生了争权夺利的斗争，最后河亶甲的儿子祖乙胜出。祖乙上台后的第一件事也是迁都，以避开王室内部的重重矛盾。商朝的国都这一次迁至黄河北岸的邢（在今河南温县东）。之所以选在此地，源于这里发现了一条龙鱼。众臣报请祖乙，认为邢必将成为龙腾之地。祖乙还专门派人饲养那条龙鱼，朝夕礼拜。巫师占卜后说："龙在则兴，龙亡则水淹。"据说后来龙鱼死了，祖乙于是再次迁都，邢则被水淹没。

传说终归是传说，事实上是王都还没建成，邢这个地方就被黄河泛滥的大水给冲毁了。在大臣巫咸的建议下，王都又迁到了庇（今山东鱼台附近）。祖乙又花了五年的时间，终于在这里建成了宫殿、宗庙。

在祖乙的治理下，商朝又兴盛起来，但天气的变化无常令祖乙十分烦恼，这时一个叫阿衡的大臣站了出来，声称只要设天台敬祭天神，就能风调雨顺。祖乙认为有道理，便带领百官去祭天，结果无济于事。万年知道后，带着日晷和漏壶去见祖乙，讲了一番日月运行的道理。祖乙恍然大悟，对万年说："希望你能测准日月规律，推算出准确的晨夕时间，创建历法，为天下的黎民百姓造福。"

不久，阿衡看到了万年的研究成果："日出日落三百六，周而复始从头来。草木枯荣分四时，一岁月有十二圆。"阿衡心知万年的历法已经研究成功，心中忐忑不安，惧怕万年因创建历法而得宠。于是，他阴谋策划，派了一名刺客准备

夔纹钺

钺既是兵器，也是祭祀或一些重要大典上的礼器，一般被当作君王授权的象征。此青铜钺属于商朝早期，是现存最大的青铜钺。钺有扁平长柄，钺肩上有两个长方形孔穿，钺身有一个大圆孔，孔上面和两侧有夔纹饰。

除掉万年。不料行刺失败，祖乙惩处了阿衡，亲自去看望万年。万年指着天，对祖乙说："现在正是十二个月满，旧岁已完，新春复始，祈请国君定个节吧。"祖乙说："春为岁首，就叫春节吧。"后来，万年经过长期观察，精心推算，终于制定出了准确的太阳历。祖乙深为感动，为纪念万年的功绩，便将太阳历命名为"万年历"，封万年为日月寿星。以后，人们在过年时挂上寿星图，据说就是为了纪念德高望重的万年。

万年发明"春节"和"万年历"，是一种民间传说，因为在商朝时，中国的春节和太阳历已有清晰记载。民间传说万年还发明了"日晷仪"和"漏壶"，用以计时。这一点是没有根据的。因为我国关于"日晷仪"的文献记载最早见于《隋书·天文志》，其中提到袁充于隋开皇十四年（595年）发明的短影平仪，即地平日晷。而"漏壶"的使用据《周礼》记载，夏朝时就有了。

祖乙在位时勤于国政，商朝的经济再次得到一定程度的增长。不想祖乙死后，王室成员为了争夺王位，又开始了无休止的自相残杀和迁都避祸。王朝内部的政治局面如此混乱，诸侯、方国也就乘机各自发展势力，不再向中央王朝进贡朝见。这种情形直到盘庚继位后才得到控制。

盘庚迁殷

商王朝有记载的迁都达六次之多，到了第二十代王盘庚时，国都始终没有最终安定下来。

盘庚是个能干的君主，为了改变当时社会的不安定状况，决心再一次迁都。大多数贵族贪图安逸，都不愿意搬迁，甚至煽动平民起来反对迁都，闹

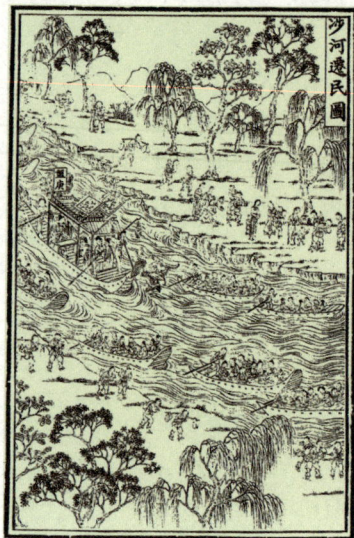

盘庚迁殷图 涉河迁民图

商汤建都在亳，在以后的几代商王中，都城一共搬迁了五次。王位传到盘庚时，社会局面十分不稳定，于是盘庚决心再一次迁都。而这次迁都以后，商朝直至灭亡再也没有迁过都城。

得很厉害。盘庚面对强大的反对势力，把反对迁都的贵族集合到一起，耐心地进行了一场迁都总动员。

盘庚说："来吧，你们各位！我要告诫你们，教训你们，为的是要去掉你们的私心，使你们不要傲慢放肆并追求安逸。从前我们的先王，也只考虑任用世家旧臣共同管理政事。先王向群臣发布政令，群臣都不隐瞒先王的旨意，先王因此对他们非常看重。大臣们没有错误的言论，因而臣民的行动大有变化。现在你们拒绝别人的好意而又自以为是，到处散布邪恶浮夸的言论，我真不知道你们争辩的是什么。

"并不是我自己放弃了任用世家旧臣的美德，只是你们欺瞒了我的好意，不能处处为我着想。我对这一切像看火一样地一清二楚，如果我不善于谋划，则是过错。就像只有把网结在树上，才会有条有理不紊乱；就像农民只有努力耕种，才会有秋天的好收成。你们能够去掉私心，给予臣民以及你们的亲戚朋友实实在在的好处，那么你们才敢说你们积有恩德。如果你们不怕自己的言论会大大毒害远近的臣民，使他们不作为，就像懒惰的农民一样自求安逸，不努力操劳，不从事田间劳动，那就不会有黍稷收获。

"你们不把我的善言向百姓宣布，这是你们自身的祸害。你们所做的一些坏事已经败露，这是你们自己害自己。你们引导人们做了坏事，就要由你们来承担痛苦，悔恨又怎么来得及呢？看看一般的小民吧，他们还顾及到我所劝诫的话，担心说出错误的话，何况我掌握着你们的生杀之权呢！你们有话为什么不告诉我，却用流言蜚语相互煽动，恐吓蛊惑臣民呢？就像大火已在原野上燃烧起来，使人无法面对接近，还能够扑灭吗？这都是你们做了许多坏事造成的，不是我有过错。

"啊！现在我告诉你们：迁徙的计划不会改变。要永远提防大忧大患，不要互相疏远。你们要相互顾念依从，各人心里都要想到共舟共济。如果你们行为不善，不走正道，敢于违法越轨，欺诈奸邪，我就动用刑罚把你们灭绝，连子孙都不留下，不让你们的后代在新国都里继续繁衍。

"去吧，去寻求新的生活吧！现在我将率领你们迁徙，在新国都为你们建立永久的家园。"

王公贵族们虽然心里还有些不服气，但看到盘庚态度坚决，也就不敢再提出异议了。于是，商朝迁都的计划最终得以付诸实施。盘庚带着族人渡过黄河，搬迁到了殷（今河南安阳小屯村）。在那里整顿商朝的政治，使衰落的商朝出现了复兴的局面。

之所以迁都到殷，这也是盘庚经过精心选择的。殷这个地方在黄河以北，洹水之滨，最适于控制四方，尤其是防御北方和西北地区的方国。从政治上来说，迁到殷，离旧都比较远，可以削弱王族在旧都发展起来的势力，缓和内部矛盾。从经济上来说，避开水涝较多的泗水流域，更有利于农牧业的发展。事实证明盘庚是正确的，以后二百多年，商朝没有再迁过都城，因此被后世称作殷商。

巩固殷都

盘庚迁殷后，修建了非常简朴的宫殿，这一来又引起了王室贵族们的不满。这些人原本就反对迁都，现在看见新王都一切都很简陋，心里更加不舒服，一时间怨言四起。盘庚很是生气，这些散布谣言的人都是朝中大臣，如果因此导致百姓的恐慌，让前来朝贺的诸侯国产生异心，后果将不堪设想。

在一次隆重的祭祀中，盘庚用龟甲进行占卜，结果显示是吉兆。借着这个机会，盘庚很严肃地告诫了王室贵族，重申迁都是神的旨意，是上天的命令。只有迁都在殷，才能远离水患，安邦免灾。

盘庚说道："你们不要贪图享乐，不要懒惰，要努力完成重建家园的大业。现在我要开诚布公地把我的意见告诉你们各位官员。我没有惩罚你们，你们也不要心怀不满，彼此串通起来诽谤我。

"从前我们的先王成汤，他的功劳大大超过了前人，把臣民迁移到山地去。因此减少了我们的灾祸，为我们的国家立下大功。现在我的臣民由于水灾而流离失所，没有固定的住处，你们责问我为什么要兴师动众地迁居？这是因为上帝将要复兴我们高祖成汤的美德，治理好我们的国家。我迫切而恭敬地遵从天意拯救臣民，在新国都永远居住下去。因此，我这个年轻人不敢放弃迁都的远大谋略，上帝的旨意通过使者传达了下来；我不敢违背占卜的结果，而要使占得的天意发扬光大。

"啊！各位诸侯，各位大臣，各位官员，希望你们考虑自己的责任。我将要对你们进行认真地考察，看你们是否体恤我的臣民。我不会任用那些贪恋财货的人，而要任用那些帮助臣民谋生的人。能够养育臣民并使他们安居乐业的人，我将论功行赏。现在我已经把我心里赞成什么和反对什么都告诉了你们，不要有不顺从。不要聚敛财富，要为民谋生以立功。要把恩德施予臣

历史文献

王若曰："格汝众，予告汝训汝，猷黜乃心，无傲从康。古我先王，亦惟图任旧人共政。……往哉生生！今予将试以汝迁，永建乃家。"

——《尚书·盘庚上》

民，永远能与臣民同心同德。"

可过了一段时间，盘庚发现平民中还有人吵吵嚷嚷，闹着住不惯新都。盘庚让人暗中调查，发现还是有一些贵族在背后煽动。经过再三考虑，盘庚决定用法纪来整顿风气，否则不但新都城不保，自己这个商王也可能做不成了。

再次命令各级官吏向百姓解答关于迁都的原因后，盘庚还对王室贵族们发出了警告：如果再不维护王命，仍旧散布谣言，不但要受到刑法的制裁，还不允许参与任何祭祀活动。

在商朝，祭祀比生命还重要，盘庚的这个杀手锏果然见效，谣言很快就在殷都销声匿迹了。又经过二十多年的精心治理，商王朝再一次出现了复兴的局面。

商朝的鼎盛

　　盘庚定都于殷之后，商朝逐渐进入稳定发展时期。经小辛和小乙两代商王的短期过渡，商朝的统治达到顶峰，被称为"中兴"，而实现"中兴"功业的君王就是武丁。不但武丁本人贤能，他的妻子妇好也是历史上有名的女中豪杰，武丁以其丰功伟绩被奉为"高宗"。

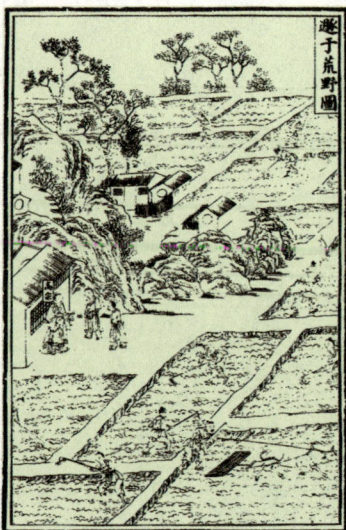

遁于荒野图 旧学甘盘图

当初小乙为了让武丁了解民间疾苦，令他隐遁于山野之间，和一些平民百姓一起相处，甘盘和傅说就是在那个时候认识武丁的。

武丁访贤

盘庚死后，他的弟弟小辛继位。小辛在位的时间不长，虽然很好维持了盘庚治国的各项措施，自己却没什么大的建树。小辛后来也将王位传给了自己的弟弟小乙，也就是武丁的父亲。

对于聪明好学的儿子武丁，小乙是狠下了一番工夫来培养的。小乙继位时，武丁已经二十出头了，因此马上就被小乙派到了王都以外去，希望他能够了解平民的生活，增长见识，日后成为一个有作为的国王。

据说武丁隐居在黄河岸边，他不但亲自耕田种地，还喜欢拜访有学问的人，向他们请教。甘盘和傅说就是武丁在那时结交的。

甘盘说古

甘盘是隐居在黄河岸边的贤者，善于讲史论今。武丁听说甘盘是一个学识渊博的隐者，就前去拜访。

甘盘起先并不知道武丁的王子身份，在和武丁交谈后，看出他不是个一般人，联想到商王小乙的儿子一直居住在民间，便问他是否就是当今的太子。武丁为了向甘盘求教治国之道，就以实相告。

甘盘见武丁如此真诚，就毫无保留地讲述了商朝自商汤灭夏建国以来，经历了二十一王三百余年的兴衰历史。武丁听了以后很受启发，就拜甘盘为师，请求甘盘教诲。甘盘见武丁非常聪明，又有远大的抱负，想到小乙一死，肯定是武丁继承王位，便答应了武丁的要求，愿意尽力辅佐这位未来的国王。

傅说拜相

傅说是一个犯人，但对于政治却有着自己独到的见解。

小乙病死后，武丁继位，马上便将甘盘请至朝中，任命为辅政大臣。按照礼节，父亲死后儿子要守孝三年，国王也不例外。三年内，国王只能住在守丧的房子里，不能有任何娱乐，也不得过问朝中政事，国政大事都要委托给执政大臣来处理。

在守孝的三年里，武丁放心地将国事都交给了甘盘。不过，武丁也没闲着，一直在考虑怎样复兴商王朝，还有怎样才能把傅说请到朝中为官。毕竟任命一个犯人为大臣，可不是一件容易的事。

三年守孝期满后，武丁告祭天地、祖宗，接受百官以及各位诸侯的朝贺。武丁对大家说："我昨夜梦见上天显灵，说赐给我一个贤人，叫傅说。只要得到此人，我朝将会兴盛起来。"说完，武丁把傅说的画像拿了出来，据说是梦中见到的样子，然后在群臣百官中挨个核对。看了一遍，当然找不出来了，武丁显出一副失望的神色。大臣们急忙劝解，命人四处张贴傅说的画像去寻找。

没过多久，傅说就被带到了王都。武丁听说贤人找到了，便召集群臣百官一同相见。当傅说走进朝廷后，武丁惊呼"天人"，以礼相待，宣布要任命傅说为相。群臣见此人果然和画像上的一模一样，也都同声相贺，哪里还想得起来问他的出身呢！

相传傅说还是犯人的时候，被罚在虞、虢两地的交界之处做苦役。那里两山高耸，涧水中流，每到夏季洪水暴涨。奴隶们就在这里以传统的方式以土石阻拦，但效果一直不好。后来傅说发明了版筑术，以此方式修路和筑堤，效率极高，且坚不可摧。版筑术就是先挖筑倒梯形的基槽，再在槽底平面上分段分层夯筑方块版。每块版的大小不同，一般在两米左右。而版筑的方法至少有三种：一种是以立柱固定夹板，四面板块同时夯筑。第二种是依次逐块夯筑，夯筑完一块就抽掉夹板，再夯筑另一块。第三种则是在板块内直接填土，经夯打而成，夯层较厚。后人从此延用这个方法筑路造房，甚至长城都是用这个方法修筑的。

饕餮纹扁足鼎

鼎在商代属于炊器，用来煮食一些肉类，也有被当作礼器在祭祀时使用的。这是较早期的鼎的形制，线条粗笨，只有单层，纹饰以饕餮、云雷、龙等为主。

武丁与傅说

傅说成为武丁的近臣后，武丁对他十分尊敬，说道："请你早晚进谏，以帮助我修德吧！如果我是铁器，要用你作磨石；如果我渡大河，要用你作船和桨；如果年岁大旱，要用你作霖雨。敞开你的心泉来灌溉我的心吧！如果药物不猛烈，疾病就不会好；如果赤脚不看路，脚就会因此受伤。希望你和其他臣子们，都同心匡正我，使我依从先王，追随成汤，以安定天下的人民。你一定要重视我的这个命令啊！"

傅说道："木依从绳墨砍削就会正直，君主依从谏言行事就会圣明。君主能够圣明纳谏，臣下不待教命犹将诚意进谏，谁敢不恭敬顺从我王的美好教导呢？"

就这样，傅说接受王命总理百官，向武丁进言说："古代贤明的王承顺天道，建立邦国，设置都城，树侯王君公，以大夫众长辅佐他们，这不是为了逸乐，而是用来治理人民。上天聪明公正，圣主效法它，臣下敬顺它，人民就顺从治理了。号令轻出会引起羞辱；甲胄轻用会引起战争；丝绸放在箱子里不用来奖励，会损害自己；兵器藏在府库里不用来操练，会伤害自身。王应该警戒这些啊！这些真能明白，就没有不美好的了。

"王啊，您要记住，官职不可授予亲近的人，应当授予那些有能力的人；爵位不可以赐给坏人，应当赐给那些贤人。考虑妥善而后再行动，行动应当适合它的时机。夸自己美好，就会失掉其美好；夸自己能干，就会失去其功劳。做事情要有准备，有准备才没有后患。不要开宠幸的途径而受侮辱，不要以改过为耻而形成大错。这样用来思考所担负的事情，政事就不会杂乱。还有，如果轻慢地对待祭祀，这叫不敬。礼神烦琐就会混乱，这样，侍奉鬼神就难了。"

武丁很高兴，说道："好呀！傅说，你的话应当实行。你如果不善于进言，我就不能勉力去做了。"

傅说跪拜叩头道："不是知道它艰难，而是实行它艰难。王诚心不以实行为难，就真地合乎先王的盛德了；我傅说如果不说，就有罪过了。"

武丁点头表示赞同，说道："我旧时候向甘盘学习过，不久就出巡到荒野，入居于河洲，又从河洲回到亳都，到后来学习没有显著的进展。你应当顺从我想学的志愿，比如做甜酒，你就作曲蘖；比如做羹汤，你就作盐。你要多方指正我，不要抛弃我，我一定能够履行你的教导。"

历史文献

高宗梦得说，使百工营求诸野，得诸傅岩，作《说命》三篇。王宅忧，亮阴三祀。既免丧，其惟弗言……说拜稽首曰："敢对扬天子之休命。"

——《尚书·说命》

傅说道："大王啊！人们要求增长知识，这是想要建立事业。要学习古训，才会有德行；建立事业不效法古训，而能长治久安的，这是我傅说从来没有听说过的。学习要心志谦逊，务必时刻努力，所学才能增长。相信和记住这些，治道在自己身上将积累增多。教人是学习的一半，学习要贯彻始终，道德就会不知不觉地增长了。借鉴先王的成法，将永久没有失误，我傅说因此能够敬承你的旨意，广求贤俊，把他们安排在各种职位上。"

武丁又说："啊！傅说。天下的人都敬仰我的德行，是你的教化所致。手足完备就是完人，良臣具备就是圣君。从前先正伊尹使我的先王兴起，他这样说：'我不能使我的君王做尧舜，我心惭愧耻辱，好比在闹市中受到鞭打一样。'一人不得其所，他就说：'这是我的罪过。'他辅佐我的先祖成汤受到皇天的赞美，你也要勉力扶持我，让我继承先王的大业，让人民得到长久的安宁。"

傅说跪拜叩头说道："好，就请让我报答、宣扬天子的美好教导吧！"就这样，傅说极力辅佐武丁五十余年，遂使"殷国大治"，成为历史上著名的中兴名相。

武丁的征伐

武丁不愧是一位有政治才能的君王，雄才大略，有着远大的政治理想，这一点，从他破格提拔傅说就能略知一二。自此开始，武丁励精图治，对四周侵扰商王国的外邦进行了征讨，诸如羌方、土方、人方、鬼方、虎方、荆楚等等。四方诸侯在这一时期无不宾服于商朝，国家出现了繁盛的局面。

羌方和土方

武丁时期，方国中的不安定因素已不是南方的东夷了，而是西面的羌方、

弓形器

此弓形器称为簞苿，是商代出现的青铜铸造的弓形器。在使用弓箭时将它缚在弓里可以防止弓体损伤。

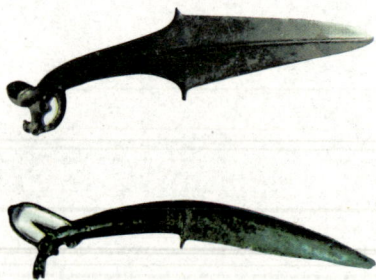

鹿首弯刀和羊首短剑

鹿首弯刀的柄做鹿首形，耳部外有护手的半环；羊首短剑的手柄做成有卷曲角的羊首形，角正面和双目都镶有绿松石。这两件兵器都出土于河北省青龙抄道沟，均带有北方少数民族色彩，从中可以看出当时商王朝与周边少数民族之间的联系。

北面的土方和鬼方。这几个方国都是强有力的游牧部落，活动范围很大。

羌方从没臣服过商朝，只是在盘庚迁殷以前，商王朝无力顾及远在西北地区的这些方国、部落，因此羌方的势力逐渐发展壮大起来，而且逐渐向南移动。游牧部落本来就没有固定的都城，一直是赶着畜群，逐水草迁徙。他们善于打猎，因此生性好战，即使是在同一部落内部也经常发生争斗，为了争夺某些生产资料，到其他方国去抢劫更是家常便饭。

商朝将都城迁到殷后，离羌方的活动范围近了，常常受到骚扰和掠夺。武丁继位后一直致力于发展农业生产，粮食连年丰收，畜牧业也是一派兴旺。羌方见状更加眼红，抢劫更加频繁，有一次甚至来了一万多人，抢走了五十多头牛。

牛在商朝是祭祀用的高等级祭品，五十头牛这个数字堪称庞大。武丁愤怒了，决定对羌方进行讨伐。这次战争持续了很长时间，除了动用国家的常备军，武丁还多次征召兵力，或联合其他方国一同作战。羌方一打就跑，局势稍稍稳定后又回来骚扰，因此时断时续地打了十几年，武丁才把羌方彻底消灭，商朝的版图得以向西北扩大。

土方也是一个游牧部落，但人数少，势力也不如羌方那么大，可对商朝的骚扰却经常发生。他们不光抢牛羊、粮食，连人也一起抢。武丁一个也不放过，在征讨羌方的间隙，发动了两次对土方的大规模集中歼灭战，自己亲自上阵，只用了两三年的时间，就把土方消灭了。土方首领被杀，大批土方人被俘，成为商王朝的奴隶。

历史细读

　　商代青铜兵器有很多种。主要有用于勾的戈，由青铜戈头、柄、装于柄顶端的龠和装于柄末端的镦组成；用于刺击的矛，由矛头、柄和柄末端的镦组成；属于权杖之器的钺，铜钺头形体很大，纹饰精美的钺是国君和统帅权力的象征，而形体较窄小、两边平直的钺，当时又称戚，则多用于实战；刀是用作贵族佩饰的，分短刀、长刀、大刀三种；另外还有具有勾砍和刺杀双重功效的戟。

西羌和东夷

　　西羌部落生活在哪里，如今我们已不得而知。他们是否对商朝进行过劫掠，史料上也没有记载。我们唯一知道的是，武丁似乎非常讨厌这个部落，经常对西羌发动战争，然后将掠夺来的西羌人当作牺牲用于祭祀祖先。

　　西羌应该是一个很顽强的部落，他们并没对商朝进行报复性的抢夺，也没有因害怕商朝而臣服，只是顽强地生活着。直到商朝末年，西羌人才举起了主动反抗的大旗，协助周氏族，参加了灭亡商朝的牧野之战。

　　东夷是居住在商王都东部地区古夷人的部落总称，大概分布在今山东东部和江苏东北部一带。

　　商王朝建立后，东夷在大部分时间里都表示臣服，因此没有受到过大的征伐。武丁在国力强大后，主动出兵灭了东夷中的大彭和豕韦两个方国。原因是这两个诸侯国势力发展很快，而且在商王朝统治势力衰弱时期，曾经不服商王的统治，甚至不按时向武丁纳贡。

　　在武丁的征伐下，商朝成为西起甘肃，东到海滨，北及大漠，南逾江汉，包含众多部族的泱泱大国，实际上奠定了秦始皇之前华夏族大体上的疆域。

胜利的保障

　　只有国家强盛了，战争才能得到支持。粮食收成的好坏，关系着人们的衣食和商王朝的兴衰，武丁对于这一点坚信不疑，因此他自继位开始，就一直非常重视农业生产。正因为他几十年坚持不懈地发展农业，才有了商王朝富足、强盛的局面。

　　为了获得好的收成，武丁十分虔诚地祭祀、占卜，还经常亲自视察农田，派大臣去王都以外视察农田。

由于武丁对农业、畜牧业的关心和重视，所以在商王朝所属各地方的畜牧业和农业也发达起来。商代从事农业和畜牧业生产的有两种人，一种是平民，另一种是奴隶。王室和贵族们的农田、牲畜都是由奴隶们来耕种和饲养。奴隶平时从事农牧生产，战时可征调去从军打仗。

虽然奴隶是耕作的主力军，但他们在商王眼中却连一条狗都不如。为了祈求好的年景，或是感谢祖先的保佑，商王一次祭祀就可以杀掉上百名奴隶当作牺牲。

商代奴隶的数量繁多，被投入社会生产的各个领域。他们成批地被驱赶到田野，一般称之为众、众庶或庶人。奴隶一般都有家室，他们世代充当奴隶，必须俯首帖耳地甘作"畜民"。如果稍有不恭，就将被斩尽杀绝。在称为"百工"的各种手工业作坊里，也以奴隶劳动为主。其中有各种具有专门技艺的工匠，地位可能稍高一些，但是他们也被用于赏赐、赠与和交易，没有独立的人格，大多数从事繁重杂役的奴隶，被视为牛马。在畜牧中，有牧人、圈人等牧放和圈养牲畜的奴隶，即所谓的"皂隶"。

商王朝的强大，很大程度由于青铜器的使用。武丁征伐的胜利，也在于他的近卫部队、商军主力和战车兵都是装备青铜兵器的，只有一些消耗量特别大的兵器，如箭镞等，仍用骨石和蚌质兵器。

中兴的王朝

武丁在位时期，勤政修德，励精图治，四海咸平，将商朝推向了顶峰，是殷商一代的雄主，被称作"中兴之王"。

政治体制日趋完备

商朝在武丁时期达到鼎盛，社会繁荣，百姓生活安定。

这一时期，商朝的政治制度得到最终确定，职官有朝中任职的内服官和被封于王畿以外的外服官两种。内服官中，又分外廷政务官和内廷事务官。最高的政务官，是协助商王决策的"相"，又称"阿、保、尹"。王朝高级官吏统称卿士。三公，则是因人而设的一种尊贵职称，并不常设。另外有掌占卜、祭祀、记载的"史""卜"，掌祈祷鬼神的"祝"，掌记载和保管典籍的"作册"（又称守藏史、内史），武官之长的"师长"，乐工之长的"太师""少师"。内廷事务官是专为王室服务的官员，主要是总管的宰和亲信的臣。臣

玉蚕
商朝时，养蚕业在社会生产中占有很重要的地位，在甲骨文中曾多次提到商王祭祀蚕神以求得好收成的事件，因此当时很多玉器都做成蚕形。

玉象
此直立状的玉象出土于妇好墓。玉象昂首翘鼻，嘴微张开，耳朵和尾巴都贴塑在身上，身体两侧和腿上都装饰着双钩云纹，背部和尾巴装饰着节状纹。

管理王室各项具体事务，有百工之长的司工，掌粮食收藏的啬，掌畜牧的牧正，掌狩猎的兽正，掌酒的酒正，掌王车的车正，为商王御车的服（又称仆、御），侍卫武官亚，卫士亚旅，掌教育贵族子弟的国老，掌外地籍田的畎。外服官主要有方国首领的侯、伯，有为王朝服役的男，有守卫边境的卫。

而主导商朝的政治理念，则是神权观念笼罩下的政治思想，商代统治者"尚鬼""尊神"。其奉行的最高政治原则，就是依据上天鬼神的意志治理国家。

农业和手工业

商朝的农业、手工业在此时也都有了很大发展，商业也繁荣起来。

由于交换的发达，已经出现了早期的城市，是当时世界上文明发达的国家，由于商王朝商业的发达，与周边国家经济贸易往来很多，今天商人一词，源自当时周边国家对商朝国人的称谓。

农业是重要的生产部门，种植的作物种类已经很多。农业是商朝最重要的经济部门，农田有比较整齐的规划，农田作物种类有黍、稷、麦、稻、桑、麻等，发明了中耕。商代人使用的农具，目前考古学界一般认为仍以石、骨及蚌制铲、斧、镰、刀等为主，偶尔也发现有一些铜锸、铜铲等青铜工具，但不一定用于农业生产。

从文字方面考证，甲骨文的田字，表明在广阔的原野上，有规则得整齐的大片相连的方块熟田。甲骨文的"疆"字，象征丈量和划出疆界的田地，

"田畴"的"畴"字，像田间按行垄犁耕往返转折，这样的田畴当然不会耕作得很粗放。这些经过疆理整治规则耕作较好并配合有灌溉沟渠的方块田，就是后来的井田。一般来说，田地主要分布在都邑附近，由商王和诸侯国君直接占有，也有分配给近亲贵族的。其他贵族在封邑内也同样经营这样的田地，不过规模要小一些。在国都以外，商王经常派臣民到比较边远的地方去开垦土地。

商朝的农副业也获得了一定的发展，蚕桑经营和纺织业有所发展，不仅在卜辞中有蚕、桑、丝、帛等字，而且在青铜器纹饰中有头圆而眼突出身屈曲作蠕动状的蚕纹，在玉饰中有雕琢得形态逼真的玉蚕。这都说明当时蚕桑事业获得了很大的发展。丝织物有平纹的纨、绞纱组织的纱罗、千纹绉纱的縠，已经掌握了提花技术。畜牧业相当发达，当时的马、牛、羊、鸡、犬、豕等"六畜"已大量地饲养或供食用，或作牺牲，或用于耕驾。从考古发掘来看，商代墓葬中除了出土六畜的遗骸外，还有象骨，说明当时北方还可以驯象。资料显示，商朝人已经掌握了猪的阉割技术，还开始人工养殖淡水鱼。

商朝的手工业全部由官府管理，分工细、规模大、产量高、种类多、工艺水平高，尤以青铜器的铸造技术发展到高峰，成为商代文明的象征。由于商朝是一个极其重视祭祀的王朝，因此青铜礼器十分发达。商朝的青铜铸造作坊多集中在王都，供商王和贵族使用。从殷墟出土的青铜器来看，以礼器为主，礼器包括酒器、蒸煮器、盛食器、洗濯器，除礼器外，还有大量兵器以及一些生产工具。

商朝人已经发明了原始的瓷器，洁白细腻的白陶颇具水准，造型逼真、刻工精细的玉石器表现了商代玉工的高超技艺。农业和手工业的进步促进了商品交换的发展，出现了铜制的海贝货币，用来进行贸易。

由于农、牧、手工业的发展，青铜冶铸技术达到了很高的水平，从而使乐器的制作水平飞跃，大量精美豪华的乐器出现了。自商代起，中国音乐进入了信史时代。民间和宫廷的音乐都有长足进步，乐舞是宫廷音乐的主要形式。可考证的有《桑林》《大护》，相传为商汤的乐舞，为大臣伊尹所作。从事音乐专业工作的，主要有巫、音乐奴隶和"瞽"三种人。有关商朝的民间音乐的材料很少，《周易·归妹上六》和《易·屯六二》就是商代的民歌。

武丁和妇好

在武丁四处征伐的过程中，有位主帅最为特别，她就是武丁的第一位王后、历史上非常著名的中国第一位女将军——妇好。她不仅能够率领军队东征西讨为武丁拓展疆土，还主持着武丁朝的各种祭祀活动，因此武丁十分喜欢她。

英雄迟暮

武丁在位的五十九年间，社会平稳，经济繁荣，但这位英主的晚年却并不幸福。武丁的夫人妇好，英勇善战，在武丁征讨外邦时，不仅同他一起出征，还立下了赫赫战功，深得武丁的喜爱。妇好死后，武丁仍然思念妇好，郁郁寡欢。

后来武丁继立的王后，生下儿子祖甲。为了让祖甲继承武丁的王位，新王后不断在武丁面前中伤妇好的儿子孝己。武丁日渐疏远孝己，甚至禁止孝己拜祭自己的母亲，导致孝己在忧愤中结束了自己的生命。

大约在孝己死后的第四年，武丁率领王族亲贵和大臣们祭祀祖先。就在武丁祭祀开国先祖商汤的时候，突然飞来了一只野鸡，在人庙里飞了一圈，然后落在一只大方鼎的鼎耳上，伸着脖子看了看，然后大声鸣叫起来。武丁大惊失色，认为这只野鸡是先祖不满意他统治而降来的妖孽，回宫就病倒了。

重病下的武丁想起被自己逼死的儿子孝己，觉得愧对妇好。无奈逝者不能复活，武丁只能宣布祖甲做自己的继承人。谁料祖甲是个严守礼法之人，自觉对不起哥哥，更不想在众目睽睽之下靠母亲的帮助登上王位，于是在宣布他是继承人的当天夜里潜逃出宫。武丁大受打击，病势越来越重。

祖甲逃到了父亲武丁当年在民间生活过的地方，隐居起来。武丁得知后心里稍感安慰，传位给小儿子祖庚后撒手人寰了。

文武双全的妇好

据说商王武丁有六十多位妻子，而妇好则是他最宠爱的一个。

妇好的名字应该是叫"好"，"妇"则是一种亲属称谓，她的另一个称号是"母辛"。

据甲骨文记载，有一年夏天，北方边境发生战争，双方相持不下，妇好自告奋勇，要求率兵前往。武丁犹豫不决，占卜后才决定派妇好出兵，结果大胜。此后，武丁就让妇好担任统帅，从此她东征西讨，打败了周围二十多个方国。武丁非常信任妇好，在攻打羌方的时候，差不多全国一半以上的军队都交给她了。妇好力大过人，在妇好墓出土的武器中，有一把龙纹大铜钺和一把虎纹铜钺，因为上面刻有"妇好"字样，所以能够断定是其生前曾使用过的武器。这两件武器一件重17斤，另一件重18斤，可见其武艺超群。而在妇好之后的中国女将，就再也没有使用大斧的了。

妇好墓玉人

这是出土于妇好墓的玉人，衣饰华美，身插器具，头戴冠。有人认为这就是妇好本人的形象，属不属实虽已无法考证，但可以从这里了解商朝人的着装、发型以及配饰之类的情况。

妇好和武丁一起征伐巴方，被认为是最精彩的一场战役。战前妇好和武丁议定计谋，妇好在敌人西面埋伏军队，武丁则带领精锐部队在东面对敌军发起突然袭击。巴方在武丁军与妇好军的包围圈中顾此失彼，阵形大乱，最终被围歼，商朝南境从此平定。这大概也是中国最早有文字记载的"伏击战"了。

妇好不但能带兵打仗，而且还有自己独立的封地，并且是国家的一位主要祭司，经常受命主持祭天、祭先祖，并任占卜之官。妇好死后，武丁十分悲痛，每有军事行动，常通过祭祀祈祷妇好的在天之灵助战。

妇好死后葬于殷商国都的宫殿宗庙区。妇好墓是殷墟保存得最完好的一座墓葬，虽然墓室不大，但随葬品极为丰富，共出土不同质料的随葬品1928件，有青铜器、玉器、宝石器、象牙器、骨器、蚌器等，最能体现殷墟文化发展水平的是青铜器和玉器。在青铜器中，铸有"妇好"铭文的就有109件，且多是大型重器和造型新颖别致的器物。武器中，两件铸有"妇好"铭文的大铜钺最令人瞩目，一件纹饰作两虎捕捉人头，虎似小虎，形象生动，相传这正是妇好生前使用的兵器。随葬品中玉器类别很多，除了礼器，还有造型各异的装饰品，各种动物形玉饰，有神话传说中的龙、凤，有兽头鸟身的怪鸟兽，而大量的则是仿生的各种动物形象，以野兽、家畜和禽鸟类为多，如虎、熊、象、猴、鹿、马、牛、羊、兔、鹅、鹦鹉等，也有鱼、蛙和昆虫类。玉雕艺人善于抓住不同动物的生态特点和习性，雕琢的动物形象富有生活气息。

商朝的灭亡

　　商朝在武丁的统治下走向了鼎盛，可是这种局面没有能够维持下去，在武丁死后的一百年间，商王朝经历了八代国王，这八个国王大多没有什么作为，而末世的几个君主更是昏庸、好战外加残暴，因此商王朝的国势日渐衰微，并在末帝商纣王的统治下一步步走向灭亡。

历史细读

商朝人把先祖和先妣分成大示和小示，大示一般为直系先王或先妣，小示则是旁系的先王或先妣。商王要非常频繁地祭祀先祖，到了商朝末年需要祭祀的先王先妣约一百六十多人，大约每两天祭祀一次。

国势日衰

在武丁、祖庚和祖甲父子三人统治时期，是商代中兴的极盛之时。这一时期，商朝的统治力和国威远播四方。祖庚在这期间起到了承前启后的过渡作用。祖甲之后的商代，国力逐步衰微，并最终走向了灭亡。

帝位的频繁更替

祖庚继承了父亲武丁的王位，也继承了一个强盛的国家，坐享了十年清福后因病而死。祖庚死后，祖甲回到王宫，登上王位，然后将自己还活着的兄弟都分封到了王都以外。在祖甲统治的时期，商王朝没有发生大的战争，人们的生活比较稳定。为了限制大大小小的贵族对奴隶过分盘剥、对方国过多地榨取贡物，祖甲下令将先祖商汤所定的刑法——《汤刑》加以修订，使之更加完整。祖甲想借助祖宗的威力，以严刑来限制王室的贪婪。不料这一举措激怒了王室，贵族们开始故意刁难他，当朝不朝，应贡不贡，大有各自为政之势。

祖甲没有理会贵族的反对，依然我行我素地进行改革，并创造了"周祭"之法，使殷人的祭祀系统更为严密规范，此法盛行于商代后半期，并逐渐达到了最高峰。

商民族虽然一直盛行祭祀，但所祭祀的对象和顺序都很零乱，没有一定的规矩。祖甲创造的"周祭"之法，具体方法是：从每年第一旬甲日开，按照商王及其法定配偶的世次、庙号的天干顺序，用三种主要祭法遍祀一周。周祭以旬为单位，每旬十日，都依王、妣庙号的天干为序，致祭之日的天干必须与庙号一致。如第一旬甲日祭上甲、乙日祭报乙、丙日祭报丙，直至癸日祭祀癸；第二旬乙日祭太乙（汤）、丁日祭太丁；第三旬甲日祭太甲、丙日

大于戈

这柄大于戈是两面刃，有一把长柄，原来
应是内附于木棒固定在一起的。这种形制
的戈是殷周之际制作最多的武器形式，它
制作于殷商后期。

祭外丙。如此逐旬祭祀，一直祭到祖甲之兄祖庚。用一种祭祀法遍祭上甲到
祖庚的先王，需要九旬。祭毕，再分别用另两种祭法遍祀，直到全部祭遍为
止。周祭之法，使殷人的祭祀系统更为严密规范，是祖先崇拜和宗教制度的
最好体现。

祖甲想通过这样的政治改革，建立历史上贤王们未曾有过的功绩。他的
改革涉及到了国政的方方面面，其中包括：将历代先王分为亲疏不同的大宗
和小宗，并把相应的祭祀之庙也分为大小两种，他还改革文字和历法，力图
在历史上留下自己的痕迹，同时，对殷人最为看重的占卜之道也加上了种种
限制。

商王朝的统治，在祖甲末年又被削弱了，好在没有引起大的混乱，仍然
处在一个相对稳定的状态。不想祖甲死后，相继六代商王都是短命鬼，而且
都是些贪图安逸，只知荒淫享乐的国王。祖甲的那些改革措施，本来在当时
就引起了守旧派的强烈反对。他之后的六代商王在位期间，又出现了革新派
与守旧派之间的不断争执和相互打击，直到把商王朝的政治资源耗尽，再无
力重现武丁时的盛况了。

被雷劈的国王

短命商王一个又一个死去后，终于来了一个活得久的——武乙，在位
三十多年。这位国王最大的爱好就是打猎，所以他在位的三十多年时间里，
大部分时间都用在了狩猎上。

在打猎的间歇，武乙倒是不忘对西部地区的反叛部落进行征伐。这其

玉人面

此玉质人面器是商朝后期作品，长 4.3 厘米，宽 3.4 厘米，厚度为 1.0 厘米。玉器的正面描绘的是一张突出的人脸，中间钻有一个孔，是用来穿系的。

玉拱手立人

此玉人作立状，头上戴冠，长眼，两耳垂处各有一圆形钻孔。双臂贴胸而抱，十指分开，腕部有阴刻衣纹。束腰上雕出斜纹带饰，双腿分立。

中最大的战斗要算对旨方的战争，一次就俘虏了旨方部落两千余人。由于武乙以重兵对付西部地区的方国，迫使西部地区除羌人外，不得不再次臣服于商朝。

西部众多的方国中，周部落是势力较为强大的。周的首领季历曾协助武乙讨伐过反叛的诸侯，而且亲自带着贡物去王都拜见武乙。武乙见周侯在西部地区虽然势力强大，但还是臣服于自己，非常高兴，给了季历很多赏赐。

因为得到季历的协助，武乙相继征服了西部地区的一些方国，本来就崇尚武力的武乙更加坚信，只有用武力才能长久统治，从而对商族传统的迷信上天、鬼神产生了怀疑。加之武乙身边的官员们时常规劝他不要过度游乐，还借助祭祀、占卜来干涉他的行为，武乙决定给他们一点颜色看看。

这天，武乙命令工匠用木头雕了一个天神像安置在王廷中，然后召集朝臣们前来，说自己要与天神下棋。一个不知死活的祭司立刻站出来反对，说天神是不会下棋的。武乙很诧异，说道："天神不是无所不能的吗？你既然常能替天神言事，不如今日就替天神来下棋吧。"无奈，这个倒霉的祭司只得应付武乙，步步退让，让武乙连赢了三局。武乙压抑住心中的畅快，故意皱眉道："你既是替天神下棋的，为何还连连惨败，可见天神并不灵！"说罢，命侍卫们将天神像痛打了一顿。在场的官员们个个吓得面色苍白，又不敢反驳，

历史文献

天监在下，有命既集。文王初载，天作之合。在洽之阳，在渭之涘。文王嘉止，大邦有子。大邦有子，伣天之妹。文定厥祥，亲迎于渭。造舟为梁，不显其光。

——《诗经·大雅·大明》

只得在背后骂他："无道，无道！"

武乙知道官员们私下的议论，又命工匠缝制了一个特大号的皮口袋，里面灌满牛羊血，在郊外立了一根很高的木杆，然后将口袋挂在杆上。官员们很是诧异，不知武乙又要出什么新花样。只见武乙弯弓搭箭，高举过头顶后奋力射出，"嗖"的一声，正中皮口袋，瞬间血水喷流。大家惊异得目瞪口呆，只听武乙哈哈大笑道："天也被我射得流血了。"

自此以后，官员们再也不敢对武乙说三道四了。武乙自恃武艺高强，更加无所顾忌地外出打猎。就在一次狩猎途中，武乙走到一个山顶上，忽然天色阴沉下来，一个炸雷从天上直打下来，将武乙劈死了。关于武乙的死，被雷劈可能只是后世儒家的一种说法，因为武乙的不敬鬼神，他们认为这是暴君的所为，而暴君当然应该受到上天的惩罚。从武乙晚年经常用兵于渭水流域的史料来分析，这位国王很可能是死于征伐西方方国部落的战斗中。

风云暗涌

武乙死后，他的儿子文丁成为国王，周氏族的季历特地进贡表示庆贺。

第二年，族居在燕京山（今山西静乐东北）一带的燕京戎叛商，季历率兵前往征伐，结果大败而归。两年后，季历又率军征伐族居在佘吾（今山西长治市西北）的佘吾戎，佘吾戎战败，表示愿意向周氏族纳贡。

季历很高兴，特地到商王朝报捷，文丁于是任命季历统一掌管商王朝西部地区征伐的战事。在接下来的几年间，季历又出兵征伐了三个西方的部落，全都大获全胜。见季历征伐了西部地区许多的部落，还将其土地、人口并入周氏族，把大量战俘变为了奴隶，文丁有些坐不住了。

一次，季历又征服了一个大方国，亲自到商王都献俘报捷。文丁表面上装作很高兴的样子，不但把祭祀时使用的美酒赏赐给季历，还加封季历为西伯（统率西部地区最大的诸侯）。可当季历要辞朝回自己的部族时，文丁突然下令将季历囚禁起来，只将季历的随从放回。季历一气之下，死在了商都。

季历死后，他的儿子姬昌继位为周侯，决心为父亲报仇。不久文丁病死，他的儿子帝乙继承了王位。姬昌认为时机来了，发兵向商朝进攻。帝乙知道姬昌是要为其父报仇，他也感到父亲文丁的做法实在太过分，决定把自己的妹妹嫁给姬昌，采取和亲的办法来缓和一下与周氏族的矛盾。

当时，周氏族的势力虽然有所增加，但考虑到帝乙毕竟还是统领全国的天子，叛商者少，臣商者多，伐商没有十足的把握，姬昌便答应了和亲。为了拉拢周氏族，帝乙特意备办了十分丰厚的陪嫁财物，并派自己的亲军卫队护送妹妹至周成亲。姬昌也尽力把婚事办得隆重盛大。因周族人自称"小邦周"，称商为"大邑商"，而今能够与商王之妹联姻，觉得是"天作之合"，此事史称"帝乙归妹"，一时传为美谈。周氏族的人还为此歌唱道："我们的王姬昌啊，恭敬谨慎又端庄。懂得如何敬上天，招来福禄无限量。品德纯正不邪僻，四方归附民敬仰。上天监察人间事，天命已经归周邦。上天为他找配偶，她的家乡是合阳，就在渭水另一方。姬昌赞美多称扬，莘国有女真贤良。莘国大姒多娇艳，好比天上女神仙。纳下聘礼定吉祥，姬昌迎亲渭水边。聚集船只做桥梁，大显光辉人人欢。"

就这样，商、周双方皆大欢喜，重归于好，双方恶化了的关系得到了暂时的缓和。

商纣王亡国

缓和了与周氏族的关系后，帝乙的注意力转向了南边。此时，江淮之间的夷族又强盛起来，准备大举进攻商朝。帝乙在位的第九年，出兵征伐岛夷和淮夷，半路上受到孟方（今河南省睢县附近）的截击。帝乙率领诸侯打败了孟方。第二年，帝乙继续南下征伐夷族，到达淮水流域的攸国，和攸侯合兵攻伐夷族，取得了胜利。帝乙在位的第十五年，再次率领诸侯南征夷族，经过几次大规模的战役，终于平定了东南方，迁都于沬（即朝歌，今河南省淇县）。

帝乙在位二十六年后病死，儿子帝辛继王位，他就是后世称之为"纣"的亡国之君。

暴虐的纣王

"纣"是后世给帝辛的谥号，意为"残义损善"。

帝辛并不是帝乙的长子，但因为他见多识广，力大无穷，不用武器，

麟趾贻休
这幅画选自清代画家焦秉贞所做的《历朝贤后故事图》。讲的是西周开国之君周武王之母太姒（即大姒），教诲周武王的故事。

仅凭双手就可以格杀猛兽，能把九头牛倒拉着走，而且颇有辩才，因此很得父亲的喜爱，不惜违背祖制立他为王。但是帝辛骄傲、自负，以为他人"皆出己之下"。可以说，帝辛的聪明足够使他拒绝规劝，智慧也足够使他掩饰错误。

从帝辛登上王位开始，宫廷建筑就没有停止过。他花费七年时间修建了"瑶宫"，与宠妃苏妲己一同居住。皇宫中的肉像山林一样堆着，酒不是盛在瓶子里，而是盛在一个大池子里，酒波荡漾，可以在上面划船。帝辛和苏妲己就在这"酒池肉林"中举行宴会，男男女女都裸露着身子，嬉笑追逐，整夜狂欢，连续七昼夜大吃大喝，然后沉醉不醒。

帝辛与夏桀一样，对酷刑有着偏好，他创造的酷刑可谓五花八门。其中对人肉进行加工、烹煮尤为恐怖，包括肉醢、肉脯和肉羹。肉醢是将人剁成肉酱，肉脯是将人烤成肉干，肉羹是把人肉做成肉汤。这不仅使百姓受害，就是诸侯也难以幸免。商纣还发明了一种酷刑，称为"炮烙"，就是在铜柱子上涂抹膏油，下面燃烧炭火，让犯人赤足在铜柱上走过。可想而知，那是一定要滑下去的，滑下去便跌到炭火中烧死，而纣则最喜欢看人受这种酷刑时挣扎悲号的惨状。

苏妲己与帝辛有着相同的爱好，看到有人赤脚走过结冰的小溪，他们就命人敲碎那人的腿骨，研究他为什么不怕冷。看到孕妇，他们又下令剖开她

沉酗败德图

纣王本来就很荒暴，妃子苏妲己也和他一样荒淫无耻"助纣为虐"，民间传说一直将她描述成是九尾狐狸精，可见人们对她的痛恨。

的肚子，看看未出生的胎儿是什么模样。

帝辛有两个忠心的大臣九侯、鄂侯。九侯的女儿是帝辛的妃子之一，由于她不善于奉承帝辛，帝辛就把她们父女剁成了肉酱。鄂侯据理力争，也被剁成了肉酱。

周氏族的姬昌因为娶了帝乙的妹妹，也就是帝辛的姑母，一直与商朝保持着良好的关系。他来到商的国都朝见，听到鄂侯被杀的消息后，叹了一口气，结果因此被逮捕。

姬昌被囚禁后，帝辛把姬昌的长子伯邑考处决。伯邑考，单名考，官职是邑，所以叫作伯邑考，伯是长子的意思。据相关神话传说演绎，伯邑考生性敦厚仁爱，为了营救父亲，他带了七香车、醒酒毡与白色猿猴三样异宝，献给纣王。妲己见伯邑考长相俊美，琴艺绝伦，欲加亲近，遭到了伯邑考的羞辱，于是对纣王说伯邑考调戏自己。伯邑考因此被割去四肢，万刃剁尸做成了肉饼，送给他父亲吃。为了图谋日后报仇，姬昌只好忍痛吃掉。帝辛见此情形，得意地到处宣称说："谁说姬昌是圣人，连自己的儿子都吃。"由此解除了对姬昌的戒心。

传说西伯侯姬昌在得以返回故土后，刚刚踏上周的土地，便觉得一阵恶心，张口吐出了三只小白兔。他知道这是伯邑考的三魂所化，痛心地流下了眼泪。因为死去的伯邑考是伐纣之役的第一位牺牲者，他的魂魄到了南天门，太白金星就将他安在紫微星宫，命为尊贵之神，代表着尊贵、权力、帝皇，此为紫微斗数以紫微星为首的来源。

这时周部落献上大批名马、美女和珠宝，换回了姬昌。姬昌回去后不久便逝世了，临终时告诉小儿子姬发，一定要消灭商王帝辛。姬发于是开始积极备战。

看到形势日益严峻，商王朝的大臣祖伊向帝辛提出了警告。祖伊说："天子啊，上天恐怕要断绝我们的国运了！那善知天命的人用大龟来占卜，觉察不到一点吉兆。这不是先王不力助我们这些后人，而是因为大王淫荡嬉戏自绝于天。因此上天抛弃了我们，不让我们安居饮食。现在我们的臣民没有谁不希望殷国灭亡，他们说：'上天为什么还不降下威罚呢？'天命不再属于我们了，大王现在打算怎么办呢？"

帝辛瞥了他一眼，不屑地说："我的命运难道不是早就由上天决定了吗？"祖伊反问道："您的过错太多，上天已有所知，难道还能祈求上天的福佑吗？国家就要灭亡了，这一点从您的所作所为就看得出来。"不料帝辛不以为意，说道："我应天命而生，不同于普通人，怕什么呢？"

帝辛的哥哥微子见到这种情况，估计终有一天会亡国，想要自杀，又想逃走，犹豫不决，便和太师、少师两乐官商议。太师说："死不是办法，不如逃走。"于是微子就逃到民间隐藏起来。帝辛的叔父箕子见微子逃走了，犹豫了很久，对身边也劝他逃走的人说："我还不忍心离开啊！"于是箕子装成个疯子混在奴隶中，希望躲过迫害，可还是被帝辛抓了起来。

帝辛的叔父比干见箕子被囚，心想，有过错不劝谏就是不忠，怕死不敢说真话就是不勇敢，即使劝谏不听被杀，也是算尽到忠臣的责任了。于是下决心冒死强谏。帝辛被比干责问得无言以答，就问比干："你为什么要这样坚持呢？"比干说："君有诤臣，父有诤子，士有诤友。下官身为大臣，进退自有尚尽之大义。我为的是叫你痛改前非，保住商朝的江山。"比干连续三天进谏，帝辛恼羞成怒，说："我听说圣人的心有七窍，现在我要拿你的心来验看一下。"于是就命人剖开了比干的胸膛，挖出心来观赏，并且用火焚毁比干的脸。为掩饰妄杀大臣的罪恶，帝辛还下令说："少师比干妖言惑众，赐死摘其心。"

相传比干死后，天降大风，飞沙走石，卷土将比干的尸骨埋了起来，在牧野（今河南省卫辉市）形成了一座天然大墓，因此被称为天葬墓。后来天葬墓四周生出许多没心菜和空心柏树，象征比干为国尽忠，耗尽了心血。帝辛杀害比干后，还要将比干满门抄斩。比干的妻子当时怀有身孕，跑到一片树林中躲了起来，生下一子，取名坚。帝辛派兵去寻找，要"斩草除根"，找

比干（商王子）

商朝沫邑人（今河南卫辉北），被誉为"亘古第一忠臣"。比干被纣王摘心，死后葬于新乡卫辉，后周武王灭商后，修整商朝贤臣比干的坟墓，封比干国神。孔子称"微子""箕子"与"比干"为"三仁"。后来，姜子牙助周灭纣成功，奉元始天尊的法旨封神，而比干被追封为北斗七星中心的天权宫"文曲星君"。

到了比干妻子藏身的地方，问她怀中之子姓什么，比干的妻子急中生智，说道："姓林。"因此躲过了灾难。从此，林姓人都以比干作为自己的祖先。

而在神话传说《封神榜》中，描述比干有一颗"七窍玲珑心"，也就是一颗天生有七个洞的珍奇心脏，因此被妲己要求剖出来供纣王观赏。比干因姜尚的法术保护，服食神符后可以保护五脏六腑，剖出心脏后仍然不死。但剖心后若在路上遇见人卖无心菜，比干必须问他："人若是无心如何？"若卖菜人回答："人无心还活。"则比干可保不死；若卖菜人回答："人无心即死。"比干就会立即毙命。结果比干剖心后遇见卖菜妇人，询问后妇人回答："人无心即死。"比干顿时血流如注，大叫一声一命呜呼。后来周武王灭商成功，姜子牙追封比干为文曲星。由于比干没有"心脏"，玉皇大帝让他下凡做了灶王爷。因为他是没有心计、不斤斤计较、看待事情不偏颇的人。

事到如今，敢于进言的臣子都被杀光了，帝辛的日子也走到了尽头。

大规模的征伐

不过，要灭亡帝辛也不是那么容易的，毕竟这位末代君王也有着不同常人的雄才。

帝辛为了制伏东南夷的骚扰，一改先君帝乙的征伐办法，注重用兵策略，命天下各路诸侯选派武功高强的勇士集合起来，进行大规模的演练，以此向东夷展示其军事实力，致使东夷面对强大的殷商王朝，也不敢轻举妄动。

为了扩展疆土，帝辛也曾经亲自率兵征东夷、伐八方，使疆土面积不断扩大，并将中原文化传至淮河、长江流域。淇县的民谚说："帝辛的江山，铁

历史细读

比干庙位于河南省卫辉市城北七公里，从周武王克殷而封，迄今已有三千余年的历史。其庙建于北魏太和十八年（494年），因墓立庙，还有孝文皇帝拓跋宏所提"吊比干文"碑。比干庙内还有个石碑，据说是孔子用剑刻的，上书"殷比干莫"几个字，因为这是孔子留在世上的唯一真迹，被称为"天下第一碑"。因为碑下就是土地，所以孔子写个"莫"字而不是"墓"字。

桶一般。"

在征战当中，殷王朝获得了大量的财物和俘虏，国力也大大地增强了。为了巩固江山，帝辛在朝歌城外围扩建了三道城墙，城池规模庞大，坚不可摧，展现出"邦畿千里"的大国风貌。不但如此，帝辛还将王城向南扩展一倍以上，称为"二道城"，以此显示朝歌城的繁荣和坚固。

除此之外，帝辛还废除了杀戮奴隶和俘虏的旧制，让他们发展生产，并积极推广使用耕牛，开展集体生产，普及雍土施肥和灌溉排水等先进的耕作技术。

可是也正是由于大规模的征伐，使得国家财政紧张，太多的俘虏并没有真正臣服于商王朝，也带来了隐患。

伐东夷牧野败亡

帝辛无休止的征战，让人们的生活很是痛苦，渐渐离心离德，加之这位君王的生活奢侈无度，弄得国家财政十分紧张，始终得不到缓解。为了弥补费用的不足，帝辛下令在全国增加赋税，规定属国进贡的方物由每年一次增加到两次。在这一时期，能够按时进贡的属国已逐渐减少，帝辛为了显示商族的王室威严，下令召集各诸侯前来黎地（今山西黎城）相会。

黎地距商都很近，各地诸侯到达后，发现会场上刀枪林立，戒备森严。原来，帝辛有意在诸侯面前示威，特地举行了一次规模极其壮观的大阅兵。武力震慑后，帝辛终于说出了自己的目的，要各地根据自己的特点加倍按期进贡赋税和特产。在强大的武力威逼下，各诸侯只好表示同意。

不想东夷的首领没等散会就逃跑了，然后宣告拒不纳贡。帝辛恼羞成怒，

人面钺

钺是代表王权的信物和体现国家法律尊严的器物。这件人面钺出土于山东益都苏埠屯。钺身做成镂空的人面纹，眉、眼、耳、口、鼻俱全，因为钺用于斩杀，同时象征权力，所以一般饰纹都是十分狰狞的人面纹或者是饕餮纹。

饕餮纹钺

钺两角外侈，前有弧形刀，平肩身内缩，内扁宽。钺身铸有饕餮纹。钺在当时也是权利的象征。

决定再次征伐东夷。打仗就要用钱，此时国库早就空了，除了压榨百姓，就是让诸侯国进贡了。帝辛索性来了个狮子大开口，从粮食到家畜家禽，再到玉器，无所不要。

东夷各部落当然经不起商朝的大军压境，经过几次战斗后，只好投降。正因为帝辛将军队大批的调去征伐东夷和戍守在东南地区，放松了对西部周人的警惕，姬发趁机率兵车三百乘、虎贲三千人、甲士四万五千人，联合了庸、蜀、羌、茅、微、卢、彭、濮等邦国，举起了伐商的大旗。

此时，帝辛还沉浸在打败东夷的欢乐中，整日在鹿台喝酒、跳舞。等到得知姬发率兵前来征伐时，周国和诸侯的联军已经抵达孟津（黄河渡口以南）了。帝辛慌忙之下，将王都附近的奴隶、囚犯都组织起来，又调集了所有能调动的军队，七万大军就这样在匆忙之中出征了。

商朝的军队数量虽多，但是正规军不多，且士兵都无心打仗，其中很多人反倒期望周王姬发胜利。双方军队在牧野布阵对战，战争刚刚开始，商朝军队便倒戈了，引领周朝军队进入了首都朝歌。

帝辛见大势已去，登上他收藏宝物的鹿台，对还守在他身边的一个封宫官朱升说道："我后悔啊！不该不听群臣的劝说，被馋奸迷惑，以至有今日之祸。我身为天子，若是落在这些庶人的手上，肯定会遭到侮辱，你去取些柴草来，我要和这座台同焚。"朱升不忍行动，帝辛又说："去吧，这是天亡我啊！"于是帝辛在鹿台自焚而死，商王朝就这样灭亡了。

商代的政治制度

孔子说："殷因于夏礼，所损益可知也；周因于殷礼，所损益可知也。"大意是说，商朝的礼仪制度是在沿袭夏朝的基础上有所增减制定出来的，周

伯夷 叔齐

相传伯夷、叔齐两人是商末孤竹国国君的儿子。孤竹君过世后，伯夷、叔齐兄弟二人推让君位都不肯当国君，于是逃到渤海之滨隐居了起来。后投奔了周，但是他们反对周武王伐纣，认为周灭商是不义之举，于是又逃到首阳山，最后不食周粟而死。

朝的礼仪制度也是以商朝为基础并有所增减而制定的。所以，商朝制度上承夏朝，下启周朝。商朝处于我国奴隶制国家发展中的一个重要时期，是"三代"中的第二代，继承和发展了夏朝已经确立的政治制度，形成了具有自身特点的政治制度。

商朝的政治理念也比较倾向于神权观念，商代统治者"尚鬼""尊神"，有祖先崇拜和上天崇拜的观念，所以他们所奉行的最高政治原则就是依据天地鬼神的意志来统治国家。

政治疆域

"内外服"制度在商代政治制度中具有显著的特点。"内服"指的是商王直接控制的国家中心地带，"内服"中"王畿"的面积最大、地理位置最好，自然条件也最优越，其范围大概包括现在的河南全省、河北南部、陕西东部、山西南部、湖北北部及山东西部的黄河中下游地区。在这一范围内，正是广阔的平原，居"天下之中"，交通便利，便于四方诸侯来朝和加强对四方诸侯的控制，自然条件上土地肥沃，适宜于农牧业生产，因而为商朝统治者提供了丰厚的物质基础。"外服"指的是中心地区以外由商王分封或由他承认的大小不等的诸侯国控制的地区，这些地区不仅面积小，而且经济开发迟缓，国力较弱，往往还要依靠中央王朝的支持才能生存下去，这种制度就形成了商

虎食人卣

卣是古代用来盛酒的酒器，也有认为卣是祭祀时用来盛放香酒的。卣的基本形制为短颈带盖，鼓腹圈足，有提梁。此器很有特色，做成了虎食人的形象，虎的前爪抱一人，虎口大张似欲噬人。造型奇特，题材诡异，是青铜器中的珍品。

朝"强干弱枝"的格局。诸侯要向商王进贡，与商王之间的关系是不平等的。

诸侯在边地拥有相对的独立性，只要他们服从于中央和商王，商王就对其内部事务不加干预。

这种政治制度决定了商朝并不是一个统一的中央集权王朝，而是以都城（大邑）为中心，由"王畿"和四周远近散布着的几个或几十个诸侯国组成的联合体，在诸侯国之间存在着空隙地带，这些空隙地带上又有可能存在着不听命于商朝甚至与商朝敌对的部族和小方国，包括今东北地区有肃慎，滦河下游有孤竹，内蒙古东南部和山西境内有鬼方、土方，陕西北部有羌方、犬戎、熏育（荤粥），西部有周、氐，西南地区有巴、蜀，长江中游地区有濮、楚人，淮河流域地区有淮夷等。所以一旦商朝衰落，中央对诸侯和方国的控制力就将消失。

据《尚书·商书》记载，"自契至成汤，八迁，汤始居亳"，意思是说，从商朝始祖契到商朝建立者汤，一共经历了八次迁都，汤建都于亳。从成汤灭夏建立商朝到盘庚，商朝又经历了五次迁都，最终定都于殷。不过从商代遗址发现的地域分布来看，今天河北省西南部和河南省中北部地区是商朝的统治中心。盘庚迁殷后，国势日渐强大，到商王武丁继位之前，商朝的疆域在北面扩展到了易水，南面抵达了淮河，西到太行山脉，东至大海。武丁当上商王之后，在他的经营之下，商王朝的疆域更为扩大，东北可能到达了辽宁，南抵江淮（湖北黄陂盘龙城即为归附商朝的一个方国），影响力甚至到达了江南，西北越过太行山进入山西，成为古代东方的强大奴隶制国家。

商朝还实行劳役租"助"，就是要求农人助耕公田，收获都要交给统治者所有，比例大概占到农人收获的十分之一。

政治机构

在政治机构的设置上，商朝与夏朝相比更趋完善。基于内外服制度的商王朝的职官，有相应的在中朝任职的内服官和被封于王畿以外的外服官之别。商王朝中央和居住在国都中的贵族官僚属于内服官，各诸侯国和臣服于商王朝的各方国首领则属于外服官，内、外服官僚与商王的关系有所不同，中央的官僚贵族享有世袭特权，但上自国王的辅佐大臣，下至一般官吏，都是由商王直接任免的，其官职根据王朝的利益而随时变动，尤其是重要官职更是如此。内服官中又分外廷政务官和内廷事务官。

这些职官根据性质又可以分为政务性行政职官、主管经济生产的事务性职官、军事性职官、宗教文化类职官和国王宫廷职官五大类。其中最高的政务官是协助商王决策的"相"，其他高级官吏统称为卿士。我们所熟知的"三公"，则是因人而设的一种尊贵职称，在商朝时并不常设。同时随着社会经济的发展，商朝还根据需要新增设了一些职官，譬如商代的畜牧业比较发达，专门设立了牧场放牧，于是新增设了"亚牧""牧正"等职官；为了满足军事训练和统治阶级游乐、打猎的需要，又增设了"犬"这一职官；在军队中，虽然还是实行文武不分的制度，但是一些专门军事性质的武官已开始出现，有"师长""亚""射""马""戎"等职官的设立。此外，常见的官职还有掌占卜、祭祀、记载的"史""卜"，掌祈祷鬼神的"祝"，掌记载和保管典籍的"作册"（又称守藏史、内史）。作为乐工之长的"太师""少师"，职能与周朝以后并不相同。

留存下来的卜辞中所载的商朝诸侯有近50个，最著名的有仓侯、舞侯、犬侯、侯告、侯专、杞侯等。甸在卜辞中称为"田"，"多田（甸）"即指许多甸职官员。男在卜辞中被称为"任"，有名的有而任、戈任、名任、卢任等等。在已发现的卜辞和金文中所见的商朝内服官有五六十种，大致可以分为四类：第一类是"百僚庶尹"，包括地位很高的旧臣、老臣以及商王的近侍之臣；第二类是"惟亚惟服"，主要是一些与商王关系密切的军职官员；第三类是"宗工"，指的是负责王室祭祀和某些具体事务的官员；最后一类是"百姓里君"，指管理地方上诸族与普通民众的官员。对于各个诸侯国的首领，商王也握有任免权，他既可册封诸侯以土地，又可从诸侯那里收回已经册封的土地，即使是诸侯世袭占有的土地，商王也可以强行索取。

由于各诸侯国、方国的官吏并非由商王来任免，因此商王的专制权力在方国受到了相当大的限制，能否收回地方贵族的封地取决于商王的实力及其对地方的威慑力。为了加强对方国部落的控制与监督，商王朝经常分封一些同姓子弟或异姓功臣为诸侯安插在原有的诸侯国和方国部落之间。商代的政

名家评史

> 郭沫若曾根据甲骨文中有关土方的记载,认为土方在殷商时期是与商族发生关系最多、战争也最频繁的一个民族。他推断说:"土方距殷京(今河南安阳)约十二三日之路程,每日平均行程八十里计,已在千里之下,则土方之地望在今山西之北部。"

治制度,无论是国家的内外服结构,职官系统的设置,还是刑法的制定等,都对西周王朝产生了很大影响。

各方国

"方国"一词,一般是指夏、商、周时期与中央王朝相对而言的地方部族。商朝初期延续了夏朝的地方行政制度并有所发展,在商王所直接统治地区的四周,方国林立,据史籍载,商初号称有"三千"诸侯,仅殷墟出土的卜辞中所记载的方国就有土方、井方、巴方、羌方、印方、龙方、虎方、鬼方等。方国的首领被称为"白",也就是"伯",譬如土白、井白、羌白等等,周文王也有"西伯"之称。商王畿周围的方国经常对商朝进行侵犯掠夺,为了免除这种侵扰同时也为了扩大领土,商朝也不断对这些方国进行军事行动,有的方国被征服之后即纳入商朝的势力范围,改称为"侯",并且开始向商王纳贡。

商朝的文告中所说的"万方"其实就是夏朝时候所说的"万国",方就是地方之国。方国是一个独立的个体,与中央朝廷可以分庭抗礼,通常这些都是古老的氏族部落,在汤灭夏朝之前,商对于夏王朝来说是方国,但在灭夏以后,商就不能再称为方国,而是取得了正统地位的中央王朝了。商王分封族人或是功臣为诸侯所新增的诸侯国,往往会夹在方国与王畿之间,目的就是监视与钳制方国,并保卫中央。甲骨文中常常见到的一个方国是土方,是尧、舜至夏、商时期活动在我国包括山西、陕西一直到内蒙古以北地区的古老游牧民族之一,今天所说的土方族是广义性的称谓,因为从当时的社会发展情况来看,这一族称所代表的群体,大概还只是处于一个部落群的阶段,其文明程度和经济水平当时远远落后于商王朝。

因为距离王畿较近,土方屡屡侵夺商地居民,曾进入商东郊劫掠两个居民聚落,所以商王武丁在征伐土方的过程中,用两三年时间消灭了土方,土

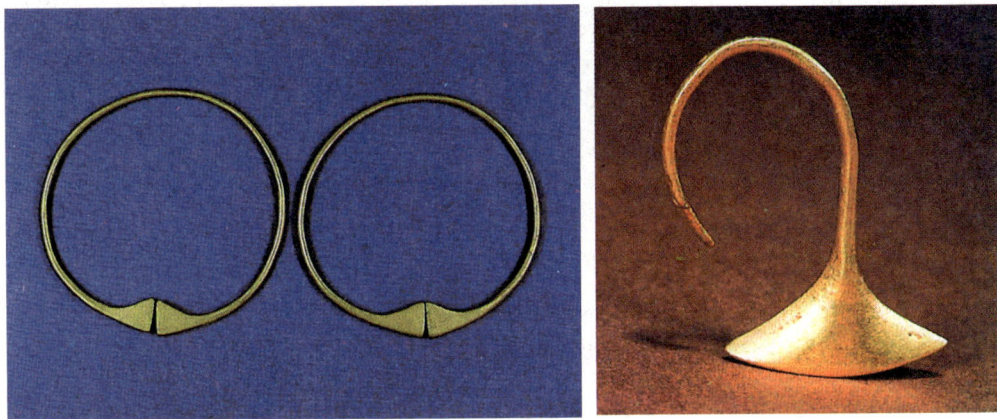

商 金臂钏和金耳环
这两件金饰均出土于北京平谷刘家河商代墓葬，金臂钏是将两端锤扁成扇面状，并且用金条弯曲成环形。金耳环做成喇叭状坠，上部弯成半圆形。

方之地也成为商朝的领土。在甲骨文中，除了有"王省土方""伐土方""征土方"等多处战争记录外，同时还有"贞卜土方贝与不贝"的记述，也就是关于殷商与土方之间进行实物交易的记载。另外在西北的甘肃、青海地区还居住着羌族部落——羌方，像土方一样，羌方也不是真正意义上的国家。由于社会生产力落后，各部落分布地域又广，彼此分散居住过着农牧生活，羌族一直都没能形成一个统一的政治实体。《诗经·颂·殷武》说："昔有成汤，自彼氐羌，莫敢不来享，莫敢不来王。"说明商朝初年，羌族曾臣服于商王朝。但是到了商朝的晚期，由于商朝经常发动征伐羌方的战争，俘掠羌人作奴隶从事繁重的农田劳动或田猎，甚至经常杀死或活埋羌人奴隶作为商族祭祀的牺牲。在商王朝的奴隶中，羌族奴隶的命运可能是最悲惨的，所以到了商朝末年，羌族加入了周武王伐商的军队参加了灭商的战争。

　　方国大多是独霸一方的少数民族部落或商朝的异姓诸侯国，它们当中有些可能是商王朝的盟国，例如邢方、犬方等；有些则有可能是商王朝的敌国，经常与商王朝发生战争，据说商王武丁时与商朝交战过的方国部落达六七十个。当时，北方和西北方的方国是商王朝的主要边患，其中以鬼方为最强，商朝与鬼方之间的战争无论在规模还是持续时间上都是当时之最。鬼方的中心分布区后来西迁到了陕西北部和山西北部的黄河两岸，因此成为了商王朝西北地区强大的方国。

　　武丁用了整整三年的时间才将鬼方征服，使之变成了商王朝的盟国。商朝晚期，鬼方经常南下西进，侵犯当时居于陕西西部泾水上游的周族，逼迫周人迁往岐山之下的周原地区。有人认为，商、周间的鬼方，就是后来秦汉时期的匈奴。由于地缘与商和北方鄂尔多斯地区相接，频繁的接触使鬼方受到中原文化及游牧文化的双重影响，其青铜兵器中的玲首剑、马头刀以及弓形金饰、金耳饰等都具有独特的地域文化风格。

而在今天中国大地的长江以南地区，也被发现存在过一个很著名的方国名叫新干方国，位于鄱阳湖——赣江流域，从地理上来说新干方国依靠丘陵起伏、水泽密布、土地肥沃的天然优势，建立了相当发达的农业，从大量出土的青铜礼器、兵器和农具来看，可以推断新干方国是一个与殷商王朝并存发展并深受中原文化影响的地域方国，新干文化应该是江西樟树所发现的吴城文化的有机组成部分。

商代是一个诸侯、方国林立的时代，作为一个中央王朝，以商朝当时生产力的发展水平，无论在经济实力还是在军事力量和交通状况上，都不可能对广大的地区进行治理，因此只好保持原有的方国或有意分封一些功臣子弟为新的立方国，使其成为一个政治实体，让他们在政治上服从于中央。

商代的文化艺术

商朝最闻名遐迩的文化成就是甲骨文，这种刻在龟甲和兽骨上的文字总共有四千以上的单字，并且体现出了"六书"（象形、指事、会意、假借、形声、转注）的构字原则。商朝的天文历法也取得了一定的进步，当时的历法与今天的阴历已经十分接近。青铜器皿是商代雕塑艺术成就的最高代表，许多出土的殷商青铜器上面装饰有绚丽的花纹。考古发现还显示，商代已经出现了埙、磬、革鼓和铜铙等乐器，还可能已有了琴瑟之类的弹拨乐器。

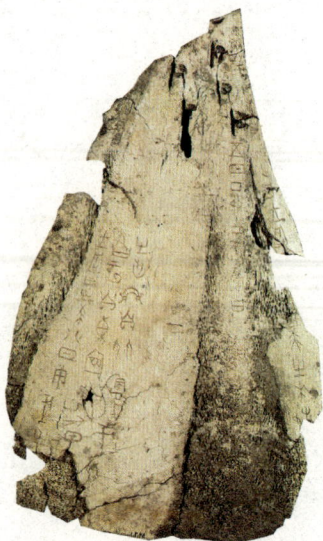

商 祭祀狩猎涂朱牛骨刻辞背面

远古时代，人们每遇大事都要占卜吉凶。他们把占卜的结果记录在龟甲和兽骨上，这就是甲骨文。在殷墟遗址出土的十余万片占卜甲骨中，以这种刻有象形文字（甲骨文）的甲骨最为珍贵，这些甲骨文是研究古代文字和先秦历史文化的重要资料。

殷墟与甲骨文

甲骨文是商代文化成就的代表。这种雕刻在龟甲和兽骨上的文字之所以在中国文字史上具有无可替代的重要地位，是因为它是中国已发现的最早的古代文字，而且它本身已经具有了较为完整的体系。

郑州商城

殷墟的浩大，让发掘它的考古人员惊叹不已，而要想知道商朝时期的城市面貌，最好的遗迹则是郑州商城。据考证，它是我国第一座具有规划布局的都城。

郑州商城是一座拥有宫城、内城、外郭城和护城壕的规模庞大的城址，其防御体系是通过外郭城和护城壕与东部湖泊内的大面积水域构成的。城内分布着手工作坊、祭祀窖藏、青铜礼器、防御设施和配套的供排蓄水系统。

这座庞大的都城，城墙是坚实的夯土墙，护城壕与城墙走向平行，防御的性质十分明显，内城内部均为宫殿遗址，规划的比较规整。内、外两个城的建筑年代不同，内城建于先商时期，外郭城的年代略晚于内城，说明郑州商城是逐渐扩大的。

内城除了宫殿基址外，还发现有宫城墙、规模宏大的蓄水池、排水沟、大型夯土水井等。而外郭城内则不同，主要为手工业作坊和墓地、祭祀坑等。

商 龟甲骨卜辞

商人在占卜时，先用钻子和凿子在龟甲或兽骨的一侧钻凿出槽孔，然后用炽热的金属在钻凿处烧灼，使甲骨受到烧灼时更容易爆裂，这样甲骨就会出现裂纹（兆纹），然后就可以根据兆纹判断事情的吉凶，并且把占卜的结果刻在甲骨上。

甲骨文

甲骨文又称契文、龟甲文或龟甲兽骨文，是一种十分重要的古文字资料。绝大部分甲骨文发现于河南安阳殷墟，殷墟出土的甲骨文基本上都是商王朝统治者的占卜纪录。

之所以把字刻在龟甲、兽骨上，是因为商代人好占卜，崇拜祖先，也崇拜鬼魂和管理鬼魂的神灵，乃至于鬼魂所居住的山岳河流都是他们崇拜的对象。他们用火烧炙龟甲或者牛的肩胛骨、肋骨，甲骨因为受热不均表面会出现形态多变的裂痕，商代人根据这些裂痕来占卜。商王对占卜相当迷恋和依赖，其政治生活和个人生活的方方面面，往往都要通过占卜来判断吉凶。从战争征讨到疾病婚嫁，无论大事小事，商朝人在做决定之前都要征求祖先的意见，即向鬼神请示。请示的方法就是依靠占卜，占卜必须在隆重的祭祀典礼中举行，才能得到祖先的喜悦和赐福。于是祭祀就成了国家的第一要务，比军事和政治都重要。

商朝人把占卜的结果，也就是祖先鬼神的重要指示，刻在乌龟甲壳上或其他兽类的骨骼上，作为记录保存，这就是我们今天见到的甲骨文。

甲骨文献的内容十分庞杂，文字已经比较成熟，是研究中国古代特别是商代社会历史、文化、语言文字的极其珍贵的第一手资料。我们现在对商朝历史的了解，很大程度上要得益于殷墟的发掘，也就是盘庚迁殷后，殷商都城的遗址。

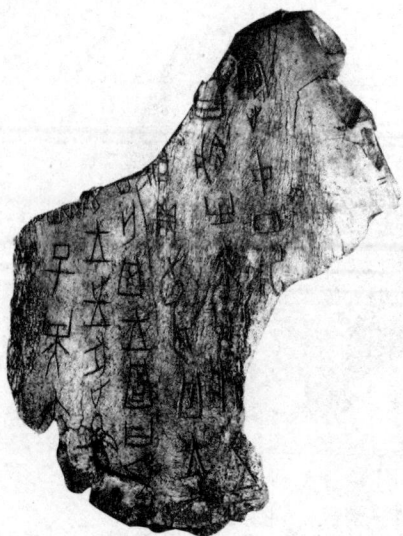

文字的雏形
这是发现的殷商时期较为初期的甲骨卜辞，上面的刻画符号成为中国最为古老的文字的雏形，奠定了汉字的基础。

1899 年，金石学家王懿荣偶然在北京的中药店鹤年堂中发现，有一些出售的药材龙骨上，刻有一些很古老的文字，他意识到这是极其珍贵的文物，于是开始重金收购。著名学者罗振玉得知这些甲骨来自于河南安阳的小屯村，于是多次派人去那里收购甲骨，并对其上的文字作了一些考释，认为小屯就是文献上所说的殷墟。其后王国维对这些甲骨文的资料进行了考据，进一步证实这里就是盘庚迁都的都城。

1928 年到 1937 年间，为了寻找更多的甲骨，中央研究院组织考古队对殷墟进行了十五次科学发掘，后来由于抗日战争而停止，直到 1950 年后又重新开始发掘工作。在殷墟发现的甲骨中，已经辨认出几千个单字，能够认出来的汉字大约一千七百多个，现代的汉字就是从甲骨文中演变而来的。甲骨文中所记载的资料将中国的有文字记载的可信历史提前到了商朝，而且对于甲骨文的研究，也产生了一门新的学问——甲骨学。

甲骨文是中国已发现的古代文字中时代最早、体系较为完整的文字，被认为是现代汉字的早期形式，有时候也被认为是汉字的书体之一，是现存中国最古老的一种成熟文字。从殷商的甲骨文看来，当时的汉字已经发展成为能够完整记载汉语的文字体系了。甲骨文中既有大量指事字、象形字、会意字，也有很多形声字。目前已经可以确定的甲骨文单字数量已经超过了四千个，其中既有大量指事字、象形字、会意字，也有很多形声字。

这些文字和我们现在使用的文字，在外形上有巨大的区别。但是从构字方法来看却是基本一致的，都遵循"六书"构字方法体系。因此说甲骨文是

历史细读

甲骨文中记载商王田猎出行、战争、祭祀等等，十分关注雨情的影响，如：

乙卯贞，侑岁于祖乙，不雨。

甲寅贞，在外有祸，雨。

贞不雨，唯兹商有乍祸。

后世中国文字的始祖绝不夸张。除了构字法已经比较成熟，甲骨文这种用刀刻成的文字还显示出了对书法艺术的追求。甲骨文虽然由于用刀刻制，不能够像用笔写一样随心所欲控制字形，以至于大小不一、错综变化，但已具有对称、稳定的格局。有人认为，甲骨文已具备了中国书法的三个要素，即用笔、结字、章法。不同时期的甲骨文的风格类型可分以为劲健雄浑型、秀丽轻巧型、工整规矩型、疏朗清秀型和丰腴古拙型。尽管甲骨文是契刻出来的文字，但多有书法之美。

这些文字和我们现在使用的文字，在外形上有巨大的区别。但是从构字方法来看，二者基本上是一致的，其主要的特点是：在字的构造方面，有些象形字只注重突出实物的特征，而笔画多少、正反向背却不统一。甲骨文的一些会意字，只要求偏旁会合起来含义明确，而不要求固定。因此甲骨文中的异体字非常多，有的一个字可有十几个甚至几十个写法。甲骨文的形体，往往是以所表示实物的繁简决定大小，有的一个字可以占上几个字的位置，也可有长、有短。因为字是用刀刻在较硬的兽骨上，所以笔画较细，方笔居多。

在甲骨文发现之前，甲骨是作为药材"龙骨"出售的。龙骨这个词，最早出现在《山海经》一书中。中草药中也有龙骨这一味药，明代大医药家李时珍对其药效的描述是：龙骨味甘平，能生肌防腐。当然，龙骨并不是龙的骨头，而是古生物化石或上古时期的兽骨。

据传闻，最早把龙骨当药材送进药铺的，是一位名叫李成的剃头匠。李成常年背着剃头挑子走街串巷，生意却不好，这时身上又生了疥疮，没有钱买药。李成见河边地头有许多甲骨，就用石头砸碎，碾成粉末涂在身上的疥疮处以止脓水。出乎意料的是，这甲骨的粉末不但止住了流淌的脓水，疥疮也结痂、消退了。李成把这些甲骨拿到药店出售，当场演示了一番，药店的掌柜收下后翻阅医书，终于明白这些甲骨就是中药里所谓的龙骨。从此，甲骨就作为药材在药店出售了。

月神羽人画像砖

这是出土于四川彭县的东汉时期的月神羽人画像砖。羽人人首鸟身，人头梳髻，圆形的身躯卜长着毛羽，招展着仙羽向前飞翔，身躯中长着一株桂树，树下卧一蟾蜍，表明了羽人身上的圆轮为月亮。

商代的宗教和艺术

殷商以来，形成了自然崇拜、祖先崇拜和天地崇拜，承前启后，成为中国古代固有宗教观念的发展模式。宗教观念的渐渐形成，又对商代的艺术产生一定的影响，许多艺术形式都与宗教有关。商朝创造了灿烂的青铜文明，这些艺术成果是当时人们智慧和汗水的结晶。

自然神崇拜

人类对于自然的崇拜产生于远古时代，进入殷商文明时代以后，依然保留着很多自然崇拜的痕迹，并且在人们的日常生活中占据着很重要的地位。随着农业的出现，人们为祈求风调雨顺的好年景而产生对天的崇拜，商朝人对于日、月、星辰以及风、云、雨等自然现象都有祭祀和崇拜的宗教活动，人们的宗教观念也已经从万物有灵的原始自然崇拜发展为自然人格神崇拜。

日神和月神是商代重要的自然神，商人视日神为自然界的天神之一，它具有变幻天象、刮风鸣雷等等神力，是一位有着善与恶两面性的中性神，但它往往能够预示灾警。对于日神的崇拜和信仰，其祭祀的礼仪有两类：一是在发生日食的非常时机；二是以礼拜日出日落为特殊内容。对于月亮，从卜辞来看虽然也作为神加以祭祀，但是其隆重程度远远不如日神。

上古时代因为雨水直接关系到农作物的生长收成和其他生产活动，对于社会经济生活和政治生活都有着非常直接的影响，所以在气象诸神之中是最受重视的。商朝还有一种祈雨之礼，是先奏乐然后舞蹈，有时会连续多天举行。商人曾经排列四方之名和四方风名，"四方"之地和"四方"之风都在神灵的行列之中。祭祀云神也变得更加重要，因为商人已经注意到云和雨有着

商 四羊方尊

作为酒器的"尊"一般为圆形，只有少数方尊。四羊方尊是我国现存商器中最大的方尊。器身方形，方口大沿，四边上装饰有蕉叶纹、三角夔纹和兽面纹。尊的四肩、腹部及圈足设计成四个大卷角羊，其中羊角是先铸成后再合范浇铸而成，浑然一体，很难看出有接口。四羊方尊是商朝青铜文明的代表作品，它的高超工艺体现了商朝时期青铜制造业的先进水平。

密不可分的联系，所以对于天上的诸自然神如云、雨神的作用是一整套综合的宗教观念，它们并不是独立发生作用，而是要祭祀各种有关的神灵，譬如祭云是和祈雨有关系的，各种颜色与形态的云出现的时候，都是特定的灵性征兆。从原始社会一直到商代，对于各类气候现象都有迷信和崇拜，风、雨、雷、电、云、雪等等都是人们心目中的各种天神，除了这些自然现象的神灵，还有一些自然神也逐渐人格化，例如土神、河神、岳神。

虽然自然崇拜并不是一种成熟的宗教观念，并且其中大多数是迷信的成分，但是当时留下的相关资料可以帮助我们深入了解古人对自然现象的仔细观察和思考，尤其是甲骨卜辞中保留了大量商人对于日月星辰、风雨雷电等等的观察和纪录，对于时辰的划分、计时法和历法的掌握，对于日照状况、水汽状况等等气象的纪录，都有很宝贵的价值，同时也反映了当时人们的农业生产、田猎等等情状，保存了商人对于气象长期观察和分析的结果。

祖先崇拜

祖先崇拜又叫灵魂崇拜，源自对先人的怀念。原始人把做梦理解为先人的灵魂作祟所致。从夏代开始，家族统治成为定制，这就使原始宗教的内容发生很大变化。由于帝王是世上的最高统治者，为了维护他们的统治，就把祖先崇拜与自然崇拜结合起来，商王在祭祀祖先时，用五种祀典，对上甲微以后的历代祖先轮番地、周而复始地进行祭祀。在安阳殷墟王陵区的祭祀场中，发现了上千个祭祀坑，武丁时一次使用的人牲就达数百人，这也反映了商王对祖先崇拜的重视。

人们祭祀祖先，为的是求得先人的保佑，是以血缘为纽带的宗教观念，在构成和维系当时的国家结构和社会组织结构方面起到了很大的作用。考古资料显示，到了商代后期，整个殷墟的结构反映了宗教对国家的巨大影响力，譬如宗庙宫殿、墓葬区和大面积的祭祀坑，从卜辞所记载反映的情况来看，商王和他下面作为家族长的贵族是占卜的主体，掌握着国家和家族的最高宗教权力，只有贵族统治者掌握着这方面的祭祀权，因而各种各样的宗教活动进一步强化了王权，完善了公共事务管理机构及其运转的机制，巩固了国家结构的等级性，是确保最高统治集团阶级利益的精神支柱，也塑造了中国早期国家的特点。

应该说，祖先崇拜是商朝人宗教信仰中的重中之重。比如，现在关于祭祀上甲微的卜辞有一千一百多条，祭祀成汤的卜辞有八百多条，而祭祀祖乙和武丁的分别是九百多条和六百多条。仅从数量上来看，祭祀祖先的卜辞就超过其他任何一类，而且在祭奠的规模、祭品的数量等方面也是极为隆重的。其中的一个重要的特点就是用人牲来祭祀，极为隆重，就连诸侯方国也要献猪牛羊等牺牲来助祭。可见商王室的祖先神不仅是商王朝的保护神，而且是各个方国和部族的保护神，商朝的祖先崇拜是一个以商族祖先神为中心的各部族祖先神并存的系统。在他们的观念之中，祖先神具有很大的威力，不仅能够保佑商王和民众，而且可以降下灾祸给予惩罚，是商朝人们社会观念的一个重要表现。对于祖先的崇拜和祭祀，其实是对于他们功绩的崇拜，尊奉他们为农耕、田猎、畜牧、生育和作战的能手，或者对于摒除自然灾害有很强的能力，或者具备很好的德行。

对于祖先崇拜随之而来的就是制度上的周密和完整。商朝开创了宗庙制度的先河，把祖先的神主放入庙中供奉，并命名为某祖、某宗，如汤为太祖，武丁为高宗。有时单独祭祀某一个先祖，有时分组轮番祭祀，但是都反映了商人对于祖先的极高崇敬和敬畏，这些繁复的崇拜与祭祀，不仅仅成为了王权政治的重要组成部分，而且发挥着维系部族团结的教化作用，对于四方的各个诸侯、方国的辐射力和影响力也不容小觑。《礼记》中说："殷人尊神，率民以事神，先鬼而后礼。"

雕塑和音乐

商朝的雕塑艺术已经发展到较高的水平，就其种类而言，有平面的浮雕或浅刻，有半立体的动物形雕像，也有立体的雕像与塑像。

浮雕或浅刻多半是器物上的花纹，最常见的有饕餮纹、夔龙纹和云雷纹，有强调王权神圣的意义。这些纹饰常常从动物形象借以取材，所以常见的有蝉纹、鸮纹、鸟纹、蚕纹、龟鱼纹、牛头纹、鹿头纹、虎头纹等，构思巧妙，特色鲜明。安徽阜南的龙虎铜尊，上面的肩、腹浮雕龙虎纹都是一首双身，

商 编铙

商朝在祭祀等重大场合，会有由巫主持表演传统乐舞《桑林》和赞颂汤代夏立商的乐舞《濩》的习惯。商朝的铙有大铙、小铙之分，其中，单个的大铙，称为"庸"，由多枚铙组套的称为编铙，像此类由三枚组成一套的小型编铙比较常见。

虎纹张口露齿欲食人，形象传神，制作精美。商朝的动物雕塑有半立体和立体的，半立体的动物形雕像一般小巧玲珑，通常见于奴隶主贵族的带钩等佩饰，所以质地通常是玉、石、蚌，有鸟、鱼、蝉、鸮、兔、虎以及其他不知名的兽面等造型。

立体动物的塑像在商朝初期只有泥塑，到了商代后期，其他玉、石等等多种质料才多了起来，题材也更加广泛。有的遗址中还发现大批的动物形白石雕像，坐式立雕有的高约30多厘米，通常被用于房柱旁的装饰，但这些产生于三千多年前的作品今天看来依然是非常出色的艺术珍品。众所周知商代的青铜技术十分的发达，所以商代后期在铜器制造上也取得了极高的成就，譬如湖南宁乡出土的四羊方尊，已经成为商代青铜器的精品，四只羊的造型和布局同方肩尊的器形特点巧妙地结合起来，将青铜的铸造技术与造型艺术推向了极致。此外还有发现的其他鸟兽尊、觥、异形卣等都是仿效动物形象而造型，也都体现了很高的艺术价值。

以人像为题材的雕塑品，在商代前期只发现一件泥塑残品，但是到了商代后期，浮雕、半立体和立体人物雕塑品均有出土。在殷墟发现的雕塑遗物中，有十件玉石全身人像和人头像，姿态丰富，有的跪坐戴冠、腰束宽带，有的赤脚盘发、裸体文身；还有著名的三件戴枷男女的陶俑，形象都是免冠而着圆领衣，衣裙连在一起，雕塑作品都十分清楚地表现了不同的社会身份。

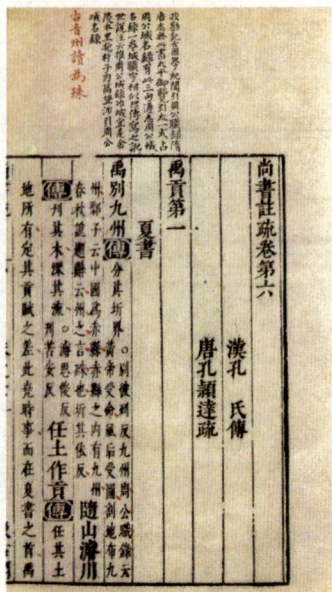

《尚书》书影

《尚书》是我国最古的官方史书。《尚书》中曾记载了发生于前 1900 年以前的一次日食，这是我国目前能看到的关于日食的最早记录。

商代各种雕塑品虽然都是为了满足奴隶主的需要而产生的，渗透着奴隶主的思想，但是这些精湛的艺术作品却都出自于劳动人民的伟大创造，因此表现了劳动人民极高的智慧和非凡的艺术才能。

商代音乐被认为属于巫文化的一部分。巫原本是原始社会之中拥有较多知识、能歌善舞的神秘人物，他们和史、卜、贞等一样，掌握着占卜的职务，传说能够传达鬼神的话、交通神人。从字形上看，"巫"的上下两横是指天和地，中间的人沟通天地两界，这种人就是"巫"。巫对当时国家的一切政治生活都有着很大的影响，因为占卜、祭祀的时候，巫都要唱歌跳舞来配合自己的行为，所以巫也是商朝精通音乐与舞蹈的人。

在盘庚迁殷之前，商还处于奴隶制的早期阶段，在郑州二里岗等早商遗址中出土了二音孔和三音孔的埙，说明当时的音乐文化并不特别发达。而在祭祀等重大场合，由巫所主持表演的本部族的传统乐舞《桑林》和赞颂汤代夏立商武功的乐舞《濩》等等可以说是早商的音乐代表。《左传》记载着一则故事：商朝的后裔宋襄公在楚丘为晋侯举行盛大的宴会，晋侯提出想要看看宋国祖先的传统乐舞《桑林》，据说这个舞蹈是由用鸟羽化装成玄鸟的舞师与化装成简狄的女巫进行表演的。这段内容与《诗经·商颂》中"天命玄鸟，降而生商"的诗句正好相符。结果看了这个乐舞之后，晋侯十分害怕，不得不躲到房中去，因为他十分讲究礼法，而这个乐舞看起来却荒诞不经十分粗俗，这正说明早商音乐是带有浓厚原始古风的。

在甲骨卜辞中有"乐"字，"乐"的繁体字偏旁为"木"，可见木质琴瑟之类的乐器在当时也已存在。甲骨文又有"舞"字，像人身挂有饰物翩翩起舞的形态。当定都安阳以后，商朝的文明得到了进一步的发展。从出土于安阳殷墟的墓葬来看，包括有饕餮、夔龙等纹样的各类乐器，已经精细了很多，说明当时商朝已经具有了比较发达的音乐文化。

到了商代后期，乐器的品种就变得更加丰富多彩了，而且制作的工艺水平也更高，打击乐器有铙、铎、磬和鼓等等。其中的铙与铎，本来是象征氏族贵族权力的礼乐器，用陶土制作，而现在保存在陕西长安客省庄龙山文化的商代素面铎却是用青铜铸造的，或手持演奏，或放置在座位旁演奏。多枚商铙组合在一起就可以组成一套"编铙"，大型编铙则比较稀少，现存实物仅见于湖南宁乡一带。商代的磬有石制、玉制和青铜制等多种，也分为两种：

历史细读

甲骨卜辞记载，在"辛未"这天晚上，天空出现了一颗新星。有人解释认为，新星当是天文学上所说的变星，即本来亮度不大的星，平时用肉眼看不见，但是由于它的内部起了激烈变化，亮度突然增大，古人用肉眼看见了它，就叫它为新星。此外，卜辞中又常有"星""其星"等说法，推测都是星辰之星。

一种是单磬，一般体积比较大，在安阳武官村殷代大墓中出土的遗物就有虎纹石磬，不仅外形有瑰丽的纹饰，演奏出的声音也极为悠扬；另一种是编磬，一般也是三枚一套。商代的乐器还有鼓。其实早在原始时代已经有了鼓，叫作"土鼓"，鼓框可能是用陶土制成的。还有一种大鼓，鼓腔用木制成，外施彩绘，鼓面蒙有鼍（扬子鳄）皮，又称鼍鼓。商代的鼓品种繁多，一般鼓身下面有鼓座，上面有羽毛作为装饰。有一种大鼓叫"豐"，卜辞记载"旧豐用"说的就是使用豐鼓来演奏。

最早的吹奏乐器在浙江河姆渡遗址中就已经发现，是出土的骨哨和埙。到了商代，吹奏乐器的类型已经十分繁多，包括埙、籥、和、言、竽等。埙有大小两种形制，均有五个按音孔，一般大小三枚组为一套。籥则是一种编管的旋律乐器。和据推测可能是一种小笙。言很像一种单管的吹乐器，专家推测可能是后世萧的前身。根据甲骨文卜辞记载，当时为了要新制一支竽，要在祖先面前占卜吉凶。从乐器的发展就可以看出，商朝的音乐还是比较发达的。

商代的科学技术

商代科学技术方面的成就主要体现在天文历法和冶炼技术。天文历法上比夏代进步，天象学上也有新的发现，人们发现了火星、彗星，此外还有数学和疾病的记载。

天文历法

商代日历已经有大小月之分，规定三百六十六天为一个周期，甲骨文中

司母戊方鼎

司母戊方鼎也称为后母戊方鼎，属于礼器。它是我国已发现青铜器中最大的一件。此鼎运用了分铸法，铸造时大约需要数百人甚至千人的参与，其高超的工艺体现了当时青铜冶铸技术的先进水平。

有多次日食、月食和新星的记录。在商代甲骨文中，有了最大为三万的计数，并且已经产生了十进制，有了奇数、偶数和倍数的概念。

最令人惊诧的是，光学知识在此时也得到了应用。商代出土的微凸面镜，能在较小的镜面上照出整个人面。

干支纪日法是商朝历法最大成就，也是世界上延续时间最长的纪日方法。商朝甲骨文保留了我国最早的观测日食、月食和发现新星的记录。

商代甲骨文中有多次日食、月食和新星的记录。虽然不知道商人是否使用到占星术，但他们已经懂得通过观察天象来制定历法。卜辞中关于日食的记载，目前已知的仅两条：一："癸丑贞，日夕食……田？癸酉贞，日夕又食，佳若？"二："癸酉贞，日夕又食，非若？"

甲骨卜辞中记载月食的比较多些，有的还记有月份，比如说："癸未卜，争贞，旬亡祸？三日乙酉，月食，闻，八月。""癸未卜，争贞，翌甲申，易日？之夕月食？甲，不雨？"

出于农业生产的需要，商代已经有了比较完备的历法，规定三百六十六天为一个周期，已经有大小月之分，并用年终置闰的方法来调整朔望月和回归年的长度。从甲骨卜辞的记录来看，当时大月三十天，小月二十九天，一年是十二个月，然后用闰月来调整一年的天数，使一年中的四季变化都能在一定的时间内。这个闰月，在早期卜辞中是放在应当置闰那年最后的一个月即十二月之后，所以叫"十三月"。这种历法既不是根据太阳运行所测得的以一年为周期的阳历，也不是以月亮阴晴圆缺的朔望月为基础的纯阴历，而是一种阴阳合历，所谓"以闰（月）定四为成岁"。春夏秋冬四季的分法，是起于春秋时代以后，在此之前，据推测只有春、秋两季。甲骨卜辞中所出现的"春"和"秋"两字，实际上都是一年的意思，"春秋"一词也有一年之意。另外商代的记日方法是用十个天干和十二个地支字相配合来表示，具体来说是从甲配子（甲子）到癸配亥（癸亥），逢六十循环一次。

甲骨卜辞中的日和夕是相对的，日指白天，夕指天黑以后至天亮以前的黑夜。夕字在甲骨文中和月字的形状完全一样，只有在辞例中才能区别出哪个是夕，哪个是月。所以商代一天内的时间分段，都是各有专名的。例如"明"和"旦"一样都是指天亮以后的时间。《说文》里面解释说："旦，明也。"《淮南子·天文篇》则分"明"为晨明、明、旦明三段时间。而旦、明以后的时间叫作大采、大食或朝。大采、大食、朝以后的时间叫作中日，也就是相当于我们现在所说的"正午"。中日以后的时间叫作昃，这个字的意思是太阳已经偏西，人们需要侧头去看太阳的形状。小食则是下午吃饭的时间，大食、小食其实也就是当时人朝夕两餐的时候。小食以后的时间叫作小采或昏、莫（暮），就是傍晚和夜晚。

除了天文历法以外，商代的数学也有了一定的发展，商代甲骨文中记载数字的最大计数为三万，并已产生了十进制，有了奇数、偶数和倍数的概念，有了初步的计算能力。

青铜冶炼技术

人类文明在5000多年前开始进入青铜时代，即以使用青铜器为标志的文化发展阶段。我国的青铜时代大体上与夏、商、周同期。

最早的青铜器是一些体积较小的工具和装饰物。夏朝开始出现青铜酒器和兵器，但体积也都很小。到了商朝中期，青铜器的器型已朝多元化发展，并出现了精细的花纹和极具史料价值的铭文。商晚期至西周早期，是青铜文化发展的鼎盛时期，这一时期的青铜器种类繁多，外形浑厚凝重，铭文逐渐加长，花纹繁缛富丽。早期青铜器以供贵族使用的礼器、饮食器、车马器、乐器等为主，为强化王权至上观念，纹饰多以神秘色彩浓重的云雷纹、饕餮纹为主。

中原地区的青铜文化以河南偃师的二里头文化和安阳的殷墟最为著名，反映了夏商周时期中国青铜文明的繁荣景象。

青铜是铜、锡合金，也有加入铅成分的，因为呈现青灰色，所以被称为"青铜"。商朝的青铜器制造工艺十分发达，其制作的青铜器"以其优美雄伟的造型，古朴富丽的花纹，典雅丰富的铭纹，精湛的铸造工艺而闻名于世"，被称为青铜器的"黄金时代"。商朝时期，在青铜冶炼、铸造技术进步的推动下，逐渐形成了几个工业制造中心，譬如安阳、洛阳和郑州等。生产力的提高促进了商业在较大程度上的发展，所以出现了"肇牵牛车，远服贾"，"大车以载，利有攸往，无咎"的场面，都是当时商业兴盛的证明。

铜器的制作，根据考古的发现和技术推测，冶炼铜器的程序，一般是经过选矿——配合——掺锡——铸范——修饰等五个复杂的过程，需要精湛的技术。在殷墟和郑州商城遗址之中，还发现有数以千计的大小陶范。大型器物采用复合范，分成几部浇铸，然后合成整体，铸造工艺相当复杂。世界上已发现的最大青铜器司母戊鼎，重约一吨，没有千人共同参与，以当时的生产力发展水平估计很难完成铸造。商代的青铜冶炼技术，已经达到相当纯熟的程度，掌握了青铜合金的特点和性能，并且在实际应用过程中使得不同用途的器物各有不同的合金比例。例如前面提到的司母戊鼎，其合金比例是：铜 84.77%，锡 11.64%，铅 2.79%，表面上形状雄伟，但是仔细看就会发现花纹秀丽，十分精致。如此巨大却又精细的工艺品，是需要极其丰富的经验和高超纯熟的技艺才能铸创造出来的。

其他青铜文化遗存

而与中原的青铜文化遗址同时期的一些非中原文明也异彩纷呈，表明中华文明发展的多源性。

内蒙古赤峰市的夏家店文化是我国北方金石并用时代早期青铜文化的典型，根据考古发掘发现，夏家店文化遗址分为下层和上层两个年代层，下层处在前 2000 年—前 1500 年之间，上层处在前 1000 年—前 300 年之间。遗址内出土了大量石器、陶器、铜器、玉器、骨器等遗物，其中以在夏家店下层文化层内发现的青铜器最为重要，其生产技术水平足以与同时代中原地区最发达的文化相媲美，有力地驳斥了中国北方青铜文明"西来说"。

在江西樟树发现的吴城文化属于江南地区商朝青铜文化的代表，有"赣之魂"的美誉。根据专家的研究和分析，确定吴城文化分为三期，相当于商朝中期、晚期和商末周初，距今三千多年。该遗址属于一座古城邑，遗址内有房址、陶窑、墓葬、水井、宗教祭祀场所等，设施较齐全，还出土有石器、陶器、青铜器、玉器、牙雕等器物。吴城文化的发现

三星堆 青铜人物造像

三星堆古城处于商朝晚期，在墓葬中出土了大量的青铜头像、立人像等证明当时这里的人们也进行过大规模的祭神活动。此青铜立人身高 170 厘米，是最大的青铜铸像之一。据推测它应该是主持宗教活动的巫师形象，或者是某个蜀王的形象。

证明了商文化对长江流域同样发产生巨大影响。

我国青铜时代的文化遗存中最引人瞩目的莫过于四川广汉的三星堆遗址了。与夏家店文化和吴城文化不同的是，三星堆文化与中原文化的渊源就没那么深了，所以这里产生了很多至今也解不开的谜团，有"第九大奇迹"之称。四川广汉是古蜀国所在地，三星堆遗址的发现使这个在战国时期被秦国所灭的小国的历史推至 5000 年前。三星堆青铜文明的巅峰期与商朝所处时代大体相同，但出土器具却极富异域色彩。

专家在三星堆遗址中发现了一座城址，其建造年代至少在商代早期。城址东墙长 1100 米，南墙 180 米，西墙 600 米，均为人工夯筑而成。遗址内部已经清理出房屋基址、灰坑、墓葬、祭祀坑多处，房屋多为地面木构建筑。自上世纪 30 年代以来，这里多次发现祭祀坑，坑内出土有大量青铜器、玉石器、象牙、贝壳、陶器和金器等。金器中的金杖和金面罩制作最为精致。金权杖长 1.42 米，直径 2.3 厘米，重 700 多克，上有刻划的人头、鱼鸟纹饰，疑似象形文字。青铜器除罍、尊、盘、戈外，还有人头像、立人像、铜树、铜鸟、铜鹿等。其中青铜人头像形象夸张，高 64.5 厘米，两耳间相距 138.5 厘米，双眼突出，极富神秘色彩。立人像身高超过两米，大眼直鼻，方颐大耳，顶冠左衽，两脚佩镯，是难得的研究蜀人体质与服饰的资料。祭祀坑的年代约当商末周初，被认为是蜀人祭祀天地山川诸自然神祇的遗迹。三星堆的青铜树最令人叹为观止，一号大铜树残高 3.96 米，顶端部件已缺失，估计原高度至少为 5 米。树枝头栖息着九只神鸟，反映了古蜀人的太阳崇拜观念。青铜树的原型是哪种树至今并无定论。

西 周

分封诸侯　礼乐文明　奴隶制开始解体

　　周族有着悠久的历史，长期在陕甘一带活动，后来以岐山之南的周原为主要的居住地。到了前 11 世纪初的时候，其势力日益强大，一面征伐附近小国，扩充实力；一面把它的都邑从周原迁到今天长安县沣水西岸，建成了丰京。它不断向东进逼的势态，加剧了与商朝的矛盾。西周除王室控制有青铜作坊外，诸侯国也有自己的青铜作坊，因此周代比起商代青铜产品的数量更多、用途更广，几乎涉及到社会生活的各个方面。

　　周武王通过牧野之战推翻了商纣王，建立了周朝。为了控制东方的大片领土，他采用"分封亲戚、以藩屏周"的政策，把同姓宗亲和功臣谋士分封各地，建立了诸侯国。经过几代周王的征伐，西周成为地域空前广大的奴隶制国家，全国的土地与臣民，名义上都属周王所有，也就是我们熟知的"普天之下，莫非王土；率土之滨，莫非王臣"。周王封给诸侯土地与臣民的时候都要举行授土授民的仪式，而那些接受分封的诸侯国都要定期朝见周王，并且有保卫王室的义务，向周王纳贡服役（包括兵役）。随着社会生产的发展，土地渐渐变为私有财产，而新开垦的土地越来越多，私田的数量也在增加，这就让西周的经济基础井田制被逐渐破坏，动摇了其统治基础。

周王朝建立了比较完备的国家机器，对域内实行有效的统治；制定的刑罚，比商代更系统；常备军数量也超过了商代，在宗周驻有六师，在成周驻有八师。

西周是中国历史上的一个重要时期，封建意义上的井田制、宗法制、礼乐制都在这一时期建立。中原地区进入青铜时代的繁盛时期，农业和手工业在这一时期取得了很大发展。文字也被运用得更加广泛，除了在甲骨上契刻文字以外，现在发现的青铜器中有万件上都铸刻有铭文，记录了当时社会生活中的方方面面。西周的农业、畜牧、纺织、冶金、建筑、天文、地理等科学技术也有不少新进展，人们的生产、生活都发生了比较深刻的变化。考古学家在西周墓葬中发现的人工冶制的铁器，说明至少在西周晚期人们已经掌握了人工冶铁技术。

任何一个王朝都免不了由盛而衰的历史命运。周朝到了第十代君主周厉王时，由于长期对外战争和贵族奢侈腐化，西周国力不断衰微，国内矛盾日趋尖锐。东方的夷族也时常侵扰周境，战事不断。噩侯驭方不堪周朝的奴役，"率南淮夷、东夷，广伐南国、东国"，一度攻打到了成周附近，震惊朝野。周王慌忙派西六师、东八师前往周旋作战，却仍无力抵御，后来不得不依靠同姓诸侯的兵力增援。前841年，国人愤然起而暴动，冲进王宫把厉王赶走，由周定公、召穆公共同执掌朝政，史称"周召共和"。共和元年，即前841年，是中国历史上有确切纪年的开始。周朝的衰败没有因"周召共和"和周宣王的短暂"中兴"而改变。在第十二代君主周幽王继位后，上演了一出荒诞的"烽火戏诸侯"的闹剧，以至于众叛亲离，终于被西北犬戎族杀死。

前770年，申侯和其他一些诸侯立周平王（宜臼）为王，平王将京都从宗周迁至洛邑（今河南洛阳），历史上称东迁以后的周王朝为东周。从前1046年周武王灭商朝起至前771年周幽王被申侯和犬戎所杀为止，西周总共经历了11代12王，大约275年。

庐山高图

采薇图：西周的统治

豳风图：劳动人民的生活

幽王烽火戏诸侯：西周灭亡

周文王发祥：周族的壮大

西周世系：武王姬发 >> 成王姬诵 >> 康王姬钊 >> 昭王姬瑕 >> 穆王姬满 >> 共王姬繄扈 >>
懿王姬囏 >> 孝王姬辟方 >> 夷王姬燮 >> 厉王姬胡 >> 共和 >> 宣王姬静 >> 幽王姬宫涅

西周大事一览表

时　间	事　件
约前1046年	武王姬发灭商后，建立周王朝。
约前1046年	武王开始分封诸侯。分封纣的儿子武庚为诸侯，然后又将自己的三个兄弟管叔、蔡叔、霍叔封在殷故国周边，以监视武庚，即"三监"。
约前1046年	纣兄箕子出奔朝鲜，周武王封其为朝鲜君主。
约前1046年	商朝遗民伯夷、叔齐因反对周武王灭商，拒食周粟而饿死。
约前1045年	武王因为操劳过度而病死。
约前1044年	周成王姬诵即位之时年龄尚幼，其叔父周公辅佐成王行政。
约前1044年—前1040年	纣的儿子武庚及"三监"趁机叛乱。
约前1044年—前1040年	周公解除了成王和大臣们的怀疑以后，毅然率兵东征平叛。
约前1044年—前1040年	周公经过三年的征战终于平定了叛乱，杀武庚和管叔，继而第二次分封诸侯，制礼作乐，营建洛邑。成王亲政后，大会诸侯于岐山。
约前1040年	周政权用分化、教育的办法安置殷商旧贵族，把他们迁徙到鲁、卫等国以及东都进行管理。
约前1040年	周公的弟弟康叔被分封到了今河南一带建立卫国，周公作文来告诫弟弟。
约前1040年	成王封其弟叔虞于唐地，后其子迁都后改国号为晋。
约前1038年	周公摄政七年后，还政于成王。
约前1030年	周公临终前要求葬在成周附近，成王为了尊敬他，把他和文王葬在了一起。
约前1020年	周康王即位，征伐鬼方，使天下安宁，"刑错四十年而不用"。
约前1020年—前995年	由于周康王继承成王的治国政策，周朝出现了"成康之治"的繁盛局面。
约前995年	周康王死后周昭王即位。
约前980年	周昭王为了防止南方的楚国势力壮大，攻打楚国，大胜并获得很多战利品。
约前977年	周昭王贪心不足，再次南征。南方造船工匠怨恨昭王，用胶粘的木板造船，因此渡河时船只散毁，昭王溺死于水中。
约前976年	周穆王即位，即是后世所称的"穆天子"。
约前976年—前922年	西方的犬戎不遵循礼制向周朝进贡，周穆王发兵征讨。
约前976年—前922年	周穆王命造父驾八骏巡游四方，留下许多传奇故事。据传他曾经出游西域，与西王母相见。他对淮夷等南方部落用兵，东及九江。
约前976年—前922年	周穆王兴兵征讨东方作乱的徐偃王，大胜。
约前922年	周共王即位。

时　间	事　件
约前922年—前900年	密国的密康公随共王游泾水，得到三个美女却不献给共王。共王大怒，攻灭了密国。
约前899年	这一年出现"天再旦"现象，是一次日全食。
约前899年—前892年	周懿王在位。
约前891年	周懿王死后，其叔姬辟方自立为王，是为周孝王。
约前891年 前886年	孝王在位期间北方发生人灾，大雨冰雹致使牛马冻死，江水和汉水全部结冰。
约前885年	周夷王即位。
约前885年—前878年	周夷王为树立威严，听信纪侯谗言烹杀齐哀公，又立哀公的异母弟弟为齐君，造成齐国内乱。
约前885年—前878年	周夷王征伐戎狄获得胜利，远方的诸侯都来朝拜。
约前877年	周厉王姬胡即位。
约前877年—前842年	厉王实行"专利"与"弥谤"的高压政策，国内发生严重虫灾，人民十分怨恨厉王。
约前842年	国人发生暴动，冲进王宫，厉王出逃。
前841年	周公与召公实行共和行政，这一年前是前841年，中国历史确切纪年开始。
前828年	周厉王死。
约前8世纪上半叶	毛公鼎铸成。
前827年	周宣王姬静即位，宣布废除籍田典礼。
前788年	周宣王丧"南国之师"。宣布料民，统计全国人口。
前823年	周宣王派尹吉甫讨伐猃狁，获得胜利。
前827年—前820年	周宣王统治时期，周朝疆域扩大，诸侯来朝，史称"中兴"。
前782年	周宣王在打猎的途中猝死，据传是被杜伯的鬼魂射死。
前781年	周幽王姬宫湦继位。
前780年	泾、渭、洛三川枯竭，岐山崩塌。
前779年	褒姒得宠，虢石父执掌朝政。
前777年	幽王废王后申氏，立褒姒为后，太子宜臼逃至申国。
前774年	褒姒之子伯服被立为太子。
前771年	申侯联合犬戎进攻镐京，杀幽王于骊山之下，姬宜臼被立为王，史称平王。
前770年	晋、卫、秦、郑四国诸侯护送平王东迁洛邑，西周结束。

周族的兴起

　　如果说商朝是以畜牧业起家的，那么周朝就是靠农业壮大的。周氏族以善于经营农业著称，是一个古老的部落。其先祖后稷曾为尧的农官，并与夏禹、商契一起服侍过舜。在陕西的周原，周氏族最终建立了国家，并迅速发展壮大起来。

弃母姜嫄
这幅版画讲述的就是姜嫄丢弃孩子，孩子却总能安然无恙的故事，于是她决定接受这个孩子。

被丢弃的后稷

周族的始祖是后稷，原来的名字叫"弃"，意思是"被丢弃的孩子"。

相传，弃的母亲姜嫄一天出去游玩，看到一个巨人的脚印，出于好奇，便把自己的脚踩了上去，回家后不久就发觉有了身孕，后来生下一个男孩。姜嫄并不想要这个孩子，于是把孩子丢弃到了一个狭窄的小巷里，想让过往的牛马把他踩死，可是当牛马通过小巷时，都小心翼翼地避开，没有一头牲畜踩到这个孩子。姜嫄于是又想把孩子扔到山里，可事有凑巧，偏偏这天有许多人在山里，姜嫄只好抱着孩子远远躲开。没办法，姜嫄索性把孩子丢在了河面的冰上，想让他冻死。哪里知道，一群鸟儿飞来，落在孩子周围，用羽毛盖在孩子身上。

看到这里，姜嫄认为这孩子一定有神灵保佑，决定把他抚养成人。因为一生下来就想把这个孩子丢掉，因此姜嫄给孩子取名为"弃"。

弃还是小孩子的时候，就喜欢收集各类野生植物种子，自己钻研种庄稼的学问，因此他的庄稼总能获得好收成。随着年龄的增长，弃开始把自己的经验传授给氏族里的同伴，周氏族的庄稼因此都长得很好。

尧听说弃的这个本事，任命他为管理农业的官——稷正，号曰后稷。弃把他种庄稼的一套办法向全国推广，果然获得了大丰收。由于弃管理农业有功，被舜封在邰，因封地靠近姬水，所以又称姬氏。由于弃对发展农业的巨大贡献，后人便尊崇他为农业之神或谷神，享受人间的祭祀。

豳地的劳动场景

这是豳风图所描绘的人们劳动的情景。"豳"同"邠"，古都邑名，在今陕西栒县，是周族的首领公刘带领族人居住的地方。

不窋兴农耕

弃死后，夏王只顾打猎游玩，不但不重视农业生产，连农官都一并废除了。弃的儿子不窋丢了官，索性带着族人放牧去了。不窋率领周部族迁徙到今天的甘肃庆城一带，这一带古称北豳，当时主要是以狩猎游牧为生的戎狄部族的活动范围。

不窋在当地定居后，发现这里的土地更适于耕种，而不是放牧，于是就决心发扬后稷重视农耕的好传统。不但如此，不窋还提倡饲养家畜、家禽，为周族早期的农业经济发展做出了贡献。

定居下来后，不窋带领大家开挖窑洞，有崖的就直接打洞，无崖就挖坑，上面覆盖厚土，他们把这叫作"陶复陶穴"。据说不窋就出生在窑洞里，因此父亲为他起了不窋这个名字。"不"通"丕"，是大的意思，"窋"是洞穴，通"窑"。至今关中一带的人还喜欢住在窑洞里。这种建造简单、居住舒适实用的房屋，延续了数千年的历史。

为此不窋为民众所拥戴，大家修不窋城而居，以纪念不窋的功绩。不窋城遗址在今甘肃庆城县城东南三里处。据《庆阳府志》载："周祖遗踪，即府城东山周祖不窋所居也。高阜平衍，远眺俯览，城郭山川豁然在目，遣怀寄兴者可以发幽思而宣湮郁。"历经数千年风雨洗礼的故城，如今只剩下掩映在荒草与灌丛中的断垣残壁。然而从这些仅存的物证中，依然不难想见当年不窋在此筑土修城时的艰辛与决断。

公刘迁豳

到了弃的曾孙公刘担任氏族首领后，一心想要将周氏族重视农业的好传统发扬光大。为了种出好庄稼，公刘一天到晚在田野上忙个不停。为了让农业得到更大的发展，公刘看中了比自己氏族所在地更加肥沃的渭河另一边的豳地。

为了得到那片适宜农作物生长的土地，公刘将居住在豳地的氏族打跑，率领自己的周氏族在这里定居了下来。虽然豳地土壤肥沃，但先前生活在这里的人过的是放牧生活，公刘于是率领大家伐树除草，开垦荒地。然后公刘丈量规划了土地，将土地分给大家来耕种，还规定每个家庭根据分得土地的多少向部落交税和助耕。从此豳地一天比一天繁荣起来。

公刘的丰功伟绩，在《诗经·大雅·公刘》一诗中得到了充分的展示，此诗叙述了公刘带领周民自邰迁豳、初步定居并发展农业的史绩，塑造了公刘这一古代英雄的形象，堪称是周氏族的史诗之一。诗中唱道："好心的公刘，他不敢安居只顾忙。忙着修田界，忙着谷进仓。干粮忙备好，用各种袋子装，大家和睦扬美德。弓箭齐武装，盾牌、长矛、板斧手上扬，迈开脚步向前方。好心的公刘，察看了这块地方。选地要人丁兴旺，建房要民心归顺又舒畅，没有隐患来潜藏。他一会儿上山坡，一会儿走到平原上。腰里带着美玉和宝石，还有装饰的佩刀。好心的公刘，来到众多水泉边，观看宽广的平原。他登上南边山冈，发现了叫作京师的地方。京师之地多辽阔，于是定居建造住房。寄居的有了房，谈笑风生好热闹，到处闹嚷嚷。好心的公刘，在京邑安家停当。走路轻快好繁忙，叫群臣就座入席。待到宾主都坐定，命令开始祭神灵。把猪赶出宰杀，用瓢舀酒浆。有吃又有喝，公刘为君王。好心的公刘，开辟土地宽又长，观测日影上高冈，山南山北勘察忙，看看流泉去哪方。把军队分成三组来驻防，洼地平地都测量，开出田地种食粮。山的西面也丈量，豳人的土地真宽广。好心的公刘，在豳又把房屋建。横渡渭水河，去采磨石和砧石。房基墙脚都修筑，民众康宁欢歌笑语。住在皇涧岸，面向过涧边。定居大众人丁旺，一直住到芮水湾。"

公刘死后，被葬在豳地附近（今陕西彬县以东土陵村南），墓丘因地形庞厚，势如蟠龙，故有"周墓蟠龙"之称。传说公刘死后，他的两个女儿各用衣襟包土，携带酒壶，欲渡河封土祭奠，适逢泾河涨水不能渡，无奈之下，便把土就地倾倒，酒洒土上，第二天就变成土垄，并形成了泉泓。大家都说，这是公刘地下有知，仍在保佑周人。

西周 小铜马

周族的兴盛富足引得周边部族不断来袭扰，古公亶父为避战端自动奉上牲畜。从中也可以看出周族畜牧业的发展。这是西周时期的小铜马，两马大小相同，昂头垂尾。经过塑型、制模到冶铜、浇铸等多道工序制成，工艺很复杂，反映了西周青铜匠人的高超技艺。

建都周原

到了弃的第三十二代孙古公亶父成为首领时，周氏族已经非常兴盛了，其他氏族的人见到周氏族的富足，纷纷跑来归附。

这一来，临近的狄人獯育部族眼红了。他们高兴时明目张胆地来索要粮食，不高兴时索性就手拿长矛前来打劫。古公亶父不愿引起争端，每次都主动把粮食、牛羊等送给他们。獯育戎狄的首领一看，干脆提出要周氏族送给他们一块肥沃的土地做牧场，还要周氏族的一些壮劳力给他们放牧牛羊。

听到如此无礼的要求，周氏族的人一个个义愤填膺，表示要与戎狄决一死战。古公亶父面对前来请战的人群，大声说："你们大家让我当君主，为的是让我给你们多办些好事。现在戎狄发动战争，目的是夺取我管理下的这个部落的土地与人。你们大家想想，你们在我治理下生活，与在戎狄那里生活不是一样的吗？你们要与戎狄打仗，还不是为了我？战争一打起来，你们当中有的人的父亲或儿子就要战死。他们是为我战死的啊，这和我把他们杀了有什么区别？我不忍心干这样的事情啊！"

尽管古公亶父劝了半天，怒火中烧的族人依然要求用武力解决问题。古公亶父无奈，带着一些愿意服从他的人悄悄离开了。经过一番长途跋涉后，古公亶父一行人最终在岐山（今陕西岐山东北）下的平原停下了脚步。这里土地肥美，据说即便是种下苦菜，长出来也是甜的。古公亶父和这里居住的姜姓羌族妇女结了婚，定居下来。

周氏族的人本就十分怀念古公亶父，听说他定居岐山后，都陆续赶来，依然和古公亶父生活在一起。见族人越来越多，古公亶父便营造城郭，建筑房舍，把大家分成邑落定居下来。

周氏族的人从此在岐山繁衍壮大，他们赞颂古公亶父道："拖拖拉拉，大瓜连小瓜，当初我们周族，杜水沮漆是老家。古公亶父，把山洞来挖，把地洞来打，那时候没把房子搭。古公亶父，早晨赶着他的马，顺着西水岸，来到岐山下。和他的姜氏夫人，来找地方重安家。周原土地真肥美，菫菜苦菜都像糖。大伙儿有了商量，神的主张刻在龟板上，说的是：'立刻停下，就在这儿盖起房。'住下来，心安稳，或左或右把地分，经营田亩划疆界，挖沟泄水修田塍。从西到东南到北，人人干活都有份。叫来了司空，叫来了司徒，吩咐他们造房屋。拉紧绳子吊直线，绑上木板栽木桩，造起一座庄严的大庙宇。盛起土来满满装，填起土来轰轰响。登登登是捣土，冯冯冯是削墙。百堵墙同时筑起，擂大鼓听不见响。立起王都的郭门，那是多么雄伟。立起王宫的正门，又是多么壮美。大社坛也建立起来，开出抗敌的军队。对敌的愤怒不曾消除，民族的声望依然保住。拔去了柞树和棫树，打通了往来的道路。混夷望风奔逃，他们尝到了痛苦。虞芮的争吵要我们来评，文王感动了他们的天性。我们有臣僚宣政策团结百胜，我们有臣僚在前后保扶我君，我们有臣僚睦邻邦奔走四境，我们有臣僚保疆土抵抗侵凌。"

友爱的兄弟

古公亶父的妻子太姜虽然是羌族女子，但十分贤惠。他们生有三个儿子，长子太伯、次子虞仲和小儿子季历。

季历长大后娶了太妊为妻，这也是一位像太姜一样品德高尚的女子，婚后不久便生下了儿子姬昌。据说姬昌出生之际，一只红色的小鸟落在了太妊屋子的窗户上，嘴里还衔着写满祝贺文字的帛。古公亶父非常高兴，说道："我们家族有一代要兴旺起来了，大概就在昌身上要应验吧！"

太伯和虞仲知道父亲的心意是想让季历继位以便传位给姬昌，兄弟俩不愿季历为难，就一块儿逃到了南方荆蛮之地。古公亶父见他们兄弟友爱，心下安慰，可毕竟思念儿子，不久就病倒了。太伯和虞仲听说父亲病重，急忙赶回来探望，不想竟没有见到父亲最后一面。季历见两个哥哥回来了，再三让位于太伯。可太伯坚决不受，又和虞仲返回了南方。在遥远的蛮夷之地，

历史文献

绵绵瓜瓞，民之初生，自土沮漆。古公亶父，陶复陶穴，未有家室。古公亶父，来朝走马。率西水浒，至于岐下。爰及姜女，聿来胥宇。……虞芮质厥成，文王蹶厥生。予曰有疏附，予曰有先后，予曰有奔奏，予曰有御侮。

——《诗经·绵》

他们断发文身，改从当地人的风俗，表示永不回归周氏族。相传正月初九是太伯的生日，因为太伯三让王位，在南方创建吴国，开创了吴文化，人们为了纪念他造福江南的业绩，在无锡梅里建有太伯庙，每年太伯生日这天，设有梅里太伯庙会。这是无锡一年中的第一个庙会，城乡百姓到此朝拜，盛况空前，经年不衰。人们怀着虔敬的心情，祈望得到太伯的庇护，所以乡间流传有"正月初九拜太伯，稻谷多收一二百"的民谣。

季历因此成为周氏族的首领，招抚流亡的人来自己的氏族开垦荒地，土地越辟越大。他沿用古公亶父的政策，凡来开辟荒地的人民，只须每年交纳十分之一的收成，其余一概归农人自己享用。见季历努力施行仁义，许多诸侯都表示归顺他。

季历与戎狄

自从古公亶父南迁岐山定居以后，狄人獯育部族乘机侵占了周氏族的祖居之地，远在固原草原地带的羌戎也越过六盘山，侵占了陇东的西部地区，在陇东形成戎狄杂居的局面。

季历执政后，为了防御戎狄的侵略，也为了收复失地，开始积极制造兵器，实行男子皆兵的政策，逐渐壮大了军事力量。等他们做了充分准备后，首先就攻打了远在固原的义渠部落，把义渠的首领捉来，献给了商王武乙。

这一次胜利让季历信心大增，更加积极地修整武备，准备再一次征讨西方邻近的戎狄。很快，战争又爆发了，季历率大军征伐西方的鬼戎部落，俘虏十二翟王。这个鬼戎部落，就是狄人獯育，季历终于报了仇，夺回了祖居之地。这次战争，迫使一部分鬼戎远逃内蒙古草原，一部分投奔了义渠戎。

孝敬周姜
此图选自清代画家焦秉贞所作的《历朝贤后故事图》。"孝敬周姜"（周姜即太姜）是在说姬昌（周文王）之母太妊孝敬太姜的故事。

随着征伐的足迹，西方的许多部落都臣服了周氏族。

季历因战功卓著，引起了商王文丁的猜忌，不久后被囚禁而死。

姜尚遇姬昌

周族在西伯侯姬昌的时代空前兴盛。周人后来一直认为姬昌是唯一可以受命为灭商大业奠定基础的人，所以他们在诗篇和诰词里不厌其烦地颂扬姬昌的文治武功。

姬昌是季历的长子，即位时已经人到中年了。姬昌刚即位时，周的势力范围还比较小，据《孟子》的说法，姬昌是凭借方圆百里的小国开始创立丰功伟业的。周这时仍是商的属国，姬昌只得小心柔顺地与纣王周旋，包括忍受纣王的冤枉侮慢，以及在商王的祭祖活动中表现得毕恭毕敬。姬昌被商册命为西伯，即西方的诸侯之长。纣王的用意在于利用周来征服其他叛逆的国家，使他们重新归顺。姬昌也抓住机会，打着为商征服叛国的旗号，有计划、有策略地为自己东征西讨。事实上周的确在这个过程中不断增强力量，扩大势力范围。

姬昌采取有力的举措，拓展周的势力。

首先是重视并大力发展农业，积蓄经济实力。《孟子·梁惠王》等篇都说周文王姬昌实行仁政，先从划分田地开始。大小官员都有分地，子孙可以继承作为俸禄。商贾往来，关市不收税，也不禁止在水泽里捕鱼。一人犯法，亲属不受牵连。

渭水河姬昌访贤

"渭水河"的故事出于《封神演义》。说的是姬昌梦到飞熊扑入帐中，占卜为得贤人辅佐的预兆。次日文王遇到诈死的罪犯武吉，武吉说自己是因被姜子牙（道号飞熊）用法术解救而不死。文王便命他引路，在渭水河畔访得正在垂钓的姜子牙。文王即拜姜子牙为相，并亲自为其拉车，以示敬重。

姬昌施行仁政，即是推行封建制度。在当时，周国的政治对邻国产生了巨大的影响，商及其他小国的民众和不得志的贵族，有不少逃入周国。一开始姬昌被商纣王封为西伯，晚年他受天命称王。

一天，姬昌出去打猎，按照惯例，在出行前进行了占卜。哪知这一卦和平时不一样，没有占出这天打猎的收获，而是显示姬昌会得到一个能帮助他成就霸王之业的辅佐之人。

姬昌将信将疑地出发了，走到渭水南岸，看到一个满头白发的老人在钓鱼。这老人见到姬昌打猎的大队人马，连眼皮都没抬一下，依然静静地坐在那里垂钓。姬昌想到早上的卦辞，心中一动，便上前与老人搭话。一谈之下，两人都感到相见恨晚，愈谈愈是投机。于是，姬昌当即把这位钓鱼的老人请上了自己的车子，立为管理军队的太师。

这位钓鱼的老者名叫姜尚，字子牙。据说，姜尚的祖先曾帮助大禹治水，因功被封在吕地，姜为其族姓。到了夏、商时代，姜姓的子孙逐渐分化，古时常常"以地名氏"，因此姜尚也被叫作吕尚。姜尚的家里很穷，为了维持生活，年轻时曾在繁华的朝歌城里宰牛卖肉，当过屠夫。虽然他满腹经纶、才华出众，但却一直怀才不遇，只得混迹于市井，在失意中耗去了宝贵的年华。

直到遇上姬昌，姜尚的满腹才华才得以展露。姬昌事事与姜尚商量，一方面用各种计谋悄悄地动摇商王朝的统治基础；一方面加强实力，整训军事力量。没用几年，周的政治、经济、军事力量都大大超过了商王朝。

西周的建立

　　周氏族在姬昌的治理下已经具备了向强大的商王朝发起挑战的实力。当商纣王因残暴荒淫而众叛亲离的时候，姬昌的儿子武王姬发向商朝发起了致命一击，最终建立了对中华文化产生了深远影响的王朝——周朝，史称"西周"。

"文王访贤"金饰

周文王终于在渭水河边访得能人姜太公，出土于
江苏吴县吕师孟墓的金饰件就描绘了这个故事。
饰件上雕刻着姜太公盘坐在河边树下的蒲团上凝
神垂钓，周文王则端坐在车子内，两侍从走向姜
太公作问询状。饰件的层次分明，具有浮雕效果，
边框有穿系用的小孔。

姜太公辅佐周文王

　　姜太公，本名吕尚，姜姓，字子牙，被尊称为太公望。虽然他满腹经纶、
才华横溢，但在商朝却不被赏识任用。他已年过六十，满头白发，仍在寻机
施展才能与抱负。后来遇到文王，佐周灭商，成就功业。

姜子牙的谋略

　　姜子牙帮助姬昌制定了一系列发展经济的政策，如实行"九一租税制"，
即农人租用公田，只缴纳九分之一租税的低税制度；给大大小小的官吏"分
地"，作为官吏的俸禄，而且子孙可以承袭等。这样，调动了农人在官田上努
力生产、官吏们自觉地搞好本人分地生产的积极性，极大地促进了生产力的
发展。

　　周氏族还规定商人往来不收关税，有人犯罪妻子不连坐，对外招贤纳士，
许多外部落的人才以及从商王朝来投奔的贤士，姬昌都以礼相待，予以任用。
姬昌自己生活也十分勤俭，穿普通人的衣服，还亲自到田间劳动，兢兢业业
治理自己的氏族。对外，姜子牙协助姬昌韬光养晦，一方面让商王解除对姬
昌的戒心，另一方面则极力拉拢其他叛商的诸侯国。

　　据《尚书大传》记载，姬昌在姜尚的帮助下一共干了六件大事。头一年
调解虞、芮两国纠纷。虞（今山西平陆）、芮（今山西芮城）都是商王朝西方
属国，可是他们不找商王裁决，都慕姬昌的威名，求他审断；第二年出兵伐
犬戎，大败西戎诸夷，灭了几个小国；第三年攻打密须（今甘肃灵台），解
除了北边和西边后顾之忧；第四年"西伯戡黎（今山西黎城）"；第五年伐邘
（今河南沁阳）。戡黎、伐邘实际上是构成了对商都朝歌的直接威胁；第六年
灭崇国（今陕西户县境），将周的都城由岐山周原东迁渭水平原，建立沣京

姜尚

名望，字子牙，号飞熊，商末周初人。他的始祖曾被大禹封于吕地，因此得吕姓，也称吕尚。姜子牙为文王倾商、武王克殷做出了重大贡献，是中国古代杰出的韬略家、军事家与政治家。儒、道、法、兵、纵横诸家皆追他为本家人物，尊其为"百家宗师"。

（今陕西西安沣河西岸），继而向南扩张势力到长江、汉江、汝水流域，形成了"三分天下有其二"的形势。

不难看出，此时周氏族实际已控制了大半个天下，而殷商已处于极端孤立的境地。可惜的是，姬昌未能实现灭商的愿望便撒手归西了。

姬昌死后，他的儿子姬发继位，就是周武王。姬发加拜姜子牙为国师，并尊称他为尚父。

一次，姬发对姜子牙说："我打算减轻刑罚，希望这样能树立我的权威；少施行一些赏赐，而又能使人们从善；少颁布一些政令法规，而民众又都能自觉按一定的规范行事。请问尚父，怎样做才能实现这一点呢？"

姜子牙说："如果你杀了一个人就能使一千个人害怕而不再犯罪，杀两个就能使一万个人害怕而不再犯罪，杀三个人就能使三军军威大振，那么你就把他们杀了；如果你赏了一个人而使一千个人高兴，赏两个人而使一万个人高兴，赏三个人而能使三军上下都高兴，那么你就赏他们；如果你能通过法律条令约束了一个人而使一千个人遵照执行，那么你就用这法律法令去约束他；如果你能通过禁止两个人的错误行为而使一万个人不再去做，那么你就去禁止他们；如果你能通过教育三个人而使三军上下都受到教育，那么你就去教育他们。总之，能够杀一个而惩戒上万人，赏赐一个而激励更多的人，这才是有道明君的权威，幸福之所在啊！"

姬发听了，顿开茅塞，时时慎于刑赏，力求令行禁止，使周族的政治更加清明。姜子牙审时度势，认为伐商的时机已到，亲任主帅，联合诸侯各国一同出兵，打响了讨伐商纣王的战役。

姜尚的《六韬》

姜尚被后世称作韬略鼻祖、武圣，他的谋略据说都记载在《六韬》这部军事著作中。

《六韬》以姜尚答姬昌、姬发之问的形式写作，其书包括文韬、武韬、龙韬、虎韬、豹韬、犬韬六个部分，共六十篇。从哲人智慧的高度，以聪明的政治家眼光，将政治与军事、治国与理军紧密地结合起来，融为一体加以论述。这就使他的军事韬略、谋略颇具全面性、深刻性、精辟性，因而为历代的哲学家、政治家、军事家所推崇，并产生了巨大的影响。

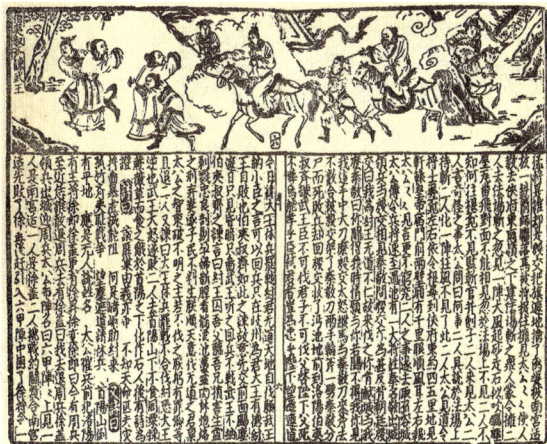

武王伐纣
此图出自《武王伐纣平话》。图的上半部分画
有武王伐纣的情景，下面配有文字解说。《武
王伐纣平话》是宋元话本中著名的一种。

《六韬》强调，国君要行仁修德，泽及百姓，不可暴民、虐民，为己而害民。只有这样，人民才能与国君同舟共济，拥戴国君。

爱民之道，就是以仁义之道，修德惠民，使民和服。因此，威服天下者，不必专任武力，不可横暴百姓，而要以仁义为本，修德禁暴。这体现出姜尚虽然重视文韬而又不轻视武略，把经国与治军作为整体而论的高明之处。姜尚深知"民为邦本，民固国兴"的道理，力倡以民为本、仁政顺民的思想。

《六韬·文韬》中有《上贤》篇，所谓"上贤"，就是尊重、崇尚有道德、有才能的人，这也是"国本"的主要内容之一。姜太公认为，君主治理国家，必须尊崇德才兼备的贤人，抑制无才无德的庸人；任用忠实诚信的人，除去奸诈虚伪的人；严禁暴乱的行为，禁止奢侈的风俗。因此明君用人应当警惕六种坏事、七种坏人。六种坏事的危害是："伤王之德""伤王之化""伤王之权""伤王之威""伤功劳之臣""伤庶人之业"。对七种坏人，绝对不可信用，即"勿使为将""勿与谋""勿近""勿宠""勿使""禁之""止之"。这就堵死了坏人干坏事、危国家、害民众的路径。

除此之外，姜尚的理财富国、富民足民的发展经济的思想主张也是全面而周到、精辟而深刻的。总结起来就是"通商工之业，便鱼盐之利"，让农工商同时发展，重点又是发展商业。因而，后来的齐国才发展成为一个民富、国强的大国。

盟津观兵

在姜尚的建议下，姬发在盟津（今河南孟津）大会诸侯，史称盟津观兵，

西周 利簋

利簋又名武王征商簋，是至今发现的最早的西周青铜器。此簋是周武王的有司（官名）利所作的祭器。利簋有双兽耳垂珥，簋上的兽面巨睛凝视，森严可怖。腹底部铸铭文三十二字，大意为：武王伐商，甲子日凌晨岁星正当其位，宜于征伐；战胜商朝八天后的辛未日，武王在驻军地赏（有司）利以铜，利就用铜铸造宝器来纪念这件事。利簋记载的史实证实了武王伐纣在甲子日晨，并逢岁（木）星当空。

伐商的前奏拉开了。

自从姬发宣布在盟津观兵，各地诸侯不期而至，总共聚集了八百多个部族的首领。他们毕恭毕敬地拜会姬发，都表示愿意在姬发的领导下对商纣王作战。

姬发历数了商纣王的罪行，姜尚则指挥周军东进，兵临黄河渡口后，他左手举起铜钺，右手挥着旗帜，高喊誓词，命军渡河。一时间，诸侯们的人马也听从了姜尚的指挥，一同渡河。谁知周军刚渡到对岸，便马上返了回来，原来这只是一次军事演习，姜尚的意图，是要看看诸侯们能否听从姬发的号令。

做牧誓武王伐商

盟津观兵后，武王伐纣的决心大增。他整点兵车 300 辆，敢死队 3000 人，兵士 45000 人。许多友邦和八个南方小国都率兵来会。出发前，姬发进行了卜卦，不料结果竟是"大凶"。姬发和诸侯都大惊失色，太师姜尚却突然站起，他"捽袖拂蓍草，举脚踏龟壳"，高声喊道："枯骨死草，知道什么凶吉！快出兵，莫误了大事！"于是队伍沿上次"观兵"的路线，东渡黄河。

联军一路高歌猛进到达牧野，兵逼朝歌。武王站在牧野的旷野上，左手拿着铜制的大斧，右手举着白色的旗子，高声说道："辛苦了，远道而来的西方将士们！我们尊敬的友邦国君和执事大臣，各位司徒、司马、司空、亚旅、师氏、千夫长、百夫长，还有庸、蜀、羌、髳、微、卢、彭、濮诸邦的将士们，举起你们的戈，排列好你们的盾，竖起你们的矛，我要发布誓师令了。古人说过：'母鸡在早晨不打鸣，如果谁家母鸡早晨打鸣，这个家就要衰落了。'现在商纣王只是听信妇人的话，轻蔑地抛弃了对祖先的祭祀而不闻不问，抛弃他先王的后裔，不任用同宗的长辈和兄弟，却对四方八面的罪人逃犯十分崇敬、信任、提拔、任用，让他们当上大夫、卿士，使他们残暴地虐待老百姓，在商国都城胡作非为。现在我姬发要恭敬地按上天的意志来讨伐商纣。今天这场战斗，行进中不超过六步、七步，就要停下来整顿队伍。努力吧，将士们！作战中刺杀不超过四次、五次、六次、七次，然后停下来整顿。努力吧，将士们！你们要威武雄壮，像虎、豹、熊、罴一样勇猛，在商都郊外大战一场。不要迎击向我们投降的人，以便让他们为我们服务。努力

正史史料

文王崩，武王即位。九年，欲修文王业，东伐以观诸侯集否。师行，师尚父左杖黄钺，右把白旄以誓，曰："苍兕苍兕，总尔众庶，与尔舟楫，后至者斩！"遂至盟津。……迁九鼎，修周政，与天下更始。师尚父谋居多。

——《史记·齐太公世家》

吧，将士们！如果你们不努力，你们自身就会遭到杀戮！"

在将士们的齐声应答中，牧野一战展开，商纣王兵败而死，商王朝就这样灭亡了。

处置商族遗民

姬发灭商以后，面临着一大问题，那就是如何处置商族遗民。

商王朝自商汤开国至纣王灭亡，共经历了十七代王，前后 600 年左右。大批的商族遗民虽然痛恨暴君商纣王，但其国被灭，依然会点燃他们的氏族仇恨。因此在如何处置大批的商族遗民上，姬发着实用了一番心思。

最后，姬发的弟弟姬旦给出了一个建议，那就是不杀戮，只安抚。姬发采纳了这个建议，宣布封纣的儿子武庚为商侯，继续留在商都管理商族遗民。后来为了防止商族遗民反叛，姬发又封了自己的弟弟姬鲜于管（今河南郑州）地，姬度于蔡（今河南上蔡西南）地，姬处于霍（今山西霍县西南）地，命他们监视武庚，这就是"三监"。同时，释放被纣王囚禁的箕子和一些百姓，命人给比干修了坟墓，还立碑表彰，将纣王搜刮来的钱财和粮食都分发给老弱贫民。

看到商族遗民安定下来，姬发很是满意，于是将商都中保存的、象征国家政权的镇国之宝，夏禹时所铸的青铜九鼎迁到了周。

出走海外的箕子

在商族的遗民中，商纣王的叔父箕子算得上最有才能的。箕子生性耿直，有才能，曾在商朝任太师辅佐朝政。

那时每见商纣王进餐用象牙制成的筷子，箕子都很反感，认为太奢侈了，

周武王访箕子图
周武王灭商后的次年，向箕子探讨制
定治国安邦的策略。

箕子
箕子，名胥余，商纣王的叔叔，曾被封于
箕（今山西太谷东北）。他因劝谏纣王，
被囚禁，后为免被害而装疯。周灭商后，
他带着五百殷人移民到了朝鲜。

劝诫道："你用象牙的筷子吃饭，就一定会要玉杯饮酒与之相配，如此一来，不知不觉就会想要远方的珍奇之物。为了满足这种欲望，势必会不断营建豪华的宫室，乘坐华丽的马车。生活腐化了，怎么能有心力振兴国家呢？"

商纣王哪里听得进去这些，下令把箕子关进大牢。武王姬发灭商后，释放了箕子，向他询问治国之道。武王说道："啊！箕子，上天庇护下民，帮助他们和睦地居住在一起，我不知道上天规定了哪些治国的常理。"

箕子回答说："我听说从前鲧用堵塞的方法治理洪水，将水火木金土五行的排列扰乱了。天帝大怒，没有把九种治国大法给鲧，治国安邦的常理受到了破坏。鲧在流放中死去，禹起来继承父业，上天于是就把九种大法赐给了禹，治国安邦的常理因此确立起来。第一是五行，第二是慎重做好五件事，第三是努力办好八种政务，第四是合用五种记时方法，第五是建立最高的法则，第六是用三种德行治理臣民，第七是明智地用卜筮来排除疑惑，第八是细致研究各种征兆，第九是用五福劝勉臣民，用六极惩戒罪恶。"

箕子所说的要做好的五件事：一是态度，二是言论，三是观察，四是听闻，五是思考。即态度要恭敬，言论要正当，观察要明白，听闻要聪敏，思考要通达。态度恭敬臣民就严肃，言论正当天下就大治，观察明白就不会受蒙蔽，听闻聪敏就能判断正确，思考通达就能成为圣明的人。

历史细读

犯禁八条已没有全面的记载了，《论语》中只记录了其中的三条：相杀，以当时偿杀；相伤，以谷偿；相盗者，男没入为其家奴，女子为婢；欲自赎者，人五十万，虽免为民，俗犹羞之，嫁取无所仇。

八种政务：一是管理粮食，二是管理财货，三是管理祭祀，四是管理民居，五是管理教育，六是管理治安，七是接待宾客，八是管理军事。

五种记时方法：一是年，二是月，三是日，四是观察星辰，五是推算周天度数。

所谓建立最高的法则，就是要确立天子的威仪，让天子成为百姓的父母，不能让臣民结成私党，不能允许官员狼狈为奸。

三种德行：一是刚正直率，二是以刚取胜，三是以柔取胜。中正平和就是正直，强硬不可亲近就是以刚取胜，和蔼可亲就是以柔取胜。

需要细致研究的征兆是：下雨、天晴、温暖、寒冷、刮风。如果这五种征兆俱全，并各自按时序发生，那么草木庄稼就会茂盛生长。如果其中一种天气过多，年成就不好；如果其中一种天气过少，年成也不好。各种好的征兆是：君王严肃恭敬，就像雨水及时降下；天下治理得好，就像天气及时晴朗；君主如果明智，就像气候及时温暖；君王深谋远虑，就像寒冷及时到来；君王圣明达理，就像风及时吹来。各种不好的征兆是：君王狂妄傲慢，就像久雨不停；君王办事错乱，就像久旱不雨；君王贪图享乐，就像久热不退；君王严酷急躁，就像持久寒冷；君王昏庸愚昧，就像持久刮风。君王有了过失，就会影响一年；卿士有了过失，就会影响一月；一般官员有了过失，就会影响一天。如果年月日的时序没有改变，那么各种庄稼都会丰收，政治就会清明，有才能的人会得到重用，国家因此太平安宁。如果年月日的时序改变了，那么各种庄稼就不能成熟，政治昏暗不明，有才能的人得不到重用，国家因此不得安宁。民众就像星辰，有的星辰喜欢风，有的星辰喜欢雨。太阳和月亮运行，就有了冬天和夏天。如果月亮顺从群星，那么就会风雨无常。

五种幸福：一是长寿，二是富贵，三是健康平安，四是修行美德，五是长寿善终。六种不幸也就是六极：一是短命夭折，二是疾病，三是忧愁，四是贫穷，五是丑恶，六是懦弱。

采薇图卷

此画是两宋之交的李唐以伯夷、叔齐"不食周粟"的故事为题所画。图中描绘伯夷双手抱膝，目光炯然，显得坚定沉着；叔齐则上身前倾，表示愿意相随。二人均面容清癯，身体瘦弱，肉体上由于生活在野外和以野菜充饥而受到极大的折磨，但是在精神上却丝毫没有被困苦压倒。

武王姬发听了很是高兴，希望箕子能留在朝中辅佐自己。可箕子不愿做周朝的顺民，带领商朝遗老故旧一大批人，从今胶州湾东渡朝鲜，创立了箕子王朝。他将中原先进的农耕、养蚕、织作技术带入朝鲜，还制定了"犯禁八条"这样的法律条文，以至于箕子朝鲜被中原誉为"君子之国"。

姬发本着厚待商族遗民的政策，封箕子为朝鲜侯，并不把他当臣下看待。这时的箕子已经五十多岁了，在朝鲜立国四年后，箕子从朝鲜前来朝见周王。经过昔日的都城朝歌时，只见一派荒凉景象，宫室全被毁坏，遍地都是野生的麦黍，他不禁像失去孩子的妇人一般号啕大哭，几近疯狂。朝歌的殷商遗民听见后，皆动容流涕。箕子的哭诉被后人编成《麦秀歌》，诗曰："麦秀渐渐兮，禾黍油油。彼狡童兮，不与我好兮。"这里的"狡童"系指纣王，意为你那时不听我劝，如今才落得这般凄惨。

不食周粟的伯夷、叔齐

当然，也有对"遗民政策"不满意的，他们的代表就是伯夷和叔齐。

商朝诸侯之一的孤竹国君姓墨胎氏，有三个儿子，长子伯夷，幼子叔齐。孤竹君生前有意立叔齐为嗣子，可按照当时的常礼，应该由长子即位。孤竹国君死后，伯夷为了让小弟弟继位，逃跑了。可叔齐并不愿意舍弃兄弟的情谊，说什么也不继位，最后也跑了，和长兄一起过流亡生活。没办法，人们只好立了孤竹国君的二儿子继承君位。

伯夷、叔齐兄弟听说周文王姬昌治国有方，就决定投奔周氏族。半路上，他们遇到了周武王姬发伐纣的大军。原来这时姬昌已死，姬发用车拉着父亲的神位，正要和商纣王决战。伯夷、叔齐一见这阵势，大失所望，双双拉住姬发的马，哭道："父亲死了尚未埋葬，就动起武来，这能算作孝吗？以臣子身份来讨伐君主，这能算作仁吗？"姬发要为父报仇，哪里肯听他们啰唆。幸亏姜尚从旁劝解，说这兄弟是讲义气的人，杀之不祥，伯夷、叔齐才没命丧马蹄之下。

不久后商朝灭亡，虽然姬发下达了优待商族遗民的命令，但伯夷、叔齐还是认为姬发灭亡商朝是一种可耻的行径，发誓不吃周朝的粮食。但是当时各地都属于周朝了，兄弟两个便到山上采野菜充饥，边采边唱着哀伤的歌，最后双双饿死在首阳山上。

厚待同盟军

安抚了商族遗民，姬发对帮助自己灭商的同盟军——羌族，给予了王室最大的恩赐——世代通婚。

羌人本是一个强悍的民族，战斗力很强，在与商王朝的战斗中，羌人总是冲锋在前。西周王朝建立后，随同武王东征的羌族首领被封在齐、许、申、吕等地，还有一部分留在西方的羌人，一直在甘、青一带过着畜牧和游猎的生活。

羌族与周族本就是姻亲关系，当初古公亶父娶的太姜，就是羌族人。姬发的妻子也是羌女，名叫邑姜。也有史料说邑姜就是姜尚之女。羌族人多姜姓，所以很多人以此认为姜尚也是羌族人。他垂钓渭水的传说，正说明他是居住在渭水上游一带的羌族部落。而姬昌与姜尚相遇于渭水，象征着羌族与周族为了反商的共同目的，联合起来了。

继武王姬发娶了邑姜为妻后，周朝王室的康王娶了王姜为妻，懿王娶了王伯姜为妻，厉王娶了中姜为妻，宣王娶了齐姜为妻，幽王娶了申姜为妻。据考证，西周十一代王中，几乎每隔一代就要娶一个姜姓女子为妻。

周公辅政

　　武王的弟弟周公旦是孔子最崇拜的古代圣贤之一，他不惜顶着"篡位"的恶名辅佐年幼的侄儿成王，又多次平定叛乱，使周朝得以稳步发展。周公制定的礼乐制度对儒家及后世历朝历代都影响深远。曹操曾写诗赞颂道："周公吐哺，天下归心。"

周武王
周武王在统治期间，表现出卓越的军事、政治才能，成为中国历史上的一代名君。可惜在灭商后不久逝世。

宗法制的确立

姬发将周王朝定都在镐京（今陕西西安以西），后世尊称姬发为"武王"。

在周王朝，周王姬发最为尊贵，其次是贵族，包括诸侯（封国君主）、卿（政府最高级官员）、大夫（政府次高级官员）、士（武官）。再次是平民，即自由民，也被称为"庶人"。最低一级是奴隶，多是被征服部落的俘虏。

这种划分被周王朝用法律的形态加以巩固，使贵族永远是贵族，平民永远是平民，奴隶永远是奴隶。如果不安分守己，企图逾越已定的界限，就是触犯了法律，要受到严厉的制裁；同时也违反了礼教，要被人所不齿。

在这种社会基础上，周王朝以首都镐京为中心，沿着渭水下游和黄河中游划出一块广大的土地，称为"王畿"，由周王直接统治。王畿以外的所有土地则全部分封，封国的面积很小，二三十个封国联合在一起，也没有王畿大，各封国像群星捧月一样，环绕着王畿。封国的君主对封国内的平民、奴隶具有绝对的权力，对周王则每年要到都城觐见并进贡。当周王对外作战时，各封国的君主都要率领部队，听候调遣。

各封国之间地位平等，但由于封国的面积不一样，所以国君的爵位也有高低。爵位是周王朝新生事物之一，分为公、侯、伯、子、男五级。封国的王位也是世袭的，实行"嫡长子继承制度"，即以母亲的身份把所有的儿子划分为"嫡"和"庶"。在众多儿子中，只有嫡长子才是唯一有权继承爵位的人。庶子即使比嫡长子年龄大，比嫡长子有才能，也不能继承王位，即"传嫡不传庶，传长不传贤"。假使嫡长子死了，则由嫡长子的嫡长子（即嫡长孙）

西周宗法制度示意图

宗法制与国家制度相结合，是按照宗族血统的远近区别亲疏以维护贵族世袭统治的制度。宗法制萌芽于原始氏族时期，周初统治者将其系统化，并加以确立，影响了后世封建王朝的王位继承制度。宗法制实行嫡长子继承制，以防止贵族间对于权位和财产的争夺。

继承。所有庶子和嫡次子都不能问津王位。如果嫡长子没有留下后代，那么嫡次子才有可能继承王位。

周朝建立的这个宗法制度，防止了各级贵族对爵位、财产的争夺，有效维护了社会秩序，被此后的历代王朝所接受，一直到清王朝覆亡，这种宗法制度才随之消亡。

敬天保民

在辅佐武王伐纣的过程中，周公看到了残暴统治对国家长治久安的巨大危害，所以他总结了殷商王朝兴亡的历史经验和教训，对制度进行了一系列的变革和创新。

周公认为天命与人的命运是相统一的，要从民情中知天命。他提倡明德慎罚，不主张以严刑酷法统治人民，认为只有感动了上天，上天才会转而降天命保佑周王朝。《尚书·大诰》记载，周公评论周代商得天下时说："予惟小子，不敢替上帝命，天休于文王，兴我小邦周。"大意是说，我不敢违抗天意，上天护佑文王，致使周这个小国兴盛。既然周克殷是上天的意志，所以周人也就不敢放弃天命的保佑。在周公看来，周灭商并不取决于自己，而是取决于天命。他这样说有两层含义：一是要求周王谨慎治理国家，以免失去

思文后稷配天也思文后稷克
配彼天立我烝民莫匪爾极貽
我来牟帝命率育無此疆爾界
陳常于時夏

思文

籍田之礼
每年春耕前周天子都要在田边主持"籍田",表示开始破土耕田了。《诗经》中的《周颂·思文》就是一首记录这场仪式的诗。

上天护佑;另一方面是要告诫商朝遗民服从天命,接受周王的统治。

周公认为"敬天"的关键在于"保民"。周朝虽然推翻了商朝的统治,但并不能从此就一劳永逸,周朝一旦失德,也会遭到上天的惩罚。《尚书·君奭》还有一条周公的言论:"天降丧于殷,殷既坠厥命,我有周即受,我不敢知曰:'厥基永孚于休。''若天棐忱,我亦不敢知曰:其终出于不祥。'"这段话的大意是,我们周人虽然继承了原来殷人所有的天命,但是我却不敢说我们的基业能永远这样地牢固美好。

周公还强调体察民情的重要性。《尚书·无逸》上记载周公的言论说:"自殷王中宗及高宗及祖甲,及我周文王,兹四人迪哲,厥或告之曰:'小人怨汝詈汝,则皇自敬德。'"大意是说,每一个君主都应该像商王高宗武丁和周文王那样,每当体察到民众有不满情绪的时候,都不迁怒于民众,反而求诸于自己,提高自己的道德修养,这样民众才能安居乐业,国家的政治秩序才能安定。

除了敬天保民,周公还主张明德慎罚。周公认为,刑罚是国家用来维持秩序的手段,如果使用不当,就会招致民怨。商朝后期滥用刑罚,导致覆亡,是应该总结的历史教训。国家动用刑罚的目的在于惩恶扬善,所以,在使用刑罚时应该以善为怀,要设法使民众心悦诚服,就像医治自己的疾病一样对待犯罪者的过错,从而使犯罪的臣民能够改过自新。

周公一方面主张敬从天命,另一方面又强调从民情知天命,开启了中国

周公旦

周公旦原名姬旦，是武王姬发的弟弟。武王之子成王即位时年幼，由他摄政。因谥号为文，又称为周文公。他是西周时期的政治家、军事家、思想家，被尊为"元圣"。

传统文化中民本思想的先河，对儒家思想的形成产生了决定性作用。

周公摄政

姬发在位六年就逝世了，留下儿子姬诵继位。姬诵当时只有十二岁，由他的叔父姬旦摄政。姬旦是一个非常有才能的政治家，后人尊称他为周公。

《史记》载，周公自谓："一沐三握发，一饭三吐哺，犹恐失天下之贤。"周公旦辅佐周成王时，日理万机。忙的时候，吃饭、洗澡都有人打搅，但周公从没有因此而耽误公事。以至于洗头的时候，只要听说有公事需要处理，周公就握着湿头发从浴室跑出来处理，完了再回去接着洗，如此反复多次。吃饭时也是这样，刚吃进一口肉，不等嚼完又得吐出来，因为三教九流的客人来求见了，所以一饭三吐哺。封国的其他君主看到周公才能卓越，不免担心他会杀死姬诵，自己称王。于是管国的姬鲜（史称管叔）、蔡国的姬度（史称蔡叔）、霍国的姬处（史称霍叔），联合原来商朝的遗民武庚，起兵征讨周公。他们先制造谣言，散布说周公要杀死姬诵，自立为王，闹得镐京沸沸扬扬，大家都对周公产生了怀疑。

周公心里很难过，他找到召公奭，披肝沥胆地谈了一次话，表明自己绝没有野心。周公说："我所以不顾个人得失而承担摄政重任，是怕天下不稳。如果江山变乱，生灵涂炭，我怎么能对得起列祖列宗和武王对我的重托呢？"

召公奭被他这番诚恳的话感动，决定和周公合作。

周公旦和召公奭调动大军，亲自东征。临行之前，周公旦又对将要袭其爵位，到鲁国封地居住的儿子伯禽说："我是文王之子、武王之弟、成王之叔父，论身份地位，在国中是很高的了。但是我时刻注意勤奋俭朴，谦诚待士，唯恐失去天下的贤人。你到鲁国去，千万不要骄狂无忌。"嘱咐完儿子，周公旦便出征了。

周公东征

武庚一直不甘心商朝的灭亡，他看准时机，利用了武王新死、成王年幼，以及管叔、蔡叔、霍叔与周公的矛盾，纠合了东方的徐、奄、熊、盈、薄姑等过去商王朝的属国，发动了大规模的武装叛乱。

周公旦授权给太公望：各国诸侯，有不服周朝的，都由太公望征讨。这样，太公望控制了东方，周公则全力对付武庚。

这次东征前后用了三年时间，周公旦终于平定了叛乱，又有一大批商朝的贵族成了俘虏。因为他们反抗周朝，所以称他们为"顽民"。周公旦觉得让这批人留在原来的地方不大放心，又觉得镐京在西边，要控制东部的广大中原地区很不方便，于是在东面新建了一座都城，叫作洛邑（今河南洛阳），把殷商的"顽民"迁到那里，派兵监视他们。

从此以后，周朝有了两座都城。西部是镐京，又叫宗周；东部是洛邑，又叫成周。周王朝也逐步实现了对东方广大地区的控制，势力一直延伸到海边。

周公与祭祀

南宋的马和之根据《诗经·周颂·清庙之什》作画，绘有自《清庙》至《思文》的诗意画共十段（上图为局部），表现了周朝祭祀时的一系列情景。其中具体描绘周公制礼作乐时祭祀文王、天地、山川、百神的情景。每段画面前都配有《诗经》原文。

历史文献

王若曰："孟侯，朕其弟，小子封！惟乃丕显考文王，克明德慎罚，不敢侮鳏寡，庸庸，祗祗，威威，显民，用肇造我区夏越我一二邦，以修我西土。惟时怙冒闻于上帝，帝休，天乃大命文王：殪戎殷，诞受厥命越厥邦民。惟时叙，乃寡兄勖。肆汝小子封，在兹东土。"

——《尚书·康诰》

周公三诰

当年消灭商朝后，武王姬发为了"屏藩周室"，进行了一次分封，被封的异姓之国有 15 个，姬姓之国有 40 个，并向参加牧野之战的诸侯分发了商朝宗庙彝器和宝物。

周公东征后，又在武王分封的基础上，进行了第二次的大规模分封诸侯。据传周公分封的 71 国之中，姬姓子弟就占了 53 人之多。这些被封的大小姬姓诸侯，都是文王、武王和周公的后人。

分封之后，周公又制定了许多政策，其中最有名的是《康诰》《酒诰》《梓材》三篇诰文。

《康诰》

《康诰》是写给康叔的，即武王和周公旦最小的弟弟姬封，目的是安定殷民。

康叔被封在黄河、淇水之间的殷墟，得到了大批的商人奴隶，建国号"卫"，"康"则是姬封的谥号。因为这里过去是商王朝活动的中心地带，因此周公旦很担心康叔年纪轻，没有经验，因此一再告诫他，定要向殷朝遗民中有威望的贤人请教，问问他们殷朝是怎样兴起，又是怎样灭亡的。要经常吸取这些教训，但最根本的一条是要爱惜民力。

在《康诰》中，周公旦殷切地对年轻的弟弟说道："你要好好考虑！现在臣民都在看着你，是否恭敬地遵循父亲文王的传统，依据他的遗训来治理国家。你到殷地后，要广泛了解殷商遗民的心态，懂得怎样使他们顺服。另外，你还要访求古时圣明帝王的治国之道，使臣民得以安宁。要比天还宽宏，使臣民体验到你的恩德，不停地完成王命。年轻人啊！治理国家要经受痛苦的

西周　折觥

折觥是一种盛酒器。此器出土于陕西扶风，属于西周早期。觥体呈长方形，分为盖与器身两部分，前有流，后有鋬。此觥盖的头端做成长有曲角的兽形。盖内、器身都铸有铭文，共计六行四十字。

磨难，可要小心谨慎啊！威严的上天辅助诚心的人，这可以从民心表现出来，小人却难以治理。你去那里要尽心尽力，不要贪图安逸享乐，才能治理好臣民。我听说：'民怨不在于大，也不在于小；要使不顺从的人顺从，使不努力的人努力。'年轻人，你的职责重大，我们君王受上天之命来保护殷民，你要协助君王实现上天之命，革新改造殷民，谨慎严明地施用刑罚。如果一个人犯了小罪，而不是过失，还经常干一些违法的事，那么虽然他的罪过最小，却不能不杀。如果一个人犯了大罪，但不是一贯如此，只是由过失造成的灾祸，这是偶然犯罪，可以按法律给予适当处罚，但不应把他杀掉。如果你能照着这样去做，就会使臣民顺服，臣民就会互相劝勉，和顺相处。要像医治病人一样，尽力让臣民抛弃自己的过错。要像护理孩子一样保护臣民，使他们健康安宁。除了你可以惩处人，任何人都无权惩罚人、杀人。除了你可以下令割罪人的鼻子和耳朵外，任何人都不能施行割鼻断耳的刑罚。你宣布了这些法律后，要依据它们来惩治罪犯。根据殷商的刑罚来判罪时，该用刑的就用刑，该杀的就杀掉，不要照你个人的意志来行事。如果完全按照个人的意志行事才叫顺从，那么就没有顺从的事。唉！虽然你还是个年轻人，但我的心愿和德行，只有你才能了解。"

康叔到卫国后，果然小心谨慎地按照周公的办法行事，得到了不少殷朝旧贵族的支持。由于康叔治理卫国很出色，成王亲政后，康叔被提拔为周王朝的司寇，并得到了周王朝车、帛、旗、钟等许多礼、乐器和财宝的赏赐。

《酒诰》

《酒诰》是周公旦针对殷民饮酒成风而写的。酿酒要用去大量粮食，这种饮酒风气在以农业起家的周人看来，简直无法容忍。周公旦宣布，只有在祭祀庆典的时候可以喝一点酒，像纣王那样群饮烂醉是不被允许的，一旦发现要严加惩处。

周公旦在《酒诰》中这样说道："现在要在卫国宣布一项重大命令。你那尊敬的先父文王，在西方创建了我们的国家。他从早到晚告诫诸侯国君和各级官员说：'只有祭祀时才可以饮酒。'上天降下旨意，劝勉我们的臣民，只在大祭时才能饮酒。上天降下惩罚，因为我们的臣民犯上作乱，丧失了道德，这都是因为酗酒造成的。那些大大小小诸侯国的灭亡，也没有哪个不是由饮酒过度造成的祸患。文王还告诫担任大小官员的子孙们说：'不要经常饮酒。'并告诫在诸侯国任职的子孙：'只有祭祀时才可以饮酒，要用道德来约束自己，不要喝醉了。'文王还告诫我们的臣民，要教导子孙爱惜粮食，使他们的心地变善良。要好好听取祖先留下的这些训诫，发扬大大小小的美德。人们啊，你们要一心留在故土，用你们自己的手脚，专心致志地种好庄稼，勤勉地侍奉你们的父兄。努力牵牛赶车，到外地去从事贸易，孝敬和赡养你们的父母亲；父母亲一定很高兴，会自己动手准备丰盛的饭菜，这时你们可以饮酒。各级官员们，希望你们经常听从我的教导。只要你们能向老人和国君进献酒食，你们就可以酒足饭饱。只要你们能经常反省自己，使自己的言行举止合乎道德，你们还可以参与国君举行的祭祀。如果你们自己能限制饮酒作乐，就可以长期成为君王的治事官员。这也是上天赞美的大德，王室将永远不会忘记你们是臣属。"

从周公旦发布的这篇戒酒令中，我们仿佛读出了这样一个信息：人们对酒的偏好已到了难以收拾的地步，尤其是王公贵族和政府官员，酗酒误国，放纵得失去了控制，狂欢得忘乎所以，因此周公才要严令禁酒。

《梓材》

《梓材》是一篇提倡"明德"的诰文，要求人们彼此和睦相处，不要互相残害、虐待，无论君王还是百姓，都要勤勉从事自己的工作。

就这样，康叔控制了殷商遗民的七族，即陶氏、施氏、繁氏、祺氏、樊氏、饥氏、终葵氏，使他们都成为卫国的臣民。康叔建都朝歌（今河南淇县），从此努力发展生产，王国一度十分富足。不过，因为卫国处在周王朝的北方，与狄为邻，常遭到狄人的入侵，多次迁都，因此一直没能强大起来。

十世周王

从周成王即位开始，西周王朝共传十世十一王，在这近三百年间，经历了由盛而衰的过程。在这期间，既有穆天子西征的传奇，也有孝王自立引发的争议；既有因不得民心引发"国人"暴动而导致的厉王被逐，也有回光返照般的"宣王中兴"。

晋祠圣母殿侍女
这是位于山西太原的晋祠圣母殿中的彩塑侍女像。晋祠是为纪念周武王次子叔虞而建的。圣母指周武王王后邑姜，她被当地人奉为晋水水神，天旱时前来祭祀。彩塑圣母坐像居正中，端庄气派，周围有众多女官、侍女环绕。

成康之治

在姬诵满二十岁的时候，周公旦将政权交还了姬诵，并继续辅佐他，进一步巩固西周政权。随后，姬诵在周公治理的基础上，完善了畿服制、外服制、国野制、礼乐制等，使得社会繁荣，经济发达。姬诵因此被后人尊称为"成王"。

成王守信

周公旦摄政的时候，周成王姬诵除了学习，就是和弟弟姬虞（又称叔虞）一起玩耍。

一日，兄弟俩在宫中的一棵梧桐树下玩，秋风吹来，梧桐树上的叶子纷纷飘落。成王一时兴起，便从地上捡起一片梧桐叶，用小刀切成一个"圭"的形状，随手将它送给了弟弟，以玩笑的语气对他说："我要封给你一块土地，这个就是信物。"

姬虞很高兴，拿着这片梧桐树叶做成的"圭"给周公旦看。周公旦听了姬虞的诉说，立刻换上礼服，到宫中去向成王道贺，而成王却一头雾水，不知所以。

周公旦说："臣刚刚听说，您册封了虞。这是大事啊，我怎能不赶来道贺呢？"

"哦……"成王恍然，忍不住哈哈大笑道："那只不过是我和虞闹着玩的。"

不料，周公旦立即收起笑容，正色道："无论是谁，说话都要以'信'为重。身为天子，说话更是不能随随便便！倘使天子也罔顾信义，又如何让百姓信服呢？"

天作祀先王先公也天作高山
大王荒之彼作矣文王康之彼
徂矣岐有夷之行子孙保之

天作

励精图治

这幅画是依据《诗经》中的《周颂·清庙之什·天作》而画的。《天作》是一首祭祀岐山的诗,事实上它是将大山、大路等象征为建国和治国,诗中宣扬要发扬先祖的精神品质,整首诗显示出了积极向上的精神风貌。

这番话让成王羞愧难当,立即正式昭告,将弟弟姬虞册封在了唐地。

姬虞与成王姬诵是同父同母的亲兄弟,他们的母亲就是邑姜。据说当初邑姜怀孕的时候,梦见天帝对自己说,我给你的儿子命名为虞,将来在唐地兴国立业,那里是参宿的分野,他将在那里繁育自己的子孙。及至胎儿出生,手上果然有一个虞字,因而就命名为虞。

神奇的出生当然是传说,但成王赐圭封唐地并不是子虚乌有。成王八年,周公旦刚计划把首都从镐京迁到成周,准备出兵东征淮夷各部落时,地处黄河东部地区的唐国发生叛乱,威胁着周朝在河东地区的统治。于是周公旦率兵讨平唐国叛乱,迁其民于杜(今陕西西安东南),并徙周王室子孙于唐地。两年后,还是少年的姬虞即被周成王分封到唐做了诸侯。有学者考证说,剪桐封弟当为剪唐封弟,因为古代唐桐同音,周公翦灭古唐国,成王才把自己的弟弟封于唐。

据《左传·定公四年》记载,周成王在盛大的册封典礼上,曾封赠给姬虞许多名贵的器物,"命以唐诰而封于夏墟,启以夏正,疆以戎索"。

所谓"启以夏正,疆以戎索",就是用夏政去教导夏民,以戎法治理戎人。这是周天子给姬虞规定的施政方针。由于唐国地处夏人的故地,四周遍布戎狄部落,又由于唐地的叛乱刚刚平定,局势动荡不安,当然应该从实际

《周礼》书影

周公作《周礼》,《周礼》是三礼（《周礼》《仪礼》《礼记》）之一。《周礼》内容极其广泛,邦国建制、政法文教、赋税度支、膳食衣饰、礼乐兵刑、农商医卜、寝庙车马、各种名物、工艺制作、典章、制度,无所不包,堪称上古文化史之宝库,为儒家大典之一。

召公奭

召公任太保,与周公一起辅佐周成王,支持周公摄政和平定叛乱。召公把自己的辖区治理得政通人和,因此受到人们的爱戴。传说他曾在一棵甘棠树下办公,后人为了纪念他,舍不得砍伐此树。他亡于周康王二十六年,据说活了九十五岁。

出发,因地制宜,因势利导,以夏戎之政治夏戎之地,以夏戎之法理夏戎之民。其具体内容就是维护夏代以来传统的政治制度和风俗习惯,暂不实行周公所制定的那一套新的礼乐制度和井田制度。

姬虞受封后,执行了上述既定方针,一年之后即见成效,农业、牧业都得到发展,政绩斐然可观。于是"感召"上天,出现了禾稻"异亩同颖"的祥瑞,即稻谷丰收,长出特别高大丰硕的植株"嘉禾",姬虞因此受到周成王的嘉奖和周公的赋诗歌颂。

周公作《无逸》

据说,在周公摄行国政的时候,一次成王得了很重的病,周公十分着急,为成王向上天祈祷,表示愿意用自己的生命换取成王的健康。一番虔诚祈祷后,周公得到了吉祥的卦辞,便把自己的祷词悄悄收了起来。

成王继位后,身边总有人说周公旦的坏话,渐渐引起了成王对周公旦的怀疑。周公旦不愿辩解,偷偷离开了王都。一个偶然的机会,成王看到了周公旦在自己生病时向上苍祈祷的祷词,这才明白周公旦的赤诚之心,为自己误听谗言而懊悔。成王急忙派人把周公旦请了回来,当面认罪,比以前更加尊重这位叔父。

周公旦为了告诫成王要知"稼穑之艰难",不要纵情于声色、安逸、游玩和田猎,特作《无逸》,希望成王以殷商的灭亡为前车之鉴,时时警戒自己不要放纵。

周公在《无逸》中这样说道:

"啊!做官的人不要让自己的生活过得太舒服了,首先要知道农业生产的艰辛再追求舒适的生活,那么就会知道人民的痛苦。看那些民众,他们的父母很艰辛地干农活,而儿子们却不知道农业生产的艰辛,于是过着舒适的生活并变得俗野。时间长了,甚至就看不起父母,并说:'老年人没有一点见识!'

"我听说,从前在殷王中宗时,他庄重谨慎,用大命衡量自己,很小心地管理民众,不敢有所怠慢和安乐。所以中宗的在位年数有七十五年。高宗时,他长时间在外与民众一起劳动,于是和民众生活在一起。等到他执掌国

历史文献

　　王出在应门之内。太保率西方诸侯入应门左，毕公率东方诸侯入应门右，皆布乘黄朱。宾称奉圭兼币，曰："一二臣卫敢执壤奠。"皆再拜稽首。王义嗣德，答拜。……群公既皆听命，相揖，趋出。王释冕，反，丧服。

——《尚书·康王之诰》

家，要为帝王行丧礼，他三年不谈论政事。他只是不去谈论，但一说起来就非常好。不敢怠慢和过舒适的生活，国家安定和睦。从民众到大臣，没有怨恨他的时候。所以高宗在位的年数有五十年。在祖甲时，他认为做帝王是对他哥哥不义的行为，长期以平民身份生活。等到他执掌国家时，知道了民众的悲苦，能够保护民众，对他们施加恩惠，不敢看不起和漠视死了妻子的男人和死了丈夫的女人。所以祖甲在位的年数有三十三年。从这以后的帝王都是生下来就有舒适的生活条件。一生下来就过得很舒服，就不知道农业生产的艰辛，不关心民众的悲苦，只会活得过度舒适和放纵。从这以后，也就没有能够在位长久的国君了，有的在位十年，有的七八年，有的五六年，有的三四年。

　　"啊！看来也只有周朝的太王、王季能够使自己谦虚谨慎了。文王穿粗劣的衣服从事平整道路和农业生产。善良仁慈恭敬，爱护民众，施加恩惠，好好地对待丧妻与丧夫的人。从早上到太阳偏西，都没有时间吃饭，这样使民众过得和睦开心。文王不敢用各个国家的赋税来游玩打猎。他受命做诸侯时已经是中年，在位年数有五十年。

　　"从今以后，成王你继承君位，不要用民众的赋税过度观赏，过度舒适，过度游玩，过度打猎。不要很随便地说：'今天就让我玩玩吧。'这不是教训民众，顺从上天的做法，这样的人是会有过失的。不要像纣王那样放纵安乐，喝酒没有节制啊！

　　"我听说，古人还互相告诫，互相爱护，施加恩惠，互相教诲，民众没有互相欺骗的。不是这样的话，臣下就会顺着他的意思行事了。那就变乱了先王的政治法度，从小法到大法，民众就要心中怨恨，嘴里诅咒。

　　"从殷王中宗到高宗到祖甲再到我们的周文王，这四个人都十分明智。有人告诉他们说：'民众怨恨你骂你。'那么他们就更加敬重道德。有人告诉他们有过错后，他们说：'我的过错的确是这样啊！'不敢有怨气。如果我们不这样做，人们就会互相欺诈。有人告诉你说：'民众怨恨你骂你。'你就会相信，那么到那时，你不多考虑国家的法度，气量会不宽广，胡乱定罪，杀害无辜的人。结果是老百姓的怨恨就会汇合在一起，聚集到你的身上。

"啊！成王，你继承君位要以这个为借鉴啊！"

三年后，周公旦病重离世，临死前说道："我死之后一定要葬在成周，让大家都知道，我是永远都臣服于成王的。"成王很是悲伤，将周公旦葬在了文王的墓地旁，说道："我不敢以周公为臣。"

《康王之诰》

成王亲政后，对周公旦的教诲一直不敢忘记，远离骄奢淫逸，小心谨慎地治理国家。加上周王朝经过了周公旦的多年经营，被分封的各国诸侯也已成为周王朝的"藩屏"，因此成王时天下很是安定。不但农业生产有了很大的发展，周边的一些少数民族部落也和周王朝保持着友好的往来。

成王在位三年多便得病死了，儿子姬钊继位，史称康王。康王继位后，因为要先给父亲守孝，所以把政事都交给了大臣。在移交政事前，他还对臣子们进行了一番训话，这就是有名的《康王之诰》：

王走出祖庙，来到应门内。太保召公率领西方的诸侯进入应门左侧，毕公率领东方的诸侯进入应门的右侧，他们都穿着绣有花纹的礼服和朱黄色的蔽膝。赞礼的官员传呼进献命圭和贡物，诸侯走上前说："王室的护卫向王奉献土产。"诸侯都再拜叩头。王依礼辞谢，然后升位答拜。

太保召公和芮伯一同走向前来，互相作揖后，又一同向康王再拜叩头。他们说："恭敬地禀告天子，伟大的天帝更改了大国殷的命运，我们周国的文王、武王大受福祥，能够安定西方。新逝世的成王，赏罚完全合宜，能够成就文王、武王的功业，因此把幸福普遍地留给我们后人。现在王要敬慎啊！要加强王朝的六军，不要败坏我们高祖的大命！"

康王说道："侯、甸、男、卫的各位诸侯！现在我姬钊答复你们的教导。先君文王、武王很公平，仁厚而不滥施刑罚，致力实行忠信，因而光辉普照天下。还有像熊罴一样勇武的将士，忠贞不渝的大臣，安定治理我们的国家，因此才被上帝加以任命。上天顺从先王的治理之道，把天下交给先王。先王于是命令分封诸侯，树立蕃卫，眷顾我们后代子孙。现在我的几位伯父希望你们互相爱护顾念，继续如你们的祖先臣服于先王那样。虽然你们身在朝廷之外，你们的心不可不在王室，要辅助我得到吉祥，不要把羞辱留给我！"

众位大臣都听完了命令，互相作揖，快步走出。康王脱去吉服，返回居丧的侧室，穿上丧服，继续为父亲服丧。

三年后，康王开始亲自打理政务。他生活比较节俭，处理政事也很专心。

据说当时晋侯修了个漂亮高大的宫殿，结果受到了康王严厉的斥责。据《史记》记载，"成康之际，天下安宁，刑错四十余年不用"。后世因此也把西周的这一段繁荣时期称为"成康之治"。

讨伐鬼方

周康王在位的第二十五年，北方的一个游牧民族鬼方再次强大起来，时常南下侵扰。周初，武王灭商后曾将鬼方部落放逐至泾、洛（今陕西泾河、洛河）以北，令其按时入贡。后来周公旦忙于平定三叔和武庚的叛乱，一度放松了对西北方的控制，鬼方部落乘机发展起来，经常对西周的西北边境进行侵扰，威胁周都镐京。经过二十余年的经营，周朝的经济有了很大发展，为了消除边患，周康王下令进攻鬼方，消灭这个多年的隐患。

经过两次大规模作战，周军斩杀鬼方部落四千多人，俘获了大批战俘，还缴获了很多车马和大量牛羊。鬼方的残余势力向西逃窜，周王朝的西北边境得以安宁。

康王时期的繁盛，从出土的大盂鼎上可见一斑。大盂鼎高 101 厘米，口径约 77 厘米，圆形，立耳，深腹，三柱足，颈及足上部饰兽面纹，是康王时贵族盂所作的祭器。造型雄浑，工艺精湛，内壁铸有铭文十九行，共 291个字。

西周　大盂鼎

大盂鼎的铸造者是西周康王时的大臣盂，所以得名大盂鼎。鼎的纹饰简朴大方，内壁铭文内容大致说明商亡周兴的原因，表示康王要以文王为典范，告诫盂也要以祖父南公为榜样；同时记载了康王赏赐盂并对他进行告诫；最后说明盂作此宝鼎以祭祀其祖父南公。

这件青铜礼器据说在清代道光初年（1821 年）于陕西岐山礼村出土，铭文记述了康王命盂管理兵戎，并赐给香酒、命服、车马及一千七百余名奴隶的事。大盂鼎出土之初，为岐山豪绅宋金鉴所有。后因其家道中落，此鼎被后人以七百两银子转让到西安。后来又曾一度为左宗棠所有，数年后为答谢潘祖荫的厚恩，左宗棠以此鼎相赠。此后大盂鼎便成为潘的传家之宝，供于苏州潘家大堂。1952 年潘氏后人将其献给国家，现藏于中国国家博物馆。

大盂鼎的铭文记述道：九月，王在宗周册命盂。王这样说："伟大英明的文王承受了上天佑助的重大使命。到了武王，继承文王建立了周国。排除了那个奸恶，普遍地保有了四方土地，长久地治理着百姓。办事的人在举行饮酒礼的仪式上，没人敢喝醉，在举行柴、燎一类的祭祀上也不敢醉酒。所以天帝以慈爱之心给以庇护，大力保佑先王，广有天下。我听说殷朝丧失了上天所赐予的大命，是因为殷朝从远方诸侯到朝廷内的大小官员，都经常酗

历史细读

　　西汉毛亨为《诗经》作的注中曾说,《关雎》并不是一首描写男子向心仪的女性求爱的诗歌,它的作者是西周康王的夫人,而这首诗所宣扬的是后妃之德。原来有一天,周康王没有早朝,周康王的夫人认为是当日侍寝的妃子之错,于是便作了这首诗,希望为周康王寻觅一位贤良淑德的女子。

酒,所以丧失了天下。你年幼时就继承了先辈的显要职位,我曾让你就读于我的贵胄学堂,你不能背离我,而要辅佐我。现在我要效法文王的政令和德行,犹如文王一样任命两三个执政大臣来任命你,你要恭敬地协调纲纪,勤勉地早晚入谏,进行祭祀,奔走于王事,敬畏上天的威严。"王说:"盂,一定要效法你的先祖南公。"王说:"盂,你要辅助我主管军队,勤勉而及时地处理赏罚狱讼案件,从早到晚都应辅佐我治理四方,协助我遵行先王的制度治理民众和疆土。赏赐给你一卣香酒、头巾、蔽膝、木底鞋、车、马;赐给你先祖南公的旗帜,用以巡狩;赐给你邦国的官员四名,人众自驭手至庶人六百五十九人;赐给你异族的王臣十三名,夷众一千零五十人,要尽量让这些人在他们所耕作的土地上努力劳动。"王说:"盂,你要恭谨地对待你的职事,不得违抗我的命令。"盂颂扬王的美德,制作了纪念先祖南公的宝鼎。

　　大盂鼎的书法体势严谨,字形、布局都十分质朴平实,用笔方圆兼备,具有端严凝重的艺术效果,是西周早期金文书法的代表作。由此可见,成康时期的西周王朝不但富庶,青铜铸造业也取得了长足进步。

周室始衰

　　到了昭王、穆王以后,周室便开始衰弱了。周昭王向南用兵,征伐徐楚,穆王时期,又出征犬戎,连年兴师动众,劳民伤财,给周人带来了沉重的负担,经济上渐渐难以支持。到了周共王时,为了表示赏罚分明,他不得不将都城附近的土地陆续分封给诸侯和大夫,自己直接支配的地域越来越小,收入也越来越少,周王朝开始衰落下去。

牛尊

此牛尊造型很奇特，尊背上的盖子上立有一虎作为盖子的把手，而牛尾则转化为提柄，牛嘴处有流，它属于乘酒器。现在出土的很多青铜器都是以家畜作为造型，可见当时畜牧业的发展。

昭王南征

康王死后，儿子姬瑕继位，史称周昭王。这位周王自幼生长在王宫中，哪里知道创业守成都非易事，他只见到父王在宫中一坐，就有文臣武将去听命办事；外邦诸侯年年纳贡，岁岁来朝，似乎并不费什么力，就觉得这天子当起来也很容易。于是自幼养尊处优的昭王只喜欢奇花异草、飞禽走兽，只要有人献上这些玩物，便给予高官厚禄。

对于周王的搜刮，一些部落渐渐流露出不满。周昭王本来就看不起蛮荒地带的小部落，因此连年用兵，获得了不少财富和奴隶。

周昭王十六年，昭王率军对东夷各国（今山东、江苏、安徽一带）进行军事威慑。东夷对周王朝时服时叛，当年经周公、成王东征，周王朝的势力东扩了不少，但淮夷、徐夷仍倔强不服。这年以楚国为首的方国部落进犯周朝疆土，昭王在成周集结大军，准备南征楚荆。为了稳定后方，先向东夷进兵。夷国见众寡悬殊，纷纷归顺。至昭王伐楚时，东夷、南夷有二十六个邦国前来臣服朝见，加强了周王朝对东夷诸国的控制，同时也孤立了楚国。

南方楚国的国王，在周成王时曾被封为子爵，但实际上，周王朝是很看不起楚国人的。据说有一次，成王与各国诸侯会盟，各国都要为祭祀做准备，供应一些必用品和特产。楚国为会盟准备的，不过是滤酒用的香草，以及祭祀山川时用的木杆。周成王很是不屑，因此取消了楚国正式参加会盟的资格。

也许是这件事刺激了楚国国君，在随后的日子里，楚国大力发展生产，开辟了许多蛮荒之地，国力一天天增大。周王朝却依然对楚国保持蔑视的态度。

看到这个蛮夷之国也练兵图强，还不断扩充领地，周昭王决定要给它点颜色看看。昭王十六年，周王朝的伐楚大军渡过了汉水，不但重创了楚国军队，还捕获到一头大野牛，被看作是非常吉祥的事。

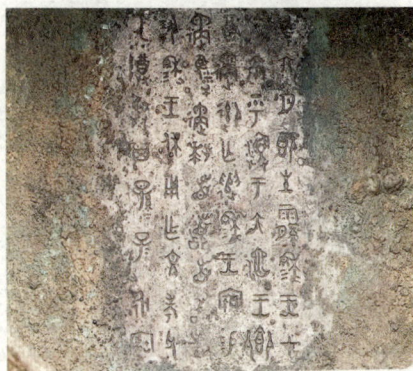

西周　通篮

此通篮属于西周中期的作品，高 17.5 厘米，口径 19 厘米，其年代大约铸造于西周穆王年间。器身有简素的水平直条纹。

三年后，昭王可能又想要一头大野牛了，决定再次南征。他亲自披挂上阵，率领大军，浩浩荡荡地前去伐楚。楚国人无缘无故遭到周王朝的蔑视和征伐，人人气愤。

在周昭王要南渡汉水的时候，不但河边一只船也没有，就连附近的村庄里也没有船。昭王断定是山野村民故意跟周军作对，就把他们抓来，命令他们在三天之内，造出三十条船来，交付周军使用。第三天中午，村民不但送了一条大船给昭王，还送来三十多条新船。昭王很是得意，下令渡河。不料船刚划到河中心，竟都漏起水来，船上的一片片木板纷纷脱落，昭王和他的军队连同车马财物，都掉进了湍急的流水中。

原来，当地的百姓早就恨透了昭王的无端征伐，因此用树胶把一块块木板粘合到一起做成船，船行到水中间，粘船的胶便被水溶化，船自然就散架了。就这样，坐在船上的周昭王掉进水里，被淹死了。他带去的大队人马也被楚人打得七零八落。

周王朝对这次伐楚的惨败讳莫如深，对昭王的惨死更是不愿提及，因此史书里关于这次军事行动的记载只有七个字"昭王南巡狩不返"。忌讳莫深的周人不但把南征说成巡狩，还煞有介事地说是因为楚国派来了一个使者，声称楚王得到了一只珍贵的白雉，有心到镐京朝见贡献，但因路途遥远，白雉又极难饲养，怕白雉万一死在途中，因此犯下欺君之罪，所以请天子屈驾前往，昭王因此才决定南巡的。

穆王制刑

昭王死后，他的儿子姬满继承了王位，这就是历史上著名的旅行家——周穆王。

因为昭王南征的失败，一些少数民族部落纷纷拒绝再向周王朝纳贡。在西方，刚刚强大起来的犬戎部落便是其中之一。就这样，周穆王不顾大臣们的反对，以犬戎不按时供应贡品为由，对他们进行了征伐。

这一次西征取得了胜利，得到了犬戎进贡的四只白狼和四只白鹿，还得到了一把锋利的宝刀。据说这把刀割玉如同切泥团一样容易。为了加强对犬戎的控制，周穆王把犬戎部落的五个王都抓回来做了俘虏，还把他们的一部分人迁到了太原（今甘肃镇原一带）居住。周穆王东攻犬戎胜利后，在涂山（今安徽怀远东南）会合诸侯，巩固了周王朝在东南的统治。

消除了诸侯的反叛，穆王开始对内部进行训导。他亲自制定了墨、劓、膑、宫、大辟五刑，其细则竟达三千条之多，像额上刺字、割鼻、砍脚等，都十分普遍。

应该说，周穆王做君王是很有"忧患"意识的，他在任命官员时，常说自己的心情为"若蹈虎尾，涉于春冰"，也就是他内心的忧虑危惧就像踩着虎尾和走在春天的冰上。对于朝廷官员，周穆王对他们都提出了三点建议。首先是"尔身克正，罔敢弗正。民心罔中，惟尔之中"，这是对臣子自身的要求，即自身能正，人民不敢不正。民心没有标准，只考虑你的标准；其次，周穆王提醒大臣们，做官应该注意五种弊端："五过之疵：惟官，惟反，惟内，惟货，惟来。其罪惟均。"也就是说，做官有五种弊端需要注意：畏权势，报恩怨，谄媚内亲，索取贿赂，受人请求。有这五种弊端的官员，其罪与罪犯相同；最后一点则是周穆王对自己说的：选材要慎重。不要任用巧言令色、阿谀不端的人，要任用贤良之士。如果不是任"才"为亲，而是任"财"为亲，就会败坏国家。

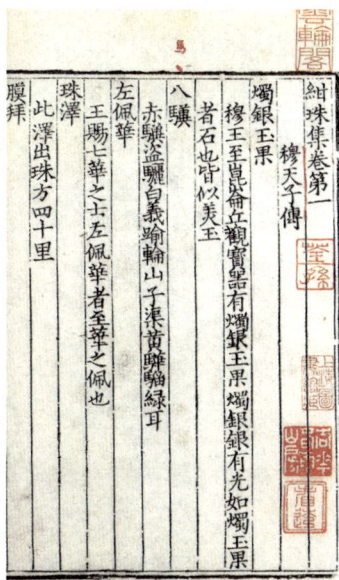

《穆天子传》书影

《穆天子传》主要内容是记录周穆王西巡的史事。在这部具有神话色彩的书中，记载了周穆王在位五十五年之间南征北战的盛况，事件的时间有日月可寻。体例应属于编年，与后世的起居注类似。

穆王西行

国内形势稳定了，周穆王也开始完成他周游天下的梦想。据说他乘坐着由八匹骏马拉着的车子，日行千里。于是一个充满神话色彩的"穆王西行"的故事便从此流传开了。

周穆王叫造父替他驾着高大的马车，带了大批随从，就这样浩浩荡荡地出发了。他从北方转到西方，见到了水神河伯，他游览黄帝的宫殿，在赤乌族接受了赤乌人奉献的美女，在黑水封赏了殷勤接待他的长臂国人等。最后，到了大地的西极——昆仑山，见到了思慕已久的西王母。

西王母在瑶池设下筵宴，盛情款待周穆王。周穆王将白色的圭、黑色的璧，还有一些彩色的丝带当作礼物献给西王母。西王母心中高兴，在酒席筵前，唱了一支不用乐器伴奏的歌，歌道："白云高高悬在天上，山陵的面影自然显现出来。你我相去，道里悠远，更阻隔着重重的河山。愿你身体健康，长生不死，将来还有再来的一天。"

王母庆寿图

此通屏的作者是清代画家王文亭，所选的题材是西王母蟠桃会。在《穆天子传》中记载了周穆王西行至于西王母的邦国，和西王母宴饮的神话故事。

周穆王十分高兴，也唱歌回答道："我回到东方的国土，定把诸夏好好地治理。等到万民都平均了，我又可以再来见你。要不了三年的时光，又将回到你的郊野。"

周穆王驾着车子，登上崦嵫山的山顶，叫人在山上树立了一块大石碑，石碑上刻写了他见西王母的事迹，题额上还刻了几个大字，叫作"西王母之山"。石碑的两旁又种了几棵槐树，穆王也亲自执锸于壅上种了一棵，作为和西王母友谊的纪念。临到分别之际，西王母忧伤地赋了一首诗，以表达她对周穆王的惜别之情和期望之意。诗云："自从我来到西方，就住在西方的旷野；老虎豹子和我同群，乌鸦喜鹊与我共处。我守着这一方土地而不迁移，因为我是华夏古帝的女儿；只可怜我的那些善良的人民呀，他们又将和你分别，不能跟着你去。乐师吹奏起笙簧，心魂在音乐翱翔；万民的君主呀，只有你是上天的瞩望。"

与西王母相约要再次相聚后，周穆王才恋恋不舍地返回。

至于周穆王为什么选择去西方游玩，据说是有一年，从西方的一个很远的国度，来了一个很会变戏法的人，人称"化人"。这化人本事很高，他跳进火里却不伤毛发，还能跃上高空站立云端，能将一座城市从东方搬到西方，会轻松自如地穿墙进壁等。穆王简直将他看作是天神下凡，对他是言听计从。

一天，化人邀请穆王到他的家乡去玩，穆王便拉着他的衣袖，腾空而起，一直飞到了化人居住的地方。这一下，穆王真是大开眼界了。这里的宫殿金碧辉煌，庄严灿烂，到处镶嵌着珍珠和美玉。穆王在这里所受的款待，无论是眼睛里看的、耳中听的、嘴里尝的，都绝非人间所有。后来化人又请穆王另到一处，只见各种各样美丽的光影和绚丽夺目的色彩，把眼睛都炫耀花了；又听见各种各样悦耳动听的音乐，把心神都震荡得迷乱陶醉了。穆王被所见所闻弄得心神不定，便不敢久留，请求化人带他回去。化人用手将穆王轻轻一推，穆王便从半空中坠落下来，猛地醒了，发觉自己还好端端地坐在宫殿里，左右一切如故。穆王心中奇怪，便问左右的人："刚才我到哪里去了？"左右的人回说："并没到哪里去，只不过睡了一觉。"这时，旁边坐着的化人开口道："我和王只是去神游了一番，根本无需身体动弹哪！"这一下，穆王尝到了神游的甜头，不禁游兴大发，心想神游都如此有趣，那真正的游玩更不知有趣多少倍呢！于是，穆王一心想驾着他那八匹骏马拉的车子，真正去西方走一遭。

周穆王遨游天下，眼界开阔，心胸舒畅，再加上各国进贡给他的宝物，使得他活了一百零五岁才寿终正寝。

造父学御

那位给周穆王驾车的造父，相传是伯益的九世孙。

周穆王见到西王母后，乐而忘归。这时徐国（今江苏宿迁东南）徐偃王趁机造反，穆王得知后非常着急。在此关键时刻，造父驾车日驰千里，使周穆王迅速返回了镐京，及时发兵打败了徐偃王，平定了叛乱。由于造父立了大功，周穆王便把赵城（今山西赵城西南）赐给他，自此以后，造父族就称为赵氏，为赵国始祖。据说，造父一开始向泰豆氏学习驾车，对老师十分谦恭有礼貌。可一晃三年过去了，泰豆氏却什么技术也没教给他，造父仍然恭敬地对待老师，丝毫不懈怠。

这时泰豆氏才对造父说："擅长造弓的巧匠，一定要先学会编织簸箕；擅长冶金炼铁的能人，一定要先学会缝制皮袄。你要学驾车的技术，首先要跟我学快步走。如果你走路像我这样快了，你才可以手执六根缰绳，驾驭六匹马拉的大车。"造父赶紧说："我保证一切按老师的教导去做。"

于是泰豆氏在地上竖起了一根根的木桩，铺成了一条窄窄的仅可立足的道路，然后踩在这些木桩上，来回疾走，快步如飞。造父照着老师的示范刻苦练习，仅用了三天时间，就掌握了快步走的全部技巧和要领。泰豆氏不禁

西周 史墙盘

史墙盘是西周时著名的青铜器，出土于陕西扶风。内底铸写的文章使用四言句式，与《诗经》相似，措词工整华美，有较高的文学价值。铭文字体已有后世小篆的笔意。铭文前半颂扬西周诸王的政绩，后半记述墙的家史，是研究西周历史的重要史料。

赞叹道："你是多么机敏灵活啊，竟能这样快地掌握快行技巧！凡是想学习驾车的人都应当像你这样。从前你走路是得力于脚，同时受着心的支配；现在你要用这个原理去驾车，为了使六匹马走得整齐划一，就必须掌握好缰绳和嚼口，使马走得缓急适度，互相配合，恰到好处。你只有在内心真正领会和掌握了这个原理，同时通过调试适应了马的脾性，才能做到在驾车时进退合乎标准，转弯合乎规矩，即使跑很远的路也尚有余力。

真正掌握了驾车技术的人，应当是双手熟练地握紧缰绳，全靠心的指挥，上路后既不用眼睛看，也不用鞭子赶；内心悠闲放松，身体端正坐直，缰绳不乱，马蹄落地不差分毫，进退旋转样样合于节拍。如果驾车达到了这样的境界，车道的宽窄只要能容下车轮和马蹄也就够了，无论道路险峻与平坦，对驾车人来说已经没有什么区别了。这些就是我的全部驾车技术，你可要好好地记住它！"

泰豆氏重视基本功的训练方法，终于让造父成为西周驾车最好的人。他强调苦练基本功的极端重要性，也为后人所称道。

史墙盘——昭王与穆王的见证

关于周昭王和穆王的这一段历史，1976 年冬天在陕西扶风县出土的青铜器中，得到了有力的印证。

在众多出土的器皿中，史墙盘的铭文是最多的，共有 18 行，284 字。这件精美的器具是西周微氏家族中一位名叫"墙"的人，为纪念其先祖而作的铜盘，因作器者墙为史官而得此名。此盘造型规整，纹饰精美，敞口、浅腹、圈足，腹外附双耳；腹部饰凤鸟纹，圈足部饰两端上下卷曲的云纹，全器纹饰以云雷纹衬地，显得清丽流畅。

史墙盘的铭文分成两段，前一段铭文的大意是："古代的文王，初步做到了政事和谐，上天降给他各种美德，使他控制了各个方面，天下万国都服从了他的统治。武王神勇无比，征伐四方，殷朝一些有远见的大臣都与他取得了联系，影响是很深远的。武王不仅大大地巩固了远祖所开创的基业，而且奋起攻伐了纣王。聪明而有法度的成王，授予各方诸侯为政纲要，用以治理周国。深沉而明哲的康王，安定了广阔的疆土。伟大淳厚的昭王，大规模地打击了荆楚，为了巡狩而亲自到南方。恭敬而显赫的穆王，用自己为例现身说法，教诫并安顿现在的天子，在各方面都继承了文王、武王以来长时期建立起来的勋业……"这段铭文所记载的周朝各王的历史活动，与古文献记载基本吻合。

从铭文中不难看出，周人对昭王伐楚是十分重视的，并把这件事作为昭王的主要功绩，说他"大规模地打击了荆楚，为了巡狩而亲自到南方"。虽然最后昭王死在汉水，但是他打通了通往南方的道路，让南方的金属特别是铜输入中原的通路变得畅通，这对周王朝的发展是有很大意义的。

与此相反，后世广为流传的穆王周游天下的故事，史墙盘的铭文却一字未提，这也许说明周朝人当时可能对这件事持否定态度，毕竟穆王连年兴师动众，劳民伤财，给周朝人带来了沉重的负担。因此史墙盘里只说穆王"用自己为例现身说法，教诫并安顿现在的天子"，而没有把穆王"周行天下"的行动作为壮举来歌颂，说明穆王本人也可能认识到这些活动引起了国人的不满，因此才教诫共王不要再干像他那样周游天下的荒唐事了。

共王伐密

周穆王死后，他的儿子姬繄扈继承了王位，史称周共王。

一次共王出外狩猎，随行的人中，有密国的诸侯密康公。一路之上，周共王忙着射鹿捕鸟，密康公却四处搜罗美女。只要见到美貌的女子，密康公便命令手下悄悄把她们带走。

狩猎结束后，密康公兴冲冲地带着三个绝色美人回了封国。密康公的母亲见儿子没带回猎物，只带回了美女，便问儿子是怎么回事。密康公哪里敢说她们是自己强行掳来的，撒谎道："这三个女子看上了我，偷偷跑到了我的车上，这是我的福气呀！"

见是几个"私奔"的女孩儿，密康公的母亲稍稍安心，但觉得儿子收留她们不符合规矩，劝道："你既然是陪同周王出游，路上得到了漂亮的女子，应献给周王才对！俗话说得好：'三'是最大的数字。三只野兽就成了'群'，三个人就成了'众'，三个漂亮姑娘就'粲'然无比了。周王打猎还不敢取'群'呢！怕的是一下就打得三只野兽，被人们骂他贪心大、为害深。你想想，这次唯独你无端得到了三个美丽的女子，能有这么大的福气消受吗？这是连周王都受用不起的啊，何况是你。我看这不是你的福气，恐怕是凶兆！"

密康公不听母亲的劝说，坚持把这三个女子留下了。一年后周共王知道了这件事，便以密康公违犯周礼为借口，派兵把密国灭掉了，密康公也被杀死。

讨伐密国的战争虽然取得了胜利，但给周王朝的打击也不小。共王继位之初，国家已经因穆王的远游耗费了大量财富，国库十分空虚。共王喜欢狩猎，又讲究盛大的排场。为了表示自己赏罚分明，共王对协助他讨伐密国的有功之臣给予厚赏，最后连都城附近的土地都陆继分封出去了，自己直接支配的地域越来越小，收入越来越少，周王朝开始衰落下去。

逐步升级的矛盾

周懿王胸无大志，在位时没有做出什么突出的政绩，周王室变得更加衰弱，外族入侵已无力抵抗。周懿王病死后，周孝王夺位。虽然周孝王一心想复兴周王朝，开辟大牧场养马来扩充军事实力，可惜天不遂人愿，没多久他也病死了，由周夷王继位。周夷王面对犬戎的骚扰，几次派兵征讨，都未能根除，周王朝元气大伤，已是强弩之末了。到了周厉王时，虽然取得了攻噩和平定淮夷的胜利，大振军威，但也消耗了大量国力。加上周厉王上台后，加紧敛财，实行暴政，激起了国人的不满，最终国人暴动，厉王被逐。宣王在继位初期，能以父亲为戒，虚心谨慎，勤理国政，暂时缓和了内外矛盾，被史家称为"宣王中兴"，但这只是表面现象，周王室的各种社会矛盾仍在发展。

周懿王与日食

共王以后，儿子姬囏成为国君，史称周懿王。这位懿王生性懦弱，丝毫没有发奋图强的意思，继位后政治日趋腐败，国势更加衰落。西戎屡次进犯，周懿王连反击的念头都没有，他唯一的行动，就是将都城迁往槐里（今陕西举平东南）。

不过，后世对周懿王是非常感兴趣的，虽然他没什么政绩，可幸运的是，

西周 青铜虎尊

此青铜虎尊为西周中期的器物。虎尊全长为 75.2 厘米，是一个造型雄健的立体虎尊。虎作欲向前跃状，圆睁双目，面貌凶恶，张口露出獠牙。四足粗壮，尾巴粗而长，后垂卷起。该尊纹饰华丽，线条粗犷，构图豪放，舒朗大方。虎尊为周人日常用器，但虎形尊的发现很少，故此虎尊十分珍贵。

在他登基这年，发生了"天再旦"。

"天再旦"是一种奇异的天象，从字面看，意谓"天亮了两次"。在什么情况下才会"天亮两次"呢？只有在太阳出来前，天已放亮，或者太阳刚好在地平线上，忽然发生了日全食，这时，天黑下来，几分钟后日全食结束，天又一次放明，这就是"天再旦"。

有了这个记载，就能依靠天文学的知识推断出"周懿王元年"的具体时间，这将是夏商周断代工程的一项伟大进展，默默无闻的周懿王，因此被历史学家们所关注。

借助速率强大的计算机和专业软件，科学家们推算出周懿王元年"天再旦"，指的是前 899 年 4 月 21 日凌晨 5 时 48 分发生的日食，在今陕西一带可以看见。

众所周知，太阳出来后，天光随太阳的地平高度而变化。由于大气散射，太阳在地平线以下时，天空就开始亮了。这是一个复杂的过程，很难定量表达，却又必须定量表达。因此夏商周断代工程组对二十二个日出过程作了四百多次测量，并通过天体力学方法进行计算，做出 1997 年三月初九日全食将再次发生的预测。

果不其然，日全食在这一天发生了，观测结果与结论是：日出前，天已大亮，这时日全食发生，天黑下来，星星重现；几分钟后，日全食结束，天又一次放明。这一过程证实了通过理论研究得出的天光视亮度变化曲线，与实际观测的感觉一致，印证"天再旦"为日全食记录是可信的。所以可以初步确定前 899 年为懿王元年。

西周　散氏盘及其铭文

在青铜器上铸刻铭文的传统比甲骨文还早，祭祀、战争、赏赐等大事，还有契约，大都被纪录在青铜器上。散氏盘的铭文记载了西周晚期的土地契约：散国被西北方邻国侵占了土地，后两国议和，将划定国界、割地赔偿等事的过程与合约均铸在盘上作为证明。散氏盘造型呈西周晚期的简约风格，铭文文字线条婉转灵动，是研究西周金文的重要史料。

周孝王与秦非子

迷信的古人认为，"天再旦"不是什么好兆头，而周懿王在位七年就病死了。他的叔叔，也就是共王的弟弟姬辟方夺权自立，史称孝王。

周孝王一心试图复兴周王朝，他振兴军力，在沂水和渭水之间的草原上开辟了一个大牧场，用重金招募行家来养马。有个应募者名叫非子，孝王询问他养马的方法，非子对答如流，对于马匹的调养、训练、繁殖、疾病治疗等，都说出一套高超的方法。孝王听后十分高兴，就让他主管牧场。非子受命后尽职尽责，他养的马匹都是膘肥体壮。一年下来，马的匹数增加了一倍多。周孝王十分满意，将秦地（今甘肃一带）几十里的土地封给了他，赐嬴姓，号称秦嬴。非子就是秦的始祖，为周王朝争取西戎各部落做了很多工作。

可惜的是，没等到这些战马上战场驰骋，周孝王就病死了，没能实现振兴周室的理想。更不幸的是，在孝王执政的第七年冬天，一直气候温暖的北方突然变冷，大量牛、马都被冻死，连长江、汉水都结了厚厚的冰。此后原本活动在北方热带和亚热带的各类动物，比如大象等，都迁徙到南部或更远的地方去了。

可贵的土地

周孝王因为把注意力都放在了养马上，对农耕的重视有所不足。加之气候的变化，使土地变得更加珍贵。

在孝王时的一件青铜器"曶鼎"上，记载了懿王时发生的一件官司，我们由此得知，西周的奴隶是多么不值钱，而土地上的农作物又是何等珍贵。

"曶鼎"的铭文是这样说的：懿王时的某一年，国家发生了一场严重的灾荒。一个名叫匡季的贵族趁着荒乱之机，带领他手下的二十个奴隶，抢走了另一个贵族曶的十秫庄稼（一秫为二百秉庄稼，收获时，每割一把庄稼即为一秉）。

曶当然不肯罢休，把匡季的不法行为报告了他们的上司东宫。东宫听后大怒，把匡季找来训斥说："必须把你手下那几个抢庄稼的人给我抓来，如果你抓不来，我就要重重地惩罚你！"匡季支吾着，推说自己并不知情，这些都是手下人所为，表示愿意用五块田和四个奴隶来赔偿曶的损失。

曶认为这个赔偿太少了，又去找东宫。东宫亲自查看了田地，给出了自己的判决意见："匡季赔偿曶的庄稼，除了第一次的条件，还必须偿还十秫，馈送十秫。如果到明年不全部还清，就要加倍，付庄稼四十秫。"

在东宫进行了第二次判决后，匡季与曶又经过协商，终于达成了双方都可接受的条件，结束了这场官司。匡季在原来提出的五块田、四个人的基础上，又增加了两块田和一个人，共用七块田和五个奴隶来赔偿，至于补偿的庄稼，则赔给曶十秫。

"曶鼎"的记载如此详细，可见三十秫庄稼要比七块田、五个奴隶加在一起都贵。这也说明七块田每年所生产出的庄稼，一定是低于三十秫这个数量的。不难看出，西周的土地、劳力都没有成熟的农作物贵重。

因为土地转让和交换的日益频繁，有不少贵族都失去了土地，加上天灾人祸，破产不再是天方夜谭。而一些善于经营的人，即使以前社会地位很低，但随着经济地位的提升，却成了"暴发户"。面对这种情景，不平衡的落魄贵族禁不住伤心而歌，他们唱道："过去我住的是宽敞的大房子，如今却连容身之地都没有，唉，真是今不如昔啊……过去我每顿饭菜四大件，如今却顿顿都吃不饱，唉，真是今不如昔啊……"

夷王烹哀公

靠政变夺取王位的周孝王不久后死了，他刚闭上眼睛，原来的太子，也就是周懿王的儿子姬燮，就被诸侯们推上了王位，史称夷王。

坐上失而复得的王位，周夷王对拥戴自己的诸侯感激万分，一改以前天子站在堂上受诸侯礼拜的惯例，变为朝见时走下堂来和诸侯相见。

无论做什么事，都是利弊并存。对于周夷王这种谦逊的举动，有的诸侯表示赞许、满意，可也有的诸侯不买账，认为这样做有损天子的威仪，因此大有瞧不起周夷王的架势。

周夷王很是尴尬，再接见诸侯的时候，觉得起来迎接也不是，坐着不动也不是。天子懊恼到一定程度，就容易走极端。周夷王渐渐认为这是诸侯们有心刁难自己，决定来个杀一儆百，给大家看看。

周夷王三年，各国诸侯被召集到镐京，亲眼目睹了齐哀公被扔进沸腾的大锅活活煮死了，理由是齐哀公对天子不敬。

齐哀公名叫姜不辰，是姜尚的后代，因为一点儿小事得罪了纪侯。纪侯向周夷王说了许多齐哀公的坏话，因此招来杀身之祸。

哀公到了镐京后，不敢和纪侯理论，只是一味地向周夷王解释、悔过。为了预防不测，齐哀公也给他的同母弟弟姜山写信，说明了情况。齐哀公在信中写道："为兄此次遭人故意陷害，估计凶多吉少。不过我并没有什么过错，但周王昏庸，听信一面之词，更不容我辩解，估计我是回不去了。齐国从太公立国以来，历经四代繁盛，可如今我是无能为力了，以后齐国的事情你还得费心。看来我们兄弟这辈子再也见不上面了，你好自为之吧！"

齐哀公的这封家书也是他的遗言，周夷王正要拿一个诸侯立威，怎肯听他的解释，很快就将齐哀公投入滚烫的油锅里烹杀了，警告诸侯们以此为戒。接着周夷王任命了齐哀公的异母弟弟姜静当了齐国的国君，这就是齐胡公。

姜山在接到哥哥的来信后悲痛不已，尤其是知道齐哀公被处以如此暴虐的刑罚，更是悲愤。如今王位落入异母弟弟姜静的手中，姜山的肺都要气炸了，一腔怨恨都发泄在了姜静的头上。于是，姜山带领他的亲信和军队，向姜静发起攻击。因为姜静一上台就迁都、营建宫殿，所以很不得人心，没有人愿意为他卖命，很快就被姜山打败了。

姜山杀死姜静后，根本不理会周夷王，自封为齐君，史称齐献公。齐献公姜山首先给自己的哥哥齐哀公平反昭雪，恢复名誉，然后把姜静的儿子和家人全部驱逐出境。这些人没处容身，只好跑到首都镐京避难。

这时周夷王扔齐哀公进油锅的勇气不知哪里去了，他虽然收留了姜静的后人，却并没有去指责齐献公，而是听之任之，默认了齐献公的地位。

强弩之末

原来，周夷王虽然在诸侯面前显示了他的威严，可惜西方的犬戎和猃狁却不给他面子，起兵造反，周夷王忙于平乱，自然就顾不上齐献公了。

周夷王派出平乱的，是大将虢公。虢公名叫季子白，他与猃狁在洛水北岸展开了一场恶战，大获全胜，掳获了上千匹好马。

周夷王很是高兴，赏赐了季子白许多财物，季子白为此铸了盘，记录了这件盛事。这个盘就是虢季子白盘，上面的铭文记述道："在夷王十二年正月初吉期间的丁亥日，虢季子白制作了宝盘。显赫的子白，在军事行动中勇

西周 虢季子白盘

盘为古代盥器，最早见于商，而在西周至战国时期比较流行。盘与匜配合使用，匜像瓢一样，贵族施礼仪时以匜浇水洗手，下用盘接水。虢季子白盘铸于周宣王时期，盘形似浴缸，口大底小呈放射形，使器物避免了粗笨感。盘内底部铭文讲述周夷王西伐戎人，虢国的子白奉命出战的事。虢季子白即虢公，夷王称其为伯父。

武有为，经营着天下四方。进击征伐猃狁，到达洛水之北。斩了五百个敌人的首级，抓获俘虏五十人，成为全军的先驱。威武的子白，割下敌人的左耳献给了王，王非常赞赏子白的威仪。王来到成周太庙的宣榭，大宴群臣。王说：'白父，你的功劳显赫，无比荣耀。'王赐给子白配有四马的战车，以此来辅佐君王。赐给朱红色的弓箭，颜色非常鲜明。赐给大钺，用来征伐蛮夷。子白因此作器，以使子子孙孙万年永远地使用。"

不过，这次胜利并未给周王朝的统治带来起色，犬戎依旧时常骚扰，各地的小叛乱也时有发生。在王朝内外的一片告急声中，周夷王疲于奔命，甚至不得不亲自出征。连年的战争消耗了大量的人力和财力，周王朝元气大伤，已是强弩之末了。

厉王平淮夷

周夷王死后，儿子姬胡继位，史称周厉王。西周自从懿王以后，国力日渐衰弱，四周方国部落交相发动对周的进攻和侵扰。到了周厉王的时候，原来臣属于周的噩国（今南阳东北一带），看到周王朝势力衰弱，就乘机反叛，企图侵占周王朝的疆土。以噩侯一个方国的力量当然不是周王朝的对手，于是，噩侯联络了南淮夷和东夷部落，一同出兵进攻周的东部疆域和南部国土，声势浩大，气势凶猛，一直打到东都成周（今河南洛阳东白马寺一带）附近，严重影响着京畿的安危。

周厉王为了保卫京都，从宗周调来了西六师的部队，又从北部调来殷八师的大军，从西、北两个方向同时向河洛地区聚集，企图形成夹击之势，一举歼灭噩国的军队。厉王依靠贵族大臣的亲兵来抵御噩国的进攻，周将禹率大臣武公的私家兵车百乘，厮御二百人，步兵千人参战。经过激烈的战斗，

西周　宗周钟

宗周钟的钟身两面共装饰有 36 枚高突的乳钉纹，被定为周厉王之器。此钟音质浑厚宏亮，有宗庙庄严气概。宗周钟的铭文大意为：厉王进攻来犯的周南方的濮国，直追到濮国都城，濮君表示臣服。厉王感激天帝及百神保佑，造"宗周宝钟"，并祈求保四方太平。

周厉王终于击败了噩侯，保卫了成周的安全。

周厉王攻噩之战后，居住在今安徽北部淮河流域的淮夷，又发兵向周王朝进攻。周厉王命虢仲率兵反击，未能取胜。淮夷的气势更为嚣张，又一次发动更加凶猛的进攻，一路浩浩荡荡，一直深入到周王朝的中心地带，打到伊水、洛河之间，并掠杀无辜平民，抢夺财物。厉王亲临成周，指挥反击战。周兵自洛水上游连续发动多次反攻，使得淮夷无法招架，只得败退。周军乘胜追击，最后彻底击败了淮夷。

由于周厉王攻噩和平定淮夷的胜利，大振军威，周王朝的军力也有所增强，西周王朝的国威也有所振作。

荣夷公专利

战争永远是一把双刃剑，虽然周王朝的军威得到了诸侯们的颂扬，但也消耗了大量国力。加上周厉王上台后，一直沉湎于酒色之中，见国库日益空虚，便加紧敛财。

就这样，善于敛财的荣夷公就成了厉王最宠信的大臣，而荣夷公聚敛财富的手段就是实行"专利"制度，把人们赖以谋生的大大小小的各种行业，全部改由政府经营。

如此一来，不但损害了百姓的利益，一些贵族也表示不满。大臣芮良夫劝谏厉王说："荣夷公这样的人只看到眼前的一点小利，而不知道这点小利会给国家带来什么恶果。大王您如继续听他的话，国家可就要危险了！好利本是人的天性，财利是百物所生，百物是大自然赐予的，人人都可以利用，怎么能够只许天子您独自享用呢？一旦独占，就会触怒很多人。荣夷公用财利来引诱您，君王您难道能够长久吗？做人君的人，应该是开发各种财利分发给上下群臣百姓，使神、人、万物都能得到所应得的一份，即使是这样，还要每日小心警惕，恐怕招来怨恨呢。所以《颂诗》说：'我祖后稷有文德，功高能比天与地。种植五谷养万民，无人不向你看齐。'《大雅》说：'广施恩泽开周业。'这不正是说要普施财利而且要警惕祸难来临吗？正是因为这样，先王才能建立起周朝的事业并一直延续到现在。而如今君王您却要去独占财利，这怎么行呢？普通人独占财利，尚且被人称为是强盗，您如果也这样做，那归服您的人就少啦。荣夷公如果被重用，周朝肯定要败亡了。"

任凭芮良夫说得口干舌燥，周厉王的眼中看只到了利益，根本无动于衷。没过几天，竟然还给荣夷公加官晋爵了，一些本想进言的臣子们见状，都知趣地闭上了嘴巴。

后稷（虞司稷）

后稷是古代周族的始祖。他善于种植谷物、粮食，在尧舜时代曾担任农官，教民耕种，传说是他开始教人们种稷和麦的。芮良夫用后稷等周族先人的事迹来劝诫厉王，但却无济于事。

厉王止谤

专利政策实施后，人们的生活日益艰难。那时候住在野外的农夫叫"野人"，住在都城里的平民叫"国人"。国都镐京的国人不满厉王的专利措施，怨声载道。

大臣召公虎听到国人的议论越来越多，进宫告诉厉王说："百姓忍受不了啦，大王如果不趁早改变做法，出了乱子就不好收拾了。"厉王满不在乎地说："你不用急，我自有办法对付。"于是厉王下了一道命令，禁止国人批评朝政。还从卫国找来巫师，专门刺探批评朝政的人，说："如果发现有人在背后诽谤我，你就立即报告。"

卫巫为了讨好厉王，派了一批人到处察听，敲诈勒索，随便诬告。厉王在听信了卫巫的报告后，杀了不少国人。在这样的压力下，国人真的不敢在公开场合议论了。人们在路上碰到熟人，也不敢交谈、打招呼，只是互相交换一个眼色，就匆匆走开。

见卫巫报告批评朝政的人渐渐少了下来，厉王十分满意，他洋洋得意地对召公虎说："你看，这回不是已经没有人议论了吗？"召公虎叹了一口气，说："唉，堵住人的嘴，不让人说话，比堵住河流还要危险哪！治水必须疏通河道，让水流到大海。治理国家也是一样，必须引导百姓说话。因此天子治理政事，命令公、卿以至列士献诗，乐官献曲，史官献书，少师献箴言，盲者朗诵诗歌，矇者背诵典籍，各类工匠在工作中规谏，百姓请人传话，近臣尽心规劝，亲戚弥补监察，太师、太史进行教诲，元老大臣整理阐明，然后君王考虑实行。所以政事得到推行而不违背事理。百姓有口，好像土地有高山河流一样，财富就从这里出来；好像土地有高原、洼地、平原和灌溉过的田野一样，衣食就从这里产生。口用来发表言论，政事的好坏就建立在这上面。实行好的而防止坏的，这是丰富财富衣食的基础。百姓心里考虑的，口里就公开讲出来，天子要成全他们，将他们的意见付诸施行，怎么能堵住呢？硬堵住河流，就会决口；硬堵住人的嘴，是要闯大祸的呀！"

厉王撇撇嘴，不去理他，召公虎只好退出。

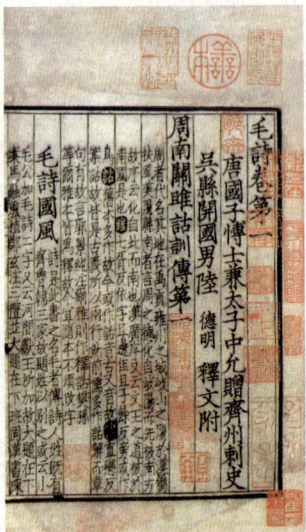

《诗经》书影

《诗经》的来源很多，既有周朝乐官制作的乐歌，公卿、列士进献的乐歌，还有流传于民间的歌谣。有人认为，周王朝专门派人到民间采诗，这样可以了解政治和风俗的盛衰利弊。而此时的周厉王竟然用"防民之口"的办法来"止谤"，注定会被人民推翻。

周召共和

厉王和荣夷公的暴政越来越厉害，三年后，即前841年，国人忍无可忍，终于举行了一次大规模的暴动。起义的国人围攻王宫，要杀厉王。厉王慌慌忙忙逃出王宫，一直逃过黄河，到了彘（今山西霍县东北）这个地方。

国人打进王宫后没有搜到厉王，便一路追杀太子姬静，来到了召公虎的家里。召公虎没有办法，只好把自己的儿子冒充成太子送出去，保住了太子的一条命。

厉王跑了，国王没有了，怎么办呢？经过大臣们商议，由召公虎和另一个大臣周公定期主持贵族会议，暂时代替周天子行使职权，历史上称为"共和行政"。这一年是前841年，是中国史籍记载有确切纪年的开始。

共和行政维持了14年后，周厉王在彘死去。大臣们立太子姬静为王，就是周宣王。

宣王料民

周宣王继位之后，因为目睹了父亲的流亡，处理政事十分小心谨慎，在政治上也比较开明，召公和周公依然辅佐着宣王，努力革除厉王时的各种弊政。

在出土的毛公鼎上，记载了周宣王的一篇完整册命。其内容是周宣王为中兴周室，革除积弊，策命重臣毛公，要他忠心辅佐，以免遭受丧国之祸，

宣王亲政

《诗经·小雅·天保》是召公祝贺宣王亲政的诗,表达了作为宣王的老师及臣子的召公,期望宣王登位后能励精图治,完成中兴大业,重振先祖雄风的心情。此图就是根据《诗经·小雅·天保》而作。

并赐给他大量物品。毛公为感谢周王,特铸鼎记其事。

但是,经过厉王的暴虐统治和这一场国人暴动,周朝已经是外强中干了。

不久,宣王宣布废除每年春天举行的籍田典礼,这个举动立即引发了一场轩然大波。所谓"籍田",就是周王每年一次向臣民们进行的耕作动员大会。在西周初年,土地基本都是周王朝国有,并划分为井田,由奴隶们集体耕种。到了宣王时期,井田制已经遭到严重破坏,不仅大小贵族利用奴隶的剩余劳动开垦出许多"私田",就是原来的大片"公田",也有不少被贵族化公为私了,给予奴隶一定的份额,自己靠收取大部分地租过活。每年春天,农师之类的农官也不再到田野里去监督生产,因此"籍田"早已沦为了一种形式。

面对公田减少、奴隶慢慢转化为隶农这种情况,宣王选择了面对现实,不再做无意义的空谈,但他身边的大臣却不这么看。尽管这些大臣也都拥有不少的私田,但他们依然要求宣王奉行祖制。大臣虢文公义愤填膺地劝谏宣王不能够"不籍千亩",他认为再这样下去,后果将不堪设想。到那时,祭祀用的供物将会短缺,老百姓的生路会被堵死,又怎么能求得上天的福佑呢?

周宣王不但没有理会虢文公的长篇大论,还要求全国统计人口,严惩隐瞒奴隶的贵族。这样一来真是捅了马蜂窝,全国上下的贵族都如坐针毡,纷纷表示反对。

贵族们反对的理由很简单:奴隶是不计入国家人口的,虽然现在很多奴隶分得土地成为隶农,但这种情况一直是瞒上不瞒下。如果奴隶被登记在册,贵族们想独占他们的剩余劳动成果就不那么容易了,因此千方百计隐瞒自己

西周 毛公鼎及其铭文

西周赫赫有名的重器之一毛公鼎造型古雅简朴，端庄稳重。毛公鼎大约铸造于西周宣王时期，内壁铸有长达498字的铭文，内容大致是周王为中兴周室，革除积弊，希望重臣毛公能忠心辅佐周王，以免遭受丧国之祸，同时赐给他大量物品，毛公为感谢周王，特铸鼎记其事。

手下隶农的数量。

周宣王不顾大臣们的反对，坚持"料民"，这使周王朝所能控制的人口数目有所增加，兵源的问题也得到了暂时的解决。但是，这也成为大臣们的口实，一旦发生天灾或是战败，他们就把责任就归咎于宣王，说这是宣王"不籍千亩"和"料民"遭到了老天爷的惩罚。

短暂的中兴

就在宣王努力整饬国政的时候，西北和南方的少数民族部落还在不断侵扰中原，他们可不想给周王朝任何喘息的机会。

前825年，宣王进行了大规模的反击戎狄的战争，取得了胜利。宣王又发动了对猃狁的战争，并再次取得了胜利。猃狁族被赶到了北部很远的地方，减轻了对周朝北部边境的威胁。在与猃狁的战斗中，最出名的英雄是南仲和尹吉甫。宣王非常欣赏这两员虎将，前823年，周宣王派他们出征南方，经过多年艰苦激烈的战斗，终于征服了东南的一些部落，江汉徐淮一带从此正式纳入西周王朝的版图。

周王朝的版图扩大了，边疆的一些少数民族部落恢复了同周王朝的联系，历史上因此把宣王对外战争的胜利称为"宣王中兴"。尽管如此，周王朝的政治和军事力量也受到了战争的打击，没过几年，周宣王再与外族发生斗争时连吃败仗，灭亡前夜的黑幕就要落下了。晚年的宣王渐渐固执己见，为了显示自己的威风，在鲁国选立继承人的时候，硬逼着废长立幼。鲁人不服，他就兴兵讨伐，使鲁国陷于混乱，这不仅破坏了周朝的嫡长子继承制度，也引起了同姓诸侯间的不和睦，使得诸侯们对宣王更加不满。

对诸侯尚且如此，对在朝为官的臣下，宣王就更加放肆。一次为了一件小事，大夫杜伯触怒了宣王，被判处死刑。他的老朋友左儒上前劝阻，宣王不理，下令左右斩了杜伯，并羞辱了左儒。左儒又羞又气，回到府宅后就自刎而死，此事在大臣间引起一片恐慌。

宣王有时候可能也觉得后悔，但又不好意思明说，以致得了一种怔忡症。一次，他带着臣下外出游猎中，忽然在车上大叫一声，昏迷了过去，几天后就死去了。后来就流传一种说法，说宣王打猎时，忽然看见杜伯从路的左边钻出来，身穿红衣，头戴红冠，手持一张红弓，搭上一支红箭，射中了宣王的要害，夺去了他的性命。

西周的灭亡

在经历了短暂的"中兴"之后，西周王朝再次加快了滑向深渊的速度。中兴毕竟只是回光返照，没落的西周早晚都要走向衰亡，而周幽王在选择继承人问题上的草率做法则成了促使周朝灭亡的关键性因素。被奉为"天子"的周幽王战败被杀，从此周王朝在诸侯心目中的地位一落千丈。平王东迁标志着一个新的历史时期的到来。

没落的西周

周宣王末年，周王朝遇到了严重的自然灾害，而能征善战的大将也死了，前781年，周宣王也死了，儿子姬宫涅继位，史称周幽王。幽王无道，西周从此走向了衰亡。

上天的警示

宣王末年发生了旱灾，旱情一直没有缓解，全国的河流、泉池都干得见了底，草木庄稼全都枯死，哀鸿遍野。幽王二年，首都镐京和泾水、渭水、洛水流域又发生了强烈的地震。

当时朝廷的一名小官员因不满朝政，写下了《诗经·小雅·十月之交》这首讽刺诗，记述了这次毁灭性的地震，令山冢崩塌，高岸变深谷："九月底来十月初，十月初一辛卯日。天上日食忽发生，这真是件大丑事。月亮昏暗无颜色，太阳惨淡光芒失。如今天下众黎民，非常哀痛难抑制。日食月食示凶兆，运行常规不遵照。全因天下没善政，空有贤才用不了。平时月食也曾有，习以为常心不扰。现在日食又出现，叹息此事为凶耗。雷电轰鸣又闪亮，天不安来地不宁。江河条条如沸腾，山峰座座尽坍崩。高岸竟然成深谷，深谷却又变高峰。可叹当世执政者，不修善政止灾凶。皇父显要为卿士，番氏官职是司徒。冢宰之职家伯掌，仲允御前做膳夫。内史聚子管人事，蹶氏身居趣马职。楀氏掌教官师氏，美妻惑王势正炽。叹息一声这皇父，难道真不识时务？为何调我去服役，事先一点不告诉？拆我墙来毁我屋，田被水淹终荒芜。还说'不是我残暴，礼法如此不含糊'。皇父实在很圣明，远建向都避灾殃。选择亲信作三卿，真是富豪多珍藏。不愿留下一老臣，让他守卫我君王。有车马人被挑走，迁往新居地在向。尽心竭力做公事，辛苦劳烦不敢言。本来无错更无罪，众口喧嚣将我谗。黎民百姓受灾难，灾难并非降自天。当面聚欢背后恨，罪责应由小人担。绵绵愁思长又长，劳心伤神病恹恹。天下之人多欢欣，独我忧深心不安。众人全都享安逸，唯我劳苦不敢闲。只要周朝天命在，不敢效友苟偷安。"

史官伯阳甫分析了地震的原因，对周王说道："大地有阴阳二气，平时各得其位，大地平静。但如果阳气在下面，阴气压着它，使它不能升起，就会发生地震。现在泾水、渭水、洛水流域发生了地震，是阳气为阴气挤压所引起的。以前伊水、洛水也曾干枯过，那是夏王朝灭亡前的征兆。黄河的水也曾干枯过，是商王朝灭亡的征兆。现在发生这样的事情，和夏、商二代灭亡

幽王烽火戏诸侯
只为了博得褒姒一笑，周幽王点燃烽火台，戏弄了诸侯。诸侯们大感羞愤、恼怒，之后不愿勤王，也使幽王的江山坐到了尽头。

前的情况很相似，看来老天爷要抛弃我们了！"

周幽王听完这样一番话，认为是危言耸听，连眉头都没皱一下，依然该喝酒喝酒，该玩乐玩乐。

烽火戏诸侯

史官的建议对周幽王如同耳旁风，赵国（今山西洪洞北）的国君姬带见状，亲自来到朝廷提醒周幽王说："山崩川竭，显示人的血液枯干，肌肤消失。岐山是周王朝的创业之地，一旦塌陷，更是非同小可。大王如果求贤辅政，还可能消除天怒。如果仍然只一味找美女、觅艳妇，恐怕要生变乱。"可幽王根本听不进去，还把姬带贬回了他的封国。

见此情形，褒国（今陕西汉中西北）国君褒珦又进谏说："大王既不畏惧上天的警告，又舍弃忠良，国家如何能够治理好呢？"幽王这次发火了，直接把褒珦囚禁入狱。

褒珦在监狱里被关了三年，褒家的人在乡下买了一个非常美丽的女子，取名褒姒，把她献给幽王，替褒珦赎罪。幽王得了褒姒，异常高兴，马上就释放了褒珦。

褒姒入宫后，群臣都劝阻说："自古以来，就有因为红颜祸水而导致国家灭亡的，夏朝的妹喜、商朝的妲己就是两个很好的例子。大王应该以前朝得失为借鉴，不接受这个美人。"这时虢石父站出来说："庄稼人多收了几捆禾麦，还可以再娶小妾。大王贵为一国之君，接受一个美人，有什么大不了的？"幽王从此专宠褒姒，对虢石父也另眼相看了。

据说有一天，幽王与褒姒正在饮宴之时，幽王的王后申氏来了，可褒姒却没有起身迎接。面对褒姒这种不敬的行为，申后心中虽有怨愤，却不敢说出来。太子宜臼看见母亲郁郁寡欢，便暗地里将褒姒打了一顿。

幽王当然知道这是太子干的，于是下诏废除王后和太子。一日之内废掉王后和太子，于礼大谬，自然引起了朝中大臣的普遍不满。为此很多人敢怒而不敢言，只有纷纷告老归田。

虽然周幽王十分宠爱褒姒，可褒姒自从进宫以后，从没笑过一次。幽王想尽办法，可就是无法让美人开颜。没办法，幽王传下话去：谁能让王妃娘娘笑一下，赏一千两金子。大臣虢石父站了出来，给幽王出了一个主意。

原来周王朝为了防备犬戎部落的进攻，在骊山（在今陕西临潼东南）一带造了二十多座烽火台，每隔几里地就有一座。如果犬戎打过来，把守第一道关的兵士就会把烽火烧起来，第二道关上的兵士见到烟火，也会立即点燃烽火。这样一个接一个，附近的诸侯见到了，就会发兵来救。虢石父对幽王说："现在天下太平，烽火台长久没有使用了。大王跟娘娘不如上骊山去玩。到了晚上把烽火点起来，让附近的诸侯见了赶来，上个大当。娘娘见了这许多兵马扑了个空，保管会笑起来。"

幽王听到这个"妙计"，不禁拍手叫好，马上带褒姒上了骊山，当晚就在骊山上把烽火点了起来。临近的诸侯看到烽火骤起，以为犬戎打过来了，急忙带领兵马来救。没想到赶到一看，一个犬戎兵也没有，山上还有一阵阵奏乐和唱歌的声音。这时幽王派人告诉他们说："谢谢各位，没有外寇，我只不过用烽火解闷罢了。请你们原路回去，等候犒赏。"那些封国国君好不容易才相信了自己的耳朵，纷纷偃旗息鼓，狼狈而去。

褒姒不知缘由，突然看见骊山脚下急匆匆来了好几路兵马，吵嚷一番后又乱哄哄地走了，就问是怎么回事。幽王一说原委，褒姒果然笑了一下。见褒姒开了笑脸，幽王大喜，赏给虢石父一千两金子。从此，幽王更加宠爱褒姒，立褒姒为王后，立褒姒生的儿子伯服为太子。

平王复位

幽王原来的王后，父亲是申国的诸侯，听到女儿和外孙被废的消息后，联合犬戎进攻镐京。幽王听到犬戎进攻的消息，惊慌失措，连忙下令把骊山的烽火点起来。烽火烧起来了，可是诸侯因为上次上了当，这回没有一支兵马来救。犬戎兵像潮水一样涌进城来，杀了幽王、虢石父和伯服，抢走了褒姒，将王宫内的财物洗劫一空，临走时还放了一把大火。待各路诸侯得知犬戎真的进攻镐京，匆匆赶来时，镐京已成为一片废墟。

于是原来的太子姬宜臼被立为周王，即周平王。

文侯之命

说到周平王的复位，就不得不提晋文侯的功劳。

晋国的祖先是周成王的弟弟姬虞，姬虞的后人将封国"唐"改为了"晋"。周厉王的时候，晋穆侯率军随王出征，结果大败而归。这时穆侯的夫人生下了长子，穆侯因为战败，心中一直闷闷不乐，孩子的出生也没让他打起精神来，因此取名为"仇"。次年，穆侯出兵与戎狄交战，取得了胜利，恰巧这年次子出生，于是穆侯给孩子取名为"成师"，也就是能成其众之意。

面对长子和次子寓意完全相反的名字，晋国的大臣师服担心地对穆侯说："您给儿子的命名真是太稀奇了！命名为的是制定义法，以义法来产生礼节，用礼节来完善政治，用政治来匡正人民。只有政治上取得了成效，人民才会服从您。相反，如果您更改了礼节和义法，那么国家将会发生祸乱。从古至今，相爱的配偶叫'妃'，相怨的配偶才叫'仇'，您给长子取名为'仇'，这不是预示他将来会遭到废黜的命运吗？您给次子取名叫'成师'，也就是成就事业之意，这不是要逆反嫡庶之分吗？"

师服的这番话在当时没有引起穆侯的重视，却不幸在未来应验了。穆侯死后，晋国发生了内乱，穆侯之弟殇叔和太子仇争夺王位，将太子仇赶出了晋国。四年后，太子仇积蓄力量卷土重来，杀死了叔叔，重新夺得王位，史称晋文侯。

晋文侯最痛恨的就是有人篡夺王位，因此在周太子姬宜臼落难时，果断地伸出了援助之手，帮助姬宜臼复位。姬宜臼虽然继承了王位，可镐京残破不堪，各地的诸侯又虎视眈眈，周王室已经没有力量在关中立国了，这时晋文侯率军前来，帮助姬宜臼稳定了局势。姬宜臼很感激晋文侯，不但赞扬他的功勋，还赏赐了车马和弓矢。而车马和弓矢，正是征伐不廷之臣的象征。

平王东迁

由于周朝西边大多土地都被犬戎占了去，戎人又散布在王畿各地，随时都有卷土重来的可能。再加上镐京残破不堪，因此前770年，周平王把国都迁到了洛邑。

平王东迁后，周王朝直接控制的土地还有不少。后来，这些土地越来越少，其中的大部分都赏给了有功的诸侯。还有一部分土地被诸侯侵夺，一部分被戎人占领，一部分分封给了王族或公卿大夫，如此等等。周天子自己所有的土地和民众，慢慢所剩无几了，各国诸侯也不再把天子看作神人。

因为平王的洛邑在镐京之东，从此遂被称为"东周"，追称镐京时代为"西周"。在周幽王的烽火中，西周结束了，东周时代来临。

西周的制度

　　周公制定了一整套的制度用来巩固宗法制，以确保周朝长治久安，后来备受儒家推崇的礼乐制度就起源于这一时期。分封制和井田制是西周基本的政治制度和经济制度，乡遂制度则属于他们的衍生物，规定了"国"与"野"的区别。

孔子崇周礼

西周初年，周公辅佐成王，制礼作乐。后周朝衰落，周礼在鲁国得到了孔子的推崇。孔子曾说："周监于二代，郁郁乎文哉，吾从周。"后来礼也成为儒家思想的一个重要组成部分。

礼乐制度

周礼是贵族的行为准则，每一阶层都有各自的标准，超越了自己所在阶层的标准就是"僭越"。礼分五种，即吉、凶、宾、嘉、军。

一、吉礼

吉礼是祭祀之礼，或者可以说是处理天人关系的礼仪。这里的天，泛指一切自然和超自然的神秘力量。从名字就可以明白，它是在祈求这种关系往好的方面发展，和对已有的良好关系表示感谢。吉礼的祭祀对象包括：天神、地祇、鬼神。

最主要的祭祀就是祭天和祭祖。周王自称天子，祭天就是天子的特权，其他人如果祭天就是僭越，就是想要谋反。最著名的祭天礼非"封禅"莫属了。古人尊崇泰山，在山顶筑坛祭天叫"封"，在山下的梁父这个地方祭地叫"禅"。这个礼只有立下丰功伟绩的圣贤君王才能施行，被认为是最重大的仪式。

孝道起源于祖先崇拜信仰，为了祭祀先人，古人就建起放置祖先牌位的宗庙，并定期去祭拜。商王的宗庙是五座，到周朝时规定天子七庙，诸侯五庙，大夫三庙，士一庙。宗庙祭祀中，值得注意的是"尸"这个角色，他扮演被祭祀的人，一般由被祭者的孙子来充任。

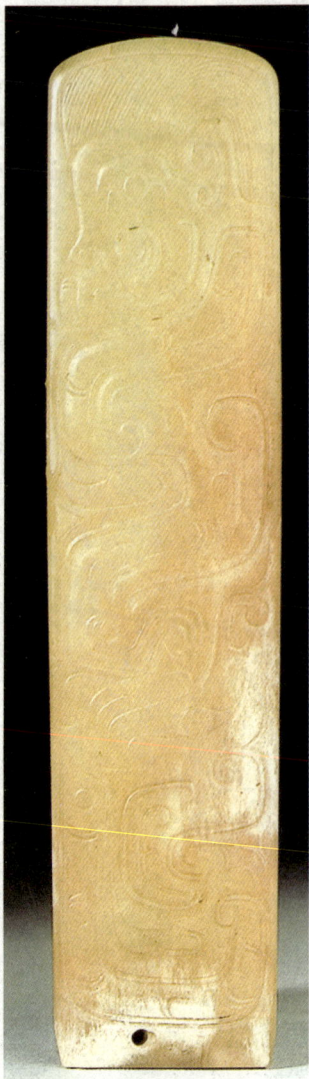

西周　人兽混合纹柄形玉器

此人兽混合纹柄形玉器属于西周中期作品，它长 14.7 厘米，宽 3.4 厘米，厚 1.2 厘米。玉器装饰精美，两面纹饰相同，做工十分细致，属于礼器。

二、凶礼

凶礼是哀吊之礼。碰上天灾人祸，则用凶礼。凶礼包括葬礼、札礼、荒礼、灾礼、恤礼等。最主要的是葬礼，因为它与宗法制关系最密切。在丧礼上，穿衣服是极其讲究的问题。贵族平时穿帛，只有服丧期间穿麻布。随麻布质量和缝制办法不同，分为斩衰（最粗的生麻布，袖口不缝）、齐衰（熟麻，缉边）、大功（熟布）、小功（较细的熟布）、缌麻（更细的熟布）五等。

三、宾礼

宾礼指接待宾客的礼节，用于朝聘会同，是天子款待来朝会的四方诸侯和诸侯派遣使臣向周王问安的礼节仪式。诸侯见天子叫"朝"，天子访诸侯叫"巡"。

四、嘉礼

嘉礼是和谐人际关系的礼。正因为嘉礼是日常生活的一部分，所以虽然规模看起来没有吉礼、凶礼的规模那么大，但是由于深入生活，影响却更加细致和全面。嘉礼包括饮食之礼、冠礼、婚礼、射礼、贺庆礼等。饮食之礼就是饮宴之礼，婚礼就是嫁娶之礼，贺庆礼就是庆贺之礼。射礼是一种社交礼，就是大家聚在一起练练射箭，有娱乐的功能。

冠礼比较重要，相当于成人礼，即男子年满二十就要束发而冠，并取"字"便于他人称呼。古人有名也有字，如果直呼别人的名就是无礼，而自我介绍时自称"字"也是没有礼貌的荒唐行为。

五、军礼

打仗之前也要祭祀，要到祖庙里去汇报，表明自己出兵的正义性。然后祭祀战神、道路神、兵器神、旗鼓神。祭旗鼓是将牲口或者敌人的血抹在鼓上面，称为"衅"，如果逼迫对方出兵而挑起战端就是"挑衅"。军礼包括大师、大均、大田、大役、大封等礼仪。大师就是天子亲征之礼，大均就是统计户税之礼，大田就是田猎检阅之礼，大役就是建筑宫室之礼，大封则是开沟筑路之礼。

周朝时的战争中还有一些体现公平竞争和人道主义的礼，如"不鼓不成列"就是不进攻没有布好阵势的军队，"不重伤"就是不重复砍杀同一受伤的人，"不禽二毛"就是不俘虏头发花白的老年人。实际这些礼都是很迂腐的，

历史细读

历史上一直都把夏、商、西周定为奴隶制社会，但也有一些观点认为西周时期中国已经是封建社会了，依据是西周时期已经将土地划分为领主耕种的公田和奴隶的份地私田，这是封建奴隶制经济。中西方封建社会都有领主经济，如果把封建社会的开始设定在战国，而忽略了西周时期的领主经济，这是不符合封建社会发展规律的。

春秋时在战争中遵循这些礼的宋襄公就吃了大败仗。

礼和乐是相匹配的，乐可以对人施以教化，也可以体现礼的意义。周朝音乐有雅俗之分，宫廷音乐为雅乐，民间音乐为俗乐。天子观看的宫廷乐舞叫作"八佾"，八个人组成的一排叫作"佾"，八佾就是六十四人跳的乐舞，诸侯的标准是四十八人，大夫是三十二人，超越这一标准就是僭越。

分封制与井田制

周公制定礼乐规定各个等级的行为准则，同时大行分封，以拱卫王畿。西周最重要的政治制度就是分封制，与其相互联系、相互适应的经济制度是井田制。

武王灭商之后就进行了分封，但大规模的分封是在成王时期，在周公的主持下进行的。分封对象包括宗室、功臣和先代贵族。鲁国为周公之子伯禽的封地，属于宗室诸侯；齐国是姜子牙的封地，姜子牙就是齐太公，属于功臣诸侯；黄帝后代、夏帝后代以及商王后代则属于先代贵族，其中宋国是纣王庶兄微子启的封地。根据封地大小，诸侯被分为公、侯、伯、子、男五等爵位，但死后的谥号一律称"公"。

周天子以"受命于天"自居，号称"天子"，是天下同姓宗族的大宗，居于至高无上的绝对支配地位。其王位由嫡长子世袭继承，其他庶子则作为小宗被分封为各地诸侯。他们在各自封国内又是同姓宗族的大宗，其王位也是由嫡长子世袭继承，其余庶子作为小宗分封为卿大夫。卿大夫在各自封地里又是同姓宗族的大宗，其封爵仍由其嫡长子世袭继承，其余庶子作为小宗分封为士。这样，根据宗法制和分封制，便形成天子、诸侯、卿大夫、士等各级宗族贵族组成的金字塔式等级制机构。各个等级之间的相互关系，既是大

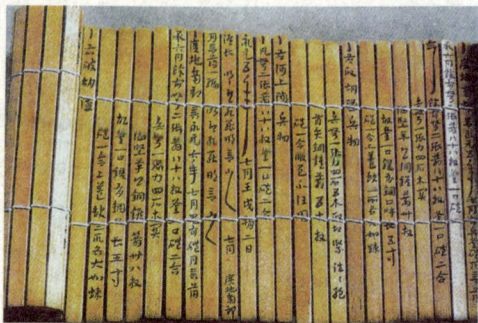

伯西周策简

这是出土于新疆额济纳河流域的西周策简，它较为详细地记载了西周时期的历史事件及其年份，可以从中了解到西周许多有重大意义的社会制度、文化等。

小宗关系，也是上下级关系。每一个等级必须服从上一个等级，并有义务纳贡、服役等。周天子位居金字塔顶端，不仅是所有姬姓宗族的大宗，而且通过"同姓不婚""娶于异姓"的联姻原则，又成为有甥舅关系的异姓宗族的共主。

分封制是西周的政治制度，分封的目的是为了巩固奴隶主国家政权，分封的对象和做法是把王族、功臣和先代的贵族分封到各地去做诸侯，建立诸侯国。被封诸侯的义务是：要服从周王的命令，要向周王贡献财物，要派兵随从周王作战。周王先后分封的重要诸侯国有：鲁、齐、燕、卫、宋、晋等。分封的作用是：巩固了西周的统治，拓展了疆域。

井田制与分封制关系密切。井田制是我国奴隶社会的土地国有制，起源于商朝，盛行于西周，瓦解于春秋，废除于战国。井田的土地所有权属于周王，周王把土地分赐给诸侯臣下，但臣下只能世代享用，不得转让和自由买卖，还要交纳一定的贡赋。从生产方式上，奴隶主贵族强迫奴隶集体耕种，剥夺奴隶的劳动成果。分封制和井田制是西周时期完善的政治制度和经济制度。分封制起到维系、调整奴隶主阶级内部关系，保证奴隶制国家对奴隶和平民进行统治的作用，是西周奴隶制国家强盛的政治保证。井田制规定了奴隶制生产关系的主要内容，是决定奴隶制经济形态存在、发展和西周政治统治的经济基础。分封制和井田制相互影响，二者的存在成为西周奴隶制国家兴盛的支柱。

乡遂制度

周天子的直辖区叫作"王畿"，王畿有"国""野"之分，两者之间以"郊"为分界线，即国野之交的意思。国以外郊以内分设"六乡"，这就是乡遂的"乡"。郊以外的野被划分为"六遂"，就是乡遂的"遂"。

周初的分封，常常有武装殖民的性质。周人跑到一块陌生的土地，建起城堡，架起武器，便宣布此地归自己所有。当地人起初会进行反抗，但打不过周人，只好臣服。"国"的本义是指天子居住的王城和诸侯国的都城。周人住在城里，称为国人，原住民住在野外，自然是野人。国人虽然不如希腊城邦的公民那样可以被选为执政官，但权力还是很大的。在很多中小国家，国人对国君不满意，就可以把他废掉。在西周末年就发生了一次国人暴动，贵为天子的周厉王被驱逐，出现了中国古代历史上少有的"共和"时期。

"六乡"之民保留了很多氏族社会的痕迹，很多组织之间还保持着血统关系，有相当一部分属于贵族阶层。"六遂"之民则是农业生产的主要承担者。乡遂按照井田制都可以分得一部分耕地，其中"六乡"的国人还要负担兵役和劳役。

如果发生战争，当兵打仗的自然都是国人，野人只有搞搞后勤的资格。不是国人舍不得野人战死，而是因为把武器交给他们，委实不能放心。所以那时的战争，竟成了一项贵族运动。

这种致使"国"和"野"对立起来的乡遂制度，从长远来看是不利于国家稳定发展的，当井田制瓦解的时候，这一系列建立在井田制度之上的政治制度都将崩溃。

西周的社会经济

西周的社会经济在原始农业、畜牧业、手工业发展的基础上有了巨大进步。特别是交通的发展促进了商业的发展，增进了各地政治、经济、文化的联系。

活跃的民间交易

周共王时期，西周的民间交易频繁起来，加上法律的严格详尽，使得西周的社会政治、经济、文化各个方面都有了相当的基础，促进了社会的繁荣。在此背景下，西周的民事活动较以往更为活跃。在出土的五祀卫鼎铭文中，就记载了一个管理皮裘的官员，在共王九年，用自己的马车及其附属器具交换矩伯的一块私地的立契过程。

铭文中记载，周共王九年正月，周王在周驹宫，后又到宗庙里。这时，眉敖的使者前来朝见，周王举行了盛大的接待仪式。矩伯被任命为接待使者的卿，因为接待仪式的需要，他要用自己的私田向裘卫换取一辆好车以及车旁的钩子、车前横木中有装饰的把手、虎皮罩子、长毛狸皮的车幔、彩画的车套、马鞭、大皮索、四套白色的缰绳、铜制的马嚼口等物品。裘卫为了交易的顺利进行，送给了矩伯的妻子十二丈帛。裘卫将要得到的是一块林地。当时矩伯交易给裘卫的那块林地中林木的收益权已经被矩伯赐给小奴隶主颜

西周 玉牛

此圆雕青玉牛为西周中期作品。玉牛抬头前视，四足直立，尾巴下垂，从牛角来看应当为水牛。这是迄今所知的最早的直立玉牛。玉雕家畜表现了当时畜牧业的发展。

西周 盠驹尊

盠驹尊是西周中期青铜器，出土于陕西眉县。盠驹尊的头部昂首直立，背上方口有盖，为腹腔中空的容器。器身铭文记载了周王在"盠"举行的"执驹"典礼，盠受周王赐驹两匹，作器以纪荣宠。盠驹尊是迄今所知最早的驹形青铜器。

氏了，为了获得此块土地的完全所有权，裘卫还必须和颜氏达成另一笔交易，以得到林木的收益权。裘卫为此又送给了颜氏两匹大马，给颜氏之妻一件青黑色的衣服，给颜氏的管家寿商一件貂皮袍子和罩巾，作为交换林木收益权的代价。契约达成后，矩伯给裘卫交付林地。裘卫给颜氏管家交换物后，就到现场去勘查林地，正式举行交接仪式，但矩伯和裘卫都没有参与仪式。接受林地的是裘卫的儿子宽，负责迎接和赠送礼物的是裘卫的家臣。交易完成后，裘卫铸鼎，在鼎上刻下"卫其万年永宝用"，以示自己对这块林地的永久所有权。

不难看出，西周关于民事活动的法律规定是非常全面的，特别是到西周中后期以后，随着严格意义上的宗法体制的松弛和演化，以私人所有权为中心的民事关系和相应的民事规则也得到了进一步的发展。

在西周时期，天下最为重要的两项社会资源——土地与臣民，理论上都属于周王所有，周王对土地的所有权不仅表现在对土地的买卖上，土地属于禁止流通物，他对土地的所有权主要体现在对土地的封赐上。但在西周中后期以后，随着地方经济的发展，原有宗法制度和宗法观念逐渐松弛。原来那种由周王"授民以疆土"的分封方式，逐渐被放诸一旁，土地和人民的实际所有权已经逐渐转移到有实力的诸侯和领主手里，出现了完全由土地所有人控制，可以自由买卖、交换的"私田"。裘卫和矩伯的这次交易物，即是这样的"私田"。当然，这种"私田"的交易也不再是偷偷摸摸，而是在周王举行盛典时公开地进行，说明私田交易在西周中期已经较为普遍，只是在买卖的过程中要遵守规定的程序并得到官方的许可。随着这种土地私有进程的加快，整个社会的私有观念也得到进一步的发展，当时比较普遍的契约形式有"质剂"与"傅别"。"质剂"是用于买卖关系的契约形式，《周礼》上说"听买卖以质剂"。"傅别"是借贷关系的契约形式，《周礼》说"听称责以傅别"。

历史文献

　　七月流火，九月授衣。一之日觱发，二之日栗烈。无衣无褐，何以卒岁？三之日于耜，四之日举趾。同我妇子，馌彼南亩，田畯至喜。

　　七月流火，九月授衣。春日载阳，有鸣仓庚。女执懿筐，遵彼微行，爰求柔桑。春日迟迟，采蘩祁祁。女心伤悲，殆及公子同归。

　　　　　　　　　　　　　　　——《诗经·豳风·七月》

　　和五祀卫鼎一同出土的文物中，还有一个卫盉，上面的铭文记载着周共王三年，裘卫用价值贝一百朋的一件瑾璋、两件赤琥、两件麂麂和一件贲鞈，换取矩伯的土地十三田。共王五年，裘卫用自己的五田土地对换了邦伯厉的四田土地。以田换田，这种土地单价的差异，可能与土地的肥瘠有关。

繁荣的保证

　　交易的活跃，源于农业生产的稳定发展，接下来就让我们看看西周的农业状况吧。

　　周王朝对农夫的管理是相当严格的，农夫们都有自己的家室，但行动并不自由，因为周王朝设置了"乡""党"等行政单位，对农夫们进行层层管理。一般来说，五家就可以组成一个"比"，五个"比"组成一个"闾"，四个"闾"组成一个"族'，五个"族"组成一个"党"，五个"党"组成一个"州"，五个"州"就构成了一个"乡"。每一级行政单位都有一个头目管理，从最低的下士开始，级别愈来愈高，直到乡一级的行政机构，就由卿直接控制。

　　至于农夫们的生活怎样，看看《诗经·豳风·七月》里的这首诗，或许能窥见一丝端倪：

　　夏历七月大火恒星向下运行，九月把裁制寒衣的工作交给妇女们去做。一月大风触物发声，二月凛冽。没有衣服，如何过完这一年？三月修理耜类工具，四月抬脚踩耒耜辛勤去耕田。偕同我的妻子和孩子，送饭到那农田。田畯看到农民在田里劳动，非常高兴。

　　夏历七月大火恒星向下运行，九月把裁制寒衣的工作交给妇女们去做。夏历三月开始暖和，黄莺鸣叫。年轻的姑娘手持深筐，沿着那小路行走，在这儿寻找嫩桑叶。春天的昼长日落晚，可以采摘众多白蒿。女子内心悲伤，

縫裳要之褧之
好人服之

缝制新衣

在先秦时代，即使贵族妇女也参与劳作。传说黄帝的妻子嫘祖就亲自养蚕。该图以《诗经·魏风·葛屦》之诗入意，生动描绘了古人缝制新衣的场景。

惧怕遇到国君之子，被公子胁迫一起回去。

夏历七月大火恒星向下运行，八月收取萑苇。三月修剪桑树枝，取那斧子，去砍伐旁边过度长出的桑枝，攀着细枝摘嫩桑。七月伯劳鸣叫，八月开始把麻的纤维织成纱线。染成黑色、红色和黄色，我染的大红色很鲜明，可以为公子做衣裳。

四月植物抽穗开花，五月蝉鸣叫。八月收获庄稼，十月草木枯黄开始落叶。一月捕兽，取那狐狸，为公子做皮衣。二月会猎，继续围猎。我私人占有小兽，献大兽给国君。

五月斯螽发声，六月莎鸡发声。七月在田野里，八月在檐下，九月在房内，十月蟋蟀入我床下。把鼠穴都找到了堵塞，用烟熏的办法把老鼠赶出杀死。堵塞朝北的窗子，用泥涂抹门隙来御寒。可怜我的妻子和孩子，算是过年了，才能进入这个房屋居住。

六月吃郁李和野葡萄，七月蒸冬葵和豆叶。八月打枣，十月收获稻谷。以此做冬天酝酿经春始成的酒，以此祈求长寿。七月吃瓜，八月截断葫芦，九月拾取麻籽。采苦菜将臭椿当柴烧，养活我们农夫。

九月夯土"打谷场"，十月将谷物收入粮仓，黍稷早稻和晚稻，粟麻豆麦全入仓。可叹我们农夫啊！把打下的谷物集中到粮仓里，还要到乡长家中修缮房屋。白天割茅草，晚上搓绳子。赶紧上房修好屋，开春还得种百谷。

二月凿冰发出冲冲声，三月放入冰窖。四月开初祭祖先，献上韭菜和羊羔。九月寒冬始降霜，十月清扫打谷场。两樽美酒敬宾客，宰杀羊羔大家尝。登上主人的庙堂，举杯共同敬主人，齐声高呼万寿无疆。

当然，也有学者认为这诗里描写的不是农夫，而是奴隶。因为周代的"农夫"可以使用贵族分给他们的一小块"份地"——"私田"，代价就是必须以在贵族的"公田"上从事劳动，即服劳役。

不管是农夫还是奴隶的劳作，西周王朝的农业呈现出一派欣欣向荣的景象。不仅如此，畜牧业与渔猎也得到了很大的发展。周人因为天天都要占卜、祭祀，所以使用的"牺牲"非常之多，有时一次就要杀掉五百多头牛，上千只羊。一次就用掉这么多牲畜，如果没有发达的畜牧业，怎么能一下子凑足呢？

除了祭祀，周王室几乎一年四季都要举行狩猎活动。春天打猎叫"春搜"，夏天打猎叫"夏苗"，秋天打猎叫"秋狝"，冬天打猎叫"冬狩"。每逢狩猎活动时，真是戎车飞驰，人欢马嘶，鹰飞狗蹿，矢石如雨，野兽应弦而毙……一派壮观场面。

此时最大的改变当属养马，马不再被畜养在栅栏里，而是有了专门的牧场。西周时马主要用于驾车，特别是驾战车，因此非常受重视，甚至天子还

终年劳作的场面

此画是南宋马和之根据《诗经·豳风·七月》诗意而作。此诗为我们描述了奴隶与贫民终年辛苦劳作，却仍然饥寒交迫的生活情景，展现了奴隶们血泪斑斑的生活。

会亲自参加"执驹"典礼。所谓"执驹"，就是春天母马发情，适于交配繁殖，这时便使小马驹离开母马，一则是为了不伤害怀孕的母马，二则可以将小马加以调教，以供驾车使用。

西周王朝设有专门养马的机构，负责人是"班马政"，职责是为国王选择良种马匹。其下还有管理马匹饲养的"趣马"、给马治病的"巫马"、掌管牧场的"牧师"、驯马的"廋人"等等。正由于王朝的重视，所以西周的养马业有了较大的发展，才培育出给周穆王巡行天下的"八骏"。

西周的建筑业也很进步，瓦已经出现，并开始在屋脊等处使用。到了西周晚期以后，房屋上面就大部分覆盖瓦了。1958 年在湖北的一处西周遗址发现了一组大型木构建筑遗址，在一处房子附近，还发现了木质的楼梯形残痕。可见当时的周人已经住进木结构的楼房了。

日趋完美的青铜艺术

西周初年青铜工具大量用于生产，使得劳动生产力大为提高，促使各种手工行业得到发展。武王时期的青铜器，在造型、花纹等方面，几乎与商代晚期青铜器没有什么区别。但经过成王，特别是康王以后，周人开始突破传统，形成了周初的独特风格。

在青铜器的纹饰方面，周人也形成了自己的独特风格。商末以来的饕餮纹仍然在西周初期的各种纹饰中占有主要地位，但比商末更显得富于变化和生机。成王以后，盛行一种花纹简略的装饰，有的只在器物口沿以下或颈部装饰几道弦纹，有的器物装饰用夔龙、云雷或小鸟组成的带纹，显得十分简

西周 遣叔吉父盨

这件遣叔吉父盨通高 12.8 厘米，长 24 厘米，宽 16.8 厘米，重 4.41 公斤。此盨敛口鼓腹，有一对兽首耳，它的圈足外侈，盖子已经丢失。圈足、口下和腹部分别饰有窃曲纹和饰瓦纹，盨上有铭文。

西周 师旂鼎

师旂鼎圆浅腹，有两个直耳，三个柱足。颈饰一周长身分尾垂嘴的鸟纹。器内壁铸铭文记载师旂因为他的属下不随王出征而告到伯懋父那里，伯懋父没按旧有法令放逐这些人，而是让他们交罚款给师旂。师旂赞同这个判决，于是铸这件鼎来纪念。铭文记录了西周中期军法处罚的制度，是研究法律史的珍贵资料。

洁而明快。同时，还存有花纹复杂的装饰。这种装饰除主题花纹外，还饰以一两种其他纹饰，并衬以云雷纹地，整个器身显得花纹繁缛，几乎没有什么空白之处，具有很高的艺术价值。此外，西周时花纹种类增多，出现了成条的长鸟纹，特别是康王时出现的大鸟纹，鸟首反顾，尾部上卷，一直延伸到冠部下垂，尾羽上还有孔雀尾巴一样的目形纹饰，十分形象生动。

周初常见的铜器种类，在食器方面主要是鼎、鬲、甗、簋等，酒器方面主要是觚、爵、角、盉、尊、壶、彝等，水器方面主要是盘、壶。虽然器物的类型和商朝十分相近，但是器形有了很大变化。

西周铜器与商末铜器的最大区别就是铭文字数的增多。商代铜器大概从武丁晚期才开始出现铭文，一般以五六字为多，最多也不过四五十字。但西周早期的铜器开始出现了长篇的铭文，内容也十分丰富，除了记述为亲属或为自己铸器的事由以外，有的还记载了周初的重要祭祀、征伐和赏赐等重大政治活动。在文字结构上，首尾出锋，严谨秀隽，行款书法自如，具有很高的艺术价值。

四通八达的交通

围绕着雄伟的都城，西周还有着通向各诸侯国的四通八达的交通网。大道的修建，为周天子巡视天下诸侯和地方诸侯到周都朝觐提供了便利，加强了周王朝与全国各地的联系。另外，各国诸侯要定期向周王朝贡纳服物，这些物资都源源不断地通过宽广的大路输往都城。最重要的是，这些道路有利于西周王朝的军事调动，如有某方诸侯叛乱或他敌入侵，就可迅速调兵遣将，派兵前往。

西周王朝对交通问题是很重视的，设立了专门的机构野庐氏来守护和管理，有时还派大臣检查道路的情况。在周人心目中，保持道路的通畅是巩固统治的一条重要经验。为了使后世子孙铭记这一点，他们甚至在庙堂祭祀祖先所唱的颂诗中也提到了这一点。

周人的颂诗中唱道："高高岐山造化生，古公辟居善经营。割除杂草建宫室，祖先遗业文王承。慕义诸侯往来便，只因通岐大道平，子孙莫忘修路功。"

据考证，西周的西都镐京和东都洛邑之间有一条大道相连，这条大道西起陕西丰镐地区，经过郑国（现陕西华县）到达东都洛邑。从丰镐向西，可以一直到达今天的宝鸡、凤翔一带，然后从大散关向南可直通巴蜀。从丰镐向东，有直达齐国（现山东临淄以北）的大道。从丰镐向南，可直达江汉地区，是南北用兵的重要军事要道。从丰镐向北，能一直到达燕国（今北京一带）。

这一条条从周王都伸向全国四面八方的大道，平坦、笔直、宽阔。大路两旁，种着参天的大树，每隔一段路程，就会看见专供食宿用的亭、舍等设施，便利行旅的往来。

渐趋完善的法律

西周的法律秉承了《禹刑》的主要内容，在此基础上不断完善，且越来越系统化了。周穆王集夏、商、周三朝，制定了《吕刑》，完备了"大刑用甲兵，其次用斧锁；中刑用刀锯，其次用钻窄；薄刑用鞭扑，以威民也"的措施。

《吕刑》这部法典十分繁琐，据说墨刑有一千条，劓刑有一千条，剕刑有五百条，宫刑有三百条，大辟有二百条。墨刑是在人的额头上刺字；劓刑是把人的鼻子割下来；剕刑是把人的脚砍掉；宫刑就是毁掉男子的生殖器，女性则幽闭深宫；大辟则是把人的头颅砍下。除了这五刑，周代还有"五罚""五过"等各种名目的刑罚。想要逃避刑罚赎罪，就要缴纳一定数量的金（古代的金即铜）或丝。

1975年，陕西省岐山县发现了一处青铜器窖藏，其中的一件"训匜"上，铸有长达157字的铭文，其内容就涉及了周代的刑罚，大意是这样的：

某年的三月底，周天子的重臣伯扬父处理了这样一个案子：一个名叫牧牛的小官，违背了忠于上司的誓言，诬告他的上司训。对此伯扬父进行了严肃的判决，处理的结果是：一、责成牧牛必须履行前誓，并要他立即去啬地归还训的五名奴隶；二、牧牛的诬告行为已构成犯罪，应予惩处。伯扬父向牧牛宣布判决词说："查牧牛违誓诬主，按律应处以千鞭之笞、脸上刺字并蒙黑布羞辱之重刑。念其初犯，姑且从轻惩处，可减刑为鞭打一千、黥面、免职。依据赎刑的有关条款，可按罚金（铜）三百锾、鞭打五百之最轻处罚执行。此判决下达后，犯罪人应立誓不再上诉纠缠。如不知悔改，继续伤害训，定严惩不贷！"

牧牛听罢判决，连忙发誓表示悔悟，当场签字画押认罪。

训虽然受了诬陷之害，但案子查清，并得到金（铜）作为损失费。他铸造了一件铜器留作纪念，并将此案的经过铸在了铜器上。

由此我们得知，伯扬父对这场官司的判决，是依照一定的刑典处理的，处罚也是与牧牛的身份和地位的有关规定相适应的。就连这场官司的判决词，也有一定的格式。此外从诉讼程序方面来说，也是比较完备的。最后还有结案书，具备了相当完整的法律手续。

西周　刖刑奴隶守门鬲及其局部
刖刑奴隶守门鬲出土于陕西扶风，年代为西周中期。刖刑为古代五刑之一，是十分残酷的肉刑——锯足。此鬲是奴隶制社会阶级压迫的实物反映。方形的上口部，屋形下部，正面两扇板门，可以启闭。左门外铸有裸身无双足、屈身抱门闩的刖刑守门奴隶形象。

附录：俯瞰中国

河流和湖泊 名山 草原 沙漠 区域地理

　　中国位于亚洲东部，太平洋的西岸。与任何文明古国一样，是从一个个小小的原始部落、一个个地区不断联合、融合以及扩张，最终形成的庞大的国家。今天的中国版图，好似一只昂首挺立的雄鸡。北起漠河附近的黑龙江江心，南到南沙群岛的曾母暗沙，西起帕米尔高原，东至黑龙江、乌苏里江汇合处，陆地面积有 960 万平方公里，东部和南部的大陆海岸线长达 18000 公里，拥有大小岛屿 7600 个，最大的台湾岛有 35000 平方公里。

　　中国的陆地边界长达 22000 多公里，东邻朝鲜，北邻蒙古，东北邻俄罗斯，西北邻哈萨克斯坦、吉尔吉斯斯坦、塔吉克斯坦，西和西南与阿富汗、巴基斯坦、印度、尼泊尔等国家接壤，南与缅甸、老挝、越南相邻。东部和东南部同韩国、日本、菲律宾、文莱、马来西亚、印度尼西亚隔海相望。

　　中国的文明是多样性的，这是由众多的地理环境造成的。中国的北部有草原和森林，游牧、狩猎文明就在这里生根发芽；西部有沙漠，绿洲文化便点缀其间；西南有世界屋脊，高山峻岭风貌独特；东南那长长的海岸线，让航海为商业文明奠定了基础；而中国更广阔的土地，是适合农业文明发展的沃土。因为幅员辽阔，跨纬度较广，距海远近差距较大，加之地势高低不同，地形类型及山脉走向多样，中国各地形成了多种多样的气候。东部的季风气候有亚热带季风气候、温带季风气候和热带季风气候，西北部属温带大陆性气候，青藏高原属高寒气候。从温度带划分看，有热带、亚热带、暖温带、中温带、寒温带和青藏高原区。从干湿地区划分看，有湿润地区、半湿润地区、半干旱地区、干旱地区之分。而且同一个温度带内，可含有不同的干湿区，同一个干湿地区中又含有不同的温度带。因此在相同的气候类型中，也会有热量与干湿程度的差异。

当然广阔的地域还造成了时间上的巨大差异，最东部的乌苏里江和最西部的帕米尔，时差相差四个小时。也就是说，当乌苏里江的渔夫在晨光中泛舟捕鱼之时，帕米尔的农夫还在做着甜香的酣梦。

生活在这片土地上的中国人属于蒙古人种，又称黄种人，肤色在世界所有人种中居中，呈黄色或黄褐色，头发大多色黑且直而硬，胡须和体毛不甚发达，颧骨突出，鼻梁不高，唇厚适中，眼睛黑亮，与白种人和黑种人的区别一目了然。

据一般的公论，华夏民族是由许多部落合并而成的，至于最早的华夏族是什么人种，到现在为止还没有定论，但根据黄河流域的考古发掘推论，应该是蒙古人种。当然，黄帝和炎帝本人是不是黑头发黑眼睛，我们就无从知晓了。

融合与稳定，造就了汉族的强大，这首先要归功于汉族从不介意与外族通婚。历史上有很多人种单一的民族，为了保持纯洁的血统，人为地不与外族通婚。这种民族即使能显赫一时，但很快就会衰落。汉族是一个以文化区分而不问血统的民族。外族如果不接受汉文化就是夷狄，一旦接受了汉文化，无论人种如何都是平等的。就是这样，中华民族发展至今，成为世界第一大族。

西湖十景

庐山

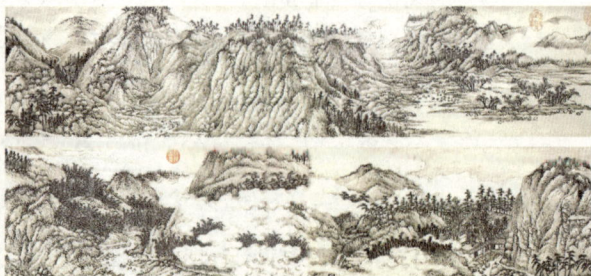

黄山

统一青藏高原的松赞干布

番王礼佛

奔流不息的河流与湖泊　峰峦雄伟的名山　郁郁葱葱的草原　一望无际的沙漠　区域地理

美丽的土地

　　中华文明的形成和发展，很大程度上得益于它特殊的地理环境。这片广袤而美丽的土地，位于亚欧大陆东部的温暖地带，幅员辽阔且具多样性。众多的山脉与河流，为最早的人类聚落的建立提供了天然屏障。如此辽阔的土地，如此多样的环境，让古老的中国人认为，这里就是世界的中心，是"天下"，所以这片土地应该叫作"中国"。而这片土地这么美丽，仅用"中国"这个词还不能表达出人们心中对它的热爱，所以又叫它"中华"。"华"，就是美丽可爱的意思。

长江万里图

此图描绘了万里长江水浪翻滚奔腾的情景，作者是南宋画家夏圭。南宋的山水画成就很大，具有承前启后的意义。经李（唐）刘（松年）开其端，马（远）夏（圭）集其大成，影响了南宋画坛百余年。

奔流不息的河流与湖泊

在对中国的疆域有了一个整体印象后，让我们分门别类地介绍一下它的具体形态，正是这些丰富多彩的形态构成了中国全部的地貌，它们是中华文明发展的重要基础。

首先，让我们将视线投放到江河湖泊上来。千万不要小看它们，就是它们冲开了天地玄黄、宇宙洪荒，冲出了人类文明的新时代。从人类诞生的那一天起，就与江河息息相关。江河是哺育人类的母亲，是生命之源、文明之源。从一定意义上说，人类发展的历史，就是一部认识江河、顺应江河和治理开发江河，从而推进文明进步的历史。

黄河

黄河被中国人称为母亲河，正是这条世界上含沙量最多的河流，孕育出了灿烂而古老的中国文明。在国人心中，它不仅仅是一条河。黄河、黄土地、黄皮肤以及传说中的龙，这一切黄色表征，把这条流经中华心脏地区的河流升华为了圣河。

黄河仅次于长江，是中国的第二大河流，全长 5400 多公里，流域面积 75 万平方公里，发源于青海的巴颜喀拉山，呈一个"几"字形，向东流入渤海。

凡是河流，基本都具备航行、渔业、灌溉等作用，黄河也不例外，它的鱼类品种非常丰富，其中以鲤鱼闻名全国。不过黄河也是一条喜怒无常的巨龙，经常泛滥、改道。主要的原因是黄河流经西北地区的黄土高原时，携带的泥沙在河水东流的过程中慢慢沉积了下来。由于泥沙使河床不断抬高，为了不让洪水肆虐，中国的"治河"工程几千年来从未停止过。

长江

长江是中国的第一大河，世界第三长河，全长 6300 公里，流域总面积达 180 万平方公里，与黄河一样，都是中华民族的摇篮。

长江源于唐古拉山脉，从江源向东到入海口，可分为三大段。四川宜宾以上为上游，宜宾至湖北宜昌为中游，宜昌以下为下游。一般来讲，自宜宾以下这一段才称长江。

由于流程长，流域广，土地肥沃，灌溉便利，长江中游素有"天府之国"的美誉，下游则多"鱼米之乡"，物产丰富。

因为长江把中国的疆土拦腰截成了两段，人们习惯上就把长江以北称作北方或北中国，长江以南叫作南方、江南。一些建立在北方的王朝，当抵御不住更北面的游牧民族攻打时，往往都会逃往南方，借助长江天险来躲避。游牧民族虽然善于骑马打仗，但对于船只却是一窍不通，也只能"望江兴叹"了。中国的魏晋南北朝、宋金帝国的对抗，一定程度上都是由长江的波涛汹涌僵持而成的。

黑龙江

黑龙江是中国北部的一条重要河流，总长度约 4400 多公里（以海拉尔河为源头计算），流域面积达 162 万平方公里。

这条河水量充沛，只是降水量分配不均。因为每年有六个月的时间，黑龙江都处于结冰期，只有等到春季气温回升后，积雪才能融化补给河流。黑龙江流域内，森林以及金、煤等矿产资源丰富，鱼类中尤以大马哈鱼和鳇鱼最为著名。

不过，这条大河在古代并没受到特别的重视，直到元朝才被正式纳入领土范围，成为中国内河。19 世纪中后期，沙俄强行占领中国黑龙江以北、乌苏里江以东大片领土之后，黑龙江成为中俄界河。

淮河

淮河发源于河南省南部的桐柏山，全长 1000 公里，介于长江和黄河两流域之间，向东流入黄海。

由于黄河多次"夺淮"，使得淮河的水系紊乱，河沟淤阻，"大雨大灾，小雨小灾，无雨旱灾"，称得上是中国灾害最多、治理最难的一条河流。

如果说长江从地域上将中国分成了南北两部分，那么淮河就从气候上划分了中国，淮河以南是亚热带季风气候，而淮河以北则是温带季风气候。在淮河以北，主要的粮食作物是小麦，淮河以南，稻米就成为主食了。淮河南

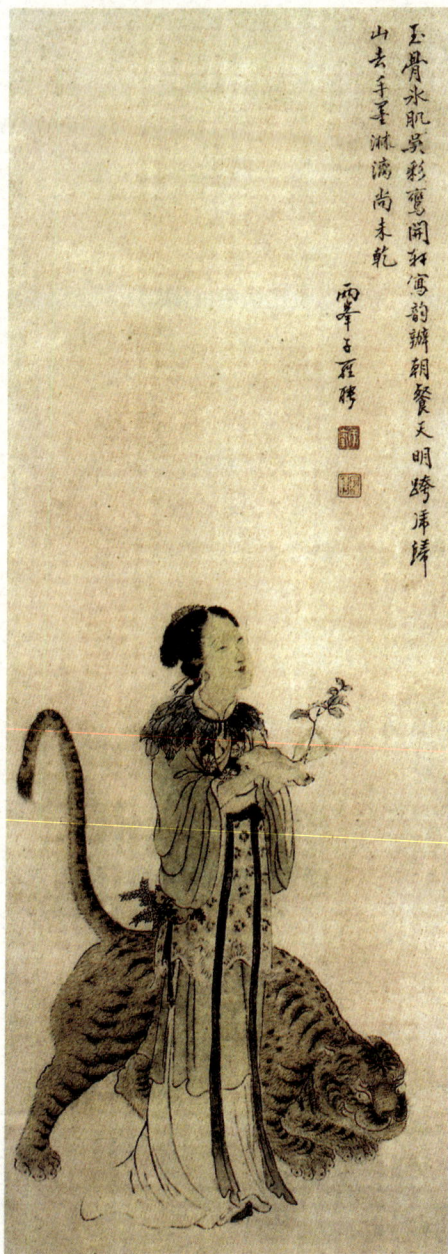

玉骨冰肌吴彩鸾开和写韵瓣朝餐天明跨虎律

山去千年墨淋漓尚未乾

雨峰子罗聘

山鬼

这是清代画家罗聘的《山鬼图》。"山鬼"旧注认为是山中妖怪,后人则认为是巫山神女,今人多认为是女性山神。

岸普遍种植橘树,橘子甘甜多汁,移植到北岸后,结出的果实就变成苦涩的枳子了,这就是气候和土壤的差异造成的。

关于这个橘子变枳子的故事,《晏子春秋》中是这样记述的:晏子将要出使楚国,楚王听说这消息以后,对身边的人说:"晏婴是齐国善于辞令的人,现在他要来,我想羞辱他,该用什么办法呢?"身边的人回答说:"等他到来的时候,请让我捆绑一个人在您面前经过,您就说:'这是什么人?'我回答说:'是齐国人。'您问:'犯了什么罪?'我回答说:'犯了偷盗罪。'"不久晏子到了楚国,楚王赐给晏子酒喝,喝酒喝得正畅快的时候,两个官吏捆着一个人来到楚王跟前,楚王问:"捆着的人是干什么的?"官吏回答说:"是齐国人,犯了偷盗罪。"楚王看着晏子说:"齐国人本来就善于偷盗吗?"晏子离开座位,严肃地回答说:"我听说过,橘树生长在淮河以南就是橘树,生长在淮河以北就变成枳树,只是叶子相似,它们的果实味道不一样。为什么会这样呢?是因为水土不一样。人生长在齐国不偷盗,进入楚国就偷盗,该不会是楚国的水土使人变得善于偷盗吧?"楚王笑着说:"圣人是不能跟他开玩笑的。我反而遭到羞辱了。"

渭河与泾河

渭河是黄河最大的支流,发源于甘肃省渭源县西北的鸟鼠山,全长800余公里,流域面积13万平方公里。中国最辉煌的四个王朝——周、秦、西汉和唐,都建都在渭河河畔。

渭河的支流泾河,含沙量几乎高达百分之五十。泾河与渭河在西安的东北合流,合流后产生了一种奇异的现象，即河水中分，变得清浊分明起来，这也是成语"泾渭分明"的来源。

不过，到底是泾水清还是渭水清，争议一直存在。《诗经》中说："泾以渭浊，湜湜其沚。"即泾河的水清，渭河的水浊。到了唐代，杜甫在《秋雨叹》中感叹的却是"浊泾清渭何当分"，也就是说，渭水是清澈见底的，而泾水是浑浊的。

应该说，唐人所见的确是"泾渭分明"，因为泾河的流速快，从黄土高原骤然进入平原后，泥沙沉淀，水质变得清澈起来。而渭水本来含沙量就大，流速又慢于泾水，泥沙再度堆积，看上去就较为浑浊了。

汾河

汾河是山西省最大的河流，全长 710 公里，是黄河的第二大支流，流域面积 39000 余平方公里。

尧和舜的国都，就曾建立在汾河之畔。汾河的水资源曾经十分丰富，战国时有秦穆公"泛舟之役"；汉武帝乘坐楼船溯汾河而行；从隋到唐、宋、辽、金，山西的粮食和木材都是经汾河入黄河、渭河，再经漕运到长安的，史称"万木下汾河"。

金末元初，著名才子元好问在汾河岸边遇到了一位张网捕雁的农夫。农夫告诉他，自己早晨在河滩上网到两只大雁，杀掉其中的一只后，另一只脱网逃走的大雁在空中悲鸣哀叫，始终不愿离去，最后竟然一头撞向地面殉情而死。元好问听后唏嘘长叹，向农夫买下了这两只大雁，将它们埋葬在汾河岸边，用石块垒起一座坟丘，称之为"雁丘"，并写下了流传千古的《雁丘辞》："问世间，情是何物，直教生死相许？天南地北双飞客，老翅几回寒暑。欢乐趣，离别苦，就中更有痴儿女。君应有语：渺万里层云，千山暮景，只影向谁去？横汾路，寂寞当年箫鼓，荒台依旧平楚。招魂楚些嗟何及，山鬼暗啼风雨。天也妒，未信与，莺儿燕子俱黄土。千秋万古，为留待骚人，狂歌痛饮，来访雁丘处。"

钱塘江

钱塘江全长 400 多公里，流域面积 4 万多平方公里，河道曲折，入海处呈喇叭口形状，因"钱塘潮"而闻名于世。

钱塘潮是一种非常壮观的海潮景象，它的成因除月、日引力影响外，还跟钱塘江口状似喇叭形有关。当江水与因潮汐倒灌入江口的海水互相搏击，会使浪头层层相叠，形成后浪赶前浪，一浪叠一浪，一浪高一浪的涌潮，并

钱塘秋潮图

每年钱塘江都会有大的潮汐现象，涨潮时如同万马奔腾，气势非凡。很多文人墨客都喜欢以此作诗作画。此图为南宋画家夏圭所画，描绘了钱塘江秋潮初至，滚滚奔腾的景象。

发出天崩地裂的巨响。

每年的农历八月十八前后，是观潮的最佳时节。早在汉、魏、六朝时，观赏钱塘潮就已蔚然成风，至唐、宋时，此风更盛。北宋诗人潘阆有诗写道："长忆观潮，满郭人争江上望。来疑沧海尽成空，万面鼓声中。弄潮儿向涛头立，手把红旗旗不湿。别来几向梦中看，梦觉尚心寒。"

珠江

珠江是中国南方最大的河系，旧称粤江，是中国境内第三长河流，全长2400公里。原指广州到入海口的一段河道，后来逐渐成为西江、北江、东江和珠江三角洲诸河的总称。其干流西江发源于云南省东北部沾益县的马雄山，在广东三水与北江汇合，向东流入南海。

珠江水系各河径流汇集于三角洲后，是通过八条水道注入南海的，各水道的出口称之为"门"，即虎门、蕉门、洪奇门、横门、磨刀门、鸡啼门、虎跳门和崖门。

珠江在中国历史上一直默默无闻，直到19世纪鸦片战争爆发，林则徐虎门销烟的一把大火，珠江的重要性才开始显现。

青海湖

青海湖是中国第一大咸水湖，也是中国最大的内陆湖，蒙语称它"库库诺尔"，即"青色的海"的意思。汉代时中国人称它为"仙海"，直到北魏才更名为"青海"。

历史细读

关于青海湖的来源，神话传说它是龙王的小儿子所造的。老龙王有四个儿子，他们长大后，大龙子、二龙子、三龙子分别被封到东海、南海、北海做海神。轮到小龙子，无海可分了，老龙王便命他自己去造海。小龙子在陆地上飞来飞去，发现西北青海湖一带土地辽阔，是个造海的地方，便运用神力汇集一百零八条河水朝一处流，水越流越多，终于造出了青海湖。

青海湖地处青藏高原东北部，湖的四周被巍巍高山环抱，湖周围则是茫茫草原，宛如一盏巨大的翡翠玉盘平嵌在高山、草原之间。

在距今20万年—200万年前，青海湖本是一个极大的淡水湖泊，与黄河水系相通，那时气候温和多雨，湖水通过东南部的倒淌河泄入黄河。至13万年前，由于新构造运动，周围山地强烈隆起，使原来注入黄河的倒淌河被堵塞。加上气候逐渐变干，青海湖这才由淡水湖逐渐变成咸水湖。

青海湖岸边有辽阔的天然牧场，有肥沃的大片良田，有丰富的矿产资源。这里冬季多雪，夏秋多雨，水源充足，雨量充沛，发展畜牧业和农业具备良好的条件。早在遥远的古代，这里就是马、牛、羊等牲畜的重要产地。青海湖一带所产的马在春秋战国时代就很出名，当时被称为"秦马"，《诗经》就曾描写过"秦马"的雄壮和善驰。隋唐时代，这里产的马经过与"乌孙马""汗血马"交配改良，发展成为独具特色的良马，不仅神骏、善驰，更以能征善战而著称。

不过由于青海湖处于中国西部，一直给人以荒凉和神秘的感觉。青海湖中的小岛海心山，很早以前就是佛教圣地。喇嘛们宣称青海湖的水是"弱水"，船入即沉，因此根本没有船只敢泛舟湖上。只有等到冬天湖面结冰，岛上的喇嘛才踏冰出来，购买一年所需的粮食和生活用品。

洞庭湖

洞庭湖是中国五大淡水湖之一，也是长江中游重要的吞吐湖泊。历史上洞庭湖曾是中国第一大淡水湖，随着围湖造田面积的扩大，以及自然的泥沙淤积，洞庭湖面积不断缩小，被鄱阳湖超过，成为了第二大淡水湖。

洞庭湖中最著名的君山风景秀丽，虽然只是洞庭湖上的一个孤岛，但岛

柳毅传书

柳毅传书（柳毅奇缘），四大民间传说之一，起源于唐高宗年间李朝威所著的《柳毅传》。此图讲述的就是柳毅传书的故事。

上有 72 个大小的山峰，原名洞庭山，是神仙洞府的意思。

在科学落后的古代，人们对浩瀚的湖泊充满了敬畏与崇拜，他们幻想每个湖泊中都会有一个超自然的力量——水神在主宰、操纵着湖泊的一切。至于洞庭湖的水神，就是书生柳毅。

传说书生柳毅，风雪中赶路赴京应试，途经泾阳河畔，遇洞庭龙君之女三娘"牧羊"雪野。原来龙女的丈夫泾河王子，凶残任性，常使附近百姓遭遇水旱之灾，龙女曾加劝谏，反触王子及翁姑之怒，被翁姑欺凌，只好带着负责降雨降雪的羊群到江边放牧。周遭水族禽鸟慑于龙王声威，都不敢为三公主传书回家求救，柳毅慨然代她传书洞庭求救。洞庭龙君的弟弟钱塘君得知后，立即发兵杀了泾河王子，救回龙女。柳毅得到龙女爱慕，并与龙女结为夫妻。洞庭龙君年老后，就把王位传给了柳毅。由于柳毅长着一张白净的脸，文质彬彬，洞庭湖中的众水族都不服他管。老龙王无奈，只好送他一副黑面具，让他巡夜时戴上，并特地吩咐他，在鸡叫之前一定要摘下来，否则就会长在脸上。柳毅戴上面具之后，果然众水族都服了他。时间一长，柳毅对老龙王的吩咐就不大在意了。有一次因公务繁忙，凌晨竟忘了摘面具，鸡一叫才忽然想起，连忙去抓面具，可为时已晚，面具已长在脸上。从此，柳毅便成了黑脸。所以，洞庭湖边的水神庙里供奉的柳毅都是黑脸膛。

鄱阳湖

鄱阳湖地处江西省的北部，长江中下游南岸，以松门山为界，分为南北两部分，北面为入江水道，南面为主湖体，是一个季节性、吞吐型的湖泊。

在古代，鄱阳湖有过彭泽、彭湖、官亭湖等多种称谓。传说中的黄帝时期，"彭泽"向南扩展，湖水进抵今日的鄱阳湖。在"彭泽"大举南侵之前，低洼的鄱阳盆地上原本是人烟稠密的城镇，随着湖水的不断南侵，鄱阳湖盆地内的鄱阳县城和海昏县治先后被淹入湖中，而位于海昏县邻近较高处的吴城却日趋繁荣，成为江西四大古镇之一，因此，历史上曾有"淹了海昏县，出了吴城镇"之说。

水域辽阔的鄱阳湖始终受到东南季风的影响，年降雨量在一千毫米以上，形成了"泽国芳草碧，梅黄烟雨中"的湿润季风型气候，并成为著名的鱼米之乡。鄱阳湖和洞庭湖所拥有的广大流域，是中国农产品的生产基地，自古就有"两湖熟，天下足"的谚语。人们认为只要两湖丰收，全国人民就都能吃饱饭了。

正因为两湖流域自古就是我国经济较为发达的富裕地区，也是古代从北方进入江西的唯一水道。历史上若干著名的战役也都在此发生，如周瑜操练水师、朱元璋与陈友谅的鄱阳湖水战、李烈钧在湖口发起的"二次革命"等。

当然，鄱阳湖最令人流连的还是它秀美的景色，宋代诗人苏轼在《李思训画长江绝岛图》诗中写的"山苍苍，水茫茫，大姑小姑江中央"，描写的正是鄱阳湖胜景。湖上名山秀屿比比皆是，风光如画。

鄱阳湖上的大孤山，六朝时称"独石"，因其形如鞋，俗名"鞋山"。相传古时有一年轻渔郎胡春，在鄱阳湖中网到一盒，内贮明珠一颗，便欣然回家。路中遇一绿衣少女啼哭悲切，问其故，说是丢失明珠，胡春当即奉还，少女拜谢而去。他日胡春捕鱼时忽逢狂风暴雨，正在危险之时，一绿衣少女手执明珠为他导航，转危为安。原来此女是瑶池玉女，名叫大姑，因触犯天规，被贬于鄱阳湖，独居碧波之间，两人因此结成佳偶。村中渔霸盛泰见大姑美貌，心存歹念，只是苦于无法得手。另一方面，玉帝得知大姑与胡春结为夫妇，便派天兵天将前来捉拿大姑，渔霸盛泰也趁机加害胡春。当大姑被劫持于空中时，盛泰将胡春击伤，且欲置之死地。大姑无奈，即将所穿之鞋踢下，化作峭壁，将盛泰镇压于湖底。此峭壁即为大孤山，所以大孤山实为大姑山。此山三面绝壁，屹立中流，仅西北角有一石穴，可泊舟船。登山远眺，只见四周碧水，白帆片片映着无边无际的蓝天。

瑶池仙乐

这张瑶池仙乐图最初由元代画家张渥所作，立轴、纸本、淡设色，表现了众位仙人聚会于瑶池的情景。此图取祝寿吉祥之意。相传鄱阳湖的大姑即是瑶池玉女。

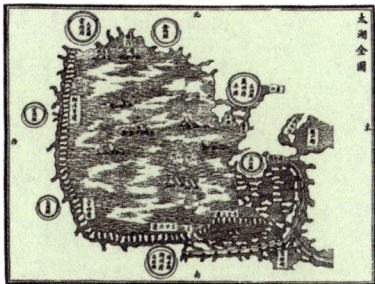

太湖全图

此幅图表现了太湖全景。图中采取上北下南左西右东的方位，标注了太湖周边州县位置的分布情况。

太湖

我国名列第三的淡水湖是太湖，位于长江下游肥沃的三角洲中心，湖面宛如一轮向西突出的新月，

帝释天妃

这张敦煌莫高窟的帝释天妃壁画是隋朝时期绘制的。壁画中西王母乘四凤车向西飞行，羽人驭车，前有持节比丘导引，周围有天神护卫，周围飞天相随飞行。整体色彩比前期同一题材的作品更丰富、鲜艳，用笔自由、奔放，动势很强。

南岸为典型的圆弧形岸线，东北岸曲折多湾，湖岬、湖荡相间分布，湖中有四十八岛、七十二峰，湖光山色相映生辉。

太湖古称"震泽""具区"，又名"五湖""笠泽"。大约在 100 万年前，太湖是一个大海湾，后来逐渐与海隔绝，转入湖水淡化的过程，变成了内陆湖泊。

这里气候温和湿润，物产丰饶，土壤肥沃，自古以来就是闻名遐迩的鱼米之乡，素有"太湖八百里，鱼虾捉不尽"的说法。

峰峦雄伟的名山

中国是一个多山的国家，许多高大而绵长的山脉，纵横交错分布在广阔的国土上。山脉以东西走向为主体，如秦岭、阴山、昆仑山等。西北——东南走向的山脉，如祁连山等。世界上著名的喜马拉雅山脉则属于弧形山脉，其主干就在我国境内，这条世界上最大的山脉，它的主峰珠穆朗玛峰被称为世界屋脊，是世界上海拔最高的山峰。我国不同走向的山脉，就像大地上隆起的一根根脊梁，构成了我国地形的主要"骨架"。此外，还有泰山、华山、衡山、恒山、嵩山、五台山、峨眉山、庐山、黄山等名山，可谓雄、奇、灵、秀，各具特色。

秦岭

秦岭有广义狭义之分，广义是指横亘于中国中部的东西走向的巨大山脉，西起甘肃省临潭县北部的白石山，向东经天水南部的麦积山进入陕西，在陕西与河南交界处分为三支：北支为崤山，余脉沿黄河南岸向东延伸，通称邙山；中支为熊耳山；南支为伏牛山。秦岭山脉全长 1600 公里，蔚为壮观。

狭义的秦岭指的是秦岭山脉中段，位于陕西省中部的一部分。这一段山脉在汉代即有"秦岭"之名，山体雄伟，势如屏壁。《史记》中说："秦岭天下之大阻也。"因此有"九州之险"的称号。

秦岭淮河一线是中国一条重要的地理分界线，也是气候分界线。因为秦岭淮河一线是东西走向，并且是一月份零度等温线和 800 毫米年等降水量线的通过地。冬天的时候，秦岭能阻挡寒潮南下，夏天又能阻挡潮湿的海风进入西北地区，因此秦岭南北坡的自然景观差异十分明显。人们因此将秦岭淮河一线以北认定为华北地理和人文系统，以南则属于江南地理和人文系统。

阴山

在抗击北方游牧民族上，与祁连山有同样作用的还有阴山。阴山山脉位于河套地区北面，是黄河流域的北部界线，其蒙古语名字为"达兰喀喇"，意思为"七十个黑山头"。它东起河北东部的桦山，西止于内蒙古巴彦淖尔盟中部的狼山。阴山最大的特点是南北不对称，南坡山势陡峭，北坡则较为平缓，仿佛一座巨大的天然屏障，同时阻挡了南下的寒流与北上的湿气，因此，阴山南麓的雨水较为充沛，适宜发展农业，山脚下是大片美丽的牧场；而北部则是瀚海沙漠，气候环境的差距非常大。

昆仑山

昆仑山可能是中国文学史上出现频率最多的山了，它西起帕米尔高原，山脉全长 2500 公里，平均海拔 5500 米—6000 米，最高峰布格达板峰海拔 6860 米。

虽然昆仑山直到 18 世纪才被纳入中国版图，但关于它的传说却出现在中国纪年以前的各种神话传说中。相传昆仑山的主人西王母，她的居所是昆仑山中美丽的"瑶池"，一个生长着结有珍珠和美玉的仙树的地方，正是她将不死药赐给了后羿。后来周王朝的第五任国王穆王姬满爱上了她，亲自驾着会飞的马车，从都城镐京（今陕西西安附近）出发，一夜奔驰了 3000 公里，来到昆仑山与这位美丽的女神相会。

祁连山

祁连山脉位于中国青海省东北部与甘肃省西部边境，西端与阿尔金山脉相接，东端至黄河谷地，与秦岭、六盘山相连，山势由西向东降低。

在中国早期的历史上，祁连山担负着隔绝匈奴的重要任务。纪元前，匈奴聚居在河西走廊一带，那里水草茂盛，是可从事农业生产的富裕地区。而祁连山的群峰之一胭脂山，还出产妇女化妆用的胭脂。当西汉的铁骑越过祁连山，向北驱赶匈奴部族后，河西走廊被正式纳入了汉朝的版图。匈奴人从此衰落，悲歌道："夺我祁连山，使我六畜不蕃息；夺我胭脂山，使我妇女无颜色。"

喜马拉雅山

喜马拉雅山是世界上最高大最雄伟的山脉，它耸立在青藏高原南缘，分布在我国西藏和巴基斯坦、印度、尼泊尔、不丹等国境内，其主要部分在我国和尼泊尔交界处。西起帕米尔高原的南迦帕尔巴特峰，东至雅鲁藏布江急转弯处的南迦巴瓦峰，全长约2500公里，山峰终年为冰雪所覆盖，藏语"喜马拉雅"即"冰雪之乡"的意思。最高峰"珠穆朗玛"是藏语"雪山女神"的意思，海拔8844.43米。

喜马拉雅山脉在地势结构上并不对称，北坡平缓，南坡陡峻。北坡山麓地带是青藏高原湖盆带，湖滨牧草丰美，是良好的牧场。流向印度洋的大河，几乎都发源于北坡。喜马拉雅山连绵成群的高峰挡住了从印度洋上吹来的湿润气流，因此南坡雨量充沛，植被茂盛。

在藏族民间传说中，流传着关于喜马拉雅山区形成的故事：在很早很早以前，这里是一片无边无际的大海，海边的森林里长满奇花异草，动物们自由自在地生活。一天海里突然来了头巨大的五头毒龙，不但毁坏了森林，还搅起万丈浪花，要吞噬这里的一切。就在动物们认为无路可逃之时，从大海的上空飘来了五朵彩云，变成五部慧空行母，施展法力降服了五头毒龙。动物们对仙女顶礼膜拜，感谢她们的救命之恩，并请求她们留在此间为众生谋利。五仙女发慈悲之心，喝令大海退去，于是，东边变成茂密的森林，西边是万顷良田，南边是花草茂盛的花园，北边是无边无际的牧场。那五位仙女，变成了喜马拉雅山脉的五个主峰，即祥寿仙女峰、翠颜仙女峰、贞慧仙女峰、冠咏仙女峰、施仁仙女峰，屹立在西南边缘，守卫着这幸福的乐园。翠颜仙女峰便是珠穆朗玛，当地人都亲切地称之为"神女峰"。

五岳

除了这些主要的山脉，中国还有五座重要的山，称为五岳。"岳"意即高峻的山，中国古代认为高山"峻极于天"，把位于中原地区的东、南、西、北方和中央的五座高山定为"五岳"。它们分别是：东岳泰山、西岳华山、南岳衡山、北岳恒山和中岳嵩山。

东岳泰山为五岳之首，位于山东省泰安市境内，高1524米，山峰挺拔峻秀，雄伟壮丽，有"登泰山而小天下"的气势。中国历代曾有 72 位皇帝到泰山封禅。同时这里也是佛、道两教的兴盛之地，庙宇观堂满山遍布，历代文人雅士吟咏题刻和碑记无数。

西岳华山位于陕西省华阴县境内，高 1997 米，其险峻居五岳之首，有"自古华山一条路"的说法，也有"奇险天下第一山"之誉。唐代的韩愈游览华山时，一鼓作气攀上了苍龙岭。向下俯瞰，只见万丈深渊，白云绕路。韩愈只觉头晕目眩，再没有胆量下山，绝望的他痛哭之后，写下一封遗书投往崖下诀别。当地官员得知韩愈被困山上后，派人上去把他灌醉，然后用绳子从绝壁上把他救了下来。

南岳衡山位于湖南省衡阳市境内，高 1290 米，山势绵延，丛林茂密，庙宇众多，是一座佛、道两教并存的名山，宗教文化源远流长。衡山多的是茂林修竹，终年翠绿，景色十分秀丽，因而有"南岳独秀"的美称。清人魏源《衡岳吟》中说："恒山如行，岱山如坐，华山如立，嵩山如卧，惟有南岳独如飞。"衡山有七十二峰，最南的一峰名叫回雁峰，据说北雁南飞，这里就是终点。

北岳恒山位于山西省大同市浑源县境内，主峰天峰岭海拔 2017 米，绵延五百里，气势壮观。恒山上庙宇林立，而最著名的当属悬空寺。悬空寺建造在峭壁上，靠西面东，俨若精巧、别致、玲珑剔透的玉雕悬于一幅巨大的屏风上，庙宇间飞架栈道相连，高低错落，迂回曲折。整个寺庙似虚而实，似危而安，构思布局妙不可言。

中岳嵩山位于河南省登封县，海拔 1512 米。嵩山主要由太室、少室二山组成，山体从东至西横卧，蜿蜒 70 公里，站在峰顶远眺，北可望黄河之雄，南可及山川之秀。嵩山历史悠久，从黄帝到大禹，都生活在嵩山一带，他们常游于嵩山之巅。据说当年的尧寻访贤人，发现了

泰山松图
此《泰山松图》是明代画家盛茂烨的作品，画的就是东岳泰山的景色。图中山峦互叠，高泉潺流，巨松挺拔，景致高雅，古道松荫下，人们自得其乐。

许由，想把天下让给他。许由认为自己的德才不如舜，便隐居在嵩山。尧听说后，又派人来请许由出山做官。来人传达尧的旨意后，苦口婆心劝他立即上任。许由认为自己可为良民，而不可任高官，决定不去就任，便到山下河里洗耳朵，表示不愿听，这条河就是现在清澈明丽、水质甘洌的洗耳河。后来舜成为首领，曾命禹主祭嵩山。舜禅位给禹后，"禹居阳城"，就在今嵩山附近。

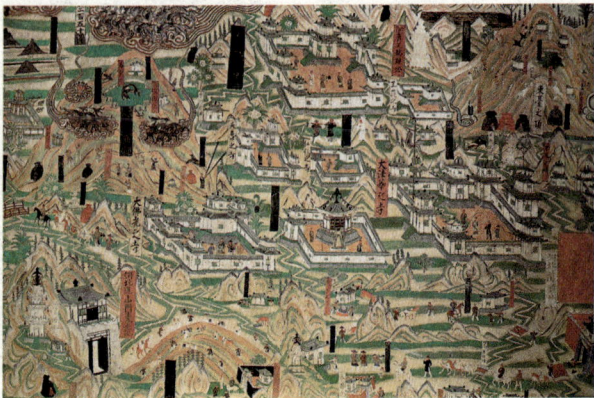

五台山图（局部）

此图为莫高窟规模最大的绘画之一。该图从左至右绘"五台"，各台之间布满了大小几十座寺院，如佛光寺、华严寺等，还有"法照和尚庵""贫女庵"等。图中去五台山参礼的人络绎不绝。

五台山

五台山位于山西省的东北部，属太行山系的北端，它与浙江普陀山、四川峨眉山、安徽九华山并称为中国四大佛教名山。它的孕育，可以追溯到太古代的 26 亿年以前。到震旦纪时期，经历了著名的"五台隆起"运动，形成了华北地区最雄浑壮伟的山地。第四纪时期，冰川覆盖了五台山，至今留下了弥足珍贵的冰缘地貌，且地层非常完整丰富。

除了是风景名胜之外，五台山同时也是与佛教结缘的名山。五台山是文殊菩萨的道场，文殊菩萨在佛教中是无上智慧的代表。《首楞严三昧经》中说：文殊菩萨，过去成佛，名龙种上尊王佛。《华严经》中则说：文殊菩萨，是十方诸佛母，一切菩萨师。今为辅助释尊教化众生，于前 6 世纪，示现出生于印度舍卫国多罗聚落一婆罗门家，父名梵德，从母右肋生，身紫金色，出生即能言，具三十二相，八十种好，与佛同等。

五台山上的寺庙始建于汉代，唐代因"文殊信仰"的繁盛，寺院多达 360 多处。清代随着喇嘛教传入五台山，出现了各具特色的青、黄二庙。据传清王朝的第三任皇帝福临（顺治皇帝），因为最宠爱的妃子死了，伤心欲绝，在此出家为僧。

五台山上，每年农历六月十五日前后，藏传佛教的黄教都会在此举行重大佛事活动，俗称"跳布扎"。活动前一天，喇嘛先要念护法经，跳金刚舞，在菩萨顶"镇鬼"。十五日这天，百余名高僧走出菩萨顶，穿街绕巷，最前边架着弥勒菩萨像，其后大喇嘛坐轿，二喇嘛骑马，其余僧众吹奏庙堂音乐，浩浩荡荡地去"跳神"，还要在菩萨顶"斩鬼"，大喇嘛和二喇嘛会穿戴御赐服饰，外列僧人头戴面具，装扮成二十八宿，就地画圆，按圆行步，并辅以身形手势。通过此活动以驱除邪恶，迎来吉祥安泰。

历史细读

位于陕西华阴的华山是五岳中的西岳，而华山的雄险更是居于五岳之首。"自古华山一条路"，在华山的"千尺幢"下有一处叫作"回心石"的地方，一般没有勇气的人到此便会回心转意，不敢前进，心虚而归。除此之外，在华山西峰上，至今还留有巨大的"斧劈石"，传说和沉香劈山救母的神话有关。

峨眉山

峨眉山位于中国四川省峨眉山市，在四川盆地西南部，地处长江上游，主峰万佛顶海拔 3079 米，山势巍峨俊秀，树木葱茏。

峨眉山也是一座佛教名山，据史料记载，东汉明帝永平六年（63 年），"有蒲公者，采药于云窝，见一鹿敬迹如莲花，异之，追之绝顶无踪"。因回头问在山上结茅修行的宝掌和尚，和尚说是普贤菩萨"依本愿而现象于峨眉山"。蒲公归家后即舍宅为寺，后来峨眉山就发展成普贤菩萨的道场。

峨眉山寺庙多，猴群也多，见人不惊，与人同乐，构成了峨眉山独特的景观。最令人叫绝的则是佛光奇观。站在峨眉山的金顶峰，背向太阳而立，太阳光从身后射来，前下方如果弥漫着雾时，便能见到下方的云雾天幕上，出现一个色序排列为外红内紫的彩色光环，中间出现人的身影，且人动影随，这就是佛光。即使有成百上千的游人同时观看，游客也只能看到自己的身影被光环笼罩，非常神奇，所以佛光又被人们称为"峨眉宝光"。

庐山

庐山位于江西省九江市以南，最高峰 1474 米，下临碧波荡漾的鄱阳湖，以雄、奇、险、秀而闻名，有"匡庐奇秀甲天下"的美誉。

庐山不仅因秀美为人喜爱，更因它积淀了太多的文化内涵，可以说是中国的历史造就了这座名山，是中国的文化孕育了这座名山。从司马迁"南登庐山"开始，陶渊明、李白、白居易、苏轼、王安石、黄庭坚、陆游、朱熹、康有为、胡适、郭沫若等一千五百余位文坛巨匠都曾登临庐山，留下四千余首诗词歌赋。从慧远始建东林寺，开创"净土法门"，到集佛、道、天主、基督、伊斯兰教于一身的宗教圣地的形成；从朱熹重建白鹿洞书院弘扬"理学"，到教育丰碑的构建；从"借得名山避世哗"的隐居之庐，到上世纪初世

黄山云海图（局部）
此图为清代陈书仿照元代王蒙的《黄山云海图卷》所绘，表现了黄山云雾缭绕的景色。

界 25 个国家风格的庐山别墅群的兴建；从胡先骕创建中国第一个亚热带山地植物园，到李四光"第四纪冰川"学说的创立；从上世纪中叶庐山成为国民政府的"夏都"，到庐山作为政治名山地位的确立……可以说，庐山处处闪烁着中华民族历史文化的光华。

黄山

黄山山脉东起安徽绩溪县的大嶂山，西接黟县的羊栈岭，北起太平湖，南临徽州山区。南北长约 40 公里，东西宽约 30 公里，面积约 1200 平方公里。黄山在秦朝时被称为黟山，相传轩辕黄帝率手下大臣容成子、浮丘公来此炼丹，并最终得道升天。唐天宝六年（747 年），唐玄宗依此传说，改黟山为黄山。

黄山以生长在花岗岩石上的奇松和浮现在云海中的怪石著称，峰峦叠翠，雄姿灵秀，有"黄山归来不看岳"之誉。而奇松、怪石、云海、温泉，被称作黄山四绝。

黄山的奇松是因黄山独特的地貌、气候而形成的中国松树的一种变体，一般生长在海拔 800 米以上的地方。黄山松的种子因为被风送到花岗岩的裂缝中去，以无坚不摧、有缝即入的钻劲，在那里发芽、生根、成长。由于风吹日晒，许多松树只在一边长出树枝，姿态坚韧傲然，美丽奇特，不过生长速度异常缓慢。

黄山怪石也是以奇取胜，以多著称，形态千奇百怪，其形成期约在一百多万年前的第四纪冰川期。所谓的怪，是怪在从不同角度看，石头就呈现出不同的形状。

黄山的云海以美、胜、奇、幻享誉古今，一年四季皆可观赏，尤以冬季最佳。云海就是水汽升腾或雨后雾气未消形成的自然景观，放眼望去，黄山大小山峰、千沟万壑都淹没在云涛雪浪里，高耸的山峰都成了浩瀚云海中的孤岛。

黄山的温泉属于高山温泉，水温常年在四十二度左右，可饮可浴，对消化、神经、心血管、新陈代谢、运动等系统的某些病症，尤其是皮肤病均有一定的疗效。传说轩辕黄帝就是在此沐浴七七四十九日得以返老还童，羽化飞升的，故又被誉为"灵泉"。

郁郁葱葱的草原

我国的草原主要分布在内蒙古、新疆、藏北、川西等，包括呼伦贝尔草原、锡林郭勒草原、乌兰察布草原、伊犁草原、川北草原、川西草原等。草原是游牧文化的摇篮，很多民族的历史都和草原息息相关，如匈奴、鲜卑、契丹、女真、蒙古等。

呼伦贝尔草原

内蒙的呼伦贝尔是游牧民族的历史摇篮，这里曾是匈奴人、鲜卑人、契丹人、女真人、蒙古人生活的地方。呼伦贝尔草原自然条件优越，古代游牧民族在这里繁衍自己的民族，发展军队，以草原为基地，征服内蒙中部和西部诸部落或者中原。

两汉时期，匈奴就游牧于呼伦贝尔西草原。东汉末年以后，匈奴势力衰弱，鲜卑人占领了这片草原，代替匈奴人成为蒙古地区的主要游牧民族，以后鲜卑人进入黄河流域建立了北魏王朝。鲜卑人在前进的路上留下了很多遗迹，内蒙和林格尔县的土城子古城，可能就是北魏盛乐城的遗址。10世纪前后，契丹族发展壮大，他们在北方建立了辽政权，与北宋对峙。在呼伦贝尔发现过契丹人的古城遗址，说明契丹人在呼伦贝尔草原东部游牧过。12世纪，势力逐渐强大的蒙古部与金王朝之间开始了连年不断的战争。为防御蒙古骑兵袭击，金兀术下令修筑了全长700多公里的战壕。掘壕取土在内侧筑墙，每隔10多公里修建边堡一座，以便屯兵驻守。这就是被称为我国"最北"的规模宏大的长城。

不过后来成吉思汗的铁骑还是突破了边墙，进入了呼伦贝尔草原。女真人在进入中原以前已经发展了自己的文化，并且建立了金王朝。现在黑龙江省阿城的白城就是金上京。成吉思汗曾活动于斡难河与额尔古纳河之间，占领了这片草原后，不到几年他就统一了蒙古诸部落。元朝末年，发生了声势浩大的农民起义，朱元璋建立了明朝，元顺帝带着他的残余军队逃到了呼伦贝尔草原。

伊犁草原

伊犁草原三面环山，西面有湿润的气流，草原上分布着高寒草甸、山地草甸、山地草原、山地荒漠草原、平原荒漠、河谷草甸，有丰富的多样性。据说伊犁那拉提草原的得名和成吉思汗有关。成吉思汗西征时，有一支蒙古军队由天山深处向伊犁进发，当时山中风雪弥漫，士兵们被饥饿和寒冷包围，没想到翻过山岭，仿佛进入了另一片天地，眼前一望无际的大草原，到处都有泉水，云开日出映照着草原，人们欣喜得大叫"那拉提（有太阳），那拉提"，于是就有了这个地名。

伊犁草原上分布着众多的土墩墓，土墩墓也叫乌孙土墩墓，是曾在伊犁河谷生活过的古代民族的遗存。这里还有粗犷风趣的草原石雕人像，有的石人雕凿了全身像，能清楚地看到头部、脸型、身躯，还有衣服和佩饰，有的石人只有粗略的脸部轮廓。这些石人在草原上屹立了千百年，显得非常神秘。据史籍记载，突厥人曾长期活动于伊犁河谷。他们的习俗是这样的，人死后，墓前往往竖立死者石像。那些在伊犁草原上的石雕人像，应该是古代突厥人的遗物。

川西草原

川西草原位于四川甘孜州中部，包括理塘、甘孜、新龙、巴塘等草原。草地海拔在 3000 米到 4000 米左右，而且平坦宽阔。这里夏季有印度洋的暖湿气流，其高山草甸和高寒草甸在青藏高寒草原中特别突出。在古代这里就是草原牧区，盛产牦牛和一些珍贵药材。川西草原犹如一片绿色海洋，很少有裸露的黄土，有效地防止了长江上流的水土流失。

川西草原的主体民族有汉族和藏族。藏族很早就生活在青藏高原一带，松赞干布统一青藏高原，藏族开始有了共同的文字和信仰。他们在雪域高原上创造了辉煌独特的藏族文化。

川西的雅安和甘孜州，是汉藏的民族交流和通商要道。汉朝起就有西南丝绸之路，茶叶、马匹等重要的交易商品，从成都、临邛、雅安一直运输到

历史细读

牦牛是西藏特有的牛种，它生活在被称为"世界屋脊"的青藏高原上，那里是海拔 3000—5000 米的青藏高原高寒地区。它成为世界上生活在海拔最高处的哺乳动物，牦牛最高可以爬到 6400 米处的冰川。牦牛分为野牦牛和家牦牛，体形笨重、粗壮，但比印度野牛略小，具有耐苦、耐寒、耐饥、耐渴的本领，对高山草原环境条件有很强的适应性。牦牛一般冬季聚集到湖滨平原，夏秋到高原的雪线附近交配繁殖。它既可用于农耕，又可在高原作运输工具，所以被称作"高原之舟"。

达磨西和木雅草原，然后从川藏线南路或北路进入西藏、青海或者尼泊尔。

一望无际的沙漠

中国的沙漠虽然只分布在内陆的西部，但却覆盖了中国百分之十三的领土，除了风沙肆虐，便是一片死寂。这些大面积的沙漠主要集中于下列四个地区：准噶尔盆地的古尔班通古特沙漠、塔里木盆地的塔克拉玛干沙漠、河套地区的鄂尔多斯沙漠区、蒙古地区的瀚海沙漠群。

古尔班通古特沙漠

准噶尔盆地位于中国西北边陲新疆的北部，在阿尔泰山跟天山之间，在中国历史上一直默默无闻，因为无论是张骞通西域还是班超经营西域，都只限于天山以南的塔里木盆地。18 世纪时，在此地立国数百年之久的准噶尔汗国遭到清王朝的不断攻击，从此灭亡。晚清时，清将左宗棠曾在此屯垦戍边，遗留至今的历史遗迹，便是当年狼烟翻滚的古战场的见证。

古尔班通古特沙漠位于准噶尔盆地中央，是中国境内第二大沙漠，占地面积 45000 平方公里，仅次于塔克拉玛干沙漠，同时也是中国面积最大的固定半固定沙漠。

这里的沙漠，冬季多积雪，春季融雪后，则是一片草绿花鲜，繁花似锦。沙漠中的花虽然开放的时间很短，但它们把苍凉的沙漠装点得生机勃勃，充

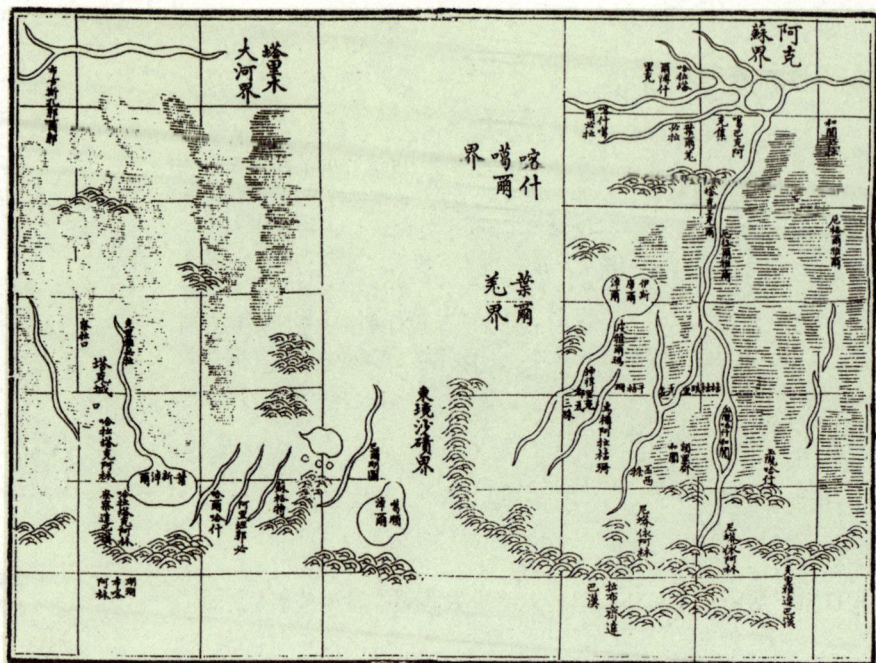

和田河源图

这是和田河源图，图中描绘了和田河的源流，同时还绘出了河流流经地周边的水源及河流的分布情况。

满诗情画意。不仅如此，这里还活跃着国家级保护动物如野驴、野猪、黄羊、狼、狐狸、跳鼠、娃娃头蛇、斑鸠、野鹰、沙枣鸟等百余种动物，这些飞禽走兽世代在大漠的草丛中快乐地繁衍后代。

塔克拉玛干沙漠

塔里木盆地位于新疆南部天山与昆仑山之间，面积约 53 万平方公里，百分之八十都是沙漠。这是一个标准的闭锁形的内陆盆地，四周全是高山，仅东北有一条狭窄的道路跟河西走廊相通。传说很久以前，人们渴望能引来天山和昆仑山上的雪水，浇灌干旱的塔里木盆地。一位慈善的神仙有两件宝贝，一件是金斧子，一件是金钥匙，神仙被百姓的真诚所感动，把金斧子交给了哈萨克族人，用来劈开阿尔泰山，引来清清的雪水。他想把金钥匙交给维吾尔族人，让他们打开塔里木盆地中央的宝库，不幸金钥匙被神仙的小女儿玛格萨丢失了，从此盆地中央的宝库就无法打开，变成了塔克拉玛干沙漠。

在维吾尔语中，"塔克拉玛干"就是"进去出不来"之意，而西方探险家则称它作"死亡之海"，由此可以想象出沙漠环境的恶劣。坚强的中国人不甘心被沙漠阻挡，沿着这两大沙漠的南北两侧，终于开辟出两条艰险的道路，通过它们跟西方世界往来贸易，这两条道路就是美丽的丝绸之路。

作为中国的第一大沙漠，塔克拉玛干沙漠的面积非常辽阔，在世界各大沙漠中，塔克拉玛干沙漠也是最神秘、最具有诱惑力的一个。因为塔克拉玛干沙漠流动沙丘的面积很大，沙丘高度一般在一百至两百米，最高可达三百米左右。沙丘类型复杂多样，变幻莫测。白天塔克拉玛干沙漠赤日炎炎，银沙刺眼，沙面温度有时高达70℃—80℃，旺盛的蒸发，使地表景物飘忽不定，沙漠旅人常常会看到远方出现朦朦胧胧的"海市蜃楼"。沙漠四周，沿叶尔羌河、塔里木河、和田河和车尔臣河两岸，生长发育着密集的胡杨林和怪柳灌木，形成"沙海绿岛"。在纵贯沙漠的和田河两岸，生长着芦苇、胡杨等多种沙生野草，构成沙漠中的"绿色走廊"，"走廊"中生活着野兔、小鸟等动物，为"死亡之海"增添了一丝生机。

鄂尔多斯沙漠区

河套地区的鄂尔多斯沙漠是黄河以南唯一的沙漠，其间分布有不少下湿滩地、河谷和柳湾林地。当中国古代最北的疆域以阴山山脉为界时，这片沙漠曾阻挡着北方游牧民族的南下。

在这块巨大的沙漠上，最有名的是乌兰布和沙漠和库布齐沙漠。库布齐沙漠位于鄂尔多斯高原脊线的北部，意思是"弓上的弦"，沙漠的西部和北部因地靠黄河，地下水位较高，水质好，有草木生长，植物种类多样，植被差异较大。东部为草原植被，西部为荒漠草原植被，西北部有泥沙淤积而成的土壤，粮食产量较高，向来有"米粮川"之称。

鉴于库布齐沙漠的沙丘几乎全部是覆盖在第四纪河流淤积物之上，因此沙源来自古代黄河冲积物的可能更大些。自商代后期至战国，气候变得干冷多风，使沙源裸露，并提供了动力条件。因此库布齐沙漠可能是在此期间形成的。

乌兰布和沙漠为蒙古语，意为"红色公牛"，总面积约一万平方公里，沙漠南部多流沙，中部多垄岗形沙丘，北部多固定和半固定沙丘。

瀚海沙漠群

对中国古代影响最大的，是散布在蒙古高原上的瀚海沙漠群，它东起大兴安岭南端，西到天山东麓，北到外蒙古中部，由无数独立的各有名称的小沙漠组成，间隔地带是一块块小小的绿洲。从上古时代起，生活在这里的游牧民族就开始不断南侵。为了抵挡这些马背民族的侵扰，数百万的血肉之躯沿着沙漠的南沿，铸起了一座连绵起伏的万里长城。

历史细读

西汉神爵二年（前60年）置西域都护府，治所在乌垒城（今新疆轮台东野云沟附近），管辖西域三十六国。王莽天凤三年（16年）后都护府废止。东汉时曾两度重置西域都护府（74年—76年，91年—107年），移治所到龟兹（今新疆库车）。后凉吕光也曾在394年置西域大都护，治所在高昌（今新疆吐鲁番东南）。

区域地理

了解完中国的地理，我们再来说一下区域。每个国家对自己的国土，都有历史累积下来的识别，也就是习惯上的称谓。原则上依据自然山川和人文状况，但主要还是依据历史发展的轨迹。

河西走廊

河西走廊位于中国的中西部，甘肃省西北部祁连山和北山之间，为西北——东南走向的狭长平地，形如走廊，也叫甘肃走廊，因为位置在黄河以西，所以习惯上称之为叫"河西走廊"。

这里历代均为中国东部通往西域的咽喉要道。西汉初期，河西走廊是匈奴人游牧的地方，张骞第一次去西域，就在这里被匈奴截住，软禁了十年。壮志未酬誓不休的张骞终于逃离，并到达西域完成了使命，但在回归中原途中，又在这一带被匈奴截留，一年多后才回到长安。可见通西域必须经过河西走廊。张骞第二次去西域行走得比较顺利，因为西汉大将军霍去病两次鏖战河西走廊，将匈奴驱赶出去，咽喉之道得以畅通无阻。

自汉至唐，河西走廊成为"丝绸之路"的一部分，是中西文化交流史上的一条黄金通道。除此之外，这里还始终是西北的边防重地、昔日的古战场，以及甘肃著名的粮仓。

西域

广义的西域指可以包括亚洲中西部，乃至印度半岛的广大地区，而我们习惯上说的西域，是指玉门关、阳关以西，葱岭以东，即今巴尔喀什湖东、南及新疆的广大地区。

西域一带在可考历史中于前 5 世纪左右就形成国家了，《汉书·西域传》记载当时已有三十余国分布在西域地区，故有"西域三十六国"之说。在张骞打通西域之前，匈奴一直是支配西域各国的重要势力。至汉代，行政机构西域都护府所管辖范围则已不只三十六国了。到南北朝时期，新兴的高昌国相继击败西域诸小国，建立了一个地跨新疆大部的强国，为中亚地区带来了繁荣的文化。

河套

河套指贺兰山东面的黄河沿岸地区，也就是黄河"几"字地区，尽管河套一词出现得很晚，但是河套对中华民族的贡献却不容忽视。

因这里农业灌溉发达，又称河套灌区，汉代时中央政府便开始在这里进行大规模的屯垦筑城，并把归附的匈奴部落安置在此。这里土壤肥沃，地势平坦，日照时间充足，昼夜温差大，历代都是主要的农作物产区，有"天下黄河富河套，富了前套富后套"一说。

早在战国时期，长城就延伸到了这里。《史记·匈奴传》记载："赵武灵王迹变俗胡服，习骑射，北破林胡、楼烦，筑长城，自代并阴山下，至高阙为塞。"在乌拉山南麓发现的长城遗迹就是战国时期赵武灵王所建长城，是迄今发现的最早的长城遗迹。战国时赵武灵王在这里修建了高阙塞，是长城防御体系中的重要组成部分。

秦始皇统一中国后，把天下分为三十六郡，九原郡就在河套地区。为御外侵，秦始皇派大将蒙恬修筑万里长城，阴山北坡的长城遗迹就是蒙恬所建。汉武帝时期，改九原郡为五原郡，在这里进行了大规模的移民和水利建设。乌拉特草原上的长城遗迹，是汉武帝时期抵御外侵修筑的边防线，是当时汉王朝的最北防线。

陇西

在古代，"陇"与"垄"相通，指的是田埂。《史记·项羽本纪》中记载："乘势起于陇亩之中。"这里的陇就是田埂的意思。古人看到横亘于关中平原西部的山脉如同田埂一样，就把它们称为陇山。《辞海》中说，陇山是六盘山南段的别称，又称陇坂，在陕西省陇县西，南北走向，延绵约一百二十公里，是渭汉平原和陇西高原的分界。

这个陇山在甘肃的古代地理中有着非常重要的意义。人们将陇东、陇南、陇西称为"三陇之地"，到了后来，人们将黄河以东、陇山以西的地区又统称为"陇右"。秦昭王二十七年（前 280 年），陇西郡正式设置，并开始修筑长城。这里是关中的屏障，一旦被西方的游牧民族攻陷，关中便会"一夕数惊"。

河东

河东，指的是太行山脉与黄河之间的地带，因在黄河之东，所以称为河东。到了唐代以后，就泛指山西一带。

河东地区是中华民族的发源地，传说中的"尧都平阳，舜都蒲坂，禹都安邑"，都在这块土地上。上古时代女娲氏炼石补天、神农氏尝百草、愚公移山、精卫填海、舜耕历山等据说也均发生于此。中国的很多王朝都建都在此地，或在此崛起。

塞北与东北

塞北指的是长城以北地区，寒冷，缺雨而多风沙，中国的游牧民族一直在这里生活。长城起点山海关之北，人们称之为关外，称山海关以南的地区为关内。

关外的东北是中国最寒冷的地区，但土壤肥沃，这里曾经出现过小的部落，后来女真人在此建国，逐步发展壮大，最后问鼎中原。不过东北是近代的称呼，古称辽东、关东、关外、满洲，是中国东北方向国土的统称，包括今辽宁省、吉林省、黑龙江省和内蒙古东部（即"东四盟"，呼伦贝尔市、兴安盟、通辽市、赤峰市）。

云贵高原

云贵高原位于中国的西南部，包括云南省东部，贵州全省，广西西北部和四川、湖北、湖南等省的边境。这里山多湖多，在连绵起伏的山岭间，分布着许多小盆地，盆地内土层深厚而肥沃，农业发达。这里也是中国少数民族分布最广的地区，傣族、水族、侗族、布依族、土家族、仡佬族等，都生活在这里，所以中国古代的汉人认为此地多是蛮族，不谙风化，是神秘且落后的地方。

云贵高原地形上有一个显著特色，就是具有典型的喀斯特现象的发育。在石灰岩分布地区，到处可以看到奇异的石林，深邃的洞穴，以及忽隐忽现的地下暗河和横跨峡谷的"天生桥"等。

青藏高原

青藏高原在古代一直是吐蕃王国的故地，这个世界屋脊海拔高，空气稀薄，山上终年覆盖着千年以上的积雪。吐蕃王国强大的时候，曾经征服西域，

喜金刚（左图）宗喀巴（右图）
喜金刚是萨迦派最重要的本尊。宗喀巴是藏传佛教格鲁派（黄教）的创立者、佛教理论家。两者都在藏传佛教中占有重要地位。

打败过阿拉伯帝国。

青藏高原上的居民多是藏民，信奉藏传佛教，风俗与内地也有很大的差别。例如西藏的丧俗，被称作天葬或是鸟葬，虽然在藏族人眼中这是最普通的葬法，但在大多数习惯"入土为安"的人看来，天葬无疑是一种非常独特的葬俗。天葬的习俗是：人死后，将尸体用白布裹好，放在屋内一角的土坯上，然后请喇嘛来念经超度，使死者的灵魂能早日离开肉体，然后选择吉日出殡。停尸至出殡的这段期间，死者的家人不得喧哗、谈笑和洗脸、梳头，并且必须在家门口挂一个围有白色哈达的红色陶罐，罐内放有食物，供死者的灵魂食用。出殡当天，家人将尸体的衣物脱掉，用白色氆氇裹起来，然后背起尸体沿地上画着的白线走到大门，交给天葬业者。家人为死者送行只能送到村口，不得跟到天葬台。行至天葬台的途中，背尸体的人不得回头看。到达天葬场后，天葬师将尸体放到葬台上，然后烧起火堆，冒起浓烟，远处的"神鹰"（鹫鹰）见到浓烟便立刻飞拢过来。黎明前尸体将被肢解，天葬师以利刃将尸体切成一块块，接着将骨头砸烂，和上糌粑喂鹫鹰，喂完骨头喂肉块。若有鹫鹰吃剩的尸体，必须烧成灰撒在山坡上，方能使死者"升天"。天葬的过程虽然残酷，但藏人相信它合乎菩萨舍身布施苍生的意义，认为这样做能使死者的灵魂升天。

藏族的雪顿节是很有民族特色的节日。在藏语里"雪"是"酸奶子"的意思，而"顿"则是"宴"。雪顿节就是"吃酸奶子的节日"。17世纪时的黄教规定，夏天蝇虫活动频繁，僧侣需留在寺中，禁止外出，以免无意中多造杀孽，到了六月底（相当于阳历8月）才能解禁下山。此时正值民间做酸奶子的季节，信徒纷纷以酸奶子布施，久而久之衍生为雪顿节。17世纪中叶，达赖五世为雪顿节助兴，将各地藏戏团集中到拉萨演出，后来逐渐演变成雪顿节的重要节目，所以雪顿节也称"藏戏节"。

中原

中原有广义与狭义之分。广义的"中原"是指包括河南省大部分地区以及河南周围的河北省南部、山西省南部，陕西省东部及山东省西部各一部分在内的黄河中下游地区。这里是中华文明的发源地，是华夏民族的摇篮。狭义的"中原"专指河南，因为河南不仅是绝大部分中国人的祖居之地，而且中国历史上绝大部分时间的政治、经济和文化中心都在河南。这片一望无际的肥沃原野是中华民族的发源地，也是中国历史的心脏地带。

中原不仅地理位置重要，在古人心中，这里就是一块风水宝地，所谓"得中原者得天下"。上古时代，把天分为东西南北四宫，分别以青龙、白虎、朱雀、玄武为名。青龙为东方之神，白虎为西方之神，朱雀为南方之神，玄武为北方之神。实际上是把天空分为四部，以每部分中的七个主要星宿连线成形，以其形状命名。青龙白虎掌四方，朱雀玄武顺阴阳。青龙亦作"苍龙"，古代神话中的东方之神。传说中，青龙身似长蛇、麒麟首、鲤鱼尾、面有长须、犄角似鹿、有五爪、相貌威武。白虎形体似虎，白色，凶猛无比，象征着威武和军队，所以古代很多以白虎冠名的地方都与兵家之事有关，如古代军队里的白虎旗和兵符上的白虎像。朱雀亦称"朱鸟"，形体似凤凰，是天之灵兽，比凤凰更稀有尊贵。玄武也叫"真武"，相传是北海的一只大龟，曾经被当作柱子支撑整个蓬莱仙山，因其灵性深觉，历经多年的听道闻道，终于修得正果。所以帝王陵寝多有驮碑之龟，正是以此暗寓玄武。"四神"代表东西南北四个方位，为划分天区，制定历法，提供了比较科学的参照。到了后来，随着阴阳五行学说的流行，被赋予了更高的神性。

古人认为，最理想的风水宝地是要背依绵延的群山，这山称"龙脉"，也就是"玄武"；面临开阔的平原，称"明堂"，明堂前还要有像屏风一样的"暗山"，这就是"朱雀"；河水蜿蜒曲折在前面环绕流过，两侧有重重山脉遮掩拱卫，这两侧的山就是"青龙"和"白虎"。

中原大地完全符合这个"左青龙右白虎，前朱雀后玄武"的宝地要求：洛阳、郑州位于龙尾位置的吉祥地，"左青龙"是太行山，"右白虎"是大别山，泰山如同前方的"暗山"，远方的朝鲜半岛与中原隔海相望；身后的龙脉就是中国最大、最宏伟的山脉秦岭和昆仑山。

洛阳在西周时期就是王都，它地处"九州之中"，是重要的交通枢纽，因为与关中平原相接，也成为了历代兵家的必争之地，也使这座美丽的城市因

神龟图

此图为金朝张珪所作。此图右下临水沙滩上绘乌龟一只，仰首喷出一股云气，祥云中现出一轮红日，使画面平添了神秘感。龟在古代为祥瑞之兽，与麟、凤、龙并称"四灵"，外加白虎，又称"五瑞"。

战火被多次焚毁。

洛阳因地处古洛水之阳而得名，是九朝古都，以牡丹花闻名天下。

洛阳牡丹根植河洛大地，始于隋，盛于唐，甲天下于宋。相传唐武则天寒冬设宴赏花，令百花绽放，唯牡丹不从，因而贬之洛阳。岂知牡丹到了洛阳后便吐蕊怒放，武后闻知，命火烧牡丹。牡丹枝干烧焦，次年依旧叶荣华发，且花更大，色更艳。洛阳牡丹遂驰名天下，成为花魁。

燕赵

燕赵区域的划分应当以今黄河为它的南界，以太行山和燕山山脉为它的西界和北界。春秋战国时期，这里就活跃着燕、赵、中山等国，燕赵文化就是在战国后期形成的。包括今天的北京、天津、河北，今河南、山东两省的黄河以北部分地区也包括在燕赵区域内。

在战国时期燕赵形成了慷慨悲歌的文化特征，隋唐、明清时期其余音遗响不绝如缕，形成了悠久而稳定的传统。燕赵区域在文化上的慷慨悲歌、好气任侠，既不同于中原、关陇，又不同于齐鲁和江南。司马迁在论述燕赵风气时说，燕赵经常受到胡人的侵扰，师旅屡兴，因此那里的人慷慨、好气任侠。燕赵之地名将、英雄辈出，春秋战国时有燕昭王、燕太子丹、荆轲、率弱燕连攻下强齐七十二城的名将乐毅等。燕赵地区的人们习于战斗而不怯懦，擅长骑射，惯见刀兵。北魏时广平大族李波的小妹擅长骑射，能够"褰裙逐马如卷蓬，左射右射必叠双"。

北京建城有两千多年的历史，最初见于记载的名字为"蓟"，是燕国的都城。自15世纪明成祖朱棣定都北京，直到今天，北京依然是中国的首都，拥有众多的帝王宫殿、园林、庙坛和陵墓。北京故宫又称紫禁城，原为明清两代的皇宫，住过二十四个皇帝，建筑宏伟壮观，完美地体现了中国传统的古典风格和东方格调，是中国乃至全世界现存最大的宫殿，更是中华民族宝贵的文化遗产。

齐鲁

西周初年，姜太公被封于齐，以治理夷人；周公被封于鲁，以拱卫周室。齐鲁之称由此发端。春秋时期的齐国和鲁国绝大部分都在山东境内。

姜太公到了封地以后，"因其俗，简其理"，促成了齐文化的形成。

商纣王无道，吕尚无人知遇，暮年之际就在渭水之滨垂钓，恰巧被周文王西伯遇到，从此效忠于文王和武王，为周朝出谋划策。大约在前373年，齐国被田氏所取代，前221年，秦始皇灭齐国。

在其发展过程中，齐国比较注重经济、军事的发展，也就是物质文明的发展。尤其在齐桓公时期，在管仲辅佐下，齐国的综合实力位居各诸侯国之首。齐国的社会风尚崇功利，轻伦理，注重实用。

周公旦是周武王的兄弟，辅佐武王巩固周朝政权，征讨不臣和蛮夷之国，被封于曲阜。武王病逝后，成王年幼，由周公旦摄政，由其子伯禽代封。周公之子伯禽到鲁地后，变其俗，革其礼，推行重农抑商的周文化。鲁文化更多地表现出农业社会的特征，风气保守，因循周礼。大约在前257年，鲁国被楚国灭掉。

鲁都曲阜是孔子的诞生地，也是儒家甚至中国传统文化的发源地。儒学产生于春秋时期的鲁国，由孔子开创，在周边的齐、卫、燕、赵、魏等国都有不同程度的传播发展。秦始皇统一天下后，客观上为儒学进一步走出山东创造了条件。但是儒学复古和崇尚仁义的思想观点并不被秦始皇所重视，反而遭受了"焚书坑儒"的劫难。直至西汉，汉武帝在位时采纳儒生董仲舒的建议，"罢黜百家，独尊儒术"，最终奠定了儒学的正统地位。

关中

关中指中国陕西秦岭北麓的渭河冲积平原，其北部为陕北黄土高原，向南则是陕南山地、秦巴山脉，自古便是富庶之地，号称"八百里秦川"。

阿房宫图（局部）
这幅阿房宫图是明代的一位画家所绘，画面上的阿房宫规模宏大，布局有致，表现出了阿房宫的帝王气派。

不过古人习惯上将函谷关以西的地区称为关中，范围比今天的关中要小。那时关中因西有大散关，东有函谷关，北有崤关，南有武关，为四塞之国，故称关中。在冷兵器时代，这四关堪称一夫当关，万夫莫开，固若金汤。更令古人看重的是，这里气候温和湿润，河流纵横，土壤肥沃。

地处关中的西安古称长安，在西周时称为"丰镐"，这是周文王和周武王分别修建的丰京和镐京的合称。

西汉初年，刘邦定都关中，取当地长安乡之含义，立名"长安"，意即"长治久安"。丝绸之路开通后，长安成为东方文明的中心，史称"西有罗马，东有长安"。到了唐朝，长安成为世界闻名的国际大都市。

这个地处八百里秦川上的古都，在繁荣的顶峰到来不久，就因安史之乱而衰败，此后兵祸不断。明洪武二年（1369年），明政府改奉元路为西安府，取义"安定西北"，西安之名由此而来。作为古都，西安当仁不让应该居于首位。它是十三个王朝的都城，建都时间累计长达一千年。

位于八百里秦川腹地的咸阳，渭水穿南，宗山亘北，山水俱阳，故称咸阳，是中原地区通往西北的要冲，也是第一个统一中国的王朝——秦王朝的建都之地。周、秦、汉、唐的许多帝王陵寝和陪葬墓都建在这里，绵延百里。

咸阳城在秦代曾拥有一座非常宏伟的建筑——阿房宫，相传是仿集了天下建筑之精华建造出来的。杜牧在他的《阿房宫赋》中曾这样描绘："覆压三百余里，隔离天日。骊山北构而西折，直走咸阳。二川溶溶，流入宫墙。五步一楼，十步一阁；廊腰缦回，檐牙高啄；各抱地势，钩心斗角。"今天的咸阳没有留下任何能让我们想象这座宫殿的遗址，据说是西楚霸王项羽入关后放了一把大火，将阿房宫及所有附属建筑都焚烧成灰烬了。据《史记·项羽本纪》记载，"烧秦宫室，火三月不灭"。

江南

如果单从字面上来解释，江南就是指长江以南的地区。事实上，江南的含义远不止于此。在古代，江南往往代表着繁荣发达的文化教育和美丽富庶的水乡景象，区域大致为长江中下游南岸的地区。

从地区名上来讲，江南泛指长江以南，但各时代的含义有所不同。春秋、战国、秦、汉时期指今湖北的长江以南部分和湖南、江西一带，近代专指今苏南和浙江一带。

唐贞观年间有十道，江南专指其中一道，辖今浙江、福建、江西、湖南等省及江苏、安徽的长江以南部分，湖北、四川、重庆江南一部分和贵州东北部地区。开元二十一年（733 年）又分为东、西两道：东道治苏州（今江苏苏州），辖今江苏南部和浙江、福建两省；西道治洪州（今江西南昌），辖今湖南洞庭湖、资水流域以东和东道以西地域，其沅江流域以西则分置黔中道。清朝时江南又成为了省名，治江宁府（今江苏南京），辖江苏、安徽，此后习惯上便合称这两省为江南。

地处江南的名城有杭州、苏州和南京等。

杭州曾是五代吴越国和南宋王朝两代建都地，被 13 世纪意大利旅行家马可·波罗赞叹为"世界上最美丽的华贵之城"。

杭州西湖是中国最美丽的景致之一，苏轼曾以"淡妆浓抹总相宜"赞叹它迷人的自然风光。可以说这里的一座凉亭、一座石桥乃至一个坟墓，都有着动人的传说。西湖西部的飞来峰旁就是灵隐寺，东晋时印度僧人慧理看到这里山峰奇秀，以为是"仙灵所隐"，便在这里建寺，取名灵隐，至今香火旺盛。西湖之南的大慈山上还有一座有名的寺院——定慧禅寺。民间传说唐代性空大师游历此山，见风景优美，只是无水源，决定去别处修行。忽然有神人下降，告诉他即将有两只老虎前来挖泉。翌日果然有二虎刨山出泉，甘冽醇厚，从此"龙井茶叶虎跑泉"被称为"西湖双绝"。苏东坡更是留下了"道人不惜阶前水，借与匏尊自在尝"的赞美之词。

苏州建城于前 514 年，吴王夫差的父亲阖闾命楚国叛将伍子胥建阖闾城。在春秋时期，这里是吴国的都城，至今依然能在这里寻觅到西施的遗迹。隋朝时苏州之名确立。而唐朝诗人张继的一首《枫桥夜泊》，令古今游客争相来访枫桥，闻听寒山寺的钟声。苏州的园林也的确是美，又有山水之胜，自然、人文景观交相辉映，因此有谚语赞道"上有天堂，下有苏杭"。

除了园林，苏州还是昆曲的故乡。这个已有六百多年历史，被称作"中国戏曲之母"的古老剧种，以清唱的形式，在没有大锣大鼓烘托的气氛下，曲调清丽悠远，旋律优美动听，让无数人为之心神激荡。

与西安、洛阳、北京并称为四大古都的南京在长江下游南岸，早在春秋战国时期，楚国和吴国就在此地筑城。三国时期，诸葛亮出使江东，观察了南京的山川形势后，做出"钟阜龙蟠，石头虎踞"的著名评语。孙权称帝后定都建业，是南京作为国都之始。随后的东晋、宋、齐、梁、陈也都将南京作为都城，因此南京被称为六朝古都。

巧合的是，南京作为国都，几乎全是中国处于分裂的时期。即便是后来的朱元璋定都南京，也因为朱棣的夺权而北迁。因此，南京的历史多是令人痛惜的悲剧。

荆楚

前 1043 年，周成王封熊绎为楚君，荆楚成为周朝的诸侯国之一。

到了春秋战国时期，周王室衰落，中原地区诸侯割据，楚国逐步强盛起来，先后成为"春秋五霸"和"战国七雄"之一。与此同时，中原文化逐渐向荆楚地区浸润渗透。

春秋时期楚庄王励精图治，终成霸业。庄王曾率领楚军开赴伊水与洛水之间，对周天子耀武扬威。庄王还选拔孙叔敖实行文治，楚国出现了经济繁荣、文化灿烂的鼎盛局面。战国时期，楚悼王任用吴起开始变法，并取得了成效，楚国兵强马壮，初露称雄之势。楚威王后期，楚国成了七雄中唯一能与秦国抗衡的大国，疆土西起大巴山、巫山、武陵山，东至大海，南起南岭，北至今安徽北部，幅员空前广阔。

荆楚之地孕育了悠久独特的楚文化。荆楚文化主要体现青铜冶铸、美术、音乐、老庄哲学、屈骚文学等方面。以老子为始祖的道家思想，深深影响了中国社会。屈原创作的《楚辞》，与北方的《诗经》齐名，成为中国文学两大源流。楚国的音乐、舞蹈、绘画超凡脱俗，楚国的编钟乐舞水平之高，举世公认。擂鼓墩 1 号墓所出土的曾侯乙编钟，中外闻名。楚地的文化以奇谲浪漫见称，是长江流域文化的代表。它不仅是春秋战国时代一国一地的文化，也是现今中华文明的重要组成部分。

巴蜀

巴蜀主要在今四川省和重庆市境内，东部为巴，西部为蜀，在秦朝时便被正式纳入版图。

巴蜀地区四面都是高山，中间是一块广达20万平方公里的巨大盆地，只有长江一线跟东方相连。被秦帝国纳为郡后，蜀郡郡守李冰跟他的儿子便在这里修筑河渠，筑坝引水，修建了著名的都江堰，使巴蜀地区两千年来都没发生过大的水患，成为沃野千里的"天府之国"。都江堰建于前256年，是全世界至今为止，年代最久，唯一留存的以无坝引水为特征的宏大水利工程，至今仍发挥着巨大的效益。《史记》载：都江堰建成，使成都平原"水旱从人，不知饥馑，时无荒年，天下谓之天府也"。李冰父子也因这一壮举而被世人崇敬、感激，二王庙从古至今不但香火鼎盛，而且历史上一直都有官方以及民间的祭祀活动。

巴蜀盆地中的历史名城成都，是中国历史上一些分裂政权青睐的建都之地。虽然短命王朝一个又一个消失在历史的浩瀚烟尘中，但成都却保留下非常多的古迹，是中国城址未变、延续至今最古老的城市之一。五代十国时，因为后蜀皇帝孟昶偏爱芙蓉花，命百姓在城墙上种植芙蓉树，花开时节，成都"四十里为锦绣"，故成都又被称为芙蓉城，简称"蓉城"。

成都不仅美丽，还拥有许多项发明，都位居世界第一：始建于前256年，历时两千多年的都江堰水利工程，至今依然发挥着作用；前61年，这里开采出深井天然气，用于制盐、煮饭和照明；成都的蜀锦，又称"锦绣缎"，是世界上最早发明的锦缎丝织品，东汉年间的足踏织锦机是当时世界上最先进的织机；成都在世界上最早发明和使用雕版印刷术；北宋年间，成都的商人联合发行了世界最早的纸币"交子"，官府随即在这里设立了世界最早的管理储蓄银行"交子务"。

自古巴蜀先民就兼容了各地文化，与中原、楚、秦文化相互渗透影响，使四川盆地成为荟萃农耕、游牧文化的聚宝盆。巴蜀文化又具有很强的辐射能力，对滇、黔、夜郎和昆明夷、南诏甚至东南亚大陆地区都有影响。

岭南

岭南指五岭以南的广东，它东接福建，西连广西。这里依山傍海，主要河流珠江流入南海。

该地原为百越之地，生活在这里的是古百越族先民。这里地处湿热的南方，作物以水稻为主，先民过着火耕水耨、渔猎捕捞的生活，发展了早期的渔猎文明、稻作文明。这里的人习水性，善用舟，断发文身，信巫鬼。

夏代时中原的影响已达岭南，安阳殷墟遗址中发现的龟甲、海蚌，证明为当时岭南贡物。西周、春秋的青铜器在广东也发现过。秦始皇时统一岭南，大量移民。秦汉以后，岭南统一于中华，修灵渠、开庾岭，岭南与中原的交流日益密切。先是屯军贬官，更有几次战乱的大量移民。

秦末楚汉相争之际，时任南海郡尉的赵佗建立南越国，定都番禺，自号南越王。赵佗在统治岭南期间，推行郡县制，推广铁器和农耕，发展海上交通贸易，促进了岭南地区的发展，是岭南开发史上的重要时期。中原文化与当地文化得到很好融合，加上北方移民影响，使岭南"流风遗韵，衣冠气习熏陶渐染，故习渐变而俗几中州"，形成具有自身特色的岭南文化。前111年，汉武帝派十万将士灭南越国，分岭南地为七郡。

岭南的广州是一座历史悠久的文化名城，早在前9世纪的周代，这里的百越人和长江中游的楚国人已有来往，建有"楚庭"，这也是广州最早的名称。秦始皇统一岭南后建南海郡，郡治设在"番禺"，即今天的广州。秦汉时期，广州逐渐发展起来，唐朝时这里成为了海上"丝绸之路"的始发港。海上丝绸之路的开通，岭南作为始发地甚至是唯一通商大港，一直是中外文化交流的平台，东西方的文化在这里登陆引进，外来文化给岭南文化注入新活力。清朝时广州是中国唯一对外开放的港口，也是中国最早对外的通商口岸。

沿海与岛屿

中华民族的栖息地位于欧亚大陆的东侧，太平洋的西岸，西部和北部深居大陆中心地带，是一个左高原、右大海的"大陆海洋型"国家。虽然中华文明是偏重于内陆发展的农业文明，但是中华民族却一刻也没有停止向大海的探索。

早在旧石器时代，中国沿海地区的先民主要是在海滩上拣小型水产动物为生。周朝时对海洋的渔盐开发已经具有了相当的水平。姜太公被封在齐地，"通鱼盐之利，而人物辐凑"（《汉书·地理志下》）。此外，中国的航海历史极为悠久，据史料记载，商王在东海钓大鱼，在海上"六月不归"。15世纪郑和下西洋，说明当时中国的航海业和航海技术已处于世界的领先水平。

中华民族的栖息生存地有漫长的海岸线，有6500多个沿海岛屿，具有向海洋发展的得天独厚的条件。

中国最大的岛屿是台湾岛。三国时期台湾被称为夷洲，吴国将军卫温就曾率船队抵达那里。吴人沈莹在《临海水土志》一书中，记载了当时台湾的生产和生活形态。到了6世纪末、7世纪初的隋代，大陆和台湾的接触增多。

据载隋炀帝曾三次派人到台湾，"访察异俗"，"慰抚"当地居民。隋唐以后台湾都被称为"流求"。元朝设立"澎湖巡检司"管辖台湾。明成祖时郑和率领庞大的船队下西洋时，曾经过台湾停留，给当地居民带去工艺品和农产品。清朝曾设台湾府，隶属于福建省，后义在台湾设行省。

海南岛是我国第二大岛，自古以来有"天涯海角"之称，是黎族人的故乡。海南不但物产富饶，历史也极为悠久，苏东坡和黄道婆都是到过海南的历史名人。苏东坡曾屡次被贬，后来被贬到海南儋州，他在这里传播中原文化，留有东坡书院。他离开海南岛时写下了"他年谁作舆地志，海南万古真吾乡"的诗句，抒发了对海南岛的眷念之情。